中国农金30人论坛
互学互鉴 共创共享

中国农金30人论坛
重点课题研究报告（2021年）

中国农村金融杂志社 主编

中国财经出版传媒集团
中国财政经济出版社

图书在版编目（CIP）数据

中国农金30人论坛重点课题研究报告．2021年 /《中国农村金融》杂志社主编．--北京：中国财政经济出版社，2023.3

ISBN 978-7-5223-1792-2

Ⅰ．①中… Ⅱ．①中… Ⅲ．①农村金融-研究报告-中国-2021 Ⅳ．①F832.35

中国国家版本馆CIP数据核字（2023）第053489号

责任编辑：胡 懿　　责任校对：胡永立

封面设计：王 颖　　责任印制：党 辉

中国农金30人论坛重点课题研究报告

ZHONGGUO NONGJIN 30 REN LUNTAN ZHONGDIAN KETI YANJIU BAOGAO

中国财政经济出版社 出版

URL：http：//www.cfeph.cn

E-mail：cfeph@cfeph.cn

社址：北京市海淀区阜成路甲28号　邮政编码：100142

营销中心电话：010-88191522

天猫网店：中国财政经济出版社旗舰店

网址：https：//zgczjjcbs.tmall.com

北京时捷印刷有限公司印刷　各地新华书店经销

成品尺寸：185mm×260mm　16开　35.75印张　593 000字

2023年4月第1版　2023年4月北京第1次印刷

定价：149.00元（全两册）

ISBN 978-7-5223-1792-2

（图书出现印装问题，本社负责调换，电话：010-88190548）

本社质量投诉电话：010-88190744

打击盗版举报热线：010-88191661　QQ：2242791300

前言

聚焦难题　解决问题

——写在《中国农金30人论坛重点课题研究报告》结集出版之前

《中国农金30人论坛重点课题研究报告》（以下简称《报告》）是我们组织完成的第二本有关农村中小银行年度重点课题研究的报告。

当前，党中央、国务院号召各行各业大兴调研之风，聚焦躲不开、绕不过的各种风险挑战和困难问题，通过调查研究把握事物的本质和规律，找到破解难题的办法和路径。

落实习近平总书记关于调查研究的系列重要讲话、批示指示精神，在银保监会的指导下，响应农村中小银行（含农信社、农合行、村镇银行）的诉求，在各省级农信机构（省级联社、农商银行、农商联合银行）的鼎力支持下，自2020年开始，“中国农金30人论坛”以年度重点课题研究工作为抓手，聚焦农村中小银行改革发展和经营管理中共性的难点、热点、焦点问题，持续深入地开展调查研究工作，为农村中小银行的改革发展、经营管理、风险防范、产品和服务创新等提供极具参考价值的研究报告。3年时间，我们共进行了17个重点课题的调研，审核通过发布了14份高质量的调研报告。《报告》获得了监管部门的高度重视，获得了省级农信机构的高度认可，获得了百万农信人和业界专家的一致好评。

应业界需求和呼声，我们决定将2021年度、2022年度共计9份课题报告汇编成册，以飨读者。

阅读本《报告》，读者朋友可以准确把握农村中小银行面临的服务新需求、新变化、新机遇、新挑战；可以深刻了解农村中小银行如何将更多金融资源配置到乡村振兴、新型农业经营主体等重点领域和关键环节的路径与策略；可以清晰获知农村中小银行在数字化转型、零售业务转型、数字普惠金融、全面风险管理、绩效考核等方面的最新成果和未来发展趋势……

课题报告具有广泛的代表性和典型性，内容聚焦转型发展的痛点难点

习近平总书记指出，要加强调查研究，在弄清问题、把握情况的基础上，抓住几个带全局性、影响大的问题。

“中国农金30人论坛”的年度重点课题研究的全部流程，从课题征集到课题审定、从课题牵头单位选择到课题调研、从课题研究报告评审到课题研究成果发布及运用，始终坚持公开征集、公平参与、公正评审、公开发布和公益服务的原则，最大程度地保障了课题研究的代表性和典型性。

为深入发现和广泛寻找全国农信在新发展阶段普遍面临的共性难题，汇聚全国农信各层级研究力量，凝聚全国农信省县两级法人共识，集聚市场相关各方的智慧，形成更有行业针对性和决策参考价值的课题成果，每年度的重点课题研究方向，均以广泛征集为基础。

征集2021年的研究课题方向时，各省级农信机构给予了高度重视和积极响应，与辖内行社机构上下联动、群策群力，最终形成和凝聚了更广泛农信人智慧的69个课题研究方向。同样，2022年的研究课题征集时，24家省级农信机构提供了47个课题研究方向，24家基层法人行社提供了48个课题研究方向。

两年154个课题研究方向，概括而言，聚焦农村中小银行改革发展和经营管理的难点，锚定数字化转型、零售业务转型、普惠金融、体制机制改革、风险控制、公司治理、金融科技、绩效管理、资金业务、不良资产清收和处置等痛点和热点。

在此基础上，经过反复讨论和充分酝酿，经“中国农金30人论坛”主席团审议研究后，最终确定，2021年重点研究“农村中小银行数字化转型赋能乡村振兴研究”“农村中小银行资金业务管理模式与风险防控机制建设研究”“农村中小银行绩效考核管理模式研究”“农村中小银行零售业务转型研究”等4个课题。2022年重点研究“农村中小银行支农支小服务模式研究”“农村中小银行经营管理成本研究”“新市民金融服务的实践与思考”“乡村振兴背景下农村中小银行数字普惠信贷落地路径研究”“乡村振兴背景下的农村中小银行绩效管理研究”等9个课题。

最终研究课题与建议研究课题的比例，2021年是5.7%，2022年是9.4%，可谓百里挑一、切近再切近、聚焦再聚焦。

课题研究以问题为导向，深入基层，察实情、得实法，提出了真正解决问题的新思路新办法

习近平总书记指出，要提高调查研究能力，坚持问题导向，深入实际摸清真实情况，集合众智提出解决办法，努力使对策建议有的放矢、切中要害。

“中国农金30人论坛”年度重点课题研究的团队，以省级农信机构为重要支撑，以外请专家团队为重要研究力量，跨行跨界组成。调研团队通过走访全国各地农村中小银行，寻找典型案例，认真剖析难点、总结宝贵经验，通过集中召开研讨会、线下专题调研、召开视频研讨会、发放调查问卷等形式，掌握了大量鲜活的、真实的数据和案例，发现了许多不深入调研就难以发现的问题，抱着不解决问题不罢休的目的，真正摸清了情况、找对了问题、提出了针对性很强的对策，为农村中小银行真正解决问题提出了行之有效的新思路新办法，使调查研究成为推进改革发展、提升经营管理水平和风险防控能力的重要工具。

在“农村中小银行资金业务管理模式与风险防控机制建设研究”中，针对投资风险甄别难、信用分层合作难、监管政策适应难、专业人才招留难、数字化转型升级难和风险资产挽损难等问题，课题研究团队提出了省（自治区）联社资金业务的管理模式和风控机制建设需要构建路径，如分层化评价、差异化服务、网格化传导、精细化风控、数字化支撑、专业化转型、协同化推进等。

在“农村中小银行数字化转型赋能乡村振兴研究”中，课题研究团队鲜明地提出农村中小银行数字化转型赋能乡村振兴的关键是实现金融供应链与乡村产业供应链的“双链联动”：金融服务供应链和乡村产业供应链协同利用基础设施、共享数字技术能力和数据处理能力，在两条供应链的各个环节推动客户、渠道、场景的联动，从而实现乡村金融服务供应链和乡村产业供应链的相互促进与质效提升，以产业振兴带动全面乡村振兴。

在“乡村振兴背景下农村中小银行数字普惠信贷落地路径研究”中，针对农村中小银行数字普惠信贷业务的现状与痛点，课题研究团队建议，农村中小银行应根据当地和客群的需求，提供适当的普惠型金融产品和服务，巩固脱贫成果，助力农村经济产业链发展，改善生态环境。

限于篇幅，就不一一列举。

调研过程中，课题研究团队克服新冠疫情影响，始终坚持系统性、全局性思维，深入农村中小银行和其服务的客群，走千家访万户，力争一切从实际出发，听到真话、察到实情；力争把握好省联社和农村中小银行、当前和长远、宏观和微观、主要矛盾和次要矛盾、特殊和一般的关系；力争前瞻性思考、全局性谋划、整体性推进；力争以实际行动回应百万农信人的殷殷关切。

课题研究工作，得到各省级农信机构和相关单位的大力支持

习近平总书记强调，各级领导干部在调研工作中，一定要保持求真务实的作风，努力在求深、求实、求细、求准、求效上下工夫。

2021—2022年重点课题研究工作启动伊始，就被各省级农信机构及辖内行社机构当作自家之事、分内之活、应尽之责。在承办专题研讨会、安排专题座谈会、接受专题采访、召开视频研讨会、完成调查问卷等调研环节，各单位全过程给予倾力支持。

据不完全统计，两年内，课题调研团队走访全国省级农信机构35次、农村中小银行360多次，召开了10次集中研讨会、30次线下专题调研会、36次视频研讨会，发放了9轮次调查问卷，组织了6次专家评审会。

36次视频研讨会，广东省联社、广西壮族自治区联社、海南省联社、湖南省联社、江西省联社等23家省级农信机构相关领导在百忙之中拨冗参加。

30次线下专题调研会，河北省联社、湖北省联社、湖南省联社、山西省联社、海南省联社等24家省级农信机构提供了人力物力支持。

需要特别一提的是，为不负论坛主席团成员的重托和期望，河北省联社、广西壮族自治区联社等11家课题研究的牵头单位，不论是管理层还是具体执行部门，均予以高度重视和大力支持。从《报告》提纲拟定到调研采访计划实施，从优选骨干力量组建团队到做好调研工作的责任分工和进度安排，每一重要节点，都全过程贯穿着集思广义、博采众长、形成共识的方法论，以调研精准、形象精致、报告精彩为工作目标，扎扎实实开展调研和《报告》撰写工作。

9份千锤百炼而成的课题报告，凝聚的不仅仅是课题研究团队的久久为功、精益求精，还有其所在单位多年服务农村中小银行所积累的丰富经验，以及跨行跨界的智慧碰撞、头脑风暴。

本着互联互通、互学互鉴、共创共享、共进共赢、开放合作的发展理念和功成不必在我、功成必定有我的奉献精神，至少有260人次的农信专家，于百忙之中挤出宝贵的时间，参加上述课题报告的评审。

评审会上，他们直指课题报告的问题所在，毫不藏私地贡献解题之法，为课题报告质量的再提升贡献真知、分享真经、提出真解。他们的条分缕析和点睛之见，使课题研究报告的行业特性更突出，报告的分析判断更符合农信实际，报告提出的思路和方法也更符合农信需求。

借此，向所有牵头和参与课题研究的省级农信机构，向参与课题研究且高质量完成课题报告的河北省联社、广西壮族自治区联社、京东科技集团、上海交享越渤源资产管理中心、广州天维信息技术股份有限公司、杭州雅拓信息技术有限公司、成都新希望信息科技有限公司致谢！

调查研究永远在路上，以《报告》为起点，我们将持续深入推进、不断守正创新，做好“中国农金 30 人论坛”重点课题研究工作，聚焦现实问题，切实解决问题，围绕不断满足人民对美好生活的向往、全面推进中华民族伟大复兴的奋斗目标和主要任务，为全国农村中小银行的高质量发展贡献应有之力。

中国农金 30 人论坛

2023 年 3 月

目 录

报告一

农村中小银行数字化转型赋能乡村振兴研究

——基于河北农信的调研、思考和探索

课题牵头单位
河北农村信用社联合社

主要观点

1. 农信社如果与大型银行正面竞争、以弱搏强，最终一定会被淘汰出局。应研究比较优势的规律，全力用好政策、转型、合作“三把钥匙”，扬优势、补短板、聚合力，在“小而精、小而强、小而融”的赛道上，着力打造乡村振兴的“主办银行、数字银行、开放银行”。只有这样，才能真正走出一条农信特色转型道路。

2. 数字化转型作为一项创新性工程，不是另起炉灶、推倒重来，而是在巩固和发挥农信社原有优势的基础上推进创新。农信社推进数字化转型，应把线下优势和线上业务串联起来，坚持线下为基、线上为翼，线下与线上相融合、传统与创新相契合、网点服务与上门服务相结合，做到相辅相成、融为一体，实现金融服务和质量效益的乘数增长。

3. 农信社应发挥行业系统优势，握指成拳、聚沙成塔，形成合力应对市场竞争。农信社机制灵活，决策链条短，服务效率高，一直有着“船小好调头”的优势，应进一步把省、市、县三级农信机构连点成线、形成合力，提升农信社服务乡村振兴的敏捷性、整体性和系统性，聚力满足乡村振兴领域“短、小、频、急”的金融服务需求。

4. 数字化转型是服务乡村振兴的重要支撑，也是农信社未来发展的核心变量。农信社要想走出一条适合自身发展的数字化转型道路，只有在战略、实施、保障三个维度上谋思路、找对策、寻出路，才能凭借“后发优势”实现换道超车、转型升级。

5. 数字化转型赋能乡村振兴是“一把手”工程，顶层设计和战略规划不可或缺。农信社应以“战略重视 + 因地制宜”为原则，从数字化思维、数字化价值、数字化运营的角度提出转型愿景、目标和战略，实现数据赋能、组织赋能、文化赋能。

6. 数字化赋能乡村振兴决不是一家机构的单打独斗，也不是农信社的独角戏。面对与大型银行同台竞技的市场格局，农信社需要凝聚各方合力，以更加开放和共享的姿态探索同各领域的深化合作，推动建设助力乡村振兴的命运共同体和发展共同体。

7. 农信社与银行同业一定是合作大于竞争，而不是竞争大于合作。应通过加强与国有大型银行的合作，学习和引入先进工具和技术；通过加强与其他中小银行的合作，实现资源共享、优势互补；通过加强各省（自治区、直辖市）农信机构之间的合作，实现全国农信“一盘棋”。

8. 未来的银行一定是数字化银行、科技型银行。农信社要实现全面、系统性数字化转型，就必须在经营管理数字化的基础上，实现组织数字化、沟通数字化和生态数字化的“协同数字化”，最终把农信社打造成具有普惠基因、“三农”血液和数字筋骨的“普惠银行、生态银行、未来银行”。

一、引言

实施乡村振兴战略是党的十九大作出的重大决策部署，是决胜全面建成小康社会、全面建设社会主义现代化强国的重大历史任务，是新时代“三农”工作的总抓手。当前，在巩固脱贫攻坚成果与全面推进乡村振兴有效衔接的交汇期，作为支持乡村振兴战略实施和发展普惠金融的主力军，以农信社为代表的农村中小银行，既面临千载难逢的发展机遇，也遇到前所未有的困难挑战。农信社如何顺应数字时代发展浪潮、加速数字化转型，如何通过数字化转型更好地赋能乡村振兴，如何抓住机遇打造乡村振兴的主办银行，是亟待研究和解决的重要课题。

在此背景下，河北省联社紧紧围绕做优乡村振兴金融服务，持续深入开展了一系列调查研究、同业交流、经验总结和思考探索。特别是 2020 年 12 月新任党委书记、理事长徐翀到任以来，把考察、调研、交流作为开阔思路和谋划工作的重要抓手，带队先后赴中国农业银行总行和浙江、江苏、安徽、山东四省农信机构实地考察交流，同中国农业银行河北省分行和民生银行总行签署战略合作协议，谋划推动数字化转型、科技建设、智能风控、农商银行市场化转型等工作，为河北农信推动数字化转型赋能乡村振兴做好了前期调研、打好了坚实基础。

2021 年 3 月初，河北省联社以第三届“中国农金 30 人论坛”为契机，以“农村信用社数字化转型赋能乡村振兴”为研究课题，以发挥省级农信机构大平台作用和农信社特色优势为切入点，以河北农信相关典型做法和同业经验为调研案例，进一步加强同《中国农村金融》杂志社的紧密沟通和调研合作，作为课题牵头单位开展了专题调研工作，并建立了“三六二五”调研工作机制，力求将研究成果有效转化为农信社科学决策、经营管理、提质增效和转型升级的具体措施。一是分级建立三层课题调研小组。为确保把课题研究做深做实做细，成立了以省联社理事长为组长、分管领导为副组长的课题研究领导小组，以办公室、资产负债管理部、乡村振兴金融部、市场拓展部、原信息科技部、原信息产品研发部六个部门主要负责同志为成员的指导小组，以及以相关部门业务骨干为成员的执行小组，聚合力推动课题研究工作。二是定期召开六部门联审会议。聚焦调研主题、立足农信视角、紧贴河北实际，按照职能分工细化责任，对报告内容多次修改完善，并建立定期集中审稿机制，六部门结合各自分工对重点内容进行集体商议、共同完善，确保调研报告突出农信实际、有业务深度、有参考价值。三是同步开展双线专题调研。一方面，组织人员先后赴内蒙古赤峰、湖北武汉参加《中国农村金融》杂志社组织的现场课题研讨会和线下调研活动，以及广东、陕西、吉林三省农信机构线上调研会，交流思路、开扩视野、学习经验；另一方面，聚焦河北省境内农户、个体工商户、小微企业主、新型农业经营主体、乡镇企业等农信社主要客户群体，通过现场走访、发放调查问卷等形式开展金融服务需求分析，进一步提升调研针对性、有效性和精准度。四是报告内容聚焦五个重点。河北省联社于2021年11月12日召开调研报告专题研讨会，徐翀理事长对调研报告提出五方面的要求，即：突出农信优势，深度挖掘和总结农信社比较优势；突出河北实际，基于河北省情、河北农信社情展开分析与调研；突出农信特色，推出一套差异化、特色化方案；突出问题导向，抓住金融服务和转型的“痛点”、难点和风险点；突出赋能效果，以实际案例印证和呼应报告观点。

经过2021年9月在天津宝坻的初评会、10月在山西尧都的复评会和11月在北京的终评会，课题调研全程得到《中国农村金融》杂志社有关领导、专家和多家农信机构课题评委的指导帮助，得到相关课题牵头单位和参与人员的大力支持，在此深表感谢！

二、振兴之机：全面乡村振兴必将引领农信发展振兴

脱贫攻坚战取得全面胜利后，我国“三农”工作重心历史性转向全面推进乡村振兴。乡村振兴战略提出了“产业兴旺、生态宜居、乡风文明、治理有效、生活富裕”的总要求，与之对应的经济建设、文化建设、社会建设、生态文明建设，都需要大量资金投入。虽然近年来我国农业农村发展取得显著成效，但是农业基础还不

牢固，农村地区投资“洼地效应”明显，农民收入与城市居民收入相比差距较大，促进农民农村共同富裕还存在一些突出短板和弱项，仅依靠财政投入、靠农村自身积累是远远不够的，需要充分发挥金融支撑作用。

从金融服务整体看，根据人民银行数据显示，脱贫攻坚期各类资金投入规模巨大，其中仅金融精准扶贫贷款就发放了9.2万亿元，发挥了极其重要的作用；但是，农村地区金融服务仍是金融工作的短板。从金融服务实体经济、金融供给侧改革的角度看，虽然涉农贷款余额逐年累积增长，但由于农业项目风险高、抵押物少等原因，仍有大量有资金需求的企业和农户无法获得资金支持。同时，随着农村城镇化进程的加快，新农村、新农户、新农民对现代化金融服务有了更高、更新的需求，农信社目前的金融产品和服务模式已经无法有效满足客户对个人财富保值增值以及日益多样化、线上化的金融服务需求。作为农村金融的主力军和联系广大农民群众的金融纽带，农信社支持乡村振兴的责任重大、前景广阔。

（一）全面推进乡村振兴战略实施背景下，农信社迎来全面发展机遇期

当前，已进入“十四五”发展时期，这是我国在全面建成小康社会基础上开启全面建设社会主义现代化国家新征程的第一个五年，意义非凡。面对经济发展环境所呈现的新情况与新特点，各家农信社自身的发展也将发生重大变化。

1. 政策利好夯实数字化发展的制度基础

党的十九届五中全会审议通过的《中共中央关于制定国民经济和社会发展第十四个五年规划和2035年远景目标的建议》（以下简称《“十四五”规划和2035年远景目标建议》）明确提出了构建“以国内大循环为主体、国内国际双循环相互促进”的新发展格局，强调“支持中小银行和农村信用社持续健康发展”等重大决策部署；党的十九届六中全会要求，“必须促进共同富裕，推进科技自立自强”；党的二十大报告提出，“深入实施科教兴国战略、人才强国战略、创新驱动发展战略，开辟发展新领域新赛道，不断塑造发展新动能新优势。”对2022年工作，中央经济工作会议提出“引导金融机构加大对实体经济特别是小微企业、科技创新、绿色发展的支持”。2021年12月27日，中央网络安全和信息化委员会印发《“十四五”国家信息化规划》，其中第五部分“优先行动”中的第（八）项“数字普惠金融服务行动”进一步从“完善数字金融基础设施”“提升金融服务百姓民生水平”“增强金融有效支持实体经济能力”“完善金融科技创新监管体系”四大方面明确了数

字普惠金融发展新蓝图，为包括农信社在内的金融企业数字化转型指明方向。一系列政策的落地落实将为农信社服务“三农”、贡献社会提供广阔空间，也为农信社创新发展、转型发展提供更加坚实的制度基础；农信社必将伴随党的二十大提出的“坚持科技是第一生产力、人才是第一资源、创新是第一动力”要求在数字金融、供应链金融、零售金融、绿色金融和转型升级上大有作为。

2. 顶层设计擘画乡村振兴新画卷

近年来，乡村振兴战略已成为重要的国家发展战略。在政策支持方面，我国已连续19年发布以“三农”为主题的“中央一号文件”，党的十九大报告中重点提出了乡村振兴战略（见表1）。2021年以来，“十四五”规划以“坚持农业农村优先发展全面推进乡村振兴”为标题专篇规划了乡村振兴战略；《中华人民共和国乡村振兴促进法》正式实施，标志着乡村振兴战略迈入有法可依、依法实施的新阶段；中共中央国务院发布《关于全面推进乡村振兴加快农业农村现代化的意见》，确定把乡村建设摆在社会主义现代化建设的重要位置，并将农村中小银行定性为“乡村振兴的重要推手”，提出“发展农村数字普惠金融”；人民银行、银保监会、乡村振兴局等多部门联合发文，要求银行业金融机构“强化金融科技赋能”。随着乡村振兴战略的纵深推进，农信系统深耕县域金融、加快推进改革发展将迎来重要的战略机遇；农村数字环境的改善和农业数字经济的发展，将为农信社强化科技引领、创新金融服务提供更多机遇；普惠金融政策导向的加强和对弱势市场主体扶持力度的加大，将为农信社坚持支农支小、实现差异化发展营造有力政策环境；要素分配政策完善和转移支付力度加大，一定会为农信社下沉服务重心、拓展零售市场提供充足的客群储备。

表1　2004年以来“中央一号文件”名称

发布年份	文件名称
2004年	《关于促进农民增加收入若干政策的意见》
2005年	《关于进一步加强农村工作提高农业综合生产能力若干政策的意见》
2006年	《关于推进社会主义新农村建设的若干意见》
2007年	《关于积极发展现代农业扎实推进社会主义新农村建设的若干意见》
2008年	《关于切实加强农业基础建设进一步促进农业发展农民增收的若干意见》
2009年	《关于促进农业稳定发展农民持续增收的若干意见》
2010年	《关于加大统筹城乡发展力度进一步夯实农业农村发展基础的若干意见》
2011年	《关于加快水利改革发展的决定》

续表

发布年份	文件名称
2012 年	《关于加快推进农业科技创新持续增强农产品供给保障能力的若干意见》
2013 年	《关于加快发展现代农业进一步增 强农村发展活力的若干意见》
2014 年	《关于全面深化农村改革加快推进农业现代化的若干意见》
2015 年	《关于加大改革创新力度加快农业现代化建设的若干意见》
2016 年	《关于落实发展新理念加快农业现代化实现全面小康目标的若干意见》
2017 年	《关于深入推进农业供给侧结构性改革加快培育农业农村发展新动能的若干意见》
2018 年	《关于实施乡村振兴战略的意见》
2019 年	《关于坚持农业农村优先发展做好“三农”工作的若干意见》
2020 年	《关于抓好“三农”领域重点工作确保如期实现全面小康的意见》
2021 年	《关于全面推进乡村振兴加快农业农村现代化的意见》
2022 年	《关于做好 2022 年全面推进乡村振兴重点工作的意见》

资料来源：河北省联社根据历年“中央一号文件”整理。

3. 产业崛起激发金融服务新业态

在全球科技革命和产业变革背景下，新技术、新模式、新业态不断涌现，引导我国产业结构持续优化升级。同时，大批新兴产业加速崛起，产业规模快速扩张，技术和产业以前所未有的速度进行扩散和转移，为农信社开展技术创新、优化信贷投向提供了难得的机遇。特别是 2020 年 7 月，国家发展改革委等 13 部门联合印发文件，就支持新业态新模式健康发展、激活消费市场带动扩大就业作出安排部署，明确要求“积极探索线上服务新模式，激活消费新市场”“加快推进产业数字化转型，壮大实体经济新动能”“鼓励发展新个体经济，开辟消费和就业新空间”。在技术红利和政策红利多维加持下，农信社只要科学把握产业发展规律，主动配合经济结构调整和产业结构优化，就一定能够拓展新的市场领域，凝聚新的发展动力，取得新的转型成效。

（二）“加快建设经济强省、美丽河北”奋斗目标下，河北农信迈进转型发展黄金期

河北省是传统农业大省，拥有近 7 600 万人口，其中乡村人口 5 800 余万，占比达 77%；耕地面积居全国第 5 位，粮食产量居全国第 6 位，蔬菜产量居全国第 2 位。近年来，河北省充分发挥环京津地域优势和资源禀赋地理优势，初步形成了环

京津都市现代农业圈、山前平原高产农业区、黑龙港生态节水循环农业区、山地高效特色农业区、坝上绿色生态产业区、沿海高效渔业产业带的“一环四区一带”现代农业生产力布局。

1923年6月，中国第一家农村信用合作社在河北香河诞生。近百年来，河北农信专注于服务“三农”，是河北境内县域及乡村机构网点分布最广、涉农信贷投放最多、存贷款市场份额最大的银行业金融机构，是河北省名副其实的金融服务乡村振兴主力军。截至本报告完成时，河北农信资产总额2.4万亿元，存款余额突破2万亿元，贷款余额1.3万亿元。在河北正处于历史性窗口期和战略性机遇期的关键时刻，河北农信也将迈入转型发展的黄金期。

1. 河北省“十四五”规划将引领河北农信迈入转型发展新阶段

2021年2月22日，《河北省国民经济和社会发展第十四个五年规划和二〇三五年远景目标纲要》印发实施，其中：第六篇提出“加快数字化发展，建设数字河北”，并从发展壮大数字经济、加快数字社会建设步伐、提高数字政府建设水平、营造良好数字生态等四个方面对“十四五”时期建设数字河北作出了具体规划。根据中央和河北“十四五”规划，河北省联社也制定了河北农信2021—2025年发展规划，提出了“123456”的信息科技战略规划，即：一个战略（数字化再造一个河北农信）、两大保障（严守安全底线、优化IT治理架构）、第三战役（数字化转型项目建设）、四大平台（数据开发平台、企业级金融云研发平台、企业级移动开发平台、科技管理平台）、五大中台（数据中台、业务中台、安全中台、智能中台和移动中台）、六大体系（云计算技术体系、大数据服务体系、人工智能体系、分布式架构体系、区块链技术体系、信息安全体系）。可以预见，河北农信将在打造数字农信的进程中加快质量变革和效率变革，实现更高质量、更有效率、更可持续、更为健康的转型升级。

2. “加快建设经济强省、美丽河北”奋斗目标将引领河北农信开启建设现代金融企业新征程

河北省委十届二次全会提出“加快建设经济强省、美丽河北”的奋斗目标，并明确提出自觉服从京津冀协同发展大局、以大历史观推进雄安新区建设发展、大力发展后奥运经济和文化旅游产业、强化科技创新引领、集中力量加强项目建设、扎实推进全面深化改革、实行高水平对外开放、全面推进乡村振兴、坚持绿色低碳发展、践行以人民为中心的发展思想等十个方面的具体要求。河北省联社围绕“加快建设经济强省、美丽河北”的奋斗目标，解放思想、奋发进取，确定了河北农信未来的发展目标，即：加快建设“小而精、小而活、小而稳、小而强、小而红、小而美”的现代金融企业。特别是在强化科技创新引领中，河北农信必将通过打造小而强的现代金融企业，全面推进数字化架构体系建设、数据治理工程建设、场景金融建设和数字人才建设，全面提升自主创新研发和数据应用能力，实现“业务数字化”和“数字业务化”，开启核心技术转型之路，重塑农信社竞争新优势；在全面推进乡村振兴中，河北农信必将通过打造小而精的现代金融企业，全面做优做强乡村振兴的主办银行、普惠银行和零售银行，积极营造良好的金融生态环境，走好特色化经营之路。

3. 河北新发展布局将引领河北农信实现创新发展绿色发展和高质量发展新成效

未来5年，河北将形成“两翼、两区、三群、六带”的发展布局。“两翼”，即以建设雄安新区疏解北京非首都功能集中承载地，带动冀中南乃至整个河北发展，以筹办北京冬奥会为契机推进张家口市高质量发展；“两区”，即建设首都水源涵养功能区，建设京津冀生态环境支撑区；“三群”，即建设以首都为核心的世界级城市群，建设环渤海港口群，建设和融入京津冀机场群；“六带”，即建设大运河文化带，建设京张体育文化旅游带，建设太行山—燕山生态保护和绿色发展带，建设沿海经济崛起带，建设“石保廊”[①]，创新发展引领带，建设冀中南转型升级示范带。新布局新机遇必将推动河北农信置身区域协调发展战略大格局，着眼解决区域发展不平衡不充分问题，凝聚农信系统力量，发挥整体优势、突出协调联动，努力实现创新发展、绿色发展、高质量发展新突破。在创新发展上，河北农信将坚持客户至上理念，加强渠道建设，丰富金融产品种类，深化外部合作和精准营销，持续提升客户满意度；在绿色发展上，河北农信将积极落实“双碳”战略，发力绿色转型，制定绿色金融发展战略规划，发展绿色信贷，完善绿色产品体系，实现持续健康发展。

（三）比较优势的叠加效应下，河北农信驶入换道提速关键期

同大型银行相比较，农信社在资本、估值、客户、支付系统、跨业和科技队伍上都不占优势，如果继续在“大行”的跑道上拿自身弱势去正面竞争，必将是以弱

---

① “石保廊”，即石家庄、保定、廊坊。

搏强、毫无胜算，甚至会是“死路一条”，最终会被淘汰出局。应重视传统优势、体制优势和数据优势的规律和运用，立足优势打好阵地战、反攻战、数据战。

1. 机构点多面广、员工人熟地熟，是农信社的传统优势

时任中国金融学会会长周小川在“2021中国金融学会学术年会”上表示，从我国一些办得很好的基层银行经验可看出，基层银行大有可为，它们有基层信息和服务上的优势，对基层客户有第一手的观察，如果抓住了自己的潜在优势，基层银行为国民经济服务以及自身生存发展的空间是很明显的。农信社物理网点设置与行政区划匹配度高，金融服务现场响应能力大大优于其他银行。目前，河北省共有167个县级区划，其中市辖区49个，县域区划118个；乡级区划2 254个，其中县域乡镇1 944个。河北农信共有145家市县级法人行社，近5 000个营业网点，其中乡镇及以下网点3 478个，覆盖全部乡镇；农村金融便民店达到20 898个，村级基础金融服务基本实现全覆盖。上述线下优势一旦集成发挥作用，探索以线下反攻线上的路径，将具有大型银行先进技术和产品短期内难以渗透的绝对优势。

2. 管理决策快捷、服务高效便捷，是农信社的体制优势

农信社采取两级法人结构，多年来保持县域法人地位不变，每家机构都自主经营、自担风险，因此体制机制灵活、决策链条短、服务效率高，能够更好地满足乡村振兴金融服务需求。目前，河北农信营业网点占河北省银行业机构的45%左右，占河北省县域及乡村金融机构网点的80%以上（见图1、图2）；员工人数占河北省银行业从业人员的32%左右，是河北境内网点和员工数量最多的银行业机构。同时，河北农信涉农贷款余额占全省银行业的36%，县域贷款余额占全省银行业的40%，小微企业贷款余额占全省银行业的44%，还具有绝对的规模优势。体制机制的灵活优势和省市县三级机构纵向联通、机构网点横向覆盖的规模优势相互叠加，将发挥乘数效应，在改革创新、经营管理、风险防控和法人治理中事半功倍。

图1　农信社网点在银行同业机构网点中占比

资料来源：河北省联社。

图 2　农信社网点在县域及乡村金融机构网点中占比

资料来源：河北省联社。

3. 掌握农户信息、了解农户需求，是农信社的数据优势

一方面，通过多年扎根农村、深耕县域的数据积累，农信社在农户工资发放、社保发放、居民消费、信贷服务等环节中已采集和掌握了“第一手”客户信息。以河北农信为例，目前拥有贷款客户数 83 万户，其中企业客户 4 万户，个人客户 78 万户；存款客户数 5 597 万户，其中企业客户 37 万户，个人客户 5 560 万户。另一方面，河北农信通过开展“双基”共建农村信用工程，从 2015 年开始，已累计为省内 663 万农户进行了评级建档，并在省内评定了 1.7 万余个信用村、277 个信用乡（镇）、277 个信用示范区。这些数据库是农信社数字化转型的数据基础，也是农信社在市场竞争中的数据优势，必须保存好、管理好、应用好，发挥其应有价值。

三、转型之困：数字化转型将倒逼农信社加速变革

近年来，数字化转型已成为银行业高质量发展的大趋势，一场由数字驱动的金融变革撬动了银行业空前快速的发展。在银行业数字化转型的浪潮中，无论是主动出击还是市场倒逼，对于根植于广袤农村大地、科技力量相对薄弱、金融服务线上化水平相对落后的农信社来说，变革压力巨大，转型困境复杂，亟待通过有效举措拨开云雾、走向光明。

（一）从外部环境看，农信社发展面临诸多挑战

当前，宏观经济金融形势和社会发展不稳定性不确定性因素明显增加，疫情防控形势依然严峻复杂，农信社要想在全面助力乡村振兴中发挥更大优势、取得新的成效，同样面临诸多挑战。

1. 宏观经济环境复杂多变，不稳定性不确定性明显增加

当前，我国经济发展正面临着需求收缩、供给冲击、预期转弱三重压力，河北省经济发展仍存在产业结构不够优化、区域发展不够协调、生态环境治理不够完善、科技创新能力不够强等四大短板。同时，受新冠肺炎疫情影响，全球经济仍需要较长的复苏过程，宏观经济下行压力持续增加。碳达峰、碳中和行动扎实推进，生态环境治理力度将会进一步加大，大气污染综合治理和联防联控措施全面实施，对产业结构能源结构调整都将带来深远影响。河北作为重工业大省，目前产业结构仍然偏重、产业层次仍然较低，企业发展方式粗放、生产经营风险较大，同时产能过剩、疫情影响以及房地产等领域的隐性风险逐步显现，这些将直接影响农信社的资产质量和发展速度，并倒逼农信社加快数字化转型、零售转型、敏捷转型等转型升级进程，从而进一步提升乡村振兴金融服务的能力和水平。

2. 乡村振兴产业基础较为薄弱，金融服务体系建设有待加强

面对加快农业供给侧结构性改革背景下的新政策、新环境，农村金融服务依然是金融体系较为薄弱的环节。一方面，农村互联网普及程度较低影响了金融服务渠道延伸。当前，互联网已成为农信社创新金融产品、拓展服务渠道的重要途径，但根据《中国互联网络发展状况统计报告》数据显示，全国互联网普及率61.2%，而农村地区互联网普及率仅为30%左右，远低于全国平均水平。这种情况导致农信社无法有效延伸线上服务渠道，整合推广产品应用场景，一定程度上制约了金融服务方式的创新和效能发挥。另一方面，金融生态环境欠佳导致金融服务工具存在使用风险。农信社服务创新需要良好的外部生态环境做支撑，但目前农村地区金融生态环境仍存在着经济基础薄弱、法治和信用环境欠佳、信用管理体制滞后、农民风险防范意识淡薄等问题。特别是由于对网络安全认识不够，相当多的农村居民自我保护意识不强，金融工具使用能力不足，让不法分子有机可乘，因服务工具使用不当导致的风险隐患加大，造成农村地区风险积聚，非法集资、银行卡非法买卖等各类金融案件频发。因此，农村居民对使用网络化的金融服务工具有抵触心理，产生

拒绝使用或使用不当等问题。

3. 矛盾和潜在风险需时刻警惕，发展和安全亟待统筹兼顾

当前，农信社数字化转型正处于极为关键的时期，新的矛盾已经显现并逐步加深。农信社改革发展和转型升级新任务与人才匮乏、资产质量不高、科技支撑能力不足、高精尖人才匮乏的矛盾日益加剧；社会各界多方期许不断提高和改革创新、提质增效滞后矛盾不断凸显；股东和员工利益诉求最大化与经营瓶颈、监管和行业约束增强的矛盾较难平衡。这些制约瓶颈亟待研究解决。同时，在信用风险、市场风险和操作风险等传统风险的基础上，农信社还需要密切关注和超前防范舆情风险、合规风险，以及信息科技风险、不当创新风险等带来的挑战，特别是多种风险交织叠加，危害性、传染性和影响力需引起高度重视（见图3）。

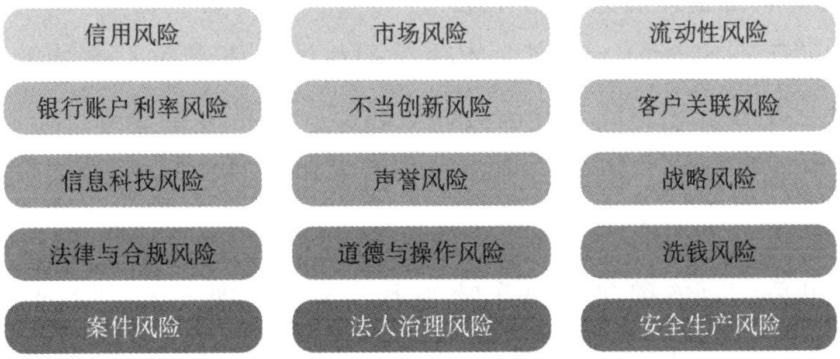

图3　农信社面临的15类主要风险

资料来源：河北省联社。

（二）从市场环境看，农信社竞争面临诸多挑战

在当前异常激烈和多元化的市场竞争形势下，农信社“腹背受敌”，线下生存空间被不断挤压，线上金融业务始终处于“追着大型银行跑”的被动局面，需要通过一系列有效举措尽快扭转被动的市场竞争格局。

1. 大型银行重返农村金融市场降维打击

过去，受成本、人力因素影响，大型银行大多保留县级机构，相继撤并农村网点，在很多偏远地区形成农信社一家独大的情况。近年来，随着国家乡村振兴战略的实施，各大银行纷纷重返农村金融市场，依托自身在规模和技术上的优势开展降维竞争，一方面通过“快贷”“易贷”等产品线上获客，另一方面通过金融助农点、便民店等形式快速延伸触角，抢滩农村中小银行阵地，在涉农和小微金融服务领域开展“面对面”的竞争，农信社传统优势正在逐步削弱为比较优势。相比大型银行，农信社在品牌影响、创新能力、科技和人才等方面差距明显。

2. 互联网金融企业和新型农村金融主体加剧市场竞争

互联网企业极大冲击传统金融业态，以京东、淘宝为代表的线上电商平台，以微信、抖音为代表的社交软件，凭借其第三方支付领域和场景化优势，在支付领域远远超过传统商业银行，并以此拥有了一部分农村金融市场，农信社传统的依靠赚取净利差、净息差的盈利方式受到严峻挑战，盈利能力面临下滑风险。另外，银保监会发布的数据显示，全国新型农村金融机构（村镇银行、贷款公司、农村资金互助社）已达1 690多家，资产总额已达19 400余亿元。新型农村金融机构与农信社业务范围高度重合，进一步加剧了农村金融市场的竞争。

3. 农信员工队伍整体能力相对不足

从农信社的运行实践看，管理人才缺乏和整体队伍素质不高的问题较为突出，现有管理人员、业务骨干与同业优秀人才有差距，尤其零售业务、金融市场和科技研发等重点条线人才匮乏，已成为制约业务拓展和转型升级的瓶颈。同时，受到品牌影响，薪酬政策、人才引进作用也不能有效发挥；相反，还出现了一些优秀员工外流的现象。此外，现有管理人员年龄偏大，各级管理人员的阶梯式配置存在不足，总体学历层次低于同业，思维模式、工作思路更贴近传统与保守，在创新发展和转型发展中缺乏优势。

（三）从内生动力看，农信社转型还存在“痛点”、难点和风险点

从农信社自身角度讲，当前在数字化转型方面还面临许多“痛点”、难点和风险点，一定程度上影响了数字化赋能效果和转型进程，需要由内而外、由点到面寻找突围方向和化解方法，实现治标与治本相结合、当前与长远相结合，达到“治其根本、药到病除”的效果。

1. 传统业务服务范围与未来客户需求不匹配

一方面，随着城市化进程加快，人口老龄化等问题越来越突出。以河北农信为例，目前农村金融客户主要在40岁以上（占比80%—90%），5—10年后，在全面实现乡村振兴的背景下，有些客户将更加富裕，对信贷资金的需求将逐渐下降，对个人财富保值增值的新需求将不断增加。另一方面，以支付宝、财付通为代表的互联网金融兴起，与网络购物、网络社交等相伴的线上支付培养了年轻人的交易习

惯。随着网商银行、微众银行、新网银行等互联网银行的快速发展，互联网化的业务办理方式、形式多样的宣传营销活动进一步降低了传统金融机构对年轻客户的吸引力。如何拓展未来客户已成为迫切需要解决的新命题。农信社必须转变经营思路、研究客户特点，积极了解和培育未来客户的新需求、新习惯，并通过数字化手段在新业务新产品新服务中体现充分的吸引力。

2. 线下服务方式与人口区域流动趋势不匹配

经济社会的持续发展为农村人口向城镇迁移流动创造条件。近年来，农村人口流动趋势愈发明显，流动人口规模不断扩大，农村“空心化”日益加重。2020 年河北省第七次人口普查数据显示，河北省常住人口中，人户分离人口 1 978 万人，其中：市辖区内人户分离 444 万人；流动人口 1 533 万人，其中跨省流入人口 316 万人，省内流动人口 1 217 万人。与 2010 年第六次人口普查相比，人户分离人口增长 138.34%，流动人口增长 129.71%。农信社传统的线下业务服务模式与当前人口区域流动不适应。如何在有效发挥线下优势的基础上扭转观念、创新思路，对阶段性流出人口提供持续有效的金融服务，是农信社数字化转型需要解决的重要问题。

3. 风险防控体系建设与案件频发态势不匹配

数字化风控体系与传统线下风控不同，当前风控方式对业务和运营的支撑还是基于传统线下风险认知与手段的优化提升，这与创新业务范围的广度、交易渠道的广泛、交易规模的海量、业务服务的开放程度等都不匹配。近年来，犯罪分子借助科技工具，面向客户实施电信诈骗频率更高，银行风险防控压力更大。农信社风险防控体系建设较大型银行则相对更薄弱，与行业风险案件防控态势不适应。如何在数字化转型进程中打造农信社风控体系，实现智能化风控，同时还要避免转型中的风险漏洞，需要认真研究和探索。

4. 金融科技基础支撑与农信社转型需求不匹配

在新型技术快速发展中，整个金融行业正处在一个推动创新升级改造的阶段，一方面，大数据、云计算、人工智能等金融科技应用资金投入大，建设规划与实施周期长，且需要集全系统业务骨干和技术精英于一体——农信社转型任重而道远；另一方面，基层行社为应对激烈的市场竞争，数字化转型需求极为迫切，期望效果“短平快”，与农信社金融科技应用建设起步晚、专业人才匮乏、基础支撑薄弱的现状不适应。如何在数字化转型中快速高效、分步实施，又避免重复建设，河北省联社与基层行社需要科学规划，明确定位与分工。

面向未来，农信社既面临前所未有的发展机遇，也面临巨大的挑战，但机遇必然大于挑战。特别是“十四五”规划将数字化安排推动经济社会发展重要的战略手段，第一次将数字化安排专篇进行重点部署，第一次明确数字经济体系内容，第一次将场景作为发展数字经济的重要抓手，第一次明确强调数据作为生产要素的重要作用。农信社应顺应时代潮流、更新理念观念、打破瓶颈制约、积极主动作为，化危为机、变压力为动力，才能以新理念、新业态、新模式全面融入金融助力乡村振兴工作的各环节和全过程。

四、实践之路：农信社主场转型的特色路径

随着数字化经营转型的连锁驱动，各省农信机构“摸着石头过河”，结合省情社情谋划数字化转型发展战略，创新探索数字普惠金融服务，走出了百花齐放、各具特色的数字化转型路径。

（一）转型实践

河北农信始终坚持科技兴社和“小银行＋大平台”的发展战略，以创新驱动发展，以科技赋能金融，不断增强科技创新引领能力和普惠金融服务能力，提升河北农信信息科技现代化智能化水平，为业务发展、经营管理、风险防控铸就了强有力的科技堡垒。

1. 卡类服务

银行卡是金融服务客户的基础。近年来，河北农信不断拓展和丰富银行卡产品种类，从借记卡到信用卡，从国际卡到国密卡，从最初的单一卡种到特色卡、主题卡、联名卡和京津冀农银通卡，提供同号补换卡、吉祥号、如意号开卡等特色服务，满足了不同时期、不同场景、不同客群的服务需求。特别是2020年，河北农信面向农村地区农户、农产品经营者和经纪人等涉农个人客户，量身定制专门用于

农业生产、生活消费等涉农场景的专属银行卡产品——乡村振兴卡，不仅免除开卡工本费、年费、短信服务费、跨行取款手续费、异地取款手续费等五项费用，还对乡村振兴信用卡透支利率执行五折优惠，让老百姓真正享受到低成本、高质量的普惠金融服务，标志着河北农信对农村地区的支付结算服务由生活领域全面向生产和生态产业化融合迈进。截至2021年12月末，河北省农信系统发行各类特色卡、主题卡、联名卡50余种，涵盖交通、教育、医疗等各行业，发卡规模连续多年位居河北省金融机构首位（见图4和图5）。

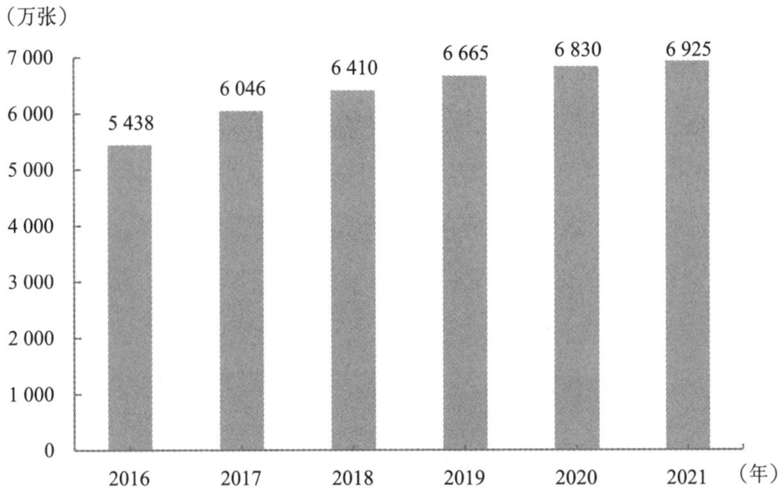

图4　2016—2021年河北农信信通借记卡规模

2. 信用工程

2016年，河北省联社联合河北省委农村工作部在全省全面启动“双基”（基层农村信用社和基层党组织）共建农村信用工程，并逐步将城镇居民、企事业单位职工、商户、小微企业主等客户纳入“双基”共建范围，积极营造了良好的农村金融生态。近年来，河北省联社与地方党委、政府加强沟通协调、通力合作、精心谋划、周密部署、强力推进，稳步建立了地方党委、政府主导、农信社组织实施、行政村“两委”配合、城乡居民参与的“四位一体”联动工作机制，形成共建工作格局，有效解决了金融服务“三农”的“最后一公里”问题。“双基”共建是河北省委省政府确定的全省农村重点工作，已连续6年纳入河北省委“一号文件”。河北全省已建档农户666万户并全部完成信用等级评定（见图6和图7），已授信农户361万户，评定信用村17 186个、信用乡（镇）288个、信用示范区280个（见图8），营造了良好的农村信用环境。

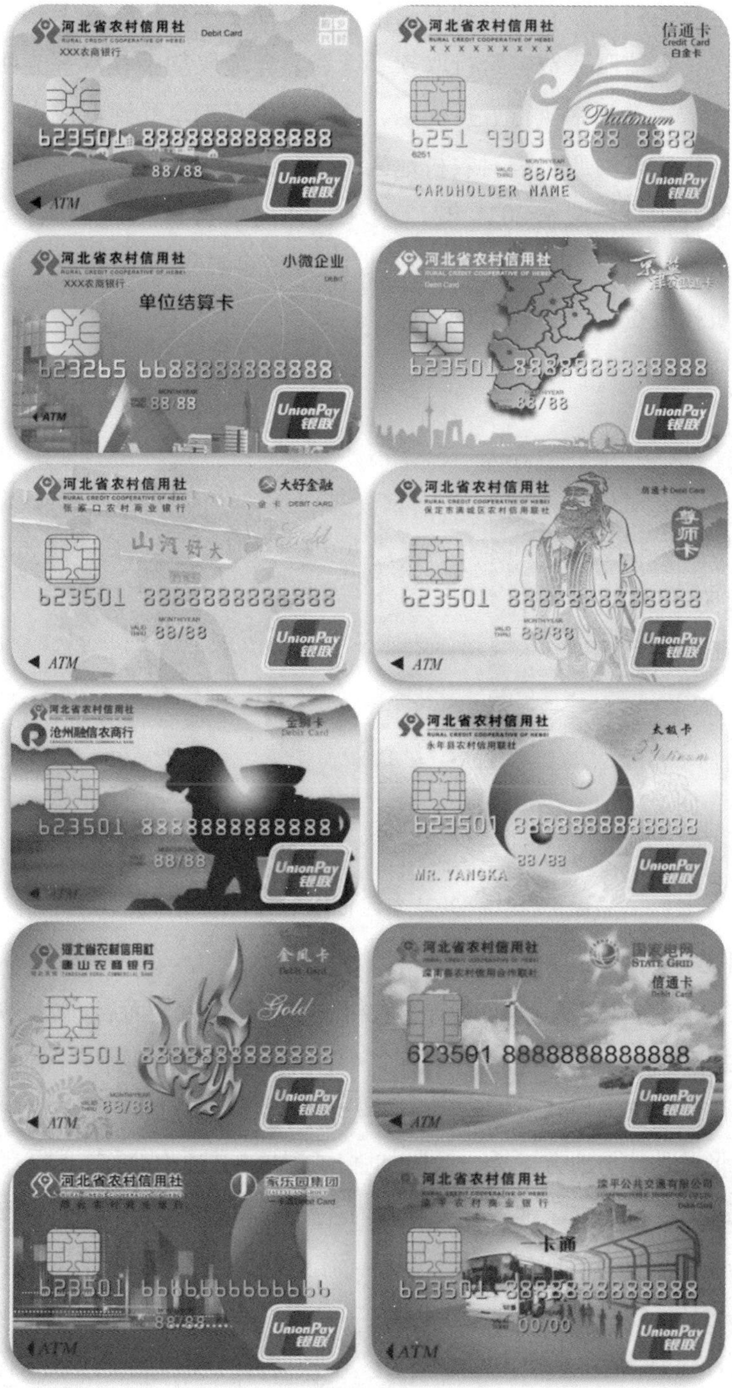

图 5　河北农信部分卡产品

资料来源：河北省联社。

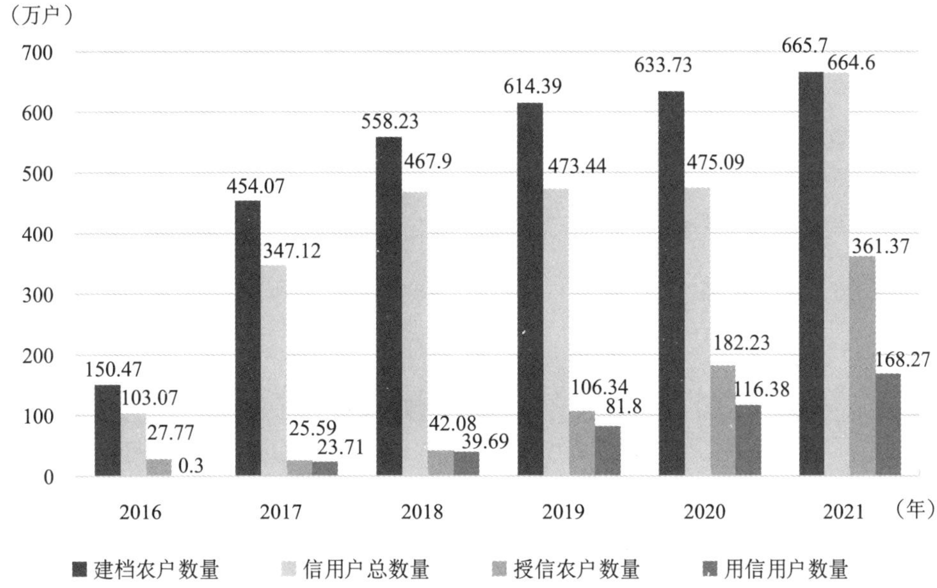

图 6　2016—2021 年“双基”共建建档、评级情况

资料来源：河北省联社。

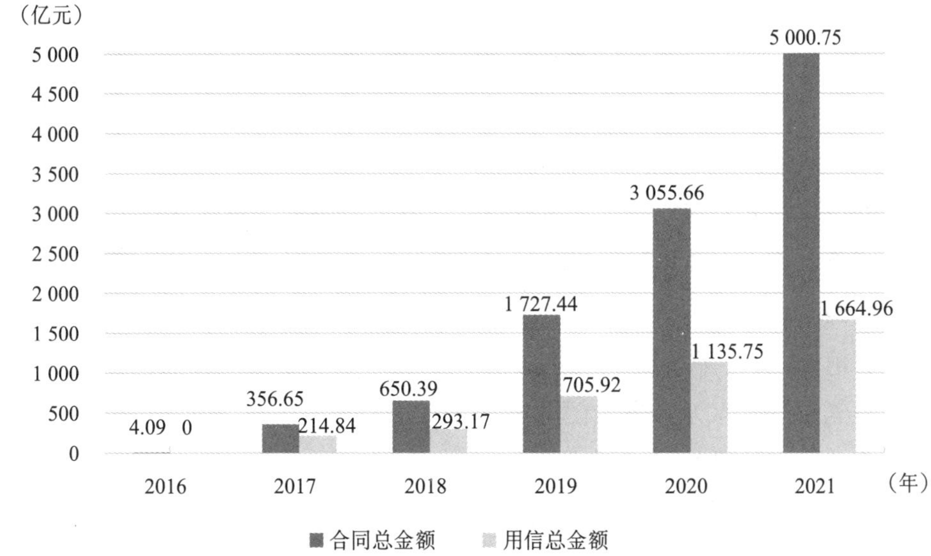

图 7　2016—2021 年“双基”共建用信情况

资料来源：河北省联社。

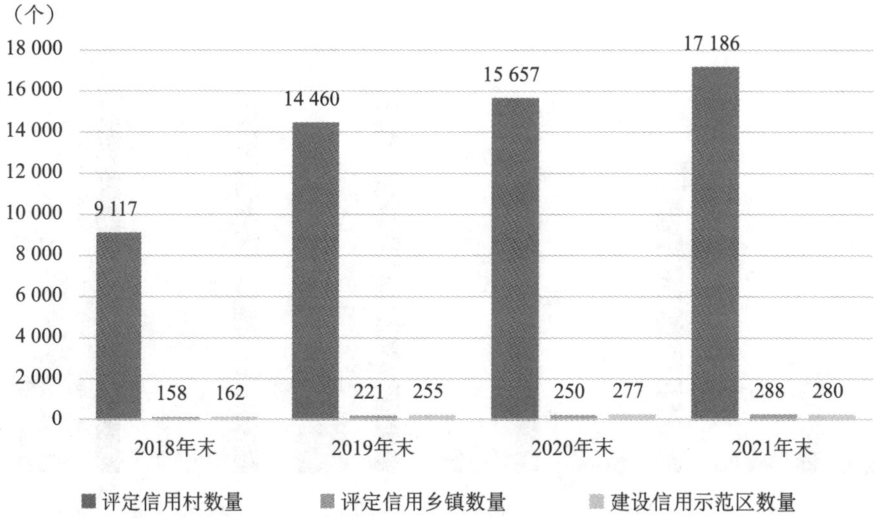

图8　2018—2021年“双基”共建信用村、信用乡（镇）、信用示范区情况

资料来源：河北省联社。

3. 网点服务

河北农信于2011年启动“农信村村通”工程建设，并于2016年实施“农信村村通”提升工程，不断升级便民设备打造金融便民店，为客户提供存转代等23项金融服务，建立起了遍布县、乡、村的农村金融服务网络，实现了“基础金融服务不出村、综合金融服务不出镇”。河北农信扩大农信社服务空间范围，选择适合地区设立自助银行等无人营业网点，通过布放存取款一体机、自动取款机、查询机等自助金融服务设备，为客户提供存款、取款、转账、查询、电子现金圈存等金融服务功能。为提高客户获取金融服务便捷度，特别是解决农村地区老年客户实际困难，河北农信于2016年推出“e挎包”移动银行，通过应用无线网络、大数据、移动终端等先进技术，为客户上门办理开卡、手机银行、社保卡激活等八大类44种非现金业务，有效提升了“适老化”金融服务水平。2021年，为全面贯彻落实乡村振兴国家战略，河北农信从金融便民店中优中选优，打造乡村振兴金融服务综合体（见图9、图10）。

4. 产品研发

河北省联社成立以来，始终坚持以客户为中心，积极顺应农村金融服务需求变化，不断加大产品研发力度，着力打造产品工厂，推动河北农信系统存贷款产品不断丰富，电子银行和中间业务发展迅速，渠道拓展能力不断提高，支付结算等各类

图 9　河北农信金融便民店和乡村振兴金融服务综合体

资料来源：河北省联社。

图 10　河北农信自助银行和助农服务终端

资料来源：河北省联社。

业务产品和服务日益完善。截至 2021 年 12 月末，河北农信共有 10 大类、281 个产品，其中：贷款业务产品 81 个、存款业务产品 61 个、股权业务产品 5 个、支付结算业务产品 37 个、资金业务产品 18 个、中间业务产品 37 个、电子银行类产品 14 个、银行卡类产品 13 个、自助机具类 13 个、其他类业务产品 2 个（见图 11）。特别是农贷宝、商贷宝、幸福宝等“宝”系列特色信贷产品和冀时贷等个人消费类贷款深受省内客户好评，成为河北农信的名牌产品和拳头产品。

5. 电子银行

在近几年国内和河北省内局部新冠肺炎疫情的防控关键期，电子银行以其远程、不接触、安全、便捷等特点，充分保障了河北农信特殊时期的金融服务不间

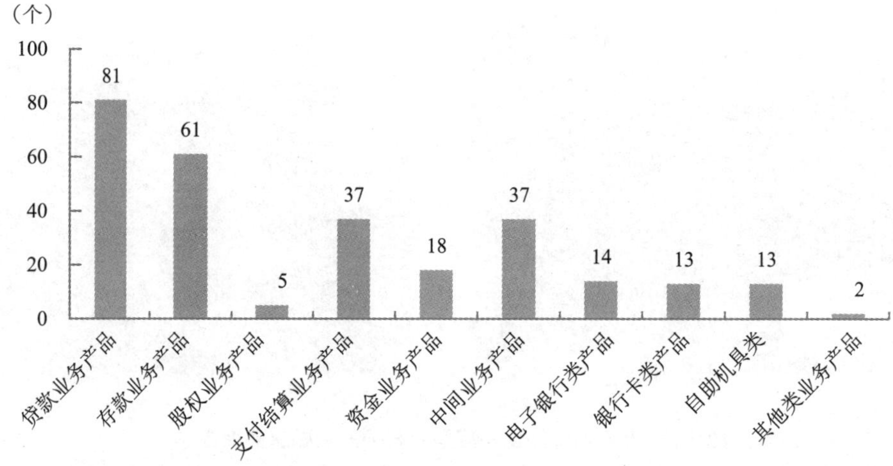

图11　河北省农村信用社金融产品

资料来源：河北省联社。

断，有效解决了客户金融服务需求难题。其中：2021年初国内新冠肺炎疫情期间，河北全省农信社客户通过电子渠道办理的各类动账业务笔数达到1.4亿笔，比2020年同期增长3 526万笔，增幅35%；2022年初河北省内突发新冠疫情期间，河北农信线上渠道动账类业务交易量达1.6亿笔，同比增长7 866万笔，增幅近100%；手机银行、网上支付、“农信e缴费”等主要线上渠道交易量显著增加，大部分交易量同比增幅均在100%以上，有的甚至超过200%，电子银行交易规模屡创历史新高（见图12）。

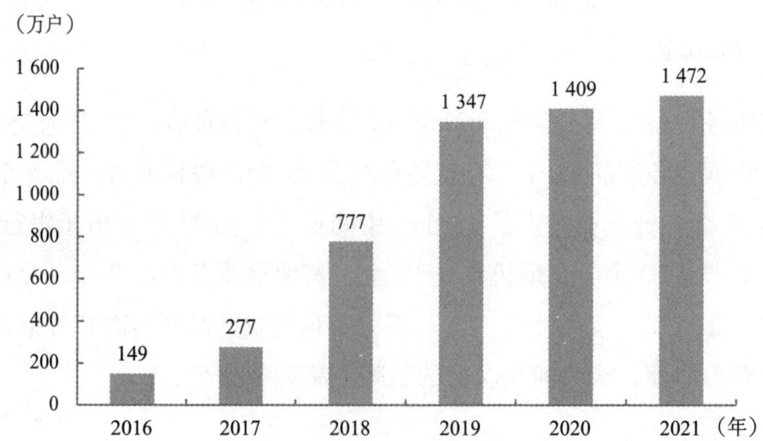

图12　2016—2021年河北农信手机银行客户数

资料来源：河北省联社。

6. 移动金融

紧跟现代金融发展步伐，大力发展“互联网＋金融”新兴服务，构建起以手机银行、网上银行、微信银行和网上支付为支柱的线上金融服务体系，河北农信线上金融服务能力逐步提升。特别是手机银行推出“随e盾”安全认证方式，支持加载“eID电子身份证”功能，是全国首家支持该认证方式的省级农信机构。河北农信始终加强场景金融建设，着力完善农村金融支付环境，先后建成石家庄鹿泉停车场扫码缴费场景、承德塞罕坝在线购票场景、唐山迁安公交场景、唐山农商银行中医院医疗场景、沧州肃宁商超场景、邢台任县燃气缴费场景、秦皇岛市区扫码点餐场景等多种类行业场景，带动实现产品引流。拓展县域民生缴费服务，通过中间业务综合服务平台，向基层行社提供燃气、热力、社保、非税、校园一卡通等统一接入服务，向客户提供线上、线下便捷缴费服务。目前，河北农信各市县级行社已接入燃气公司17家，热力公司32家，校园一卡通学校224所，接入服务机构数量及业务量呈逐年上升趋势（见图13）。

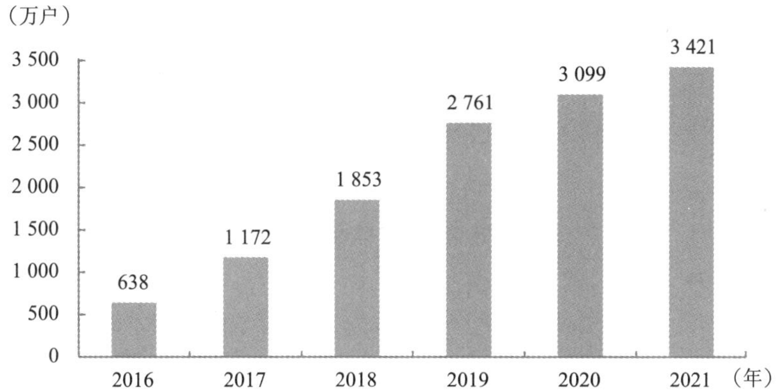

图13　2016—2021年河北农信移动金融客户数

资料来源：河北省联社。

7. 智慧金融

河北农信深刻把握当前智慧金融发展趋势，运用数字技术，加快电子银行和智能设备发展速度，推进网点智能化转型。不断拓展智慧银行功能，现已推广使用智能排队填单机、智慧柜员机、智能现金柜台、营销互动屏、厅堂PAD、智能茶几及智能机器人等7款智能设备，支持客户识别、智能填单、智能办理、智慧营销及渠道协同等多种场景，实现营业网点从单一人工转向“人机协同”服务模式。开卡、换卡、业务签约、转账、大额存取款、回单等 27 大类、70 余种业务由柜面分流到智能设备办理，大大提升了柜面业务替代率和业务处理效率，客户体验明显改善。同时，广泛应用人机交互、人脸识别、电子签名等新技术，在自助设备和 POS 机具上实现刷脸办理金融业务，为广大客户提供更智能、更便捷的金融服务。目前，河北省内有 125 家行社建立了智慧银行，共布放各类智能设备 679 台，累计办理各类业务 229 万笔。河北农信高度重视数字人民币对接工作，于 2021 年 8 月 13 日作为全国首家农信机构成功接入数字人民币互联互通平台，并在冬奥会张家口赛区和雄安新区开展数字人民币受理业务验证工作，助力数字人民币业务在农村地区试点应用工作（见图 14、图 15 和图 16）。

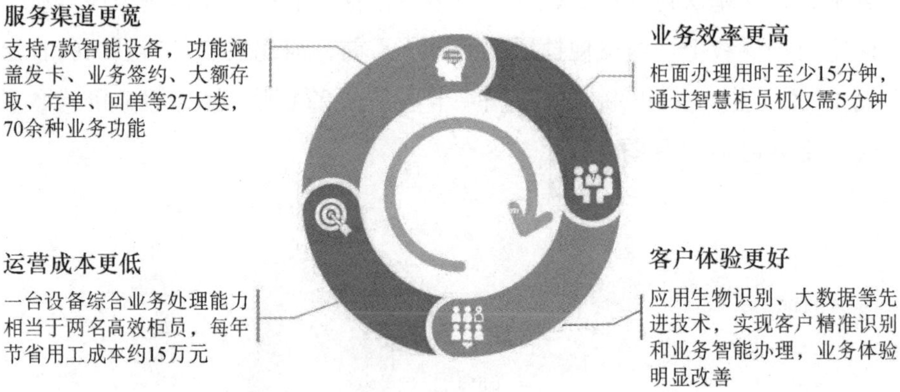

图 14　智能金融设备优势

资料来源：河北省联社。

8. 智能风控

河北省联社始终致力于以信息科技手段加强风险防控，依托中国银联银行卡交易数据和风控模型，建立银行卡风险管理系统（见图 17），提供交易侦测和风险判定等服务，及时发现、预警、堵截欺诈交易，进一步提升了银行卡风险侦测和处置能力。启动河北农信数字化转型项目建设（经营管理风控一体化），进一步提升信息系统抵御风险的能力。2021 年 11 月 12 日，河北省联社与中国农业银行河北省分行签署战略合作协议，学习引入先进风控工具和技术，加快提升智能风控水平，促进改革创新和数字化转型。

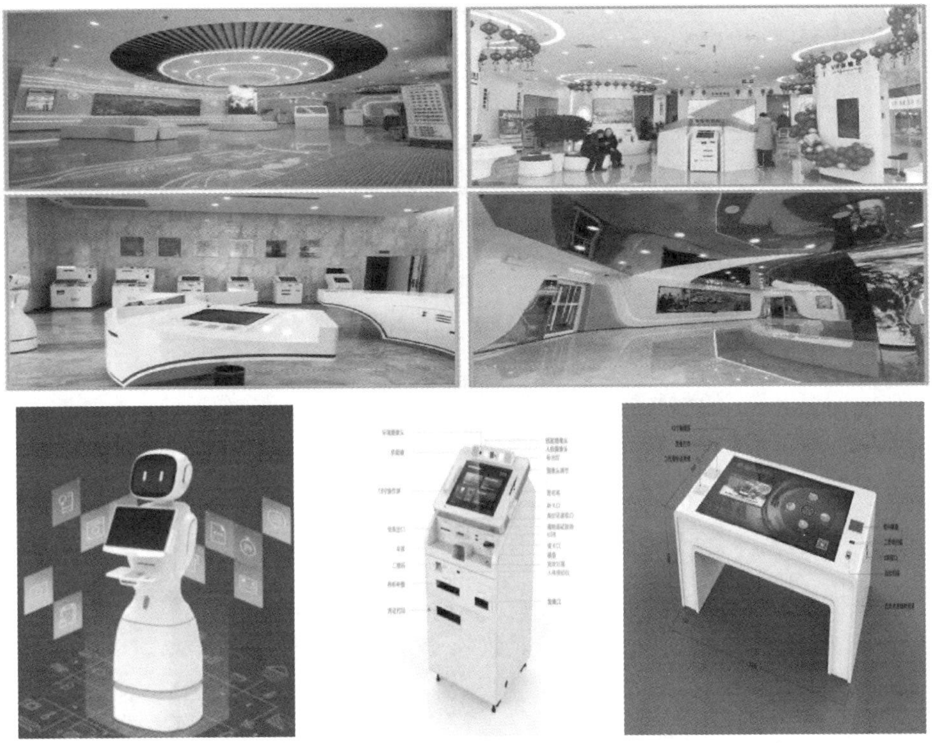

图 15　智慧银行及智能设备

资料来源：河北省联社。

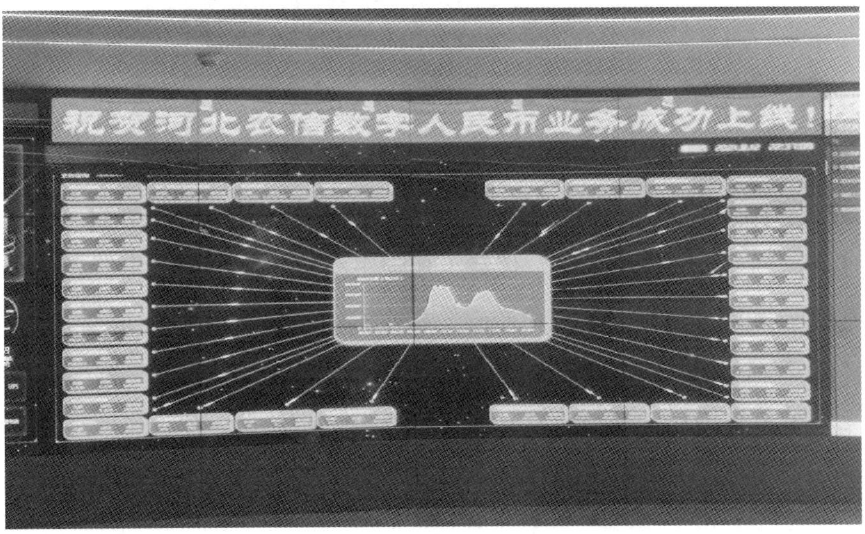

图 16　河北农信数字人民币业务成功上线

资料来源：河北省联社。

图17　河北农信风险管理系统界面

资料来源：河北省联社。

9. 外部合作

河北省联社充分发挥省级平台优势，加强银政合作，在与河北省农业农村厅签署《金融支持实施乡村振兴战略全面战略合作协议》的基础上，陆续与廊坊、张家口、保定、唐山、衡水、沧州、秦皇岛、石家庄、承德、邯郸等市政府和河北省政务办分别签署合作协议，与河北省农工办、组织部、农业农村厅联合开展农村金融服务专员选派工作，为金融服务深度融入乡村振兴奠定基础。加强银银合作，在服务“三农”、乡村振兴、金融科技、人员交流、产品研发等领域开展全方位和深层次合作。大力拓展外部合作，与财政、税务、社保、交通、教育等政府部门和企事业单位建立了长期稳定的合作关系，先后推出“银财通”“银税通”“惠农通”等八大系列代理类中间业务和代理保险、理财、实物贵金属等销售类中间业务，业务种类达到 36 种（见图 18）。特别是 2021 年以来，河北省联社不断加强与省人力资源和社会保障厅沟通协调，在全省范围内发行第三代社保卡和电子社保卡，应用国密算法、非接触式读写、个人数字证书、生物特征识别等新技术，新增线上办理百余项社保服务功能，易用性、便捷性、安全性均大幅提升，河北农信社保服务能力进一步增强。

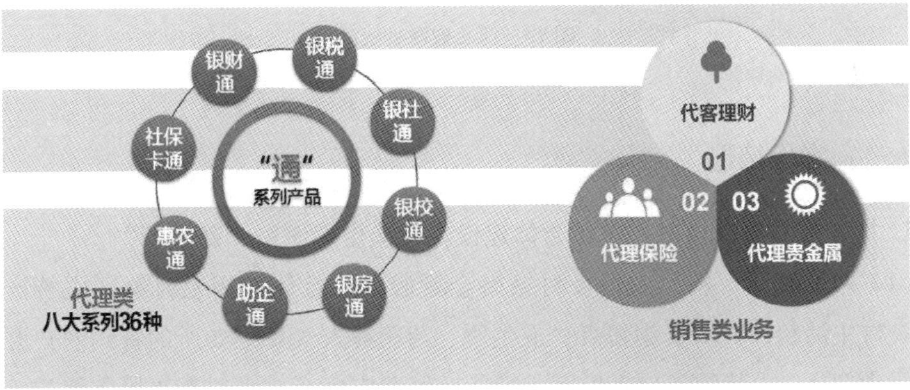

图 18　代理产品种类

资料来源：河北省联社。

10. 平台建设

河北农信逐步加强信息科技和电子化建设，2018 年初成功上线"第二代核心业务系统"，2020 年 9 月成功上线"河北农信新一代信贷管理系统"，在客户服务、业务创新、运营支持三大领域实现飞跃性提升。开展一系列战略性信息化项目建设，高水平建成 6 500 平方米生产中心机房（见图 19），建立生产网、办公网、互联网三网架构的网络系统，建设"河北农信大数据云"，为承载各类管理系统运行提供了有效保障。先后建成 7 大类 225 套应用系统，实现对全省农信社信息资源的共享和业务流程的协同。充分利用大数据技术实现数字转型，大力开展"应用上云"微服务，构建企业级架构信息资产库，推进核心技术自主掌控，快速高效实现产品创新，为核心能力的跨越提升提供了坚实的数据引擎和平台支撑。为确保业务发展平稳运行、金融服务安全高效，河北农信逐步推进"两地三中心"体系建设，先后建成同城应用级双活数据中心、异地数据级灾备中心，为开展金融创新提供了坚强后盾，其中应用级双活数据中心建设达到国内农信系统先进水平。

图19　河北省联社机房

资料来源：河北省联社。

（二）案例精选

1. 推进乡村振兴金融服务综合体建设，打造惠农便民“新品牌”

（1）项目概述。河北农信乡村振兴金融服务综合体选择农村地区农特产品商店、农村生活超市、农资销售点、卫生所、药店等人气聚集场所的特约农户开展合作（见图20），由特约农户提供营业场所，河北农信布放乡村振兴服务终端、助农服务终端、扫码收银机、智能POS机、“e挎包”移动银行等金融设备，将农户生产生活与金融服务有机结合，打造集基础金融服务、移动金融服务、小额贷款申请、保险、实物贵金属销售、农产品展销、直播带货、线上商城、快递物流服务于一体的综合型金融服务体系。

图20　河北农信乡村振兴金融服务综合体

资料来源：河北省联社。

（2）主要功能。乡村振兴金融服务综合体设置有金融服务区、直播带货区、农特产品区、快递物流区，可对外提供 16 大类服务，覆盖百余项百姓日常所需服务功能。业务办理流程如图 21 所示。

图 21　业务办理流程

资料来源：河北省联社。

（3）项目特色。一是深入农村，贴近百姓生活。乡村振兴金融服务综合体建设在行政村中央或主干道上，河北农信以综合体为圆心，主动上门走访，进农户、进商户、进企业、进机构，让农信社真正成为百姓身边的银行。二是全面服务，覆盖“三农”需求。乡村振兴金融服务综合体遍布河北省内县、乡、村，通过聚焦本地特色服务，打造“衣食住行娱”多元化场景金融产品，构建起线上线下一体化的场景金融生态圈。三是规范管理，保障资金安全。乡村振兴金融服务综合体严格选择合作特约农户，按照监管部门要求登记入网信息，悬挂统一标识，逐个编号管理，配备专业团队定期日常巡检维护，有效防范业务风险，保障农户资金安全。

（4）项目成效。一是便捷农民日常生活。综合体涵盖百余项农户日常生活所需服务，河北农信工作人员定期下乡驻点，为农户提供面对面的现场服务，让村民足不出村，在家门口享受“一站式”金融服务和便民服务，显著提升农村金融服务普惠性和覆盖率，极大便利农民日常生活。二是降低金融服务成本。乡村振兴金融服务综合体为当地农户、特约商户免费办理乡村振兴卡，不但提供开卡手续费、年费、异地取款手续费、跨行取款手续费、短信服务费全免优惠，而且提供免费涉农意外保险、家庭法律咨询、医疗咨询、购物优惠等增值服务，大幅降低农村地区客户获取金融服务成本。三是促进农民增效增收。乡村振兴金融服务综合体通过“农信e生活”服务平台，帮助商户和农户拓宽当地农特产品销售渠道，并且专门设置直播带货区、快递物流区，帮助农户多渠道销售农特产品，畅通农村物流通道，降低农特产品对外输出成本，带动当地特色产业发展和农民增收致富。四是拉动农村消费增长。乡村振兴金融服务综合体为符合条件的农村居民提供快贷、乡村振兴信用卡等个人消费信贷类产品，促进农村居民消费购买力提升；同时，引导城市工业品及优质消费品进村，通过让农产品进城、工业品下乡，促进农村地区消费升级。五是优化农村金融生态。乡村振兴金融服务综合体处于河北农信金融服务最前沿阵地，紧密联系客户，以“农村金融夜校”“文化大集”等形式，持续开展“送金融知识下乡”活动，深入开展金融知识宣讲、防范电信诈骗等活动，提高农民风险识别和防范能力，保护农民群众在经济运行中的合法权益。

2. 推进数字化转型项目建设，打造数据应用“新平台”

（1）愿景规划。数字化转型基于数字思维，利用大数据服务体系，提升数据组织、处理、管控和服务能力，树立以客户为中心的服务理念，增强河北农信核心竞争力，着力打造“四个生态”，即：数据生态、场景生态、风控生态、应用生态。

（2）建设原则。一是高效稳定原则。应具备在交易时间内连续、无故障运行的能力，并有应急处理、故障恢复功能。二是便捷实用原则。应能充分满足现阶段的业务功能要求，并能够支持未来3—5年的业务发展。三是安全可控原则。应保证数据质量的准确性、完整性、一致性、有效性，并具有加密功能或设置严格的控制权限。四是开放扩展原则。大数据平台架构设计应是开放式、可扩展的，可根据业务需求进行二次开发工作。

（3）建设范围。数字化转型是一项长期的系统性工程，需分期开展建设。借鉴商业银行及有关先进省级联社建设经验，并在充分考虑自身数据质量的基础上，河北农信确定了“做好数字化顶层规划设计，打好数字化应用基础”的建设思路，其工作范围拟分为三部分。一是大数据平台建设，包括基础平台及系统建设、配套的上下游系统改造、配合的数据迁移工作。二是数据治理，以大数据平台建设为前提，制定数据治理规划、实施方案、管理架构体系设计，并构建数据管控平台，建立保障体系，为数据治理方案的落地提供有力保障。三是数据应用，包括管理驾驶舱、经营分析报表系统、信用风险防控应用、客户综合积分管理、金融防欺诈等。

大数据平台总体业务架构和数据架构目标蓝图如图 22 和图 23 所示。

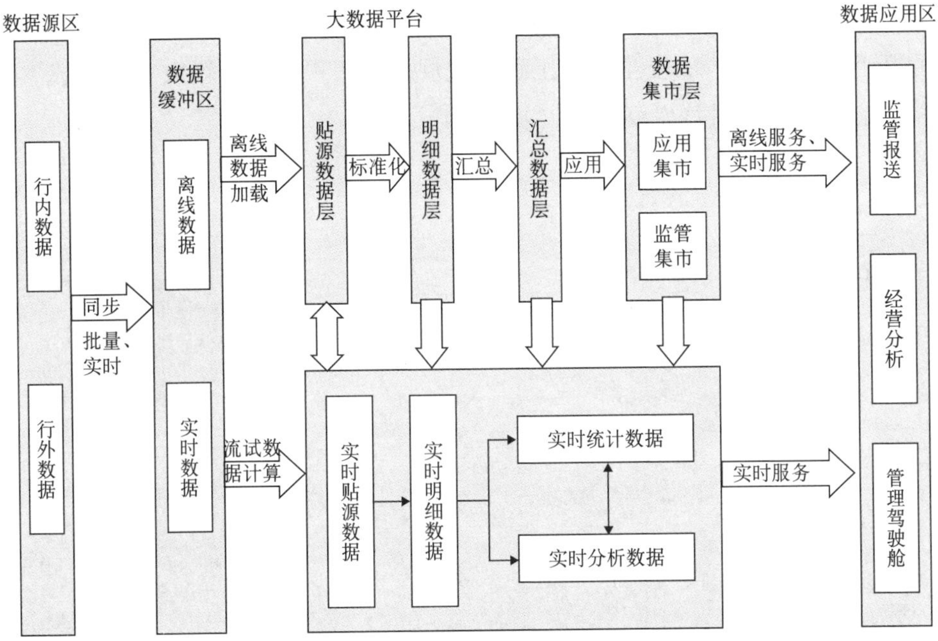

图 22　大数据平台总体业务架构

资料来源：河北省联社。

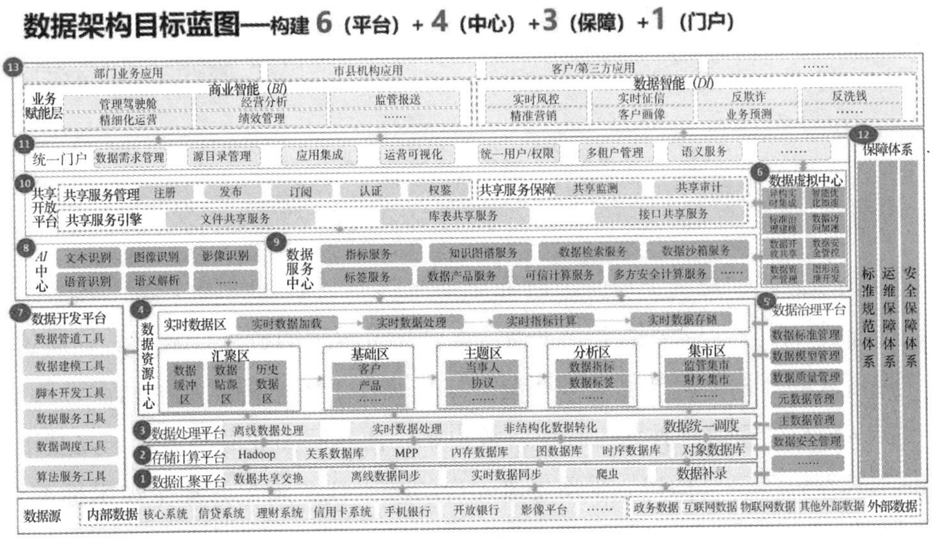

图 23　大数据平台总体技术架构

资料来源：河北省联社。

3. 推进企业级金融云研发平台建设，打造产品研发“新支撑”

（1）建设目标。通过平台建设，实现“四个一”的工程目标，即：一套“好用且灵活扩展”的企业级容器云平台基础底座、一套“通用且开箱即用”的企业级金融研发框架、一套“适用且规范落地”的面向领域驱动（DDD）脚手架、一套“可用且科学完备”的安全开发工程实践规范，实现了提质增效、降低成本、自主可控、满足监管的科技发展目标（见图24）。

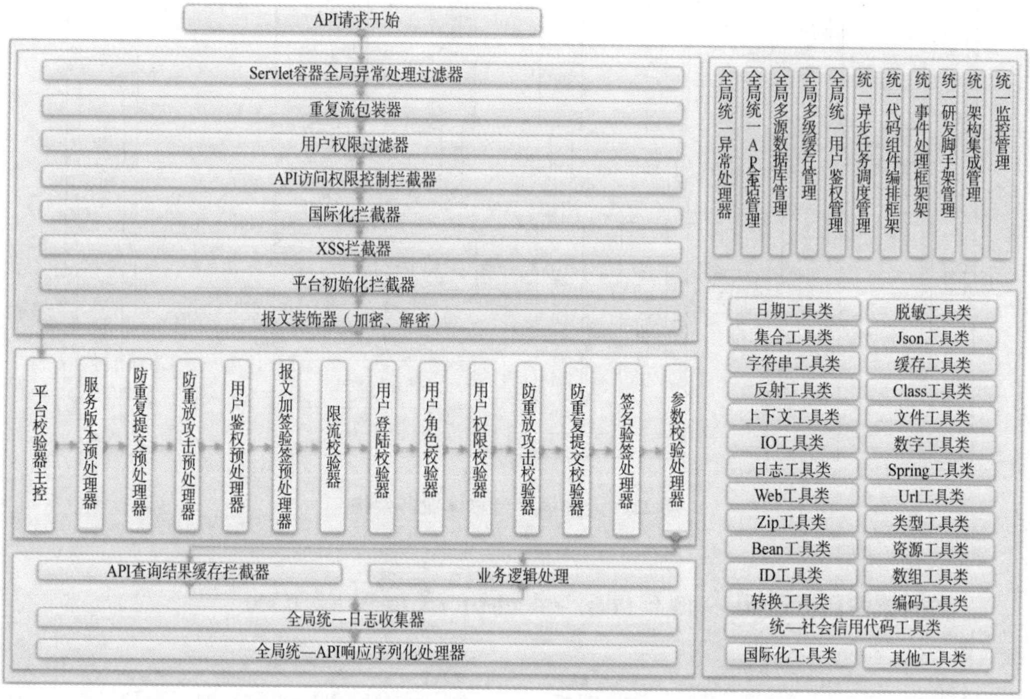

图24 企业级金融云研发平台研发框架——组件架构

资料来源：河北省联社。

（2）创新点。一是基于目前主流先进的技术线，自主研发了统一的研发框架SDK，具备运行高效、安全稳定、功能完备、开箱即用的特点，解决了厂商技术平台多样性带来的开发及运维复杂等问题。二是研发了统一的领域驱动设计脚手架，将程序员从繁重的重复性技术工作中解放出来，让其回归业务本质。三是基于华为公司的“容器云”平台构建，采用主流先进的技术栈，满足云原生技术标准要求，提供了高效、丰富、开箱即用的标准化技术组件。四是满足信息技术应用创新要求，实现了完全自主可控。

（3）项目成效。一是直面“痛点”问题，实现研发效能的快速提升。从根本上解决了技术栈多、开发周期长、难以维护、安全薄弱的众多“痛点”问题，有效降低了互联网技术（IT）成本，缩短了业务开发周期。二是基于云原生技术栈，实现软件的全生命周期管控。依托统一的研发框架和敏捷的基础设施，实现了架构规划、研发流程、运维安全的高度统一和融合。三是研发了丰富的业务组件和技术控件，实现“一降一升”，即：研发成本的降低和运维安全的提升，达到了应用多活、数据安全、快速迭代、智能运维等多方面的技术目标。

4. 推进新信贷管理系统建设，打造信贷助农“新体验”

（1）建设理念。河北农信新信贷管理系统项目建设坚持以“引领发展、满足需求、注重体验、灵活方便、严控风险”为指导思想，“以客户为中心”的设计理念，同时兼顾“适用、管用、有用、好用、能用、通用”的“六用”建设原则，创新性提出以16个业务子系统构建信贷业务服务平台的架构设计，为国内银行业首创。新信贷管理系统将主流的技术手段和先进信贷管理理念与不断发展的信贷业务需求深度融合，实现了对信贷业务全流程的覆盖，在引领各级农信机构加强信贷管理、推动产品创新及流程创新、防范信贷风险、提高信贷经营决策水平等方面实现了飞跃式提升，从而为全面增强农信社信贷业务核心竞争力奠定坚实基础。

（2）建设效果。一是模式创新。实现了信贷业务账务独立核算、贷款形态自动分类、全流程风险预警机制、信贷业务移动化作业、网上贷款功能、多样化分析统计、灵活可配置的审批流程、贷款利率差异化指导、全方位不良资产管理及处置、信贷档案电子化管理、系统化和精细化贷后管理、押品全生命周期管理、客户细分及个性化名单制管理、额度控制灵活配置、信贷风险管控前置等15项创新。二是技术性创新。采用分布式架构的信贷应用开发平台，在移动支付、网络信贷等方面进行全面重构，建立自动化决策风控体系，实现自动化审批流程和便捷的线上管理。基于高性能、高可用性、高可靠、高安全等特性，实现了前后台分离、数据库读写分离、分布式应用架构、分布式批处理任务调度、支持主备机房双活架构、OCR技术应用、强化与周边系统的服务整合能力。三是社会效益分析。河北农信新信贷管理系统上线一年以来，在支持乡村振兴方面做出了突出贡献，已通过新信贷管理系统向乡村振兴领域累计投放贷款179万笔，金额1.4万亿元；已配置支持乡村振兴信贷产品222款；新增支持城乡居民及小微企业客户52万户（见图25）。

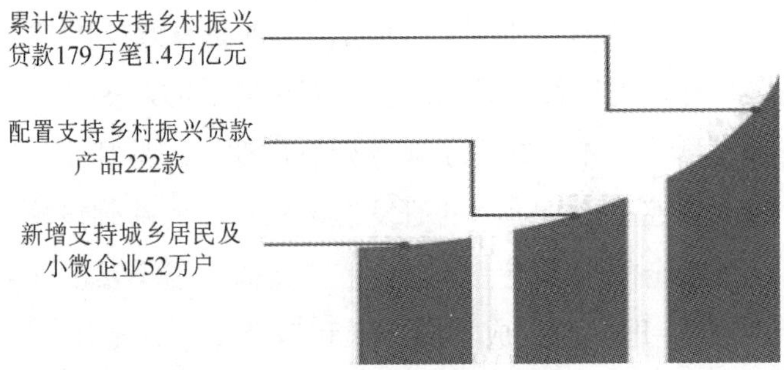

图25 新信贷管理系统数据

资料来源：河北省联社。

5. 全方位构建特色金融场景，打造金融服务“新生态”

（1）沧州肃宁联社：琨洋购物广场收银场景。沧州肃宁联社与琨洋购物广场合作建设收银场景，共布放收银设备390余台，可支持银行卡、微信、支付宝等多种收款方式。2020年该项目上线后每月交易可达十几万笔，是肃宁联社所有网点柜面业务笔数的3倍以上，提升该联社电子银行交易占比18%以上，并且具有收银速度快、准确性高、业务排他性强、操作体验度优等诸多优势，受到商户、消费者一致好评。肃宁联社也通过琨洋购物广场横向开展业务宣传，有效带动信用卡发卡、手机银行等业务发展。

（2）唐山迁安农商银行：公交场景。唐山迁安共有公交车辆202台，遍布迁安城乡，占当地公交业务量的80%以上，年售票额在2 000万元左右。迁安农商银行通过与公交公司合作，为当地公交布放应用终端，可支持银行卡非接、云闪付、“手机Pay”、公交卡等多种付款方式，月交易可达13万笔，每年为迁安农商银行带来低成本资金约2 000万元。同时，迁安农商银行利用公交车宣传优势，加大品牌宣传和业务营销力度，同步带动各项业务发展。

（3）衡水冀州农商银行：银校合作服务场景。冀州农商银行加强银校合作，大力拓展电子银行业务。依托新兴科技业务，以学生刷脸支付就餐为载体，为河北冀州中学、衡水市冀州区第一中学、衡水市冀州区富宁学校和乡镇中学等17所学校安装刷脸设备近300台、累计开卡18 000余张，为在校师生21 000余人提供服务，从根本上解决了学生因就餐卡丢失、损坏等无法就餐问题，让刷卡支付成为历史，系统实时推送就餐消费信息，学生家长及时掌握学生就餐消费情况，使学生省心、家长放心。年累计交易达540万笔，累计交易金额接近7 000万元。该项业务沉淀低成本日均存款 2 800 万元，开通手机银行、微信银行 13 000 余户，电子银行交易占比由 2021 年初的 91% 上升到 95. 6% 。

（4）唐山农商银行：古冶区中医院医疗场景。古冶区中医院是一所集医疗、科研、教学、预防、康复、保健为一体的中西医结合二级甲等现代化医院，年资金流量可达 1. 5 亿元。唐山农商银行与当地古冶区中医院合作建设“银医通”项目，患者可通过手机小程序或自助机具办理业务，一键完成挂号、缴费、充值、查询等便捷服务，有效解决患者就医挂号、就诊、检查排队时间长，看病时间短的“三长一短”问题，同时提升了该行品牌形象，扩大了业务宣传。

（5）秦皇岛市区联社：扫码点餐场景。秦皇岛市区联社为辖内餐饮商户布放扫码点餐系统，以当地小火车海鲜烧烤餐厅为例，在餐厅开业初期为商家布放扫码点餐系统，配备 3 台打印机和 1 台扫码盒。餐厅管理人员通过点餐系统可以实时查看餐厅就餐、订单情况，菜品、价格更改方便，实现了下单、销售、账户流水电子化，解决了餐厅手写点餐单的低效服务和人手不足问题，方便了餐厅经营管理。

（6）石家庄鹿泉农商银行：停车场景。鹿泉辖内湿地公园是当地标志性游乐场地，配套有停车位 1 000 余个。鹿泉农商银行与该场景合作建设停车场，通过聚合支付业务系统实现扫码缴费功能，车主出场前自助扫码缴费，停车杆自动识别缴费车辆和自动抬杆，避免了出场前排队缴费的烦恼，也降低了停车场收费人员配备成本，并利用湿地公园特色景点，有效宣传了鹿泉农商银行品牌形象。

（三）各省农信机构转型特色

总结近年农信社数字化转型发展，成功经验主要集中在细分市场的清晰定位、金融科技的推广应用、人力资源的培养开发和风险控制的重视提升等方面。

1. 专注零售转型，做大做强普惠型金融业务

农信社普遍坚守市场定位，通过支农支小业务，巩固城乡市场，分散业务风险。一是加大支农支小资源配置。山东农信共选树金融服务样板村 4 204 个，为样板村提供贷款 304 亿元，打造服务乡村振兴可复制推广的样板经验。湖北农信实施金融支持美丽乡村建设工程、新型农业经营主体壮大工程、农民专业合作社服务提升工程、培育乡村龙头企业领军工程等“十大工程”。安徽亳州药都、肥西，浙江安吉和乐清等农商银行都坚持“向零售、向小微、向‘三农’、向村镇”的服务方向，任务考核突出零售、“小”和“散”。在运行机制上，探索大额贷款（如 3 000

万元以上）由董事会参与把关，大力减少单户和行业集中度风险。二是发挥人缘、地缘优势，实现普惠共赢。浙江农信利用网点优势，打造集金融、电商、便民服务于一体的“丰收驿站”，设置自动金融服务区、电子银行体验区、便民增值服务区、自助网购网销等功能区，给农村、社区居民以贴身化、敞开式的金融服务体验；同时开通丰收互联APP，实现100%的服务都可以移动在线、一网办理。三是加强小微业务的激励约束。江苏农信、浙江农信、安徽农信、山东农信提拔选聘干部注重考察小微信贷经验，将特别优秀的小微信贷人员选拔到总行领导岗位，将一大批小微业务骨干晋升至中层序列。济南农商银行在战略上提出了“农商银行本质是零售银行，优势是做小做微”的发展思路和“打造省会城市最大最优的家庭零售银行”的发展目标，通过客户营销和渠道建设两方面支撑其“大零售”战略。四是深化银政合作。山东农信与山东省财政厅、人民银行率先合作支持乡村振兴，并组织推动辖内法人行社与地方政府全部签订服务乡村振兴战略合作协议，选派人员到乡镇、村居挂职参与乡村治理。上海农商银行与上海市农业农村委员会签署战略合作协议，共同推进乡村振兴重点领域合作。

2. 强化科技赋能，推动数字化建设快速发展

各地农信普遍加快金融科技和数字工程建设，为现代金融服务提供安全、智慧的IT系统支持，并加速推进农村金融产品创新迭代。一是强化科技运行平台建设。各省都在积极推进数字化转型，其中：浙江农信同步规划零售转型和数字化转型“双转型”战略，以零售业务发展为目标，全面推进数字化转型工作。江苏农信提出了零售转型、数字化转型等战略，制定了数字化转型三年规划。广东农信计划基于大数据平台建设风控平台，打造覆盖全产品、全渠道、全流程的事前、事中、事后全业务流程风控新引擎。陕西农信出台支持乡村振兴战略实施意见，制定5年累计发放支持乡村振兴战略实施的信贷资金不低于5 000亿元目标。内蒙古农信提出“一、五、四、七”发展思路，计划到2035年建成与基本实现社会主义现代化相适应的农村商业银行体系。二是大力推进线上线下业务融合发展。通过引入大数据、智能识别、移动互联网等前沿技术，先后推出了刷脸支付、在线开户、线上贷款等“非接触式”创新服务。浙江农信围绕“以普惠引领大零售转型、以科技引领数字化转型工作”，形成以数字化平台为支撑的决策、管理和营销体系，解决成本和效率的问题。安徽农信自主研发推出新版手机银行，进一步提升了产品创新和服务能力，加快推进向“线上银行、数字银行、智慧银行”转型。三是科技赋能普惠金融产品创新。安徽农信在全省范围内全面启动“金农信 e 家”普惠金融服务体系建设，整合“金融服务、电子商务、电子政务、便民服务”四种功能于一体，贷款受理、评级授信、定价、放款全部在线完成。

3. 优化数据治理，增强数字化经营管理能力

一方面，坚持“内部挖潜”。浙江农信开展“数字农信”三年行动计划，成立跨部门数据治理工作小组，深化现有数据治理，实现农信系统自有客户群的数据挖掘和利用，构建起“业务—数据—业务”的生态闭环。另一方面，拓展“外部接入”。浙江农信在自有数据平台基础上引入人行征信、司法查控、房产（国土局）、税务、银保监、工商、负面舆情、反欺诈等外部数据，实现内外部数据整合，做到对风险控制、业务营销、内部管理的全面支撑。创新研发的纯线上贷款“浙里贷”“云商贷”“小微易贷”“小微速贷”等数字贷款产品为客户提供了“即需即贷”的全流程在线贷款体验，也有效提高了客户经理的贷款管理效率，由原来每人管理 80—100 个贷款户，提高到 1 000 多个贷款户，极大地提高了贷款营销和管理水平。

4. 坚持市场引入，建立高效的信息科技运行体制机制

浙江农信设立了首席信息官和“科技管理”“科技服务”两个部门，其中“科技服务部”实行准事业部制管理。科技人员实行 15 层级晋升机制，技术序列高于普通业务人员，有效提升了对科技人才的吸引力。江苏、安徽、山东 3 家省联社信息科技组织管理架构也基本类似。信息科技的日常运行管理、安全管理、灾备管理等由科技管理部负责，产品研发、项目实施及管理由科技服务部承担。清晰的职责划分使信息科技建设分工更加明确、风险更加可控、流程更为顺畅、效率明显提高。

5. 加大科技投入，提高自主研发和产品创新能力

浙江、江苏农信每年在科技建设和产品研发方面的投入达 10 亿元左右，山东、安徽农信每年也有 5 亿元以上的投入。在科技人员配备方面，浙江农信目前自有科技人员 700 多人、外包人员 1 000 多人，基本赶上或超过部分全国性股份制商业银行的科技队伍规模。此外，浙江农信还建有 5 万多平方米的浙江农信科技大楼，专门用于科技人员的科技研发和办公。充足的人力、财力、物力保障提高了信息科技建设水平，为改革发展、经营管理各项工作提供了强有力支撑。

6. 加强内控管理，提升智能风控水平

先进农信社普遍树立“以流程为中心”的合规风险管理理念，加强事前、事中、事后的全面风险管理，不断创新风险管理工具，推进合规风险管理落地。一是建立全面风险管控平台。江苏紫金农商银行建立基于流程银行的GRC综合集成风险管控平台。在优化流程的同时，挖掘流程各个环节存在的关键风险点，强化事中风险管控。二是完善风险管理架构。江南农商银行建设形成了“专业风险有分工、全面风险有统管”的全面风险管理组织架构（三个中心、三道防线）；同时实行支行差别化授权制度，实行独立审批模式，落实黑名单预警制度等，提高了风险控制水平。三是引入外部数据。广东农信依托大数据、机器学习等技术革新传统风控模式，打造覆盖全产品、全渠道、全流程的事中风控新引擎，提供交易反欺诈和信贷审批等决策支持服务，通过引入外部数据，实现了数据融合化、决策智能化、网贷产品模型标准化、服务实时化、防控全面化的大数据管理体系，提升了核心竞争力。

以上只是摘录了部分地区、部分农信机构的转型经验。除此之外，吉林九台农商银行推进科技银行建设，广州农商银行推出直销银行、互联网保险业务网络平台，江苏大丰农商银行设立新型农村金融服务站和“快付通”便民服务点等，都是适应移动互联新形势、推出场景化嵌入化服务、从时间空间两个维度延伸服务的新举措，也都收到了非常好的效果。

五、破题之钥：农信社应以特色密钥开启数字化转型新征程

基于河北农信的调研和思考，结合各省农信机构典型做法和“中国农金30人论坛”《金融支持新型农业经营主体发展全面推进乡村振兴战略加快实现城乡共同富裕倡议书》，河北农信给出的应对之策是：应重视比较优势的规律，全力用好政策、转型、合作“三把钥匙”，扬优势、补短板、聚合力，在“小而精、小而强、小而融”的赛道上着力打造乡村振兴的“主办银行、数字银行、开放银行”。只有这样，才能真正走出一条农信特色转型道路。

（一）握紧政策钥匙，化优势为胜势，着力打造小而精的乡村振兴主办银行

全面推进乡村振兴的政策导向，更加坚定了农信社立足县域、支农支小、服务实体的普惠金融发展方向，也为实现特色化经营和数字化转型带来广阔空间。应主动把握政策机遇，守牢农村阵地，打造特色品牌，把比较优势最终转化为服务乡村振兴的更大动力，在数字化转型赋能乡村振兴中发挥更大效能。

1. 构建“线下业务＋线上业务”的融合优势，为当好乡村振兴主办银行增强经营活力

数字化转型作为一项创新性工程，不是另起炉灶、推倒重来，而是在巩固和发挥农信社原有优势的基础上推进创新。农信社推进数字化转型，应把线下优势和线上业务串联起来，坚持线下为基、线上为翼，线下与线上相融合、传统与创新相契合、网点服务与上门服务相结合，做到相辅相成、融为一体，这样才能实现金融服务和质量效益的乘数增长。

（1）牢牢把握乡村振兴政策红利。把各级党委、政府作为“主心骨”，将农信社发展融入地方党委、政府的发展战略和中心工作，将农信社助力乡村振兴规划融入国家和地方“十四五”发展规划，促进农信社的信贷政策、金融服务和科技平台与地方党委、政府各层面的农村政策、财政政策、科技政策有效配合，推动金融服务跟着地方党委、政府的发展战略走，跟着当地产业布局走，跟着老百姓的生产生活需求走，在信贷服务上做到精准滴灌。一是坚持政策导向，支持地方发展。就河北农信而言，将认真贯彻落实党中央、国务院和河北省委、省政府决策部署，按照党的二十大描绘的宏伟蓝图，按照河北省委十届二次、三次全会和河北省经济工作推进会议部署的工作任务，紧紧把握中国式现代化战略部署，紧紧围绕全面建设社会主义现代化国家、全面推进中华民族伟大复兴和“加快建设经济强省、美丽河北”奋斗目标，全力服务京津冀协同发展、雄安新区规划建设等国家布局，主动对接和支持省内重点项目、重点产业和重点领域，实现与地方经济共生共荣。二是坚持精准发力，助力产业振兴。产业振兴是乡村振兴的重中之重，也是农信社助力乡村振兴的主要抓手。农信社应聚焦“四个农业”产业规划，围绕各级财政政策支持的重点领域，围绕农业产业化龙头企业的带动性，围绕产业化、规模化的带动性，围绕新型农业经营主体，统筹信贷资源，加大信贷支持力度。河北农信将聚焦河北12个特色优势产业集群、100个现代农业示范园区、100个高端精品打造工作，把

更多信贷资源配置到乡村发展的重点领域和薄弱环节。三是坚持绿色理念，布局“双碳”金融。围绕“碳中和”和“碳达峰”任务目标，在新增信贷业务上做“加法”，在存量信贷业务上做“减法”，大力发展绿色金融，完善绿色信贷产品，支持绿色产业发展，建立健全多层次绿色金融组织体系、多元化绿色金融产品服务体系和多层级政策支持服务体系，力争尽早实现绿色信贷增速高于全部贷款平均增速，绿色信贷比重逐年提高。

（2）牢牢守住线下业务主阵地。同其他银行相比，农信社长期扎根农村，距离百姓更近，金融服务更便捷，服务乡村振兴既是职责所系，也是优势所在。农信社应通过做实“线下”从而反攻“线上”，大力发展数字普惠金融。一是打造特色金融产品，提高“个性化”金融服务水平。深入挖掘农村客户金融需求，从申请渠道入手，开辟APP线上申请渠道，提升客户申贷体验度；从贷款服务效率入手，研发线上秒贷、秒批新业务形式，满足客户新需求；从鼓励创新入手，加大产品研发指导力度，推进省联社开放性平台建设，加快推进市县级机构特色产品子平台与省联社核心母平台对接，提升农信品牌度和机构特色。河北农信将结合实际研发推广“冀时贷”个人互联网贷款产品，增强与市场需求契合度。二是发扬农信挎包精神，提高“适老化”金融服务水平。河北农信于2016年推出了“e挎包”移动银行，通过应用无线网络、大数据、移动终端等先进技术，可上门为客户办理各类金融业务。农信社应继续发扬“踏千山万水、吃千辛万苦、说千言万语、走千村万户”的“挎包银行”精神，通过移动银行服务，随时上门为客户办理各类金融业务，进一步提高客户获取金融服务的便捷度，特别是进一步解决农村地区老年客户不能到网点办理业务的实际困难，真正将农信社柜台“搬”到田间地头和百姓家中，推动农信社金融服务由“坐商”向“行商”转变，确保客户到哪里，服务就送到哪里。三是加强小贷中心建设，提高“流程化”金融服务水平。小额信贷业务是农信社坚守支农定位、服务乡村振兴的重要抓手，应不断坚持完善、持续巩固提升。下一步，河北农信将深入推进小贷中心建设，严格落实内部资金转移定价体系、利率定价机制、绩效考核机制、风险补偿机制，做到权限下放和“权、责、利”相统一，实现小贷业务办理快捷高效。

（3）牢牢串联线上和线下业务。在“双基”共建、社保发放、居民消费、信贷服务等环节，通过大数据、云计算等信息技术，农信社已采集和掌握了“第一手”客户信息，通过对客户的“精准画像”提升服务效率和精准度，从而实现效益的成倍增长，是农信社需要努力的方向。农信社应找准乡村振兴与产业互联网的结合点，采取“线下+线上”的方式，兼顾定位的坚守和效能的达成。一是建立涉农信用信息数据平台。就河北省而言，2021年河北省委“一号文件”明确要求：深入开展“双基”共建农村信用工程，支持市县构建域内共享的涉农信用信息数据库，用3年时间基本建成比较完善的新型农业经营主体信用体系。因此，农信社应整合财税、农业农村、市场监管、林业、气象、社保、水利、供电等部门的涉农信用信息和风险信息，推动建立并完善域内涉农信用信息数据平台，探索建立农村信用信息服务平台和农业农村大数据平台，实现涉农信用数据跨领域共享应用。二是运用数字化技术拓宽获客渠道。运用数字化技术拓宽获客渠道、提升营销水平是农信社转变营销理念的必由之路。应探索研究基于银行自有数据、人行征信数据、政务数据以及其他相关数据的智慧营销系统和移动作业系统，充分挖掘客户基本信息、交易信息、客户行为、社交信息、财务状况等多维度数据信息，通过大数据分析、人工智能等技术，挖掘、分析客户日常行为习惯及特征，精准识别客户需求，实现对客户的精准画像，深挖客户潜在需求，提升获客能力和营销水平。三是大力发展场景金融。农信社应积极运用大数据、云计算、人工智能等现代科技成果，改造或创新金融产品、经营模式、业务流程、支付效率，加快拓展“eID线上身份认证”应用，将金融服务嵌入教育、医疗、政务等民生消费和企业生产场景。积极发掘本地特色服务，将产品和服务更广泛融入外部应用场景，加强银企、银政、银银及跨界合作，大力发展县域重点企业、特色行业、支柱产业应用场景，全面融入智慧乡村、智慧政务、智慧社区、智慧校园建设，打造“生活圈”银行。

2. 构建“农信品牌+信用平台”的服务优势，为当好乡村振兴主办银行筑牢安全屏障

要充分发挥农信社信用平台作用，通过数字化平台建设和农信社品牌优势，把信息不对称转化为平台信用，有效解决客户在消费支付过程中因金融信息获取不足、金融工具使用不当导致的风险问题。

（1）突出金融产品安全性。一是优化乡村振兴卡。乡村振兴卡是农信社服务乡村振兴战略的主要业务载体，应继续发挥乡村振兴卡使用安全的属性，通过内外部结合方式嵌入行业监控名单库、身份一致性核验、网贷黑名单、法院失信被执行人信息和反欺诈评分等大数据风控模型，自动甄别高风险客户，保障发卡行资产安全和客户资金安全。同时，应发挥其优惠、便捷的普惠属性，进一步整合农信社各类主题卡和社保卡资源，为客户提供“一卡在手，全程无忧”的金融服务。二是提高信用卡安全性。加强信用卡系统和智能柜员设备管理平台对接，将线上申请与线下办理流程有机结合，通过人脸识别、远程授权、大数据分析等新技术，满足客户无须在线下网点柜面排队等候即可自助办理信用卡面签、激活、设置密码等业务。推进反欺诈系统平台建设，加强存量业务数据规范治理、完善各类要素信息，实现乡村振兴信用卡与其他业务条线反欺诈数据共享。三是完善网贷业务功能。农信社应结合发展实际，加快推进或不断完善网贷系统建设，满足零售金融产品线上申请、实时审批、线上放款、按日计息、随借随还的普惠型金融需求。同时，要通过建立准入、反欺诈、预警等完备的模型把控机制，结合客户各项信息，筛选优质客户，及时识别风险。

（2）突出金融服务安全性。一是强化综合收单服务。为适应支付市场多元化、智能化、线上线下融合的发展趋势，进一步满足商户个性化、定制化业务需求，农信社应整合提升现有线下收单服务，新增线上收单服务，建设聚合多种支付方式、支持多个支付渠道的综合收单服务平台，为商户提供一点接入、一站式资金结算和对账等更为全面的服务，使收付更加安全便捷。二是强化企业增值服务。围绕数字化薪资代发业务，建设一站式企业数字服务平台，通过为企业输出“技术＋平台”的模式，通过为企业提供数字化增值服务，加强金融服务与企业客户业务的深度融合，解决企业转型中面临的关键性问题，增加客户服务黏性，带动企业关联零售业务的同步发展，提升农信社企业客户服务水平和拓客能力。三是强化网络安全技术应用。将金融科技与工业互联网技术融合应用，利用金融科技手段提升农业作业、农民行为、生产感应等方面信用水平。结合农村金融服务场景，探索数字签名、多方安全计算等技术的应用，提高身份鉴别安全性与交易可追溯性，为农村居民提供更便捷安全的金融服务。

（3）突出乡村振兴数字金融生态建设。发展农村数字金融需要良好的外部生态环境做支撑。农信社应该着力优化农村金融生态环境，为农村地区数字金融发展提供保障。一是持续提升信息化风险防范能力。不断完善客户风险预警系统建设，整合分析内外部数据，共享客户预警信息，实现贷后预警向全流程风险预警转变、人工预警向自动预警转变、内部预警向全面预警转变，真正实现业务管理与风险防控一体化。定期聘请专业机构开展电子银行安全评估，掌握电子银行业务安全状况，堵塞风险漏洞。加强消费者权益保护，定期开展违法违规、侵害消费者权益行为自查自纠和整改落实。二是持续优化农村信用环境。与当地基层党组织合作，组织农民群众签订诚信承诺书，并以“农村金融夜校”“文化大集”等形式开展送金融知识下乡活动，深入宣传防范电信诈骗、远离非法集资、反假币等知识。积极协调当地政府，完善对逃废债行为的联合惩戒机制，重塑良好农村信用环境。三是持续开展“四进三送”行动。通过“进农村、进园区、进企业、进政府”，给广大客户“送知识、送产品、送服务”，并以企业为单位建立精准金融服务档案，实现主动对接全覆盖，确保符合条件的各类市场主体融资需求获贷率达到100%。

3. 构建“小法人+大平台”的灵活优势，为当好乡村振兴主办银行注入发展动力

农信社机制建设灵活，决策链条短，服务效率高，一直有着“船小好调头”的优势。要把省、市、县三级农信机构连点成线，形成合力，提升农信社服务乡村振兴的敏捷性、整体性和系统性，聚力满足乡村振兴领域“短、小、频、急”的金融服务需求。

（1）以系统思维研究建设农信特色的敏捷化组织体系。农信社应继续发挥小法人、大平台优势，系统提升服务乡村振兴质量和效率。在行业管理体系建设上，应继续坚持“小银行+大平台”战略，建立行业管理与自主经营之间的高质量耦合关系。其中，省级平台要“把方向、控大局、建平台”，着重打造高质量服务支撑平台，提供管理平台，建设风险互助体系，构筑系统性风险抵御屏障；市县级行社要发挥决策链条短、经营机制活的优势，高质量服务乡村振兴。要在省市县三级法人行社建立起无障碍沟通、可持续发展利益分配和统一互助风险防控协调机制，结成服务诉求快速响应、产品研发无缝对接、成本共摊风险共担收益共享的发展共同体，实现农信系统整体的安全稳定。在内设部门优化上，省级农信机构应充分发挥服务、指导、协调和管理职能，为基层行社提供业务指导平台、科技服务平台、人才培训平台和外部力量支撑。在这方面，河北省联社按照“压缩、精简、高效”原则，于2021年10月对内设机构进行了调整，其中：单设乡村振兴金融部（普惠金融部）和金融市场部，专门负责指导全省农信系统做好服务乡村振兴和资金业务；合并信息科技部、信息产品研发部、科研灾备中心三个部门，成立金融科技服务中心，并下设科技管理部、创新研发部、运行保障部、灾备中心四个二级机构，打造了快速响应的敏捷化科技部门组织架构。未来，河北省联社将推动省内各市县级行社精简优化内设部门，提升省市县三级机构工作的统一性、敏捷性、畅通性。

（2）握指成拳聚力打造乡村振兴金融服务平台。为在农村主战场更好服务于乡村战略的全面实施，各省农信机构均结合自身实际开展了各具特色的乡村振兴金融服务站建设。河北农信目前拥有近5 000个农信网点和20 000余个农信金融便民店，形成了覆盖乡镇和农村的金融服务网络。为打通农村金融服务“最后一公里”，河北农信将全面优化升级金融便民店，在河北全省开展“乡村振兴金融服务综合体”建设，力争打造农金服务“新样板”。各级农信机构，特别是基层行社，应充分发挥乡村振兴金融服务综合体的优势，将农户生产生活与金融服务有机结合，广泛打造集金融服务、产业服务、便民服务于一体的综合金融服务平台，有效满足农村地区日益多元的金融服务需求，进一步提升服务乡村振兴的普惠度和覆盖面。另外，农信社还可以通过探索建设乡村振兴线上金融服务超市，将“双基”、小贷、普惠、电子银行、存款等各类金融服务与地方产业、商品、居民生活、政务服务等结合起来，丰富优化“非接触式”金融服务渠道，提供便捷无感的金融服务，实现线下“乡村振兴综合体”和线上“乡村振兴超市”相互补充、相互促进。

（3）应势而变加快推进零售业务转型。针对“双循环”新发展格局、共同富裕新命题、利差收窄新常态、金融科技新动能、银行下沉新趋势等内外因素新变化，农信社应充分体现“天然的零售银行”基因，主动适应和应对农村客户日益增长的个人财产保值增值需求，实施零售业务转型升级。一是延展零售业务种类。在继续做优做强存款、小额信贷及支付结算等传统业务的基础上，从传统的存贷利差为主的单一收入模式向个人消费贷款、个人综合理财、信用卡、中间业务和金融市场业务等多元盈利模式转变，增强助农理财及财务管理服务能力。二是拓宽零售业务覆盖面。在以传统农户为主的金融服务基础上，增加和拓展新型农业经营主体、农业产业等更多领域的服务对象。增加首贷户比例，扩大授信和预授信范围，努力做到户户有授信、人人有支持。三是同步推进金融服务智能化转型。目前，河北农信已在石家庄栾城联社建成全省首家标准化5G智慧网点。网点分为“智能引导区、自助服务区、互动体验区”等七大功能分区，服务范围涵盖了200多种金融服务和100多种便民服务，在河北全省起到了示范引领作用。智慧金融是未来发展的潮流，农信社应把智慧金融与零售金融结合起来，按照网点轻型化、智能化、一体化方向布局智慧银行，实现金融服务从单一人工向“人机协同”模式转变。四是着力打造远程银行。完善智慧客服体系，实现客服中心由“语音载体”到“多元载体”、由

“服务咨询”到“远程业务办理”的新突破，打造农信社“柜面服务＋自助服务＋远程银行服务”的“三位一体”服务新模式。

（二）握紧转型钥匙，补短板为长板，着力打造小而强的乡村振兴数字银行

数字化转型是服务乡村振兴的重要支撑，也是农信社未来发展的核心变量。近年来，各级农信机构虽然在探索和实践中形成了百家争鸣、各具特色的数字化转型局面，但同大型银行比较，在数字思维理念、科技资金投入、自主创新研发、数据治理能力和科技队伍建设上仍有一定差距，数字化转型之路还任重而道远。农信社要想走出一条适合自身发展的数字化转型道路，只有在战略、实施、保障三个维度上谋思路、找对策、寻出路，才能凭借“后发优势”实现换道超车、转型升级。

1. 坚持战略引领，科学制定金融服务乡村振兴和数字农信发展规划

数字化转型赋能乡村振兴是“一把手”工程，顶层设计和战略规划不可或缺。农信社应以“战略重视＋因地制宜”为原则，从数字化思维、数字化价值、数字化运营的角度提出转型愿景、目标和战略，实现数据赋能、组织赋能、文化赋能。近两年，各级农信社结合地方发展规划，陆续出台了金融服务乡村振兴和数字化转型的发展规划。我们认为，在数字化转型赋能乡村振兴战略规划上，应重点把握以下几个原则。

（1）明确阶段目标。2021 年以来，河北省联社先后组织制定了《河北农信发展规划（2021—2025 年）》和《河北农信金融服务乡村振兴实施方案（2021—2025 年）》（以下简称河北农信“两个规划”），对金融助力乡村振兴和数字化转型都做了详细规划和具体安排。河北农信“两个规划”分别明确了到 2025 年的发展目标，其中：确定了到 2025 年支农规模和能力持续提升、“双基”共建成效持续增强、脱贫攻坚成果持续巩固拓展、普惠金融服务水平持续优化的工作目标；明确了手机银行客户数量、打造乡村振兴金融服务综合体数量、中间业务产品应用开通率和智慧网点覆盖率；明确了到 2025 年构建金融科技赋能全产业链的新模式，建成产品创新研发体系。各省农信社应紧盯制定实施的未来五年发展规划，坚持新发展理念，坚持以客户为中心，坚持改革创新，按照既定目标和蓝图，系统实施、统筹推进，确保取得预期成效。

（2）搭建四梁八柱。河北农信未来五年发展规划以“整体谋划、系统重塑、全面提升”为原则，提出了“以技术创新为驱动、以高速信息网络为基础、以金融

科技赋能全产业链布局，打造领先全国省级联社的IT平台”金融科技创新发展目标，并设计了“123456”的金融科技推进措施。特别是明确要求推进“数字化再造一个河北农信”战略落实，运用新思维、构建新机制、培养新人才、研发新技术、创造新应用、产出新价值，强化信息科技赋能，积极推进以新型IT架构为底座的金融科技数字化转型战略。推进举措是战略实施的重要抓手，农信社应坚持系统观念，加强整体性推进，确保固根基、扬优势、补短板、强弱项、提质效。

（3）统筹发展和安全。河北农信未来五年发展规划中提出，要树立安全和治理底线思维，从安全生产、信息安全、自主掌控等方面着手，加快国产设备及软件使用，增强自主掌控能力，严守安全生产底线，保障安全与创新协同发展；提出要将信息化建设的重心逐步从信息化向数字化转型，从以流程为中心向以数据为中心转化，加快推进数字化转型项目建设（经营管理风控一体化）。未来，河北农信将以此为抓手，将信息化建设转为对内外部数据进行深入、多维、实时的挖掘和分析，同时实现不同系统间数据协同和客户信息的全面及时掌握，以满足业务决策和服务创新需求，实现客户风险的预警处置，推动信息化向更高层面进化。

2. 坚持科技赋能，重塑农信社竞争新优势

数字化转型是农信社的一场科技革命，其覆盖广、创新快、全天候、效率高的特征，精准解决了农村普惠金融推进过程中的“痛点”问题。应坚持数字赋能、创新引领、强基固本，持续加大金融科技规划和投入，全面夯实金融科技生态基础。

（1）高标准建设数字化架构体系。成熟完善的数字化基础设施是实现转型的基本前提。农信社应抓住金融科技发展机遇，在逐步增强自主可控的前提下，从构建“高效敏捷的数字化架构体系、快速响应的中台能力体系和稳健弹性的云化基础设施”三个方面加快提升科技能力，以满足数字化转型和服务乡村振兴对科技能力的支撑要求。一是推进IT架构转型。从大数据服务、人工智能、分布式架构、区块链技术、信息安全等多个层面锤炼金融科技关键技术，推进同城和异地灾备中心建设，打造“数据即服务”的技术架构，稳步推动人工智能技术与金融业务深度融合，构建统一的非结构数据管理平台，赋能基层信用社敏捷对接各类生态场景、大力发展供应链金融，健全全流程、全链条的网络安全技术防护体系，建成基于大数据技术的安全态势感知平台。二是推进中台战略实施。以“安全、高效、弹性、灵活”为原则，着力打造数据中台、业务中台、安全中台、智能中台和移动中台，推动传统业务逐步实现“线上化、场景化、开放化、生态化”。三是推进云研发模式升级。依托“弹性、透明、积木化、通用、动态和多租赁”等技术，解决技术平台多、开发难度大等“痛点”问题，提升 IT 资源利用率，逐步打造虚拟机与容器、单体服务与微服务、集中式与分布式相结合的多技术路线支撑架构，形成具有“一云多芯”“多云分布”“技术兼容”等特点的特色云平台体系。

（2）全方位开展数据综合治理。数据是农信社的重要资产，是数字化转型的底层支撑，是农村金融服务的基础；而数据治理是农信社数字化转型的核心功能和需求。农信社应以数字综合治理为契机，充分和有效发挥数据价值，提升农信社核心竞争力，为数字化转型奠定基础。同时，成立省联社数据治理专项组织，明确职责分工和管理流程、制度规则等，强化数据治理的组织领导。一是坚持全面清理。数据范围包括所有业务条线和各级农信机构，覆盖业务经营、风险管理和内部控制的全部数据，覆盖内部数据和外部数据，覆盖业务源头数据和统计加工数据，确保通过全面数据治理，做到“三个心中有数”，即：对落实国家政策和支持服务“国之大者”的政策导向数据心中有数，对业务发展质量等重点业务数据心中有数，对业务短板和问题易发多发的风险数据心中有数。二是加强数据全周期管理。在数据治理的基础上，运用数据分析建立风险管理模型，提升风险管理有效性；通过客户数据分析挖掘，实现客户全景画像的精准营销，为数字化转型奠定数据基础。三是建立数据治理长效机制。数据治理既是基础性工作，也是利于长远发展的系统工程，应建立和完善数据全面管理架构、科技支持服务体系和数据质量考评机制，统筹推进源头数据质量治理、数据治理工具开发、数据成果应用等工作，实现由数据治理转向数据价值发挥，全力打造具有核心竞争力的治理新模式。

（3）多举措提升创新研发和数字应用能力。创新研发是数字化转型的核心动力，应把其作为转型的重点认真研究、全面实施、全力推进。一是强化数字思维。数字化转型不是简单的金融服务线上化，也不是零散的应用系统和平台建设，而是用数字化思维重构经营管理流程。农信社应从整体性、全局性和战略性高度出发，全方位推进涵盖战略规划、组织运营、营销获客、风险管控、法人治理等的数字化建设，确保将数字化转型赋能到决策、经营、管理和业务运行的各环节、全过程。二是增强内生动力。农信社应加强自主掌控力度，通过储备自有技术人才、自主化改造关键业务系统功能、模块重构和技术架构升级，实现关键业务系统的自主掌控；通过发现系统难点、找出业务重点、解决业务“痛点”问题，实现一般业务系统的自主掌控；通过自有开发平台收敛信息技术路线和统一技术栈，实现新增业务系统的自主掌控，开启核心技术转型之路。三是打造产品工厂。积极搭建农信系统需求交流论坛及项目建设共享平台，探索产品快速开发应用方法和思路，同步推进省级农信机构标准化产品库和各法人机构定制产品，提升农信品牌度和机构特色，增加与市场需求的契合度。创新研发模式，推动基层行社承建省级信息化项目建设工作，让有条件的市县级行社自主建设场景服务、特色产品类应用系统，专注于前端特色业务产品的快速迭代开发，为地方客户提供更具特色的产品服务。四是加强数字应用。农信社尤其要紧跟数字人民币推广进度，加快实施“一点接入”数字人民币项目。试点地区行社应加强与运营机构紧密联系沟通，积极参与数字人民币受理场景建设，认真做好数字人民币客户拓展工作，加快推进数字人民币试点应用。

3. 坚持保障支撑，为数字化转型赋能乡村振兴保驾护航

数字化转型赋能乡村振兴是一项长期的系统性工程，既是攻坚战，又是持久战，需要做强组织保障、做优机制保障、做实人才保障。

（1）做强组织保障。为实现业务、数据、技术等多层面一体化转型，农信社应加强领导带动、层层推动，确保统筹规划、协调落实、整体推进。要优化完善组织机制，通过多样的配套组织机制保障数字化转型战略全面多层次推进与落地，建立数字化转型适配的组织架构、绩效评估、反馈机制，确保实现业务、数据、技术等多层面一体化转型，如：成立专门委员会或设立数字化转型统筹协调部门，决策与统筹农信社整体层面的数字化转型工作。

（2）做优机制保障。农信社应对标乡村振兴战略目标，建立服务乡村振兴考核评估制度，从定性指标和定量指标两大方面进行评估，对工作落实情况跟踪监测、动态管理，确保金融服务乡村振兴取得实效。要不断加大考核力度，特别是将各级农业农村部门推荐的乡村振兴重大建设项目、新型经营主体等信贷支持情况纳入考核。通过加强考核，明确工作导向，引导农信社切实做好乡村振兴金融服务工作。要将数字化转型纳入绩效考核体系，建立数字化转型评估机制，把数字化转型融入农信社日常经营管理。农信社还应建立完善督导落实机制，夯实工作责任，引导金融资源向乡村振兴聚焦聚力。

（3）做实人才保障。当前，数字化能力的获取受制于人才缺失。为解决数字化人才缺失的问题，农信社应加大数字化人才培养和引进力度，对内要开展科技工作人员理论知识和业务技能培训，提高现有科技人员综合素质和工作能力；对外要通过社会招聘、校园招聘、人才引进等多途径吸纳高素质科技人才，建立内部良性竞争机制，提高科技人才整体水平。农信社还应建立健全与农信发展相适应、有利于吸引和留住科技人才、激励和发展科技人才的薪酬和考核制度，建立健全金融科技人员职级序列和薪酬体系，进一步激发科技人才创新创造活力。在这方面，河北省联社正在研究实行科技人才定级管理，未来将以提升科技自主研发能力为导向，加强科技人员考核激励，有效提升科技人员专业能力，打造一支专业、高效、规范的农信科技人才队伍。

（三）握紧合作钥匙，变“单打”为“合奏”，着力打造小而融的乡村振兴开放银行

数字化转型赋能乡村振兴决不是一家机构的单打独斗，也不是农信社的独角戏。面对与大型银行同市场短兵相接的竞争局面，农信社需要凝聚各方力量，以更加开放的姿态探索同各领域的深化合作，推动形成助力乡村振兴的命运共同体和发展共同体，在更好地促进和实现农信社转型升级的同时，以更加优质的金融服务和先进的科技水平，更加有效、全面、深入地满足农村地区的金融服务需求。

1. 深化银政合作，为乡村振兴“输氧活血”

农信社作为支持县域经济的重要力量，与地方党委政府血脉相连、唇齿相依，应建立与地方党委政府长期而紧密的关系，构建地方经济社会发展与农村金融同建共治、同频共振、同步共进、同向共赢的工作新局面。

（1）巩固提升银政合作关系。应建立各级农信机构与省、市、县三级政府的常态化对接机制，为共生共荣提供有力支撑。在组织推动上，河北省联社与省内10个设区市政府深化合作，签署《金融助力乡村振兴战略合作协议》，形成河北省联社与河北各地市全面携手助力乡村振兴新局面。各省农信社应层层推动各级农信机构与各级党委政府签订战略合作协议，逐级逐层巩固和深化银政协同互助关系，将银政合作平台做大做实、做深做细，进一步搭建党建共建平台，建立“共商、共建、共治、共享”的服务乡村振兴联动协作模式，推进党建与乡村振兴融合发展。同时，各省农信机构还应加强同当地文化旅游部门、工业和信息化部门的合作，发挥“金融管家”对产业振兴的促进作用，对重点单位和企业推行“一企一策”服务措施，提供点对点、一揽子、专业化的金融服务，有效提升金融服务文旅产业和科技创新企业的发展能力。

（2）延伸拓展银政合作内涵。各级农信机构与各级党委政府应本着“平等互

利、优势互补、资源共享、合作共赢”的原则，充分发挥各自资源和渠道优势，共同推动乡村振兴工作高质量发展。一是发挥农信社品牌、网点、渠道、产品等综合优势。在拓宽金融服务覆盖面、畅通便民服务渠道、促进农村消费升级、打造民生金融服务体系、构建金融生态场景、便捷资金结算服务等方面加强普惠金融领域合作，全力支持农业供给侧结构性改革和农业农村现代化，畅通农村经济内循环，推动农业全面升级、农村全面进步和农民全面发展。二是积极争取各级政府发挥政治和组织优势。建立与农信社“互派挂职”长效工作机制，积极建立“金融村干部”派驻制度，培养壮大乡村振兴人才队伍；发挥“三农”政策和信息优势，通过邀请农信社作为重要融资顾问等形式，参与经济、金融、产业等领域的重大课题研究和建设工作；积极支持农信社承办开立财政账户、发放社会保障卡、代理发放业务等政府各类业务和服务。三是积极主动对接政府各类平台。主动对接“新农直报”系统，为新型农业经营主体推进点对点信贷直通车服务；积极对接“三资”系统、“银税互动”系统、“中小微企业信用信息”系统，有效满足新型农业经营主体多样化差异化金融需求；积极打通农信内部业务数据、人行征信数据，工商、税务、法院等外部数据，综合核定新型农业经营主体信用等级，逐步提高信用贷款比重。

（3）健全银政常态化合作机制。应持续推进银政合作常态化，实现政银共建和村银共建。针对信用工程建设，各省农信社都与当地党委、政府建立了常态化的合作关系。未来，农信社应继续发挥基层党组织与基层农信社的协调联动作用，围绕“乡乡有机构、村村有服务、户户有建档、人人有授信”目标，按照“有建档必有评级、有评级必有授信”原则，推进“进村入户”建档工程，逐村逐户开展农户及新型农业经营主体的信用建档和评级授信；树立“大农村”“大农户”思想，进一步拓展信用工程客户内涵与外延，实现省内常住人口建档评级全覆盖、有效需求全满足。2022年，河北农信积极落实主办行责任，高标准推进“农村金融服务专员”选派工作，在全省基层行社精心选拔优秀年轻干部员工“驻乡包村”，以“金融活水”支持河北农业高质高效、乡村宜居宜业、农民富裕富足。下一步，将逐步打造一支全覆盖服务农村金融的本土化、专业化人才队伍，有效连接和全面激活农村金融服务链条，实现金融支农服务链条前移，重心下移，精准对接，持续发力。

2. 加强同业合作，打造助力乡村振兴的“金融联盟”

农信社与银行同业一定是合作大于竞争，而不是竞争大于合作。应通过加强与国有大型银行的合作，学习和引入先进工具和技术；通过加强与其他中小银行的合作，实现中小银行资源共享、优势互补；通过加强各省（自治区、直辖市）农信机构之间的合作，实现全国农信“一盘棋”。总之，应以全方位、多领域的合作，打造“银银同向发力、同频共振助力乡村振兴”的发展新格局。

（1）搭上大型银行数字化转型“顺风车”。2021 年以来，银保监会先后出台文件要求“推动大型银行向中小银行输出风控工具和技术”，鼓励和支持大型银行保险机构临近退休的专业人才通过市场化双向选择，到中小银行保险机构担任职务；同时，大多数地区农信机构已经与大型银行在数字人民币运营和应用上开展了合作。农信社应牢牢把握这三个有利契机，变竞争为合作，通过引进大型银行先进工具、先进技术和专业人才，着力解决智能风控水平落后、高精尖特别是科技人才不足等共性问题。一是学习和引入大型银行风控工具和技术。农信社应主动加强沟通联络，加快提升智能风控水平，促进改革创新和数字化转型。河北省联社将继续深化同农行河北省分行的战略合作，推动在风险防控数字化转型上加快提升、全面提升。二是市场化引进人才库科技管理人才。农信社应在增强内生动力、加大现有科技人才培养选用力度的同时，按照“需求主导、市场运作”原则，抓住全面建设中国银行业管理人才库和数字化智能化人才交流平台契机，通过市场化双向选择，吸纳大型银行科技管理人才，更好发挥其丰富的经验和专业价值，补齐农信社科技人才队伍建设短板。三是推进数字人民币应用合作。随着数字人民币在深圳、成都、苏州、雄安新区等地和冬奥场景试点应用的逐步落地流通，线上线下的应用场景将越来越丰富和便捷。应建立与数字人民币运营机构的定期联系制度及信息共享制度，定期或不定期举行专题研讨或互访，就业务管理、经营环境、风险防范和数字人民币业务发展趋势进行交流。引入大型银行数字人民币钱包运营、兑出兑回、转账支付收款等产品和功能，持续深化数字人民币合作。

（2）画好中小银行协同发展“同心圆”。面对激烈的同业竞争和自身在规模、技术、政策等方面的天然劣势，农信社应扬长避短，加强同其他中小银行的各领域合作，变单一竞争关系为战略合作关系，凝聚中小银行整体合力、发挥整体优势，携手并肩走好特色化转型之路。农信社应在风险可控前提下加强在零售业务方面的合作，为实现农民共同富裕目标贡献金融力量。应积极研究探索在理财销售、理财代销、受托管理和投资顾问等领域开展合作，打造全面的理财销售、资产配置、专业团队和 IT 系统。河北省联社始终注重同其他中小银行的同业合作，特别是 2021 年以来，陆续与北京银行、平安银行、光大银行、民生银行深化多领域业务合作，共同服务燕赵乡村。未来，河北农信将全面深化同其他中小银行的战略合作关系，在零售业务、同业业务、资金业务等各个领域创新合作模式、拓展合作内容、提升合作实效，实现携手共进、互利共赢。

（3）下好全国农信合作共赢“一盘棋”。河北省主要面临支持京津冀协同发展、雄安新区建设等大事要事。未来，河北农信将进一步探索和深化同京津地区金融同业的多领域合作，不断提升区域金融服务水平，在已联合京津两地农商银行共同发行“京津冀农银通”卡的基础上，继续拓展三地农金合作领域和方式，以大力发展数字农金、智慧农金、线上农金为主要抓手，联手打造京津冀一体化特色金融商圈，实现京津冀三地居民金融服务的同城化、标准化、一体化；积极借鉴各省农信机构改制经验，牢牢把握雄安新区发展契机，整合雄县、安新、容城三家农信联社，加快研究和推动雄安农商银行组建步伐，聚合力支持智慧雄安、数字雄安和绿色雄安建设；持续做好支付环境建设、金融服务场景建设、金融服务网点建设和适老化服务改造提升，为绿色经济、冰雪经济提供优质金融服务和科技金融保障。

3. 拓宽多领域合作，共谋金融服务乡村振兴“发展大计”

中小金融机构应秉承开放和共享的理念，拓宽同各领域主体合作，形成互学互借、共创共享的发展格局。

（1）加强银网合作。农信社充分发挥电子银行业务助力乡村振兴作用，加强同银联、华为、京东物流等信息科技和网络公司合作，积极拓展服务渠道，整合优势资源，在乡村振兴卡、农村产业金融、智慧金融、物流下乡、农产品进城和工业品下乡等方面深化合作、凝聚合力。在乡村振兴卡应用推广上，应同中国银联加强战略合作，合力推进农村地区乡村振兴卡发卡用卡、小微商户拓展及营销、移动支付受理场景建设、银联受理标识普及、移动支付便民、大数据整合、技术运营和增值业务。在乡村振兴金融服务科技支撑上，应同华为等行业领先的信息技术供应商加强战略合作，在信息化基础设施建设、联合创新、农村产业金融合作探索、人力资源管理等方面实现科技赋能，为农信社在网络通信、产业技术、人工智能等方面提供技术支撑，并建立高层对话机制，成立联合工作小组，按需开展市场信息、行业动态、技术创新、企业文化等定期交流。在供应链金融与农产品物流结合上，应同京东物流等仓配物流网络公司加强战略合作，在农产品物流配送、电商销售、互动营销等若干领域实现与金融服务的融合，并定期开展联合营销，以互相享有专属优惠等措施，实现双方优势的深度融合和全面渗透。

（2）加强银企合作。农信社应加强银企合作，定期组织银企对接，精准有效支持优质企业发展，促进地方实体经济、民营经济发展。通过与税务部门共享纳税信用评价信息，积极拓展纳税骨干企业客户，为诚信纳税企业提供便捷优惠的金融服务和信贷支持；通过搭建“线上 + 线下”银企交流平台，扩大银企合作“朋友圈”，结合实际开展专场对接、区域对接、特色化对接，并有效支持“四优一重”小微企业，即：优先支持符合产业政策方向、成长性高，符合国家产业结构调整要求、有效益有市场有信誉，优质大型核心企业供应链上下游的小微企业，位于大型专业市场、优质商圈和产业集群中的普惠性小微企业；重点营销新业态、新经营模式小微企业，确保小微企业融资增量、扩面、降价。就河北农信而言，将重点围绕河北省 62 个乡村振兴重点帮扶县“十四五”农业特色产业提升工程，全力做好脱贫县培育的优势特色产业、特色种养殖业、省级农业产业化龙头企业金融服务工作；将加大对各类新型经营主体和相关企业的支持力度，特别是重点做好与河北省（国家级、省级）专业合作社示范社等 5 大类名单企业、“米袋子”“菜篮子”重点企业以及 12 个特色产业集群经营主体名单企业对接，实现符合条件的企业融资需求获贷率 100%。

（3）加强银媒合作。良好的形象和品牌是农村中小银行行稳致远的基石。近年来，河北省联社始终加强银媒合作，同国家级和省级主要媒体、重要金融杂志社建立了长期合作关系。尤其是在《中国农村金融》杂志社的组织推动下，河北省联社以“中国农金 30 人论坛”为重要平台，进一步加深和拓宽了同《中国农村金融》杂志社的合作。“中国农金 30 人论坛”已举办四次会议，在此期间，河北省联社与全国各省农信机构互联互进、互学互鉴，为河北农信各项工作吸收了很多有益经验和先进观点。特别是针对“中国农金 30 人论坛”福建会议，河北省联社作为 30 家省级联社首家重点课题牵头单位，负责组织推动“农村信用社数字化转型赋能乡村振兴”课题的研究工作，力求通过调研、交流、学习、借鉴，真正形成既有理论高度又有实践意义、既符合省情社情，又对全国各省农信机构有借鉴意义的调研成果，并最终转化为农村中小银行科学决策、经营管理、提质增效和转型升级的具体措施。各家农信社应持续深化银媒合作，以“中国农金 30 人论坛”等平台交流为契机，打造数字化转型行业交流和协同机制，加强各省农信机构之间的交流、学习与合作，达到交流对话、政策宣讲、协同创新、集中攻关、意见交流、高端智库、开放合作、成果展示等八个方面效果，共谋转型、共话农金、共赢未来。

六、未来之型：在普惠基因、“三农”血液和数字筋骨中重塑农信新优势

未来的银行一定是数字化银行、科技型银行。农信社要实现全面、系统性数字化转型，必须将数字化理念贯穿组织结构、经营管理、特色发展各个方面，实现全流程、多层面、各环节协同发力，构建创新、开放、协同、敏捷、高效、活力的组织机制和队伍，最终把农信社打造成具有普惠基因、“三农”血脉和数字筋骨的普惠银行、生态银行、未来银行。

重组普惠基因，实现产品服务全面转型。深入发展普惠金融是数字化转型重要的价值体现。农信社数字化场景建设将全面融入普惠金融发展，通过采用数字化运营模式，把自身泛金融服务全面融入乡镇各种生产生活场景和县域产业链，融入基层政府公共服务，融入物业、医疗、养老、便民、周边商业等社区金融场景建设，推动形成政府、农信社、企业和农户共同参与的联动机制，构建以金融服务为纽带的生产、消费、生活服务新业态。

优化“三农”血液，实现营销管控全面转型。农信社将在全面提升服务“三农”感应能力上发力提升，实现与政务、同业、市场的信息共享，织密征信、税务、生活缴费、“三资”平台、公积金、农业产业信息等数据网络。运用AI云计算技术，创造数据“采集—整理—应用—生成—采集”的半闭环可持续环境，准确识别客户风险、行业风险和产业链风险，准确捕捉客户动态画像，为实现精准营销、精准授信、精准管控以及“三农”的全流程精准服务提供强大支撑。

强健数字筋骨，实现组织架构全面转型。数字化转型将对农信社技术架构、模块化能力和快速迭代能力提出更高要求，农信社将结合自身数字化转型战略特点建立与之相适配的柔性组织支撑能力，通过建立高效的协同联动机制，打破部门之间的藩篱，构建敏捷、灵活的组织架构，进一步提升组织架构的轻型性、敏捷性、高效性和创造性，更好适应技术、需求、产品高速迭代的新要求。

未来，数字化转型赋能乡村振兴前景是美好的、广阔的，农信社必将在实现数字化转型同零售转型、绿色转型和敏捷转型的协同转型中，重组普惠基因、优化“三农”血液、建强数字筋骨，加快打造服务乡村振兴的主办银行、普惠银行、数字银行、生态银行、开放银行、未来银行，为全面推进乡村振兴贡献农信智慧、农信方案和农信力量。

参考文献

[1] 中国银行业协会行业发展研究委员会．中国银行业年度发展报告2020——疫情下的银行业转型发展［M］．北京：中国金融出版社，2020.11.

[2] 中国银行业协会行业发展研究委员会．2021年度中国银行业发展报告——开启“十四五”时期银行业高质量发展新阶段［M］．北京：中国金融出版社，2021.09.

[3] 中国银行业协会农村合作金融工作委员会、村镇银行工作委员会．全国农村中小银行机构行业发展报告2021［M］．北京：中国金融出版社，2021.12.

[4] 中国人民银行金融消费权益保护局．中国普惠金融指标分析报告2020［M］．北京：中国金融出版社，2021.11.

[5] 梁磊、李攻、王瑜、周扬．中农金研修院《中小银行卓越管理丛书》小而美——一家小银行的逆势破局之道［M］．北京：中国金融出版社，2020.08.

[6] 段治龙．内生动力——中小银行的全新经营逻辑与管理变革策略［M］．北京：中国金融出版社，2021.11.

[7] 何大勇、谭彦、陈本强、刘月．银行转型2025［M］．北京：中信出版集团，2017.08.

[8] 京东数科研究团队．农村中小银行加快数字化转型是大势所趋［J］．北京：中国农村金融，2021.09.

[9] 中国人民银行金融稳定分析小组．中国金融稳定报告2021［J］．北京：

中国金融，2021.09.

［10］包祖明．坚守使命开放创新在数字经济中逐浪前行．［J］．中国农村金融，2020年12月上半月刊．

［11］桂宗稳．农村中小银行数字化转型任重道远．［J］．中国农村金融，2020年12月上半月刊．

［12］韦立峰．以数字化构建农信特色的智慧发展之路．［J］．中国农村金融，2020年12月上半月刊．

［13］徐聃．牢记助农初心使命勇当乡村振兴主办银行．［J］．中国农村金融，2021年6月下半月刊．

［14］徐聃．坚守定位做优做强乡村振兴主办银行．［J］．中国农村金融，2021年10月上半月刊．

［15］徐聃．大力发展绿色金融助力"双碳"目标实现．［J］．中国农村金融，2021年12月上半月刊．

［16］河北省农村信用社联合社．河北省农村信用社2021—2025年发展规划．［Z］．冀信联〔2021〕019号，2021.08.

［17］河北省农村信用社联合社．河北省农村信用社金融服务乡村振兴实施方案（2021—2025年）．［Z］．冀信联字〔2021〕028号，2021.11.

报告二

农村中小银行资金业务管理模式与风险防控机制建设研究

课题牵头单位
上海交享越渤源资产管理中心

主要观点

从政策与战略来看，自2014年起，为肃整行业、防控风险，监管部门陆续发布了一系列政策文件，奠定了“强化服务”“回归本源”“强化风控”的政策基调。农村中小银行资金业务管理坚守“回归本源”和“强化风控”的战略定位，以坚持支农支小支持实体经济为根本前提，不搞资金空转，在加强流动性管理、分散集中度风险、支持当地实体经济发展、满足客户多元化需求、抵御系统性风险和推进农信健康可持续发展中发挥着重要作用。

从实践探索来看，各省联社、各行社在资金业务管理和运营上进行了大量有益尝试，取得了较大成效，值得推广。主要包括：山东、湖南省联社在差异化服务上的实践；浙江、江西、四川、湖北、广东、海南、广西、内蒙古等省（自治区）联社在流程管理、风控管理上的实践；湖北、福建、河北、陕西、江西、广东、青海、湖南、山东等省（自治区）联社在资金业务金融科技系统建设上的实践；湖北省内各行社、海口农商行、禾城农商行等在支持实体经济上的探索；上海农商行、江南农商行等在科技引领发展上的探索；杭州联合农商行、重庆农商行、中山农商行等在营运富余资金上的探索。

从所遇困难来看，因各省农信机构众多，发展阶段和选择的管理模式不尽相同，其在当前市场化竞争环境下面临着“六难”：投资风险甄别难、信用分层合作难、监管政策适应难、专业人才招留难、数字化转升级难和风险资产挽损难。

从运行状况来看，截至2021年第三季度末，农村金融机构总资产规模达45.243 8万亿元①，资金业务总规模达15.443 9万亿元②，占总资产的34.13%，资金业务收益贡献比达30%—50%，资金业务运行稳健，呈现资金规模大、占比高、

① 银保监会《2021年银行业总资产、总负债（季度）》，农村金融机构包括农商行、农合行、农信社和新型农村金融机构，新型农村金融机构包括村镇银行、资金互助社和贷款公司。

② 调研的17个省份的平均自营资金规模约4 992.74亿元，四个直辖市农商行的资金业务规模为14 642.6亿元，即4 992.74×28+14 642.6。

收益贡献差异大的特征。各省（自治区）内行社差异跨度大，省（自治区）联社服务存在四个“不相适”：统一的服务方式与行社发展情况不相适、较低的服务效力与市场环境要求不相适、匮乏的风控手段与风险复杂性不相适、统一的风控标准与风控分散性不相适。课题组采用“金融市场业务稳健发展评价与指引体系”为调研行社从“部门治理与内控”“资产管理能力”“风险管理能力”和“交易与运营保障”四个方面，以定性和定量的评价指标进行打分和评价，总结出行社发展现状也存在六个“待提升”，即风险认知能力待提升、投资决策机制待提升、风险控制职能待提升、内部控制管理待提升、人员科学管理待提升、风险管理技术待提升。

从实际影响来看，调研显示截至2021年第三季度末，提供数据的各省份资金业务不良率区间为0.05%—1.10%，自营资金业务持仓曾经出现违约等较大风险事件的行社占比达21.19%，全国农信涉及违约债券的行社平均违约债券金额占自营资金比为1.278 7%，平均100亿元资产涉及1.278 7亿元违约损失。整体资产质量较优，但单家行社受债券违约影响金额较大。例如，包商银行事件中同业负债规模超3 000亿元，共涉及全国约700家交易对手、海航集团申报债券金额高达14 606.33亿元，共有64 368家债权人，平均每家债权人申报债券金额高达2 269.19万元。违约债权使部分农信机构深受其害。

从面临风险来看，近年资金业务风险呈现跨界性、潜在性、频发性和多样化趋势，多重风险交织、相互传导，风险来源复杂性远超信贷业务，传统八大风险出现新维度，新型风险种类不断显现。农村中小银行面临相对突出的“七险”，即“轻预防忙处置、重投前轻投后”的战略风险、“屡查屡犯”的合规风险、“依赖外评缺内评”的信用风险、“趋势研判不足”的政策风险、“利率风险管控不足”的市场风险、“不相容岗位未实质分离”的操作风险和“省内风险偏好过度统一”的集中度风险。风险特征的变化对风险管理的时效性、风险监测频率和响应度提出了更高的要求，传统按风险类型分部门分散式风险管理组织架构无法满足复杂风险环境，且大部分省（自治区）联社和行社缺乏与风险复杂性相匹配的组织架构、动态的风险监测体系、科学的风险计量模型、全面的风险排查和有效的风险处置。因此，资金业务面临不做没有收益、做无法控制风险、自查又难查出风险的局面，加强资金业务管理的紧迫性和重要性显得尤为突出。

从实现路径来看，省（自治区）联社资金业务的管理模式和风控机制建设需要构建“七化”路径：一是分层化评价：建立评价指引的“四维图”，即运用“金融市场业务稳健发展评价与指引体系”构建分层管理基础。二是差异化服务：提高“针对性”，即通过实施服务模式的差异化来对辖内行社提供差异化服务。三是网格化传导：搭建管理传导的“神经网”，即搭建以“省（自治区）联社——市办（审计中心）或市级行社——县级行社”为中心的资金业务管理的“三级”网格化管理，以解决省（自治区）联社人力资源不足、管理效力低的问题，实现管理效能的有效传导。四是精细化风控：管好风险管理“全流程”，即通过准入环节的“两级授信”、过程管理的“专家诊断、动态风险预警和精细化的指标体系”、监督检查的“风险清单制 + 三层检查”和协助风险处置来实现精细化风控服务。五是数字化支撑：做好科技服务的“加减法”，即充分调研农信机构需求，增强差异化服务意识，寻找最大公约数突破科技服务“众口难调”的困境。六是专业化转型：成为市场信息的“处理器”，为辖内行社提供专业化的研究报告和经筛选的市场信息来“导航”辖内机构开展资金业务。七是协同化推进：加强资源协同的“共赢性”，实现省（自治区）联社条线管理与行社内部决策机制的协同性、共建跨省战略共享联盟和实现人才培养协同，来实现省内外资源共享，降低风险、减少投入，提高风控能力、增加有效收益。

从建设关键来看，行社资金业务的管理模式和风控机制建设需要抓牢“六点”关键：一是把握“明确定位找差距”这一根本点，明确自身的战略和目标定位，定期专家诊断找差距；二是把握“决策科学化”这一制高点，建立专家咨询制度提高决策制度科学性，建立方案可选择性提高决策过程科学性，建立内部评价体系提高决策评估科学性；三是把握“团队建设靠实力”这一关键点，通过设立投资研究专岗、优化岗位轮动机制、形成专业人才梯队、储备核心岗位人才、采用育选用相结合模式和升级绩效考核制度，来打造一支读得懂宏观经济、看得透政策意图、判得准市场走向、抓得住市场机会的综合性金融人才团队；四是把握“合规风控判趋势”这一支撑点，通过加强合规管理、增强风险预判、实施精细化管理，实现资金业务管理模式“四转变”，即从静态风险管理转变为动态风险管理、从注重传统风险类型转变为多维度风险管控、从单一风险管理转变为关注风险交叉与危机处理、从单点管理转变为全过程管理；五是把握“科技转型重基础”这一突破点，通过加强数据治理和搭建内部管理系统来助推资金业务发展；六是把握“协同发展”这一结合点，借投顾提升投资能力、借投顾监理提升管控能力、借风险监理搭建五道防线和借外部评级实现信评升级，多方式、多渠道、多维度、全方位助力资金业务健康、稳定、可持续发展。

从政策建议来看，农村中小银行是面对市场化竞争、承担政策性金融责任的地方性重要银行，在发展中承受着市场化竞争压力大、社会化责任贡献大、稳健发展困难大的发展压力，资金业务想要行稳致远，还需要以下五点政策支持：调低行社向省（自治区）联社存放资金的风险权重；适当放宽投资限制；支持省（自治区）联社或以省（自治区）内行社联合设立理财子公司；支持省（自治区）联社或辖内头部机构打造全省统一的资金业务管理和风控平台；从银行间市场开户层面支持省（自治区）联社代理业务。

一、引　言

中国人民银行行长易纲在“2021金融街论坛”全球系统重要性金融机构会议上表示，“现阶段，利息收入在我国银行业收入中仍占有较大比重，保持正常货币政策，保持利差水平处于合理区间，有利于促进银行体系更好地为实体经济增长服务，也有利于维护金融稳定”。资金业务收入是利息收入中重要的组成部分，保持资金业务收入的稳定健康发展，有利于更好地为实体经济服务。

农村中小银行以坚持服务“三农”和实体经济为主、开展资金业务为辅的经营导向，努力实现资金业务“安全性、流动性、效益性”的有机统一，但其作为“大市场”下的“小法人”，资金业务面临着诸多困难和挑战。

自2003年至2021年第三季度末，农村中小银行资金业务罚单高达1 500单，占农村中小银行全部罚单的13.96%，罚单金额高达6.79亿元，占农村中小银行全部罚单金额的30.31%。[①] 涉及农村中小银行“领导责任/管理责任/审批责任/监督责任”的罚单数量及处罚金额2014年以来逐年增加，罚单数累计达2 591单，罚单金额累计达1.07亿元。在趋严的监管环境下，如何应对新形势、新环境、新要求，合规稳健运用富余资金创效，防控好资金业务风险，助力实体经济发展，是当前亟待研究和解决的难点问题。

渤源资产课题组受《中国农村金融》杂志社和“中国农金30人论坛”委托，开展《农村中小银行资金业务管理模式与风险防控机制建设研究》，通过实地调研、案例分析、专家访谈、问卷调研和资料清单搜集等方式，与全国农信领域具有代表性的省级联社（农商行）、地市办事处（审计中心）、县域农村商业银行和农村信用社的高管层、资金业务部门、风险管理部门、计划财务部门、内部审计部和IT技术部门进行了深入沟通。此次调研涵盖了17个省（自治区）联社，68个农商行，5个县级联社，2个市级联社，3个市办（审计中心），地域分布于浙江、山

① 资料来源：渤源资产——合规宝。如无特别说明，本报告资料均来源于此。

东、广东、江西、湖南、广西、海南、内蒙古、四川、青海、山西、河南、福建、陕西、湖北、河北、安徽、北京、上海、重庆等地，共收到省（自治区）联社问卷108份和行社问卷1 434份。后续会将调研资料和研究成果汇编成《农村中小银行资金业务政策大梳理》《农村中小银行资金业务操作风险负面清单》《农村中小银行资金业务风险监测指标库》和《农村中小银行资金业务案例分析库》等工具资料，以期为农村中小银行日常资金业务和风控管理提供行之有效的参考。

在调研过程中，被访谈单位和问卷填写单位都给予了极大支持，对业务情况提供了详尽的介绍，对行业资金业务存在的风险和解决方案提出了很多建议。资金业务是银行业中对人员综合素质要求极高的业务，从对宏观经济形势的理解到对市场各类产品和操作细节的掌握，被调研机构都充分展现了专业能力。

二、农村中小银行资金业务的政策方向与战略意义*

（一）“三大方向”奠定农村中小银行资金业务政策基调

自2014年起，为肃整行业、防控风险，监管部门陆续发布了一系列政策文件，奠定了“强化服务”“回归本源”“强化风控”的政策基调。

* 根据《中国银保监会农村中小银行机构行政许可事项实施办法》（中国银行保险监督管理委员会令2019年第9号），农村中小银行机构包括农村商业银行、农村合作银行、农村信用社、村镇银行、贷款公司、农村资金互助社以及经银保监会批准设立的其他农村中小银行机构。本报告的研究对象主要是农村商业银行、农村合作银行、农村信用社和村镇银行。

目前资金业务并无官方定义，从各银行年报来看，有的银行对于资金业务的定义较广，包括金融市场业务、货币市场业务、债券业务、代客资金交易业务、贵金属及大宗业务、资管业务等（《中国建设银行股份有限公司2020年年报》），有的银行将资金业务归属于金融市场业务，与金融同业业务、资产管理业务、资产托管业务和投行业务等并列（《中国光大银行股份有限公司2020年年报》《江苏常熟农村商业银行股份有限公司2020年年报》《江苏苏州农村商业银行股份有限公司2020年年报》）。为方便从农村中小银行角度论述，本报告将资金业务定义为与金融市场业务同义，包括同业业务、理财业务、票据业务、投行业务、资金交易业务和资金托管业务。投行业务和资金托管业务农村中小银行涉及较少，本报告暂不做分析。

1. 强化服务

2003 年的《关于印发深化农村信用社改革试点方案的通知》（国发〔2003〕15 号）将省（自治区）联社的职权定位于“管理、指导、协调、服务”的八字职能。

近年来，监管部门对于省（自治区）联社的职责强调要求“淡化行政管理，强化行业服务”：

2014 年的《关于加强农村合作金融机构资金业务监管的通知》（银监办发〔2014〕215 号）（以下简称“215 号文”）对省（自治区）联社在资金业务方面的定位为强化省（自治区）联社资金业务的服务性，并列举出一系列包括“提供市场分析、风险预警、资金运用信息、约期存款、信息咨询”等在内的省（自治区）联社应提供的服务，同时要求应根据法人机构资金运营能力差异及其客观运用需要进行差异化服务，支持强资质行社自主运用富余资金、为弱资质行社提供必要的资金运用服务，且应按“资金所有者享有”的原则合理分配收益。

2015 年的《关于做好 2015 年农村金融服务工作的通知》（银监办发〔2015〕30 号）、2016 年的《关于金融助推脱贫攻坚的实施意见》和 2019 年的《关于金融服务乡村振兴的指导意见》均提出要“淡化农村信用社省（自治区）联社在人事、财务、业务等方面的行政管理职能，突出专业化服务功能”。

由此，省（自治区）联社资金业务职能应继续由经营管理为主转变为管理服务为主，同时积极推动业务规模较大、自营能力较强、监管评级较高的成员行独立开通银行间市场账户，独立开展金融市场业务；为地处偏远、信息闭塞、监管评级较低、尚未取得交易资格或缺少自营能力的成员行提供必要的资金运营服务。

2. 回归本源

近年，监管部门对农村中小银行资金业务的监管思路是回归支农支小本源，业务也应立足当地，服务实体经济，资金业务逐渐回归信贷业务的“辅助”定位：

“215 号文”中明确“应避免因资金业务过快增长造成主业基础不稳和支农服务弱化”。2018 年的《关于进一步加强农村中小金融机构大额风险监测和防控的通知》（银监农金〔2018〕12 号）中提到“严控对省外金融机构、出现负面舆情以及经营情况不明金融机构的同业授信”。2019 年初发布的《关于推进农村商业银行坚守定位 强化治理 提升金融服务能力的意见》（银保监办发〔2019〕5 号），要求“业务要立足当地，即严格审慎开展综合化和跨区域经营、原则上机构不出县（区）、业务不跨县（区）”；《关于做好 2019 年银行业保险业服务乡村振兴和助力脱贫攻坚工作的通知》（银保监办发〔2019〕38号）表示“力争在2020年底基本实现‘基础金融服务不出村、综合金融服务不出镇’、将‘新增可贷资金主要用于当地’”。2021年初发布的《关于2021年银行业保险业高质量服务乡村振兴的通知》（银保监办发〔2021〕44号）同样明确表示，“农村中小银行机构要坚守支农支小定位，深化改革，充分发挥深耕当地的优势，不断提高‘三农金融供给能力’”。

由此，资金业务应继续坚守“把资金业务作为富余资金投资营运和流动性管理的重要补充”的发展定位，一方面要坚持优化资产负债结构和流动性管理的功能定位，在优先发展支农信贷主业、充分满足“三农”金融服务需求的前提下，保持科学合理的资金业务规模和增速，避免因资金业务过快增长造成主业基础不稳和支农服务弱化；另一方面坚持资金业务功能定位，持续引导资金投向资本消耗低、流动性强、信用风险低的利率债、高评级信用债和同业存单等产品，在提高富余资金效益的同时，始终保持信贷投放支持地方经济发展的能力。

3. 强化风控

2021年9月22日银保监会新发布《商业银行监管评级办法》（银保监发〔2021〕39号）（以下简称《办法》）。此文替代了原有的各项银行监管评级规定，成为规范商业银行监管评级的统一政策。《办法》对于银行的盈利状况和资产质量关注度有所下降，而对于“信息科技风险”“市场风险”和“流动性风险”的关注度有所提升，体现出监管防控风险的思路。近年发布的监管政策同样体现出“强化风控”的政策导向，主要集中于以下方面：

一是严控整体投资风险。“215号文”针对不同监管评级的农村金融机构设置了差异化的投资范围，监管评级低的农信机构只能开展低风险投资，监管评级高的才允许进行“AA级”（含）以下债券、信托产品等投资。

二是严控同业业务风险。《关于规范商业银行同业业务治理的通知》（银监办发〔2014〕140号）要求商业银行同业业务实行专营部门制，由法人总部建立或指定专营部门负责经营，从管理架构方面控制同业风险；“三三四十大检查”系列文件厘定了同业监管套利行为，从控制乱象角度严控同业风险；《2018年一季度货币政策执行报告》将资产规模5 000亿元以下金融机构发行的同业存单纳入MPA考核，从限制期限错配角度严控同业风险；《商业银行流动性风险管理办法》（中国银行保险监督管理委员会令2018年第3号）要求应分别设定同业批发融资的限额，从流动性管理方面严控同业风险；《商业银行大额风险暴露管理办法》（中国银行保险监督管理委员会令2018年第1号）（以下简称《大额风险暴露办法》）要求单一同业大额风险暴露占一级资本净额比例不能超过25%，从集中度方面严控同业业务风险。

三是严控理财业务风险。《关于规范金融机构资产管理业务的指导意见》（以下简称《资管新规》）及其配套文件要求在资金端严禁违反真实公允规定进行保本保收益来破刚兑和实行每只产品的单独管理、单独建账和单独核算来去资金池，在产品端限制产品嵌套层数来去通道、控制分级和负债杠杆水平来控杠杆，在资产端规定10%资本净额的单一非标集中度和35%理财产品净资产的全部非标集中度来"限非标"，最终实现对理财业务的风险把控。

由此，资金业务应坚持"稳中求进"总基调，牢固树立合规经营的理念，把防控风险放在更加重要的位置，以问题导向精准施策，加大风险处置力度，有序推进全面风险管理。

（二）"四大需要"决定农村中小银行资金业务战略意义

1. 加强流动性管理的需要

商业银行资金业务交易手续简单，可短期内筹集或运用大量资金，可通过同业拆入或拆出来平抑短期资金波动，弥补流动性储备的不足或避免资金"趴在账上"。这就是资金业务的流动性管理职能——它提升了商业银行应对和处置流动性风险的能力。

2. 支持实体经济建设的需要

深化金融供给侧结构性改革，积极规范发展多层次资本市场，支持和扩大直接融资是近年来市场的一个主流方向。债券市场是筹措中长期资金的重要场所，推进债券市场创新发展，对于丰富直接融资工具、完善直接融资体系有着不可替代的作用。债券是资金业务的主要配置品种，资金业务投资债券也是支持实体经济的重要方式。

3. 分散集中度风险的需要

农村中小银行经营地域受限，资产和负债两端主要在县域之内，集中度风险较高，容易引发局部风险。资金业务配置的资产可投资全国各个地区企业发行的债券和票据等金融产品，可进行风险对冲配置，配置上还可跨地区、跨行业、多品种和长短期结合，可以降低地域、行业、期限、品种等的集中度风险。

4. 满足客户多元需求的需要

农村居民人均可支配收入近年始终处于上升趋势，收入的增长意味着财富管理需求的增加。农村中小银行积极发展资金业务，尤其是银行理财业务，满足了客户多元化财富管理需求，丰富农村群体投资渠道、缓解农村融资难题，对农业生产、农村经济和农民生活都有一定的现实意义。

三、 农村中小银行资金业务管理和风控的实践探索

（一）“三大实践”让省（自治区）联社资金业务添新貌

1. 坚持政策定位，加强差异服务有效实践

“215 号文”要求应根据法人机构资金运营能力差异及其客观运用需要提供差异化服务。实践中，已有部分省（自治区）联社在提供差异化服务上进行有效探索：山东省联社通过全面评估辖内各机构经营管理情况、运营情况和风险管控能力，将全辖机构划分为四类，分别采取差异化的管控内容、管控方式和管控力度，对一类和二类机构支持其在监管和行业管理范围内自主开展业务，拓展金融市场业务品种，对三类和四类机构主要是帮助其完善内控管理，理顺运行机制，使其安全、合规、稳健地开展业务；湖南省联社也着力推动分类管理，计划通过综合评价，将农商银行分为红色、橙色、绿色三个等级，按评定等级分类施策、分类管理，量身定做管理和服务措施；等等。

2. 坚持流程管理，严抓风险管理上有效实践

风险频发的态势下，部分省（自治区）联社着手为辖内机构提供风险管理服务，把脉资金业务、防控资金风险：四川省联社建立覆盖省、市、县三级“四横三纵”的系统性管理架构，突出横向层级管理的体系性和纵向条线管理的专业性，“四横”为省联社，办事处和市级行社、城区行社、县域行社，“三纵”为前台业务部门、中台风控部门、后台监督部门；江西省联社建立了“一个总控，两级授信，三维防护”的风险控制模式；浙江省联社按照资产负债诊断（治未病）和“农商行自查—办事处交叉复查—省（自治区）联社重点抽查”的推进形式深入排查，强化预防和风险排查；广东省联社开展资金业务问题“100 问”“清单式”整

治工作，形成资金业务主要问题清单表，组织自查并落实整改；湖北省联社加强“七限”管理（限总量、限品种、限准入、限授信、限额度、限杠杆、限权限），强化全流程风险管控；海南省联社建立交易对手准入标准、同业业务集中度提示清单、信用类债权投资主体负面清单；广西壮族自治区联社加强投后管理，定期对持仓债券进行梳理，定期关注市场负面信息做动态调整，投后管理两级应用；内蒙古自治区联社按季督导法人机构内控合规管理情况、按季组织全自治区农村信用社开展金融市场业务自查工作，并建立社员机构金融市场业务内控风险管理台账；等等。

3. 坚持科技创新，引领业务发展有效实践

各省（自治区）联社普遍加快资金业务金融科技系统建设，为资金业务管理和风控提供了高效、智能的 IT 系统支持：湖南省联社用 7 个月时间完成了资金业务管理系统的招标采购、开发建设和数据治理；山东省联社开发运行了资金业务管理系统、理财业务系统、资金业务风险管理系统、流动性风险识别监测预警处置系统 4 个信息系统，实现事前“机控”拦截不合规业务，事后自动进行监测预警，有效防控新增业务风险；广东省联社已经上线资金业务管理系统、资管系统、票据系统和理财代销平台，针对金融市场自营业务和理财业务，全面梳理了各类风险指标，并将其嵌入系统，实现自动化风险管控，有效降低资金业务操作风险和信用风险；江西省联社建立了资金头寸管理系统，实现了头寸的精准高效调拨、日常头寸管控和补充、头寸的精确匡算、省联社对全省头寸的统一管理；湖北省联社开发建成了理财销售系统和资产管理系统，配置运用金融数据分析系统、定制信用评价系统、开发了资金业务集中度监测系统；青海省联社优化资金业务系统，未来将尝试敏捷小组、设置风险预警模块、设置数据分析模块，方便金融市场业务的投资决策；陕西省联社开发新一代资金业务管理系统，内嵌风险监测预警指标，完善同业授信管理，增强系统风险管控和数据统计分析功能；福建省联社搭建资金、资管、代销三大平台，在全国农信系统首创开放式平台化代销理财系统，有力支持行社理财产品创新和市场竞争力；河北省联社加强资金业务、资管业务系统建设，建立了资金业务管理系统、理财资产管理系统和票据系统；等等。

（二）“三大探索”让行社资金业务焕生机

1. 坚持政策定位，支持实体经济有益探索

农村中小银行业务回归本源，落实在资金业务上指的是以服务存贷主业为前提，优先满足客户信贷需求，与主业联通，共生共荣，支持实体经济。目前，各省行社均坚守此定位，通过参加资金市场加大债券投资力度、支持直接融资来支持实体经济：湖北省内76家市、县农商银行已全部开通银行间市场平台，全省农商银行债券资产占比达96%，在省联社带领下，全省农商行通过资金业务支持和服务实体经济，增加湖北地方政府债、平台债、实体企业债券投资，投资湖北省内债券余额接近1 000亿元；海南海口农商行金融市场部充分发挥作为“海南债”主承销商优势，接受其他金融机构的委托代理投标“海南债”，拓展“海南债”投资主体和市场认可度，提高“海南债”综合服务能力，凭借在“海南债”承销中的优秀表现，荣获中央国债登记结算有限责任公司颁布的“2020年度地方债银行类承销商最佳进步奖”；浙江禾城农商行将理财资金通过不同投资组合方式，主要用于支持地方政府专项债、城投债的发行工作，截至2021年10月末，该行自营及理财资金年度新增支持浙江地区各政府、城投债券总额41.51亿元，占理财业务规模的60%，其中嘉兴地区总额20.46亿元；等等。

2. 坚持战略定位，营运富余资金有益探索

农村中小银行业务回归本源落实在资金业务上还指的是坚持富余资金营运的定位，以控制风险，加强流动性管理为战略目标，通过专业化营运平衡风险与收益，为稳定经营指标提供坚实基础。目前大部分行社在营运富余资金方面不断进行有益探索，以下仅列举部分行社情况：

杭州联合农商行：一是对冲市场风险，积极运用利率互换、标债远期等手段进行风险对冲、套期保值，降低市场波动的影响，提高债券组合的稳定性、降低波动率；二是运用多种债券交易策略，包括利率预期策略、收益率曲线策略、利差策略、估值策略等，提升组合管理能力；三是风险管理部加强全流程风险监测，完善风险监测预警指标体系，设立风险管理岗派驻金融市场总部，主要对同业授信额度、市场风险限额等各项风险限额指标进行审核，实现风险审查和控制的前移，并定期汇总限额管理情况形成报告。

重庆农商行：一是基于全市场信用债发行主体对比分析逐步建立信用债投资分层管理体系，对分层较高的主体，在可投资品种、投资限额以及申报流程简化方面给予更大空间。二是加强投后管理，引入大数据风险舆情监测工具，系统判断与人工判断相结合，每日对持仓资产涉及的风险事项进行扫描，对于与持仓资产风险密切相关的负面信息，及时组织相关部门核查并采取相应管控措施。

广东中山农商行：一是合规部在金融市场部和理财事业部派驻风险经理，每笔授信、业务和项目提起，风险经理都有参与；二是成立了部门内部风险小组，主要是对中高项目的讨论，收集负面信息来对交易对手实行动态额度管理；三是成立资金业务风控中心，实现独立的资金业务风险审核，资金业务防线得到进一步加强，除此之外，三道防线里的审计部每个季度都对资金业务开展专项审计。

3. 坚持技术定位，科技引领发展有益探索

农村中小银行业务坚持稳健发展定位，在科技引领资金业务上同样实现有益探索。例如：上海农商行用科技引领与数字化转型思维赋能业务经营、变革管理机体，倡导树立数字文化，培养数据思维，培育数字人才，提升用数能力，重视数据治理及应用产生的价值，全力打造数据、业务、智慧三大中台，形成完整的双速 IT 机制，构建“前台敏捷、中台强大、后台稳定”的信息科技体系，推动数据、科技、业务三大主线深度融合；江南农商行夯实科技立行战略，加强资金业务全面风险管理，借助新型技术，实现在智能决策、智能风控等方面的能力突破，努力实现“科技引领、科技输出、科技反哺”的战略目标。

四、农村中小银行资金业务管理模式和风控的现状与困难

本次线下调研涵盖 17 个省（自治区）联社，68 个农商行，5 个县级联社，2 个市级联社，3 个市办（审计中心），地域分布于浙江、山东、广东、江西、湖南、广西、海南、内蒙古、四川、青海、上海、重庆、河南、福建、陕西、湖北、河北、北京、安徽、山西等地，线上共搜集省（自治区）联社问卷 108 份和行社问卷 1 434 份，监管评级遍布 2 级至 6 级，行社资金业务规模更是涵盖十亿至千亿级别，多以百亿为主。

从资产规模和收益贡献来看，截至 2021 年第三季度末，2—6 级监管评级下，

农村金融机构总资产规模达45.243 8万亿元①，资金业务总规模达15.443 9万亿元②（见图1、图2），占总资产的34.13%，资金业务收益贡献比达30%—50%，体现出规模大、占比高、贡献差异大的特征。

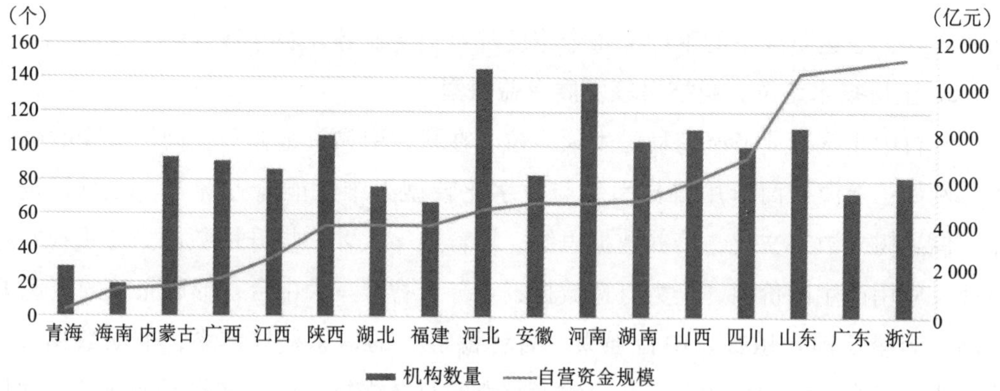

图1 调研省份机构数量与自营资金规模情况

资料来源：《农村中小银行资金业务管理模式与风险防控机制研究》课题调研资料，渤源资产绘制。

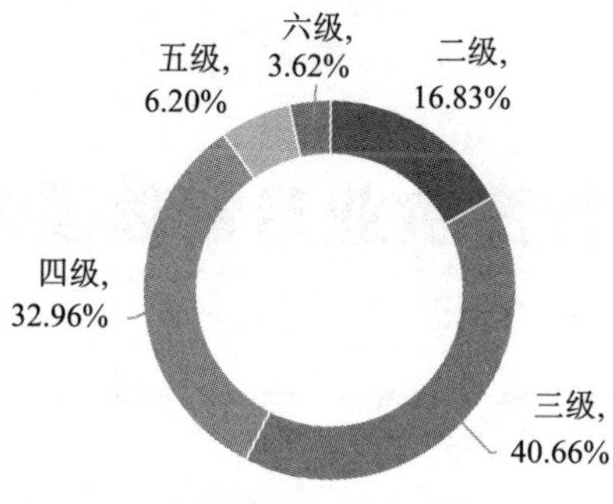

图2 行社监管评级分布

资料来源：《农村中小银行资金业务管理模式与风险防控机制研究》课题调研资料，渤源资产绘制。

从部门人数来看，大部分（83.37%，见图3）行社的资金业务由独立部门运营，少部分行社仅将资金业务部门作为计划财务部的二级部门，部门人数普遍低于4人（占49.27%，如图3所示），人力资源配置较少。

从收益率来看，不同地区、不同行社间收益率差异较大，截至2021年6月30

① 银保监会《2021年银行业总资产、总负债（季度）》，农村金融机构包括农商行、农合行、农信社和新型农村金融机构，新型农村金融机构包括村镇银行、资金互助社和贷款公司。

② 调研的17个省份的平均自营资金规模约4 992.74亿元，四个直辖市农商行的资金业务规模为14 642.6亿元（4 992.74×28+14 642.6）。

日，高的收益率能达到5%以上，低的收益率则在2.5%以下（见图4）。

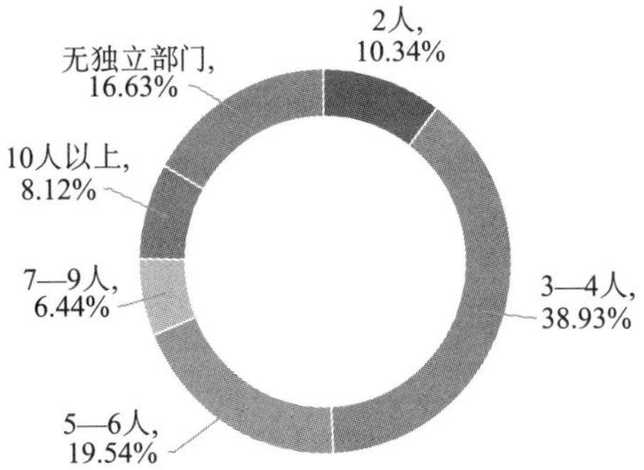

图3　金融市场业务部员工总人数分布

资料来源：《农村中小银行资金业务管理模式与风险防控机制研究》课题调研资料，渤源资产绘制。

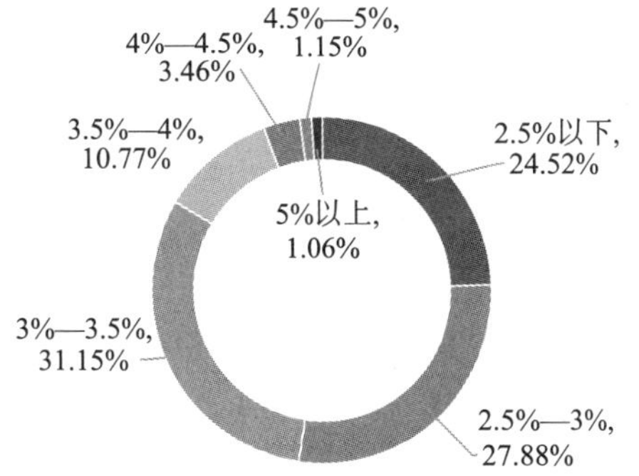

图4　资金业务收益率分布（截至2021年6月30日）

资料来源：《农村中小银行资金业务管理模式与风险防控机制研究》课题调研资料，渤源资产绘制。

从资产质量来看，截至2021年第三季度末，某沿海省份资金业务总体不良率为0.24%，某南部省份为1.10%，某北部省份仅为0.05%。调研行社涉及违约债券的占41.59%，其中违约债券占自营资金比例超过10%的行社占2.22%（见图5），自营资金业务持仓曾经出现违约等较大风险事件的行社占比达21.19%（见图6）。某中部省份农商行系统资金业务总体不良率不到0.5%，远低于当地信贷业务的不良率，但其涉险机构的表内风险资产均值为1.46亿元，表外风险资产均值为3.56亿元，此地区同业不良资产中近40%涉及海航、四川信托等已经出现风险的机构，体现出整体资产质量较优，但单家行社受债券违约影响金额较大的特征。

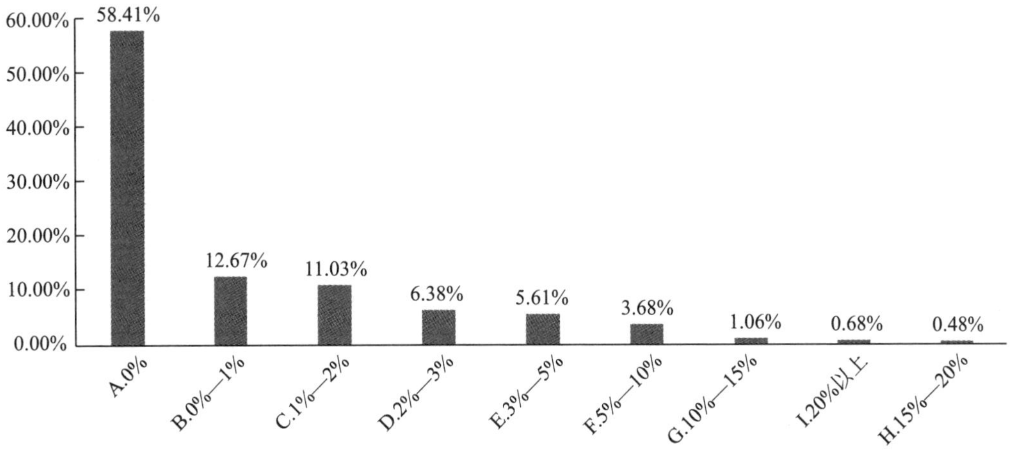

图5　违约债券占自营资金的比例

资料来源：《农村中小银行资金业务管理模式与风险防控机制研究》课题调研资料，渤源资产绘制。

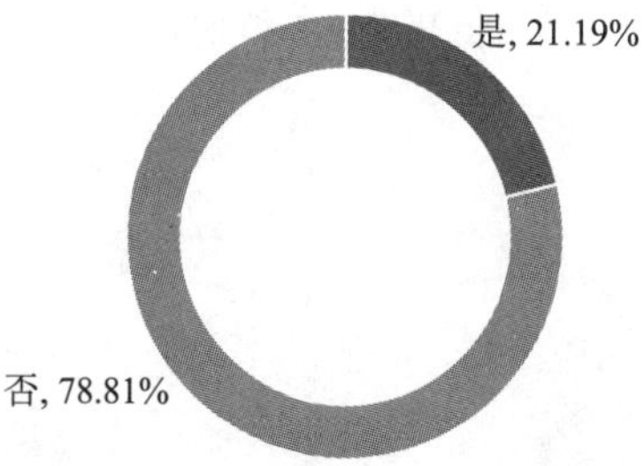

图6　自营资金业务持仓是否出现过违约等较大风险事件

资料来源：《农村中小银行资金业务管理模式与风险防控机制研究》课题调研资料，渤源资产绘制。

从配置结构来看，各机构偏好利率债、政金债、存单，某中部省份全省行社的利率债占比达到90%以上，体现出配置品种单一的特征。

从投资策略来看，各行社的投资策略均由资产配置为主、资产交易为辅逐步转变为资产配置和资产交易并重。

（一）六个“难题”需面对

1. 投资风险甄别难是“内伤”

近年资金业务风险呈现跨界性、潜在性、频发性和多样化趋势，多重风险交织、相互传导，风险管理难度加大。但是还有很多机构缺少与风险相应的识别能力与措施。

调研数据显示，25.92%的机构未建立同业交易对手黑白名单库（见图7），建立了名单库的则更新频率低，部分行社也没有建立科学完善的授信制度、结构性限额比例等基本制度，交易对手管理粗放，仅凭自身经验主观判断交易对手，或仅限于和国有银行、股份制银行及上市银行合作；部分机构缺乏宏观研究能力（34.5%的行社没有专职宏观利率研究员，见图8），49.07%的省由省（自治区）联社统一建立信评体系（见图9），未建立内评体系的占50.39%（见图9）。再加上国内外部信用评级是买方付费模式，大多数信用评级呈现评级虚高和评级预警性不足的乱象，致使农村中小银行在授信对象出险前无法获得甄别信号、做到及时止损；77.32%的行社没有投后管理机制或投后管理频率非日频（见图10），缺乏风险判断力和监测手段，风险凸显。

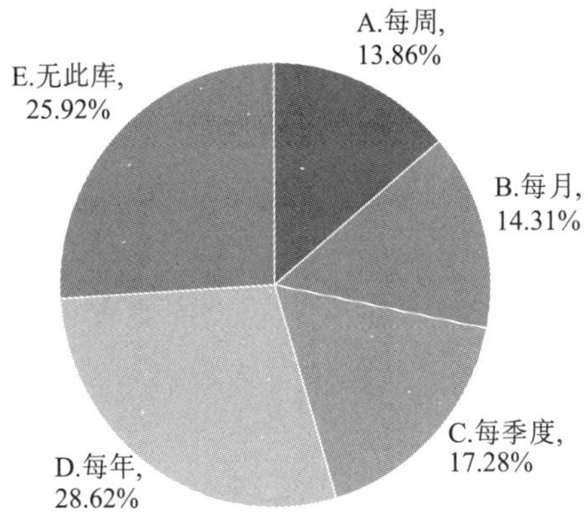

图 7　同业交易对手黑白名单库的更新频率分布

资料来源：《农村中小银行资金业务管理模式与风险防控机制研究》课题调研资料，渤源资产绘制。

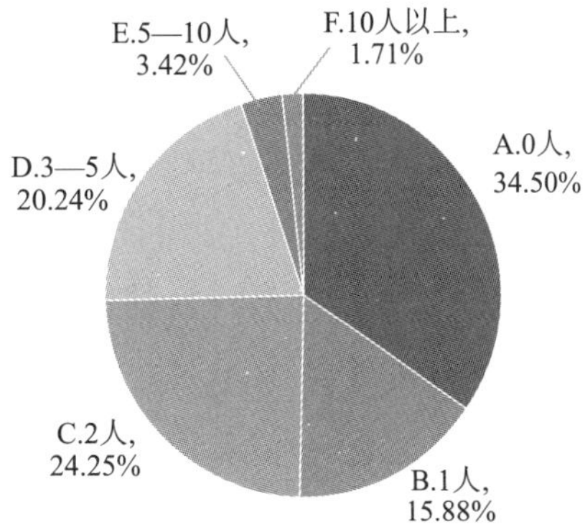

图 8　专职进行宏观利率研究的人数分布

资料来源：《农村中小银行资金业务管理模式与风险防控机制研究》课题调研资料，渤源资产绘制。

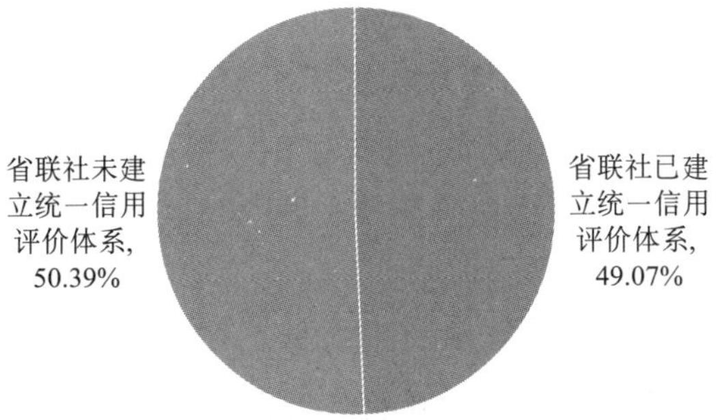

图 9　省联社信用评价体系建设情况

资料来源：《农村中小银行资金业务管理模式与风险防控机制研究》课题调研资料，渤源资产绘制。

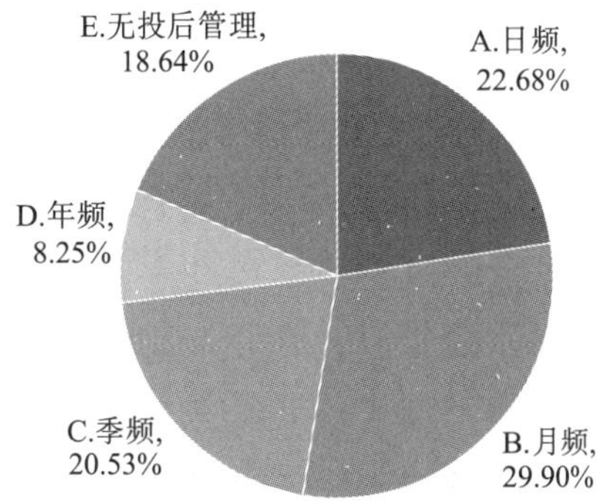

图 10　投后管理工作的管理频率

资料来源：《农村中小银行资金业务管理模式与风险防控机制研究》课题调研资料，渤源资产绘制。

2. 信用分层合作难是“弱项”

包商银行事件打破了同业刚兑预期，同业市场显现信用收缩、信用分层的现象，各机构之间对于银行间同业拆借依赖度、交易对手资质和押品标准整体上都有明显提高。银行间市场参与门槛的提高，造成农村中小银行同业授信受到区域性限制，其同业拆借、正回购、发行同业存单和吸收同业存款的难度加大，总体融资渠道受限，负债成本抬升。在央行大量释放流动性背景下，“AA 级”机构同业存单发行利率仍维持在 3%—3.5%[①]。

① 资料来源：Wind 资讯。

3. 监管政策适应难是“硬伤”

市场环境变幻莫测、难以预料，同时，监管政策的调整存在滞后的情况，给农村中小银行正常的富余资金营运带来较大的压力。

高风险权重适应难。当前市县行社向省（自治区）联社存放资金风险权重按100%计量，加重了市县行社的资本压力，每到季末、年末等时点，因为100%的风险权重又将存放资金调回，省（自治区）联社为完成资金返还，大量进行卖出回购交易，较易造成系统性流动性风险。

高门槛设置适应难。《商业银行理财子公司管理办法》（中国银行保险监督管理委员会令2018年第7号）要求，设立理财子公司需要一次性实缴10亿元货币资本，且必须是自有资金，一些规模较小的农村中小银行无法逾越此硬性门槛，而代销理财又没有产品筛选和管理能力，无法控制代销理财带来的风险，无法满足客户多元化的产品需求。

窄投资范围适应难。目前，2014年发布的“215号文件”规定的投资范围标准的监管要求已不完全适应市场现状，二级以下行社不能投资包括货币基金等在内的低风险产品，没有风险对冲工具，调研对象中83.17%的行社监管评级低于二级，行社富余资金投资渠道窄、出路难。

同业资产增速政策适应难。多省属地监管要求合理控制同业业务发展速度，季度同业资产增速不高于同期各类贷款增速。此规定对于区域经济结构不合理或贷款增速低的行社影响大，满足相同增速的情况下，会有部分资金不能投资同业业务，也放不出去贷款，只能存放央行，这部分资金使用效率低。另外，限制同业投资（如同业理财），行社间也无法通过同业合作实现优势互补。

信用债投资受限适应难。支持和扩大直接融资是近年来的政策方向，债券是直接融资的重要方式，但部分属地监管严格限制农商银行的信用债券投资规模及增速，非金融企业债等投资业务被要求只减不增，严控私募债和特殊目的载体投资，原有信用债品种不断压缩，致使当地资金业务品种日趋单一化，资金使用效率低，无法有效通过参与企业直接融资支持实体经济。

层层加码适应难。省级、地市级及县级监管要求相比银保监会的要求不断严格，各级监管下发的监管工作要点、会谈纪要、业务通报、监管意见书、监管函、监管提示等文件规定不断增多，从上到下关于债券投资增速、资金业务增速、资金业务营运杠杆倍数等监管指标要求不断加码，富余资金营运难。

4. 专业人才招留难是"软肋"

专业人才招聘难。资金业务有着极强的专业性，需要具有高度的自律能力、极强的学习能力和超强责任心的专业人才。据调研，现任金融市场业务部前、中、后台从业人员大部分取得的是交易员资格、债券托管结算业务资格、证券从业资格和基金从业资格，而取得 CPF、CFA、ACCA 等证书的占比仅为 2% 左右（见图 11）。

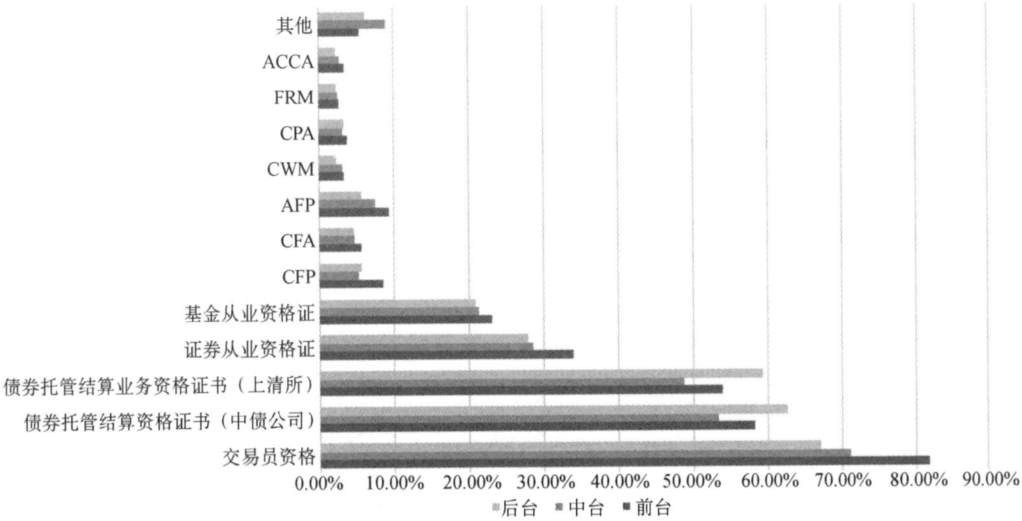

图 11　金融市场业务部员工取得的证书分布

资料来源：《农村中小银行资金业务管理模式与风险防控机制研究》课题调研资料，渤源资产绘制。

专业人才留用难。高门槛、积累时间长、非银行核心业务、地处偏远、薪酬不具竞争力等原因致使农村中小银行资金业务从业员工流失率高。

专业人才培养难。在员工招聘难、流失率高、定期轮岗等多层困难叠加之下，农村中小银行的人才培养更是难上加难：一是员工知道未来会轮岗且兼做其他工作，学习意愿不强；二是人员留岗的时间不长，无法进行体系化培养；三是从事资金业务岗位的员工往往多处兼职，很难保证有足够的时间专注在资金业务上成长。

5. 数字化转升级难是"短板"

对于多数农村中小银行而言，技术短板是推进科技赋能和数字化的核心"痛点"。一方面，数字化技术和系统快速革新，农村中小银行缺乏相应的创新研发能力；另一方面，分布式架构、云技术等是一个长期资源投入的过程，农村中小银行缺乏持续稳定的人员、资金和业务资源投入。

在数字化转型过程中，省（自治区）联社站位更加靠前，可以解决"小法人想做做不了、做了不实惠”的问题。但是各省（自治区）联社普遍存在技术体系较多、系统耦合度较高、系统运营成本高、IT硬件资源弹性调剂能力低、人员技能难以复用、系统关联改造成本较高、业务需求交付效率难以提升、设计开发上的共性与个性兼顾难等问题。

6. 风险资产挽损难是“痛点”

当前，已有债券违约处置方式时间长、效率低、回收少，致使农村中小银行风险资产挽损难。

在传统的处置方法上，债权人处于优势地位或具备较高的谈判水平才能在违约处置中为自己尽力争取利益。但从调研情况来看，农村中小银行的合规风险部门主要处理与信贷业务相关的诉讼，对于资金业务并不熟悉，聘请的当地律师大多没有金融背景，无法理解资金业务的逻辑，在更复杂的资管产品结构中，相关人员甚至无法梳理出谁是投资者、谁是管理人，遑论与债务人谈判。再加上农村中小金融机构单次涉案金额较小，大多只能依赖主承销商与债务人协商，很难得到利于己方的协商或诉讼结果。

在处置效率上，近年违约事件中的债权人高达数十个甚至数百个，多方沟通协商拉长了处置时间，而司法程序从立案开始到最后执行完成的时间基本是以年计算的，求偿之路漫漫。据统计，通过自主协商到最终完成处置的案件平均回收期为505天，而对于破产重整或破产和解的企业，从企业首次出现债券违约到企业确定破产重整或破产和解方案平均时间为400天，但方案达成后还需要按照方案进行展期等，因此债权人等待的时间一般更长①。

回收率方面，截至2021年10月17日，剔除技术性违约的债券，发生违约的公募债共计399只（部分债券可能发生不止一次违约），仅有53只公募债券取得了实质性的回收兑付进展（部分或全额兑付），违约公募债券的整体回收率仅为13.3%。我国的违约债处置法规建设尚不完备、投资者保护机制和违约债投资市场不发达，未来回收率或将继续下降②。

（二）四个“不相适”需调整

目前，各省（自治区）联社均依据区域特点和行社实际探索为辖内行社提供安

① 平安证券：《高收益债投资专题报告之六：打破刚兑六周年，我国信用债违约回收及处置实践》。
② 兴证固收：《违约信用债的后续回收知多少？——信用策略半月谈》。

全有效的资金业务服务。根据各省（自治区）联社参与度的不同，各省（自治区）联社对辖内各行社的服务模式可以分为“行社自主管理”“省（自治区）联社代为管理”“省（自治区）联社提供投资顾问服务”和“席位制联合办公”四种模式。

“行社自主管理”模式是主流，在此模式下行社以“自主经营、自负盈亏、自担风险和自我约束”的原则开展资金业务。此模式长久来看有利于提高行社的自主管理能力，但是目前部分机构不具备投资和风控能力。

“省（自治区）联社代为管理”模式是缺乏投资渠道、缺少自主管理能力以及尚未取得交易资格的法人机构委托省（自治区）联社运用富余资金的模式。此模式可对行社资金进行集约化管理，把控弱资质机构风险，劣势在于行社没有动力提升专业能力。

“省（自治区）联社提供投资顾问服务”模式是部分省（自治区）联社为辖内行社提供涵盖投资建议、投资指导和投资咨询在内的投资顾问服务的模式。此模式可以有效呵护行社的成长，但针对弱资质行社，是要求其按照指令把握投资机会，还是仅让其将指令作为投资建议，此点难以界定，且投资责任由谁承担也是难题。

“席位制联合办公”模式指的是部分省（自治区）联社打造的“统一制度、统一系统支撑、统一市场分析、统一客户维护、统一指导孵化、统一人员培训”的集约化资金运营平台模式。在此平台下，省（自治区）联社通过资源整合、为成员行社提供席位制联合办公环境来实现全省资金业务的集中运营。此模式一定程度能提升行社派驻人员的能力，但业务层面操作人员没有最终决策权，无法解决投资研究和投资决策分离的根本问题，也无法解决投资决策中专业性不足的问题。

这些模式均是因地制宜的有益尝试，但在实践过程中存在如下现实问题。

1. 统一服务方式与行社发展情况不相适

受地区经济水平、产业结构等因素的影响，各省内机构在经营水平、治理结构、风控能力、盈利状况、资本实力等方面存在较大的差异，省（自治区）联社服务跨度和难度大。全省统一的服务很难满足行社发展不同阶段，省（自治区）联社面临着兼顾共性与个性的挑战。

2. 较低服务效力与市场环境要求不相适

省级管理模式跨度大、管理半径宽，部分省（自治区）联社金融市场部同时承担投资职能和行社管理职能，部门人数各省差距较大，普遍仅有10—20人，市办（审计中心）大多在资金业务服务中不承担相应职责，仅依靠省（自治区）联社对下辖行社服务明显人力不足，致使服务效力与瞬息万变的金融市场要求不相适。

3. 匮乏的风控手段与风险复杂性不相适

资金业务风险来源复杂性远超信贷业务，并且对风险管理的时效性要求非常高，风险监测频率需要达到实时，风险预警响应要非常迅速。风险维度涉及信用风险、市场风险、流动性风险、操作风险、国别风险、银行账户利率风险、战略风险、信息科技风险8种。此外，还面临着包括声誉风险、财务风险、竞争风险、政策风险、合规风险、再投资风险、集中度风险等在内的其他多种风险，并且风险维度随着创新产品和环境复杂程度不同还会不断叠加。传统的分风险类型分部门的分散化管理模式无法满足现在复杂环境，而大部分省（自治区）联社缺乏与风险复杂性相匹配的动态的风险预警系统、科学的风险计量模型、精细化的指标监测体系、全面的风险排查和有效的风险处置服务。

4. 统一的风控标准与风控分散性不相适

由于农村中小银行投资渠道较窄，同质化经营较为严重，跟风扎堆投资现象较为普遍，实行黑白名单管理后，各省辖内行社依照省（自治区）联社的风控标准进行风控易造成集中度风险。目前大多数省份因为信用事件频发而要求辖内行社逐渐压降信用债规模，转而增持利率债，这会造成辖内利率风险集中。个别省要求票据业务不出省导致全省票据业务地域集中度风险大。债券投资不出省则可能导致辖内一旦出现信用风险事件则全省农信均踩雷。

（三）六个“待提升”需解决

为更好地反映现状，本报告课题组采用“金融市场业务稳健发展评价与指引体系”为调研行社从“部门治理与内控”“资产管理能力”“风险管理能力”和“交易与运营保障”四个方面，以定性和定量评价指标进行打分和评价。具体打分和评价结果如图12所示。

由图12可知调研对象三级指标打分低于7分的项目，本报告围绕“风险管理”“内控”“人力资源”“资产管理”“交易与运营保障”五个方面进行重点分析。更多指标情况的展示如图13所示。

值得注意的是，农村中小银行资金业务近年的发展是健康的、有一定成绩的，在资金业务管理和风控的方方面面均有优秀同业实践，目前出现的问题都是发展中的问题，调研对象也都在积极解决这些问题。

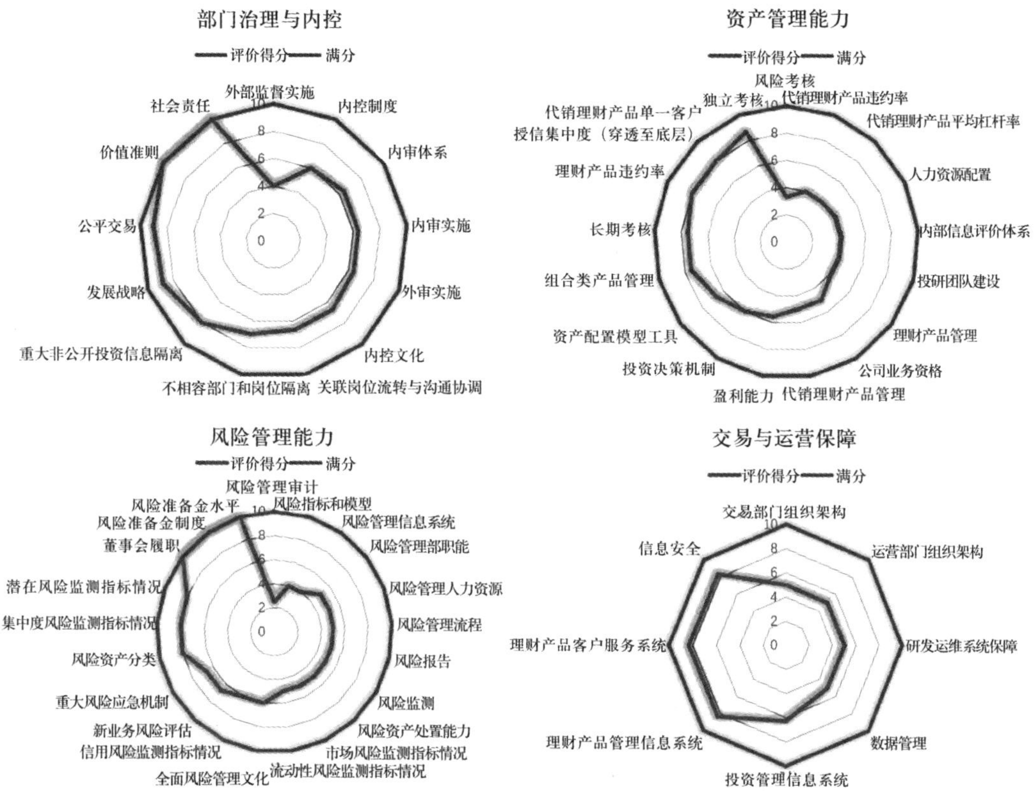

图12　调研对象依“金融市场业务稳健发展评价与指引体系”打分情况

资料来源：《农村中小银行资金业务管理模式与风险防控机制研究》课题调研资料，渤源资产绘制。

风险管理	内控	理财产品管理	人力资源	资产管理	交易与运营保障	公司资质
风险管理部职能	内控制度	代销理财产品违约率	人力资源配置	投资决策机制	交易部门组织架构	公司业务资格
风险管理流程	内控文化	代销理财产品平均杠杆率	投研团队建设	资产配置模型工具	运营部门组织架构	
风险指标和模型	内审体系	代销理财产品管理	关联岗位流转与沟通协调	盈利能力	研发运维系统保障	
市场风险监测指标情况	内审实施	理财产品管理	风险考核（绩效考核）	内部信用评价体系	数据管理	
流动性风险监测指标情况	外部监督实施		风险管理人力资源		投资管理信息系统	
信用风险监测指标情况	外审实施				风险管理信息系统	
风险监测	风险管理审计					
风险报告						
风险资产处置能力						
全面风险管理文化						
新业务风险评估						
重大风险应急机制						

图13　“金融市场业务稳健发展评价与指引体系”打分低于（含）7分的三级指标

资料来源：《农村中小银行资金业务管理模式与风险防控机制研究》课题调研资料，渤源资产绘制。

1. 风险认知能力待提升

传统信贷业务往往只涉及2016年9月发布的《银行业金融机构全面风险管理指引》（银监发〔2016〕44号）所提及的信用风险、市场风险、流动性风险等8种风险形式，但资金业务还需关注声誉风险、财务风险、竞争风险、政策风险、合规风险、再投资风险、集中度风险等风险源，并且不同风险间相互传导，但调研显示对资金业务风险具有充分认识的机构仅占0.21%。

经常会听到的如下表述就是完全没有认识到风险：

- 我投的都是利率债了，没有违约风险是不是就是没有风险。
- 没有杠杆是不是就没有风险。
- 已经不投信用债了，是不是就没有风险。
- 持有至到期是不是就没有风险。
- AAA同业存单没有风险。
- 都是按省（自治区）联社规定投的，不会有风险。

因此，提高对全面风险管理的认识显得尤为重要。以下仅列举最易忽视的风险种类和传统风险种类中易被忽视的领域。

（1）战略风险：轻预防忙处置、重投前轻投后。轻预防、忙处置。债券违约常态化后，不少农村中小银行忙于处置出险资产，此类处置流程长、成本高、耗精力，违约处置最终的结果一般很难尽如人意。忙处置的另一面是未重视和认识风险，未投入时间和精力预防风险。

重投前、轻投后。农村中小银行金融市场业务的风险管理几乎全部集中在投前尽调和决策审核方面，很少花精力去做投后风险跟踪、监测与管理。就当前涉险行社来说，除行社能力不足外，共性问题在于不重视或没有进行投后风险动态监测，不能及时预判风险和预警风险。

（2）合规风险：屡查屡犯自2003年至2021年第三季度，农村中小银行资金业务罚单高达1 500单，占农村中小银行全部罚单的13.96%，罚单金额高达6.79亿元，占农村中小银行全部罚单金额的30.31%①，且案由的重复率较高。例如，在“名单制管理”事项上，2020年（含）前已有多单罚单针对同业交易对手名单制进行处罚，然而到了2021年仍有6单罚单（见图14，图中展示的是所有银行机构以

① 资料来源：渤源资产——合规宝。

“名单制管理”作为关键字查询的结果）与此有关；又如，关于“省（自治区）联社对法人机构缴存的清算资金”事项，历史上已有较多罚单，且“215 号文件”明确表示“省（自治区）联社对法人机构缴存的清算资金应实行专户管理、封闭运行，严禁与其他上存资金混用，严禁投资购买债券”，省（自治区）联社不得违规截留资金业务收益，但实践中仍不断有省（自治区）联社因同一案由而被处罚（2017 年 4 单、2018 年 7 单、2019 年 7 单、2020 年 1 单、2021 年 1 单）。

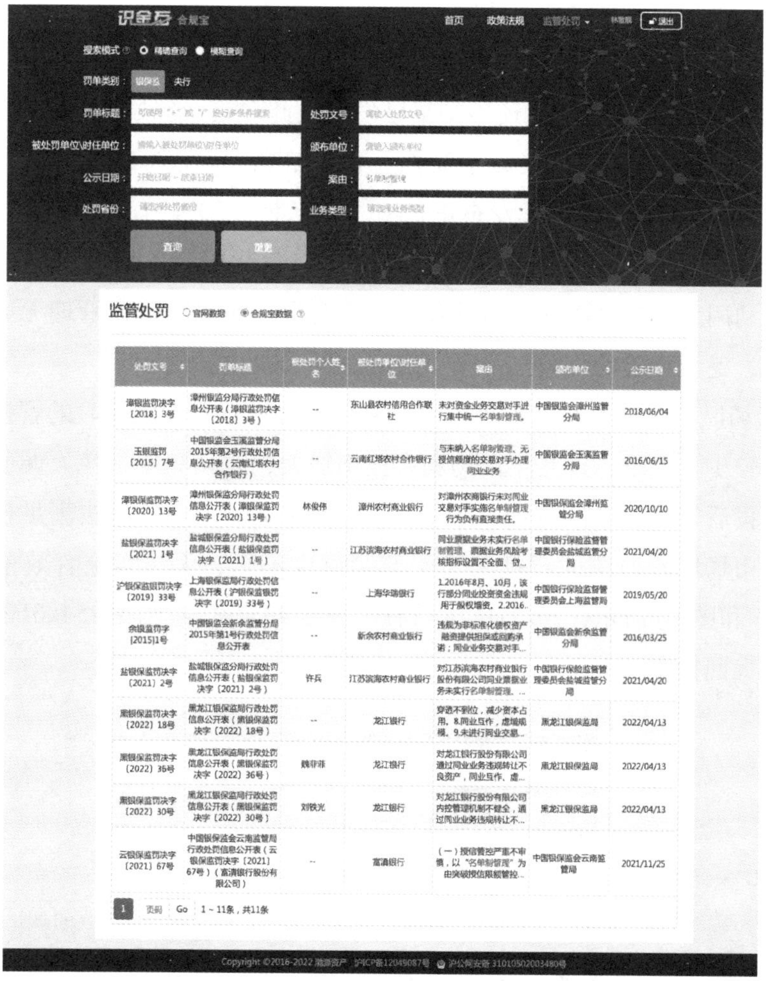

图 14 与名单制管理相关的银保监涉银罚单

资料来源：渤源资产绘制。

（3）信用风险：依赖外评缺内评。信用债违约已呈常态，外部评级公司存在信息披露不及时、信用评级虚高的情况，信用评级结果对评估债券信用风险的参考性不够强，这就对信用债投资风险管理提出了较高的要求。农村中小银行一般不具备专业化的信用风险管理团队。正如图9所示，调研显示，49.07%的省由省联社统一建立信评体系，未建立的占50.39%。行社信用研究能力弱，严重依靠外部的信评结果，内部信用评价体系没有建立起来，投资决策委员会无法对信用资产进行专业评价，信息数据收集和分析加工能力非常有限，投资信用债“随波逐流”被动承受信用风险。

（4）政策风险：趋势研判不足。政策研究本应是资金业务的首要工作，然而大部分农村中小银行没有设置政策研究岗，没有员工跟踪研究政策，行业先行者早已在政策文件发布征求意见稿就已针对性地修订政策、调整业务，农村中小银行则反应滞后，至政策发布1—2年后还不知早已发布过此政策。例如，《关于规范金融机构资产管理业务的指导意见》（以下简称《资管新规》）在2017年11月17日发布征求意见稿，2018年4月27日发布正式稿，过渡期至2021年底，若农村中小银行在《资管新规》还在“酝酿”时即开始研究“净值化管理”对农村中小银行的影响，并充分利用3年的过渡期早做准备，也不会出现面对净值化管理无应对措施和工具的情况，遑论经验的积累。

（5）市场风险：利率风险管控不足。农村中小银行对市场风险的管控重视程度较低，关注较少。但是，近几年市场利率波幅加大，波动频率加快。调研显示，农村中小银行投后管理频率能达到日频的只有22.68%，大多数无法满足投后管理的要求。建立市场风险监测的行社又由于监测维度不全，无法实施有效市场风险管理。如图15和图16所示，20.71%的行社未设定综合久期上限、54.61%的行社未设置净值最大回撤限额等。

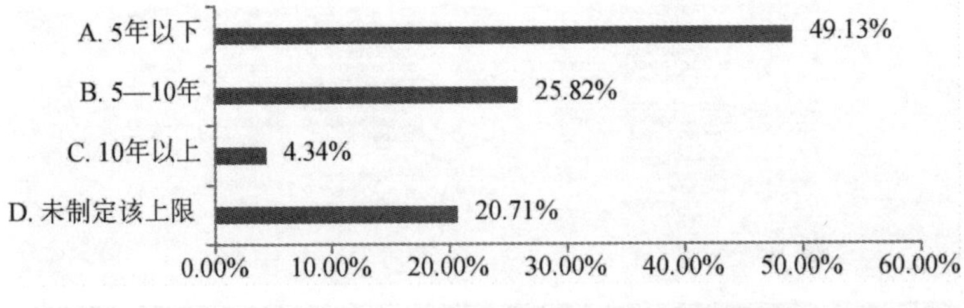

图15　自营资金业务制定综合久期上限分布

资料来源：《农村中小银行资金业务管理模式与风险防控机制研究》课题调研资料，渤源资产绘制。

（6）操作风险：不相容业务未实质分离。农村中小银行金融市场业务过往交易操作主要依靠业务部门、风控职责缺失、金融市场人员从业经验不足、轮岗频繁致使金融市场部存在较多多年粗放生长集聚的风险亟待化解，主要操作风险有三方

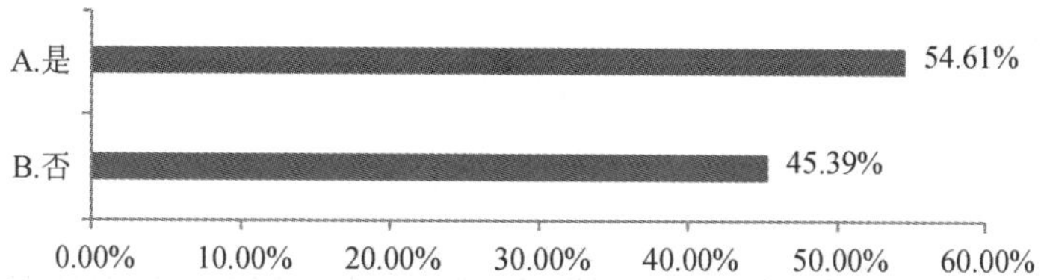

图16　是否设置了净值最大回撤限额

资料来源：《农村中小银行资金业务管理模式与风险防控机制研究》课题调研资料，渤源资产绘制。

面：一是轮岗频繁，试错风险增加；二是过往交易操作过程中存有风险，当事人害怕风险显现，在风险上报或自查过程中出现较严重的“风险隐藏”；三是投资与风控不相容业务未分离，根本无法防范风险的发生。以上三方面的风险都会延缓或错过风险发现和处置的最佳时机。

（7）集中度风险：省内风控偏好过度统一。省（自治区）联社对辖内行社进行统一的风控指导，建立统一的风控标准容易造成集中度风险。目前大多数省份因为信用事件频发而要求辖内行社逐渐压降信用债规模，转而增持利率债，这会造成辖内利率风险集中；少部分地区要求的票据业务不出省导致全省票据业务地域集中“暴雷”；债券投资不出省则导致辖内会出现产业和地域集中度高的风险，一旦出现信用风险事件，则全省农信均受影响。

从数据上看，农村中小银行金融市场业务投资集中在省内，54.49%的行社自营资金信用债投资只能投省内主体发行的债券（见图17），受经济周期和当地产业结构的关联影响大；未通过建立集中度风险监测体系，对地域、行业和品种集中度进行监测和预警，如：63.35%的行社自营资金业务未制定单一主体集中度上限（见图18）、84.49%的行社自营资金业务未制定品种集中度上限（见图19）。

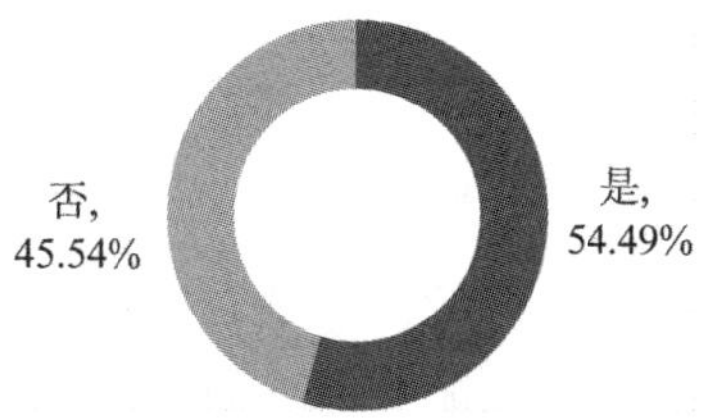

图17　金融市场业务部自营资金信用债投资是否只能投省内主体发行的债券

资料来源：《农村中小银行资金业务管理模式与风险防控机制研究》课题调研资料，渤源资产绘制。

图18　是否为自营资金业务制定品种集中度上限

资料来源：《农村中小银行资金业务管理模式与风险防控机制研究》课题调研资料，渤源资产绘制。

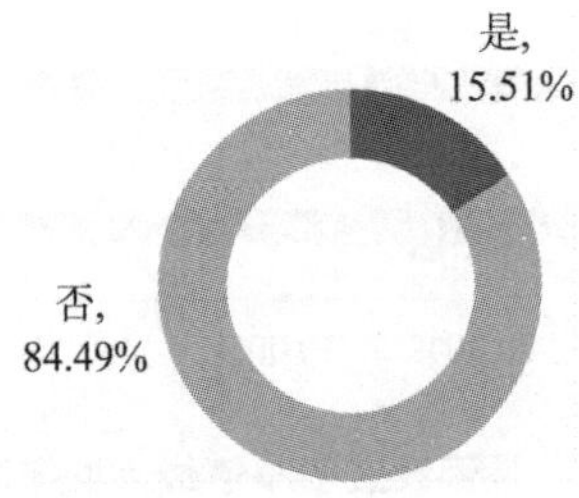

图19　是否为自营资金业务制定单一主体集中度上限

资料来源：《农村中小银行资金业务管理模式与风险防控机制研究》课题调研资料，渤源资产绘制。

2. 投资决策机制待提升

在资产投资决策过程中，农村中小银行一般由投资决策委员会（理财投资审查委员会）等非一级部门决定，如图20所示，85.49%的行社设置了投资决策委员会等类似机制，但还有少数农村中小银行还在使用会签、传签的模式进行授信和审批业务。这既无法体现授信业务的“四个统一”原则，也无法按照“穿透”和“实质重于形式”原则对底层资产进行风险防控。

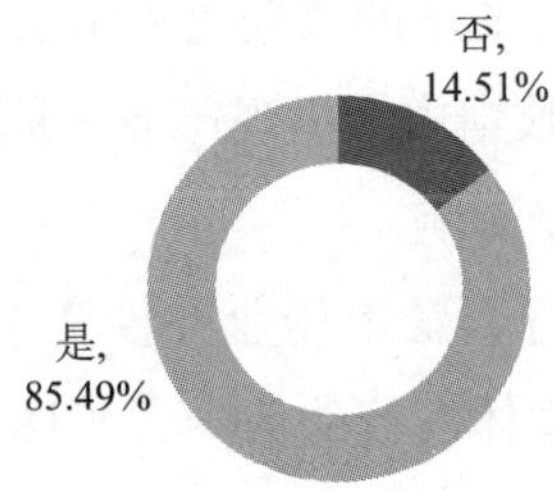

图20　是否设置了投资决策委员会等类似决策机制

资料来源：《农村中小银行资金业务管理模式与风险防控机制研究》课题调研资料，渤源资产绘制。

设立投资决策委员会或类似决策机构的行社，相应机构成员一般由董事长、行长、分管行长、信贷部、金融市场部、风险管理部、授信审批部和计财部等部门相关人员组成（见图21），34.25%（见图22）的行社董事长对提交的议案有一票否决权，有些行社高管人员的资金业务从业工作经验少，有的部门成员在资金业务方面专业度不高，一票否决权往往又易过度规避风险或过多顺从某一员工的观点而形成“一言堂”，现有培训体系则仅为培养资金业务部门员工而搭建，导致拥有专业能力的员工没有决策权，有决策权的员工却不了解资金业务。

3. 风险控制职能待提升

无专门资金业务风控人员——资金业务风控职能缺位。由于资金业务的管理专

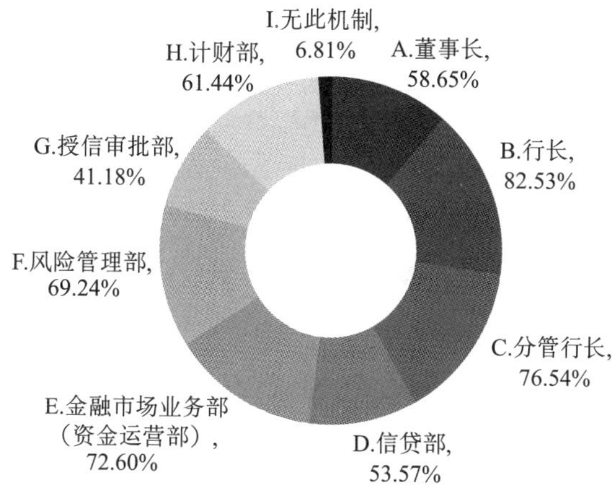

图 21　投资决策委员会等类似决策机制组成人员分布

资料来源：《农村中小银行资金业务管理模式与风险防控机制研究》课题调研资料，渤源资产绘制。

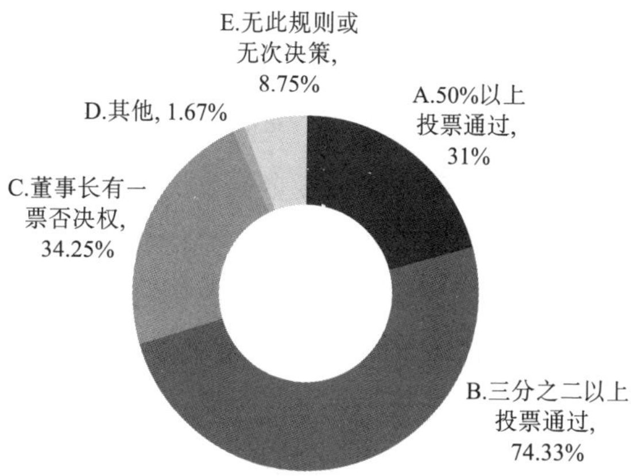

图 22　投资决策委员会等类似决策机制的议事规则分布

资料来源：《农村中小银行资金业务管理模式与风险防控机制研究》课题调研资料，渤源资产绘制。

业性比较强，许多大型农商银行的风险管理团队对资金业务全面风险的管理也仅仅是对项目的信用审查和对市场风险、操作风险的监控，中小农信机构基本上都没有配备专业的风控人员，部分银行的风险管理部也仅仅是两至三人，主要负责信贷风险的管理，没有能力去对资金业务风险进行管控，更不用提配置专门的资金业务风控人员（如图 23 所示，31. 89% 的机构风险管理部完全没有专门的资金业务风控人员），多数有资金业务风控人员的，其人员多为兼职。

小中台——资金业务风控有形无质。部分农村中小银行逐渐认识到风险管理的重要性以及设置专岗进行风险管理的必要性，因此会在资金业务部门内部设置风险

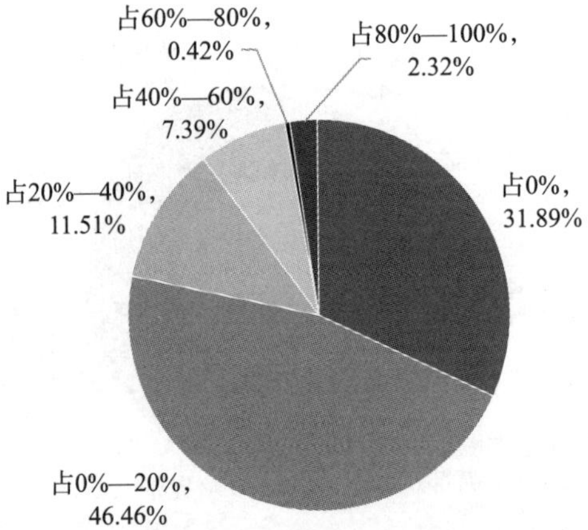

图23 风险管理部自营资金业务专职风控人员占全部风控人员比重分布

资料来源：《农村中小银行资金业务管理模式与风险防控机制研究》课题调研资料，渤源资产绘制。

管理小中台，主要职责为对资金业务管理部的投资事宜进行风险控制和风险监测，这在一定程度上解决了此前资金业务无人管理风险的难题，但由于小中台设置在资金业务部门内部，通过资金业务部门管理，实际无法做到对投资风险的制约。

派驻专门风控人员到资金业务部——资金业务风控专业性不足。由于小风险中台的独立性问题，不少农村中小银行开始引进大型商业银行的“风控人员派驻制”。在此制度下，风控人员在人事上隶属于全行的风险管理部，但是与资金业务部门共同办公，对资金业务的投资工作进行每日的风控稽核，发生风险事件直接上报本风险管理部部门负责人，再由风险管理部负责人直接与资金业务部负责人对接，“风险人员的派驻制”是当前比较理想的资金业务风控模式，但由于此类模式处于起步阶段，遇到的最大难题是派驻人员的专业性不足。此类派驻岗要求员工既有极强的法律功底，又必须具备金融基础知识，还必须与资金业务部人员一起跟踪金融市场的信息，尤其是新颁布的金融政策，另外还需要有极强的沟通能力，否则稽核人员很难与被稽核的同事共事。

4. 内部控制管理待提升

（1）制度建设不健全。内控制度作为部门开展业务的纲领性文件，本应做到“环环有制度，节节有规章”，但目前农村中小银行金融市场业务制度多集中于同业业务、债券业务、投前管理，“已建制度与应建制度涉及率”① （以下简称涉及率）

---

① “已建制度与应建制度涉及率”指的是建立某项制度的行社占全部调研对象的比例，如68个调研对象中仅有13个调研对象建立了《标准化票据业务管理办法》，那么此制度的已建制度与应建制度涉及率即为19.11%。

高于20%的制度仅占全部应建制度的57.14%。如《资金业务投后管理办法》《非信贷资产风险分类管理办法》《风险限额管理办法》《资金业务反洗钱》等与投后管理、精细化的限额指标和新型风险分类相关的制度涉及率均低于11%（见图24）；与绩效考核相关的《金融市场部绩效考核办法》和《金融市场部员工岗位职责与考核办法》涉及率仅为5.88%；与特定风险管理相关的《流动性风险应急预案》《市场风险管理办法》《流动性风险管理办法》和《信用风险应急预案》涉及率在15%左右；与授信相关的《同业对手名单制管理办法》《债券投资授信管理办法》和《授信与信用评级管理办法》涉及率也仅为15%左右。

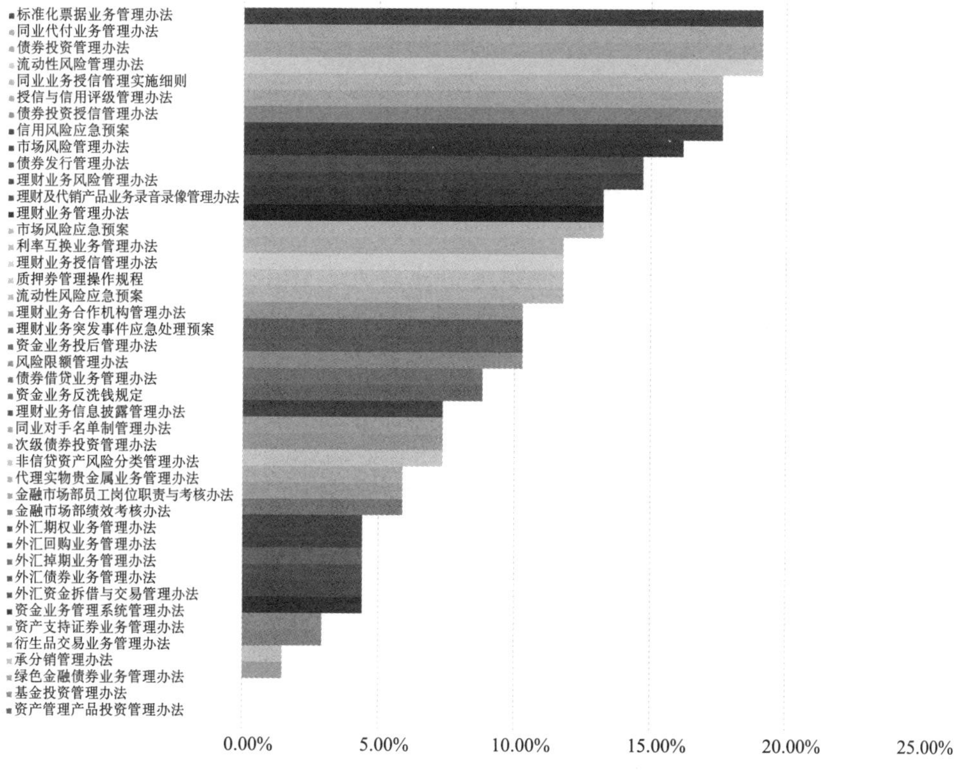

图24　已建制度与应建制度涉及率低于20%之制度

资料来源：《农村中小银行资金业务管理模式与风险防控机制研究》课题调研资料，渤源资产绘制。

（2）内外监督机制缺失。大部分农村中小银行的资金业务“三道防线”形同虚设，仅有21.25%的行社构建了同时涵盖“部门自查”“风控检查”和“内审监察”的风控机制，风险管理部和内审部门工作也往往受制于系统不全面以及人员素质的问题，未能真正体现监察职责，监察工作未起到检查和纠正的作用，未对资金业务运作的有效性进行科学的审计和评估。

内审受专业能力限制未发挥作用，而在外部监察方面，也仅有24.63%（见图25）的机构有意识地邀请外部机构对资金业务进行定期诊断，补足内部监察的不足。

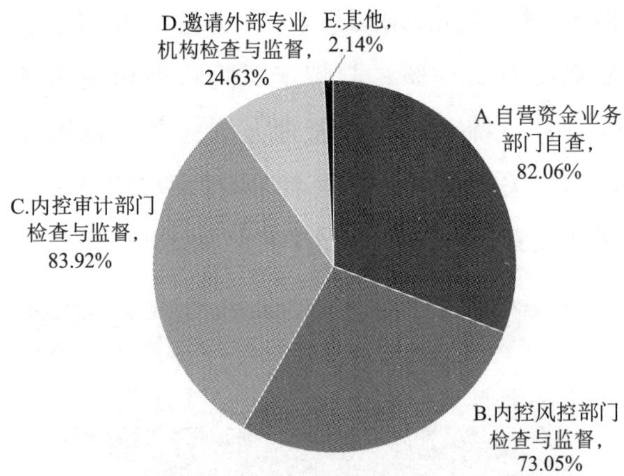

图25 自营资金业务由哪些部门承担检查与监督职责

资料来源：《农村中小银行资金业务管理模式与风险防控机制研究》课题调研资料，渤源资产绘制。

（3）岗位设置不合理。前中后台职责划分不清，AB岗形同虚设或无AB岗。本应设置的前中后台岗位和AB岗理应需要至少6人，但调查显示59.97%的行社金融市场业务从业人员少于4人，由此，部门中的前、中、后台互相兼任是常见现象，甚至跨部门兼任也时而有之，更有13.96%的行社表示部门内无AB岗设置（见图26），25.86%的行社中台是兼职的（见图27）。

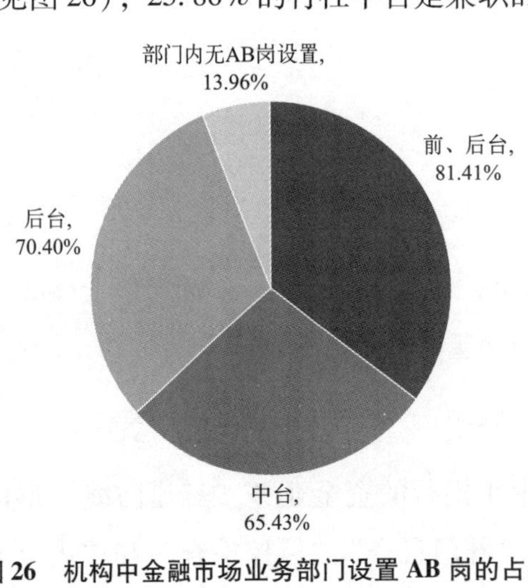

图26 机构中金融市场业务部门设置AB岗的占比

资料来源：《农村中小银行资金业务管理模式与风险防控机制研究》课题调研资料，渤源资产绘制。

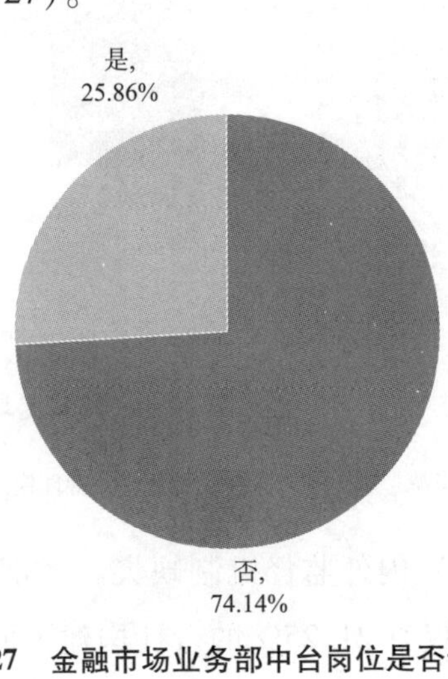

图27 金融市场业务部中台岗位是否专职

资料来源：《农村中小银行资金业务管理模式与风险防控机制研究》课题调研资料，渤源资产绘制。

5. 人员科学管理待提升

（1）人力资源投入少。从部门人数来看，调研数据显示仅有 8.12% 的机构金融市场业务部员工人数超过 10 人，大部分（49.27%）行社金融市场业务部的员工人数低于 4 人，无法满足前中后台分离和 AB 岗设置，无法实现不相容岗位分离。

（2）投研团队建设缺位。资金业务属于金融市场业务，与经济金融形势、货币财政政策、行业和市场发展等密切相关，做好资金业务哪怕是利率债的投资，也应该建立能读得懂宏观经济、看得透政策意图、判得准市场走向、抓得住市场机会的综合性金融人才团队。但调研显示金融市场部设置从事宏观利率研究、风险研究或政策研究等投资研究专岗的行社不足 30%。

（3）绩效管理不合理。现存的四种绩效管理方式不合理：一是部分行社金融市场部员工工资待遇未能打破行政级别的限制，行政晋升总量有限，职级晋升间隔较长，随总行其他科室一样考核，拿全行平均绩效，这种模式不利于调动人员的积极性；二是部分行社的绩效考核按照交易量进行，这种模式容易导致交易员不计成本做大交易量；三是部分行社的绩效考核按照资金业务部资产负债净收入考核，这一考核模式容易引发不顾交易对手风险的激进配资；四是调研对象中仍旧有 22.63% 的机构尚未建立金融市场业务绩效考核机制。

（4）关联岗位流转快与沟通协调不畅。现有轮岗制增加岗位试错风险。如图 28 所示，49.62% 的调研对象的资金业务部门从业人员每 1—3 年就需要去其他岗位轮岗。培养一个优秀的交易员、投研人员和风险管理人员分别至少需要 3 年、5 年和 10 年，在 3 年一换的轮岗制度下，刚熟悉业务步入正轨，就被轮换到别的岗位，对资金业务发展来说不具有可持续性，会给机构带来很大的试错成本。

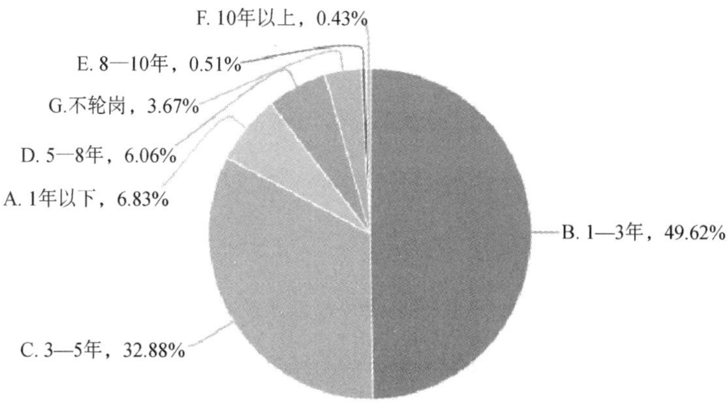

图 28　资金业务从业人员轮岗频率

资料来源：《农村中小银行资金业务管理模式与风险防控机制研究》课题调研资料，渤源资产绘制。

美国资管业的投资岗与风控岗之间的流转非常通畅（见图29），投资经理具备5年以上风控经验、风控总监具备5年以上投资经验的非常常见，但目前农村中小银行在人员流转方面仍处于起步阶段，前中后台的流转不畅，员工之间也缺乏长效沟通机制。

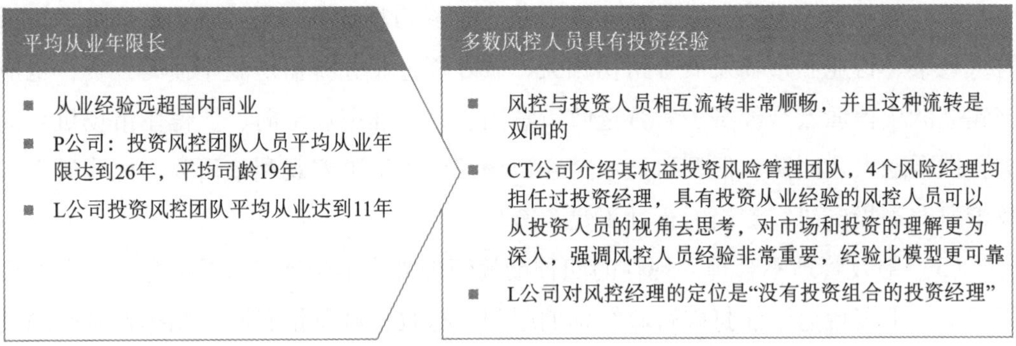

图29　美国资管行业投资风控团队从业经验

资料来源：中信保诚人寿，渤源资产绘制。

6. 风险管理技术待提升

（1）风险计量评价模型——风险计量模型有效性不足。农村中小银行受人才与系统投入限制，26.74%的机构未建立信用评价体系（见图30）。建立信用评价体系的机构，信评模型更新频率低，只有31.75%的机构每日监测舆情（见图31），33.01%的机构未建立债券黑白名单库管理（见图32），甚至有20.34%的行社名单库更新频率为年频（见图33）。

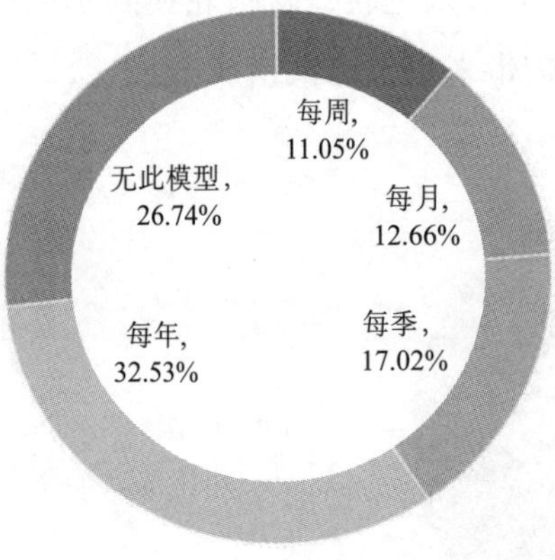

图30　内部信用评价体系模型更新频率分布

资料来源：《农村中小银行资金业务管理模式与风险防控机制研究》课题调研资料，渤源资产绘制。

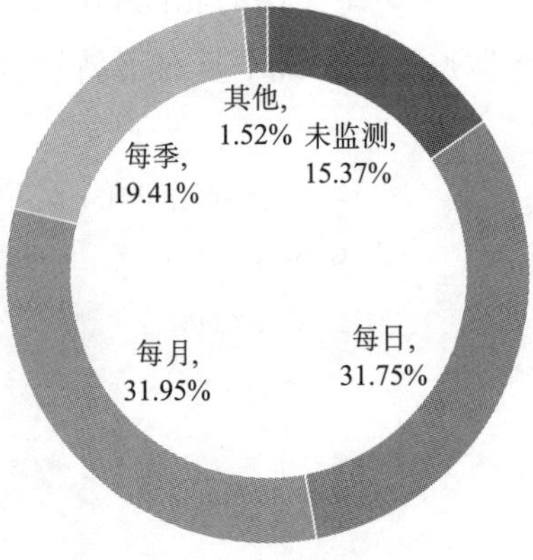

图31　舆情监测频率

资料来源：《农村中小银行资金业务管理模式与风险防控机制研究》课题调研资料，渤源资产绘制。

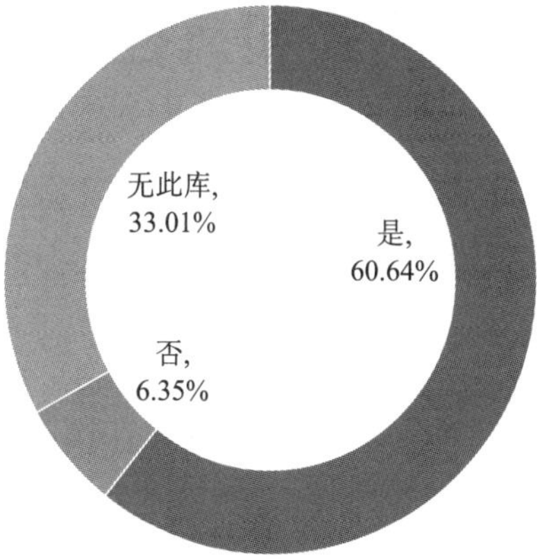

图 32　是否按行业设置债券黑白名单

资料来源：《农村中小银行资金业务管理模式与风险防控机制研究》课题调研资料，渤源资产绘制。

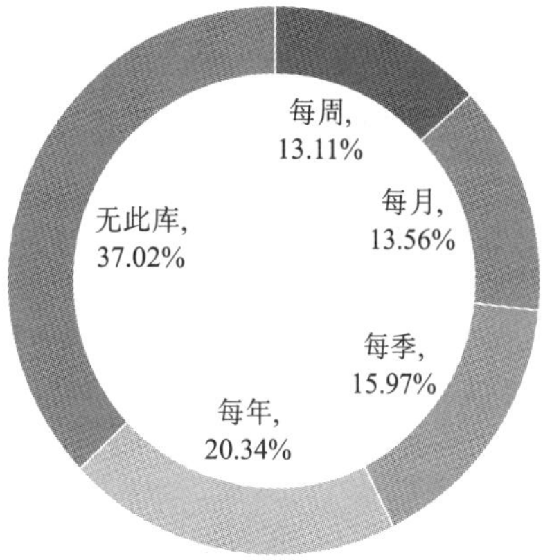

图 33　债券黑白名单的更新频率

资料来源：《农村中小银行资金业务管理模式与风险防控机制研究》课题调研资料，渤源资产绘制。

（2）风险监测和报告——风险监测和报告机制不健全。调研显示，大部分行社风险监测指标体系仅仅停留在监管指标等底线指标、静态指标上，对于监测指标、预警指标监测不健全，动态风险监测能力不足，内部风险监测报告无法满足不同风险管理层级和职能部门关于风险状况多样性的需求。某头部农商行监测指标情况如表 1 所示。

表 1　某头部农商行监测指标不含预警指标

分类	指标	监测频率
监管类	1. 非标债权资产投资占比	每月
	2. 同业负债成本偏离度	每季度
	3. 7 日内到期同业负债比例	每季度
预警类	无	无
监测类	1. 资金业务运营杠杆	每月
	2. 同业融出资金限额	每月
	3. 交易账户投资余额占比	每月
	4. 全部同业融入占负债比重	每月

资料来源：《农村中小银行资金业务管理模式与风险防控机制研究》课题调研资料，渤源资产绘制。

五、农村中小银行资金业务管理模式和风控机制建设路径

（一）“七化”路径构建省（自治区）联社资金业务管理模式和风控机制

省（自治区）联社在“大平台、小法人”两级法人机制中起到非常重要的作用，既要符合资金业务高效、专业、规模化营运属性，来实现资金安全性、流动性、效益性、规范性及持久性的均衡发展，又要为不同规模、监管评级、人员素质和风险偏好的行社提供服务，更要发挥省（自治区）联社的牵头作用，变单打独斗为抱团取暖。省（自治区）联社应从以下方面优化管理模式和风控机制。

1. 分层化评价：建立评价指引的“四维图”

要实现差异化管理，首先是建立“金融市场业务稳健发展评价与指引体系”对全省行社发展阶段与稳健性进行分层化评价，然后依据评价结果，建立差异化的管理体系。

“金融市场业务稳健发展评价与指引体系”是一套通过分级分层分业务和定性与定量相结合的指标体系，是为农村中小银行金融市场业务量身定制的评价、打分和指引的指标体系。该体系借鉴了保险资管业监管评级、美国资管业实践、罗素的管理人评价体系和渤源资产多年资产负债诊断实践经验，包括“部门治理与内控能力”“资产管理能力”“风险控制能力”和“交易与运营保障能力”四个维度，旨在为农村中小银行提供一套切实可行、科学合理的评价和指引方案。省（自治区）联社可借由此套体系了解辖内行社的市场定位，进行等级划分。

表2为该体系风险管理维度的部分指标及指引（表中评级要素和评分规则即为指引）。

表 2　　金融市场部稳健发展指引指标——风险管理

一级指标	二级指标	计算公式（定量）/评价要素（定性）	评分规则/档位划分（百分制）
1. 风险治理及架构	1.1 董事会	董事会对公司业务的合规管理和风险管控有效性承担最终责任，并在公司相关制度中进行明确阐述。董事会落实全面风险管理责任有具体措施及记录，董事会或下设专业委员会定期对高级管理层全面风险管理履职情况进行评估、审阅和批准。	0 分：未按照评价标准建立相关制度；董事会或下设专业委员会未定期对高级管理层全面风险管理履职进行评估、审阅和批准。 50 分：按照评价标准建立相关制度，但未得到有效执行。 100 分：符合本项评价标准。
	1.2 风险管理部	设立相对独立的资金业务风险管理职能部门或岗位，负责评估、监测、报告和检查处理资金业务各类风险；独立的风险管理职能部门或岗位包括信用评估、风险控制、合规管理、投后管理和内部控制等。	0 分：未按照评价标准设立独立的控制部门或岗位。 50 分：设立独立的控制部门或岗位，但职能不完善，未全部涵盖控制职能。 100 分：按照评价标准设立独立的控制部门或岗位，涵盖全部控制职能。
	1.3 风险管理人力资源	配备与金融市场业务复杂程度相适应的风险管理人员和资源，人员配备及薪酬满足以下要求： 1. 资金业务风险控制人员（法律合规、信用评估、投后管理等）数量不低于涉资金业务岗位总人数的30%； 2. 年度考评合格的资金业务风险管理人员，其年度固定薪酬收入不低于行社市场部门或投资部门等前台同级别人员。 3. 风险控制人员离职率≤20%（风险控制人员离职率 = 2 × 评价期间风险控制人员离职人数/（期初风险控制人员总人数 + 期末风险控制人员总人数）。统计口径：同一人员担任多个风险控制岗位的，不重复计算。离职指离开本团队，包括调动至本行社其他部门或离开本行社。） 4. 资金业务风险控制人员平均具有 2 年以上投资管理经验。	0 分：未达到任一标准。 50 分：达到要求 1。 75 分：在满足 50 分评价标准基础上满足要求 2 或 3。 100 分：在满足 75 分评价标准基础上满足要求 4。

续表

一级指标	二级指标	计算公式（定量）/评价要素（定性）	评分规则/档位划分（百分制）
1. 风险治理及架构	1.4 全面风险管理文化	倡导建立全员参与、人人有责的风险管理文化，强化各级管理人员的风险意识和责任： 1. 将风险管理纳入对高级管理人员和部门负责人的绩效考核体系； 2. 开展金融市场部内部风险管理和合规管理的宣导和培训，树立员工风险合规意识。	0分：未按照评价标准在金融市场部建立全面风险管理文化。 50分：在金融市场部相关制度中明确规定全员风险管理，以及人人有责的文化倡导。 75分：在满足50分评价标准基础上，高级管理人员的岗位职责明确具体规定了风险管理和合规管理职责。 100分：在满足75分评价标准基础上，相关职能部门年终考核体现风险管理和合规管理指标。
2. 风险管理制度与流程	2.1 风险管理基本制度	董事会每年至少审议一次资金业务风险管理基本制度。 风险管理基本制度作为管理和控制各类风险的准则和基础，内容包括资金业务风险管理的目的、原则、组织架构、相关职责、基本程序，以及采用评估、稽核和绩效考核等确保风险控制得到贯彻落实的手段措施等。该制度及时修订，并有效执行。	0分：未建立风险管理基本制度或风险管理基本制度每年未经董事会审阅。 50分：已建立风险管理基本制度，但未满足评价标准全部要求。 75分：按照评价标准建立风险管理基本制度，但未得到有效执行。 100分：按照评价标准建立风险管理基本制度，且持续落实执行。
	2.2 风险管理流程	建立专项制度，覆盖资金业务面临的市场风险、流动性风险、信用风险、操作风险、合规风险、声誉风险等，并在投资资产组合管理的层面或单独的合规、信用风险等风险的层面制定风险管理流程，作为日常风险工作的指引。上述制度应明确包括风险识别、评估、监测、报告和控制处理等全环节，贯穿于业务运作的各个层面。	0分：未建立专项制度。 50分：已建立专项制度，但未满足评价标准全部要求。 75分：按照评价标准建立专项制度，但未得到有效执行。 100分：按照评价标准建立专项制度，且持续落实执行。
	2.3 新业务风险评估	制定新业务、新产品风险评估管理制度，在开展新业务或发行新产品之前充分识别和评估各类风险，明确该类业务/产品的内部评估和审批机制、流程和路径。	0分：未建立相关制度。 50分：已建立相关制度，但未满足评价标准全部要求。 75分：按照评价标准建立相关制度，但未得到有效执行。 100分：按照评价标准建立相关制度，且持续落实执行。

续表

一级指标	二级指标	计算公式（定量）/评价要素（定性）	评分规则/档位划分（百分制）
2. 风险管理制度与流程	2.4 重大风险应急机制	建立重大风险应急处理流程机制，内容应包括明确的重大风险触发条件、风险处置组织体系、措施、方法和程序等。	0 分：未建立相关制度。 50 分：已建立相关制度，但未满足评价标准全部要求。 75 分：按照评价标准建立相关制度，但未得到有效执行。 100 分：按照评价标准建立相关制度，且持续落实执行。
	2.5 风险管理审计	通过年度审计或专项审计等形式，每年至少对风险管理制度落实情况和执行效果进行一次稽核审计，并向董事会报告。	0 分：不符合本项评价标准。 100 分：符合本项评价标准。
3. 日常风险管控	3.1 风险报告	建立定期风险管理报告（包括日报、周报、月报和年报）制度和临时风险管理报告；及时发现和预警风险指标异常的情形并报告高级管理层，督促相关业务部门在规定时间内有效解决。	0 分：未建立定期风险管理报告体系。 50 分：及时完成各种频率的定期风险管理报告。 75 分：在满足 50 分评价标准基础上，及时跟踪资产风险演变，编制临时风险管理报告提交高级管理层和业务部门。 100 分：在满足 75 分评价标准基础上，及时督促相关业务部门解决有关风险事件和风险管理问题。
	3.2 风险监测	建立并履行日常风险评估、监测、预警、报告机制，及时测量和监控所管理资产的风险状况。	0 分：未建立或履行日常风险评估、监测、预警、报告机制。 50 分：初步建立并履行日常风险评估、监测、预警、报告机制，并覆盖金融市场部管理的部分资产。 75 分：建立并履行日常风险评估、监测、预警、报告机制，并覆盖金融市场部管理的大部分资产。 100 分：完全建立并履行日常风险评估、监测、预警、报告机制，并覆盖金融市场部管理的全部资产。
4. 风险模型与系统	4.1 风险指标和模型	建立满足资金业务风险偏好、风险容忍度等需求的风险指标体系；通过建立和运用情景分析、压力测试等模型和方法，预测分析管理资产的风险状况。	0 分：未建立任何风险模型或风险指标体系。 50 分：初步建立风险指标和预警指标体系，能够覆盖金融市场部管理的部分资产。 75 分：建立较为完善的风险指标和预警指标体系，能够覆盖金融市场部管理的大部分资产。 100 分：已建立完善的风险指标、预警指标和不利情景下风险指标的变动体系，并覆盖金融市场部管理的全部资产。

续表

一级指标	二级指标	计算公式（定量）/评价要素（定性）	评分规则/档位划分（百分制）
4. 风险模型与系统	4.2 风险管理信息系统	建立与业务复杂度相适应的风险管理信息系统，涵盖金融市场部所有业务条线和资产类别，支持及时的风险计算、风险模型运用、风险监控和报告。	0分：风险计量、监测、预警和报告等日常工作均通过手工完成，基本没有实现系统化。 50分：初步建立风险管理信息系统，风险计量、监测、预警和报告等日常工作部分实现系统化。 75分：建立较为完善的风险管理信息系统，风险计量、监测、预警和报告等日常工作大部分实现系统化。 100分：风险管理信息系统涵盖金融市场部所有业务条线和资产类别，风险计量、监测、预警和报告等日常工作全部实现系统化。

资料来源：《农村中小银行资金业务管理模式与风险防控机制研究》课题调研资料，渤源资产绘制。

2. 差异化服务：提高服务管理的“针对性”

解决辖内行社情况不一的良方是差异化服务。通过提供差异化服务，既可以照顾资质较差的行社，又可以不阻碍资质较好的行社发展，还可以避免整个体系都在同一个风险偏好下开展资金业务。

省（自治区）联社需要根据“金融市场业务稳健发展评价与指引体系”得出的评价结果推进管理模式的差异化，有自主管理能力的行社鼓励自主管理，没有自主管理能力的尝试代理模式、投顾模式、联合办公模式的结合。

可在表3中根据行社情况选择合适的管理或服务。

表3　　省联社的服务与管理

内容	具体事项/解释
系统化培训	为资金业务从业人员、风险管理从业人员提供体系化的培训课程
资金融通平台	省联社牵头搭建资金融通平台，初期只需通过一人跟踪微信发布即可
系统搭建	根据辖内行社业务开展情况，搭建资金业务系统、理财业务系统、投研一体化平台、风险监测系统等
制度建设	全面梳理资金业务相关的制度，形成《资金业务制度汇编》

续表

内容	具体事项/解释
业务指导	报告：日报、周报、月报、季报
	沟通会：周频市场分析例会、季度策略会
	风险监测：历史风险梳理、重大风险报告
交易对手黑白名单库	通过梳理市场交易对手，为辖内机构提供交易对手黑白名单
授信集中度审查	实时跟踪辖内行社授信对象，定期进行授信集中度测算，防止集中度风险
风险排查	按日监测信用风险情况，按周监测新增业务和存量业务，按月监测限额指标执行情况，发现风险及时提示处置
	按季度组织开展风险排查，指导行社按照排查要点进行逐项梳理，提前堵塞风险漏洞
	按年组织开展现场检查和审计监督，对发现的违规问题严格进行问责
资金约存	阶段性地代为管理富余资金
联合办公	定期召集资质较弱的行社资金业务团队集中办公，专人辅导
严把资产质量关	严控规模、品种、杠杆、期限和交易对手
风险诊断	针对风险排查结果排名较后的行社提供一对一的风险诊断
风险事件跟踪及定期整改	针对辖内行社出险事件进行辅导处置并要求其针对性整改

资料来源：渤源资产绘制。

优秀同业实践 01：山东省联社——差异化服务

山东省联社通过全面评估辖内各机构经营管理情况、运营情况和风险管控能力，根据评估结果划分不同等级，分别采取差异化的管控内容、管控方式和管控力度，引导辖内各机构安全、规范、合理、适度开展业务，不断提升自营业务发展能力和发展质量。从实践情况来看，山东省联社目前将全辖机构划分为四类：一类机构 1 家、二类机构 12 家，对这两类机构主要是支持在监管和行业管理范围内自主开展业务，拓展金融市场业务品种，研究探索新思路、新业务、新模式；三类机构 72 家、四类机构 24 家，对这两类机构主要是帮助其完善内控管理，理顺运行机制，使其安全、合规、稳健地开展业务。

优秀同业实践02：浙江省联社——分类帮扶政策

浙江省联社从资金业务运营能力、资金业务风险管理、资金业务投资范围三个维度出发，为辖内行社资金业务提供精准的分类帮扶政策。一方面，通过召开金融市场联席会议、资金业务收益提升专项会议等方式，帮助相关行社树立科学的资金业务发展理念；另一方面，通过成立“资金业务提升小组”、确立地区专员的方式，帮助行社“开好药方”，制定切实可落地的提升方案，并定期跟进提升进度，促进其资金业务发展质量有实质性提升。

3. 网格化传导：搭建管理传导的“神经网”

网格化管理指的是按照“一级管一级、一级对一级负责”的管理模式，搭建以“省（自治区）联社—市办（审计中心）或市级农商行—县级行社”为中心的资金业务管理的“三级”网格管理模式。此种管理模式通过下沉治理重心、整合治理资源、严密省市县治理体系、增强市级机构治理能力、提升市级派出机构治理效能，可解决省（自治区）联社人力资源不足、服务效率低的问题，实现服务效能的有效传导，多节点管理流程也可使管理更精细更贴合。

在网格化管理模式中，省（自治区）联社主要负责全省资金业务顶层设计、业务规划和系统流动性管理，统筹资金（理财）业务展业和创新业务试点、代表农信系统构建同业渠道和推进资金业务品牌建设等；市办或审计中心重点协助省（自治区）联社做好资金（理财）业务的业务承接，未来可尝试以市办或市级行社牵头人员培训，协助实现人员市级流动等。县域行社资金业务主要聚焦基础资产配置和自身日常流动性管理，将更多的业务精力和业务资源投入服务“三农”、中小微企业和当地经济发展。

优秀同业实践03：山西省联社——省市县三级分级负责的资金业务风险防控体系

山西省联社为着力构建全面风险管理机制，资金业务系统增设了市级风控节点，形成省、市、县三级“各司其职、相互协作”的多层级风险管控体系，做到对表内外全部资金业务风险的实时监测、动态跟踪。

优秀同业实践 04：湖南省联社——资金业务管理系统的省、市、县三级管理架构

湖南省联社的资金业务管理系统实行省、市、县三级管理的组织架构，分级授权使用系统的业务运营、风险管理、查询与统计、业务监测等功能。

4. 精细化风控：管好风险管理的“全流程”

各省（自治区）联社在建立以省为单位的“大中台”风险管理体系时，要考虑为辖内行社资金业务风控提供交易对手准入、过程管理、监督检查和风险处置等服务。在此项服务中建议：

（1）准入管理：“两级授信”模式。在债券和同业交易对手准入方面，省（自治区）联社可利用其市场信息集合优势，建立动态调整的黑白名单库，筛选标准要科学和专业，筛选维度要宽，避免“一刀切”的只与国有、股份制银行合作，并指导辖内行社在省（自治区）联社制定的黑白名单范围内依据自身风险偏好制定本行的黑白名单，进行省（自治区）联社和行社的“两级授信”。此授信模式不仅可排除重大风险事件、为辖内行社节约研究资源、可借设置自有黑白名单提高行社投资研究能力，还可避免全省投资标的集中。

优秀同业实践 05：江西省联社——辖内农商银行金融市场业务建立了“一个总控、两级授信、三维防护”的风险控制模式（见图 34）

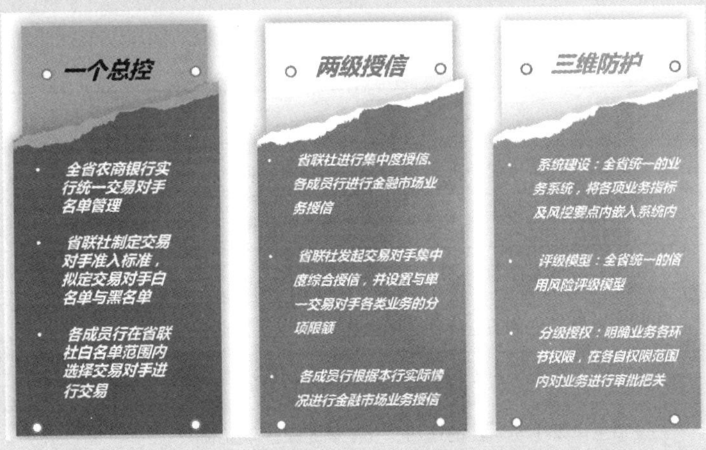

图 34　“一个总控、两级授信、三维防护”风险控制模式

（2）过程管理：专家诊断 + 动态预警 + 精细化指标体系。

资产负债专家诊断。过程管理的第一步是引入专家进行“资产负债诊断”。

“资产负债诊断”具体内容是从战略管理与优化、团队分析与提升、业务（静态与动态）诊断与优化、风控梳理与完善、制度建设与完善、财税分析与规划等六大维度排查风险。此诊断可分为静态诊断和动态诊断两个分析维度。静态资产负债诊断包含资产负债配置结构分析、资产收益与负债成本分析、资产与负债期限结构与流动性分析、信用风险排查、风险压力测试与敏感性分析、行业资产负债配置对照、资本市场研究、监管合规与风险偏好研究等。动态资产负债诊断包括合规与风险指标、合规与风险监控、净值化管理、业绩分析、业绩归因、持仓分析、交易分析、配置调整建议等内容。同业交易对手诊断则包括管理人研究、资本市场研究、行社监管与风险偏好、同业投资组合分析与构建、配置调整建议、动态组合监控管理等。

组建进行资产负债诊断的专家团队需满足全面性、实战性、专业性、专注性、专属性、前瞻性等要求。

动态风险预警。近年来金融市场信用风险频发，农村中小银行急需针对持仓资产的实时预警服务。省（自治区）联社为辖内行社提供的风险预警服务应是实时的，能够实时捕捉风险事件并实时预警，周频和月频均无法满足投资决策的时效性；应是经筛选的，根据舆情事件的不同风险等级高低，设置为“提示关注”“提醒预警”“重点关注”三个层级，并采取相应的告知措施，如果不加区分地将海量舆情推给行社，那就只是信息提供服务，而非风险预警服务（见表4）。

表4　负面强度分类

负面强度	说明
0	舆情对债务主体偿债能力的影响为中性或正面
1	舆情对发债主体的偿还债务能力几乎没有影响
2	舆情对发债主体的偿还债务能力影响不大
3	舆情对发债主体的偿还债务能力有影响，但不至于违约
4	舆情对发债主体很大程度的影响其偿还债务能力，有一定的违约风险
5	发债主体发生实质性的违约，几乎确定无法偿还债务

资料来源：渤源资产绘制。

优秀同业实践 06：广东省联社——同业负面信息库

广东省联社升级同业债权风险监测管控。持续更新金融同业负面信息库，实施精细化管理，切实加强交易对手风险管控。

优秀同业实践 07：杭州联合农商行——搭建完整的指标体系

杭州联合农商行搭建了涵盖各类风险的完整的指标体系，表 5 为部分市场风险限额及预警范围：

表 5　部分市场风险限额及预警范围

指标名称		风险限额	预警范围	频度
金融机构授信额度	城商行授信总额	≤××亿元（不含票据宝）	限额×90%≤预警启动值≤限额	事前控制
	农商行以及农信社授信总额	≤××亿元（不含票据宝）	限额×90%≤预警启动值≤限额	事前控制
	非银金融机构授信总额	≤××亿元	限额×90%≤预警启动值≤限额	事前控制
债券集中度	资本补充类债券投资余额占核心一级资本净额的比例	≤××%	限额×90%≤预警启动值≤限额	事前控制
	单支债券持有余额占发行规模比例（不含存单、辖内客户）	≤××%，如为省内客户可以≤××%，如为资本补充工具类，则≤××%	—	事前控制
	债券借贷业务融入单支债券的余额占其发行规模比例	≤××%	限额×90%≤预警启动值≤限额	事前控制
	债券借贷融入余额占自有债券托管总量比例	≤××%	限额×90%≤预警启动值≤限额	事前控制
	债券借贷融出质押比	>××%	—	事前控制

资料来源：渤源资产绘制。

精细化指标体系。调研显示，各省风险监测指标体系大都比较简单，主要为监管指标，建立全面风险监测指标体系进行精细化管理非常必要。指标体系应涵盖监控类、预警类和监测类指标，同时还应设置不同的监测频率，不仅为辖内行社提供底线指标，还能为行社提供风险预警与监测参考。

（3）监督检查：风险清单制和三层检查。首先应从把控风险出发，梳理资金业务合规、风险、内控、制度等方面容易存在的问题，形成资金业务主要问题清单表，组织辖内机构定期逐项自查并落实整改，优化经营管理。省（自治区）联社还应定期组织资金、理财、票据业务风险（案件）检查，按照“行社自查—办事处（审计中心）交叉复查—省（自治区）联社重点抽查”的推进形式，层层压实检查责任，全面摸清系统内行社资金业务治理机制、制度体系、风险防控等方面存在的风险问题，构筑起互为补充、相互强化的“三道防线”，做到机构、业务、风险的全覆盖，将问题消灭在萌芽状态，逐步提升行社的风险防控水平。同时，省（自治区）联社还应不定期对特定风险问题进行摸排。

优秀同业实践08：浙江省联社——农商行自查—办事处交叉复查—省联社重点抽查

浙江省联社每年定期组织资金、理财、票据业务风险（案件）检查，按照“农商行自查—办事处交叉复查—省联社重点抽查”的推进形式，层层压实检查责任，全面摸清了系统内农商行资金业务治理机制、制度体系、风险防控等方面存在的风险问题，并就检查结果向全省农信系统进行通报。

优秀同业实践09：内蒙古区联社——金融市场业务内控风险管理台账

内蒙古区联社按季督导法人机构内控合规管理情况、按季组织全区农村信用社开展金融市场业务自查工作，督导全区农村信用社依法合规开展金融市场业务，并在全系统通报金融市场业务运行情况，同时建立社员机构金融市场业务内控风险管理台账，对其中可能存在的问题或风险，及时通过下达风险提示、现场或非现场指导等方式对法人机构进行指导与管理。

优秀同业实践10：山东省联社——季度风险排查与年度现场检查

山东省联社严控投资业务规模、品种、杠杆、期限和交易对手，按日监测信用风险情况，按周监测新增业务和存量业务，按月监测限额指标执行情况，发现风险及时提示处置，按季度组织开展风险排查，指导农商银行按照排查要点进行逐项梳理，提前堵塞风险漏洞，按年组织开展现场检查和审计监督，对发现的违规问题严格进行问责。

优秀同业实践11：广东省联社——资金业务“100问”“清单式”整治

为帮助辖内行社提升资金业务合规水平、把控风险，广东省联社2018年发起“一行一表行动”，将每个行社资金业务存在的问题以清单的形式提供给各行社，2019年将此行动升级为资金业务“100问”“清单式”整治，通过梳理资金业务合规、风险、内控、制度等方面容易存在的问题，形成资金业务主要问题清单表，组织辖内机构逐项自查并落实整改，优化经营管理。经过整改，辖内机构资金业务各项指标更加合规，风险管理控制能力得到强化，内控管理体系进一步完善，业务管理向集约化、专业化转型。资金业务问题经整理，主要涉及方面如表6所示。

表6　资金业务问题汇总

问题类别	主要问题
合规	监管指标超标
	超范围投资
	未严格做好金融资产风险分类
风险	投向低评级或无评级债券等高风险资产
	信用债与SPV投资风险防控机制不完善
	对SPV投资风险审查或对底层资产管控不严格
	对负面信息交易对手风险防范不足
内控	未严格实施交易对手名单制管理
	未建立统一授信管理机制
	未严格实施分级授权
	人员及岗位管理不规范
	逆程序审批
	非标投资程序不规范
	未建立异常交易风险防控机制
制度	交易定价机制缺失

（4）风险处置：协助风险处置服务。当前经济形势下行，信用风险突出，行社不良资产化解工作艰巨，利用省（自治区）联社资源开展风险处置工作也值得进一步研究探索。省（自治区）联社可利用资金量大、同业话语权强的优势，进一步丰富优质同业机构资源，并联合其共同探索不良资产处置工作。

优秀同业实践12：湖北省联社——协助风险处置

湖北省联社对出现风险的农商银行开展约谈，赴实地开展尽职调查，与相关公司高层沟通谈判，向相关政府和职能部门争取政策支持。截至本报告完成时，历年形成的资金业务风险违约率0.05%，远低于全国平均违约率；加强风险监测和跟踪督办，多次召开风险管理和化解专题会议，督促问题行差别化制定清收化解计划。

5. 数字化支撑：做好科技服务的“加减法”

省（自治区）联社应发挥比较优势，充分整合资源，兼容辖内农信机构的差异化需求，做好科技支撑。此举将大大降低行社数字化转型的成本，有利于加速数字化转型进程，有助于弥补尾部机构在系统建设方面的不足。

（1）增强系统差异化程度，避免“一刀切”。应充分调研农信机构需求，发挥省（自治区）联社比较优势。在推进数字化转型的过程中应着力增强差异化服务意识，避免“一刀切”。例如，在出台数字化相关政策文件前，省（自治区）联社应积极调研农信机构的需求，准确把握农信机构的“痛点”及其差异性，努力提供“差异化”“专业性”服务，做好科技服务“加减法”，寻找“最大公约数”突破“众口难调”的困境。

优秀同业实践13：江西省联社——资金头寸管理系统

江西省联社在江西农信系统两级法人的管理架构上，结合监管机构对农商银行头寸管理的相关规定，因地制宜形成了一套完整、合理、行之有效的资金头寸管理模式。该模式的核心是通过建立资金头寸管理系统全面高效精细化管理全省农商银行的头寸，防范流动性风险。资金头寸管理系统涵盖头寸监控、头寸匡算、头寸调拨、支付控制、数据统计分析五大类功能模块，实现了头寸的精准高效调拨、日常头寸管控和补充、头寸的精确匡算和省联社对全省头寸的统一管理。

江西省联社资金头寸管理系统自上线以来有效保障了全省农商银行的头寸安全，同时在保障头寸安全的前提下做到了头寸管理的精确、精细和高效，富余资金得到充分运用，提高了富余资金使用效率和营运收益，使流动性风险控制和资金营运收益达到完美平衡。资金头寸系统运行以来，在全省存款近几年一直保持近10%增速的情况下，全省农商银行清算账户资金头寸日均额由最高时的110亿元降低至约75亿元，且全省资金头寸一直处在安全状态，未出现过流动性风险。

（2）搭建内部信用投研一体化平台。近年同业交易对手风险不断暴露，外部评级机构事故频出，省联社应牵头加强自身内部信评体系构建，搭建适合辖内行社的信用投研一体化平台。此平台应具有以下特点：一是能够定制化修改，可实现信用模型设定、模型参数修改、参数权重设定和信用评分，可实现内部评级及评级理由查询、生成信用研究报告；二是能够进行动态化的名单制管理和实时预警；三是本身嵌有涵盖城投数据、估值数据、舆情数据、财务数据、同业交易对手数据等的数据仓库。

图35　信用投研一体化平台所需功能点

资料来源：渤源资产绘制。

6. 专业化转型：成为市场信息的“处理器”

单家农村中小银行受限于本行战略定位、人员素质、机构体制、监管要求等原因，没有足够的人力资源进行每日投资研究。省（自治区）联社可利用其优势为行社筛选有效信息、提供更具深度、更有含金量的研究服务：

一是加强研究分析，“导航”辖内机构资金业务。省（自治区）联社具备更有利的条件来吸引专业人才，并能够充分掌握市场信息，因此应发挥其研究分析优势，不断提高专业水准，进行深度研究，为基层提供高质量具有针对性的研究分析成果，有效规避风险。具体可提供市场分析框架、召开资产配置例会、发布重大政策或行业重要信息的专题研究报告、提供投后分析报告等。

二是加强信息筛选，“过滤”辖内机构市场信息。省（自治区）联社在金融市场可以获得较为丰富的政策信息、市场信息，应筛选出与农信机构有关的信息，再通过相应渠道传导至县级机构，有效指导其经营活动，为其节约信息处理时间。具体可提供投资交易日报、债市复盘、投资交易资讯等。

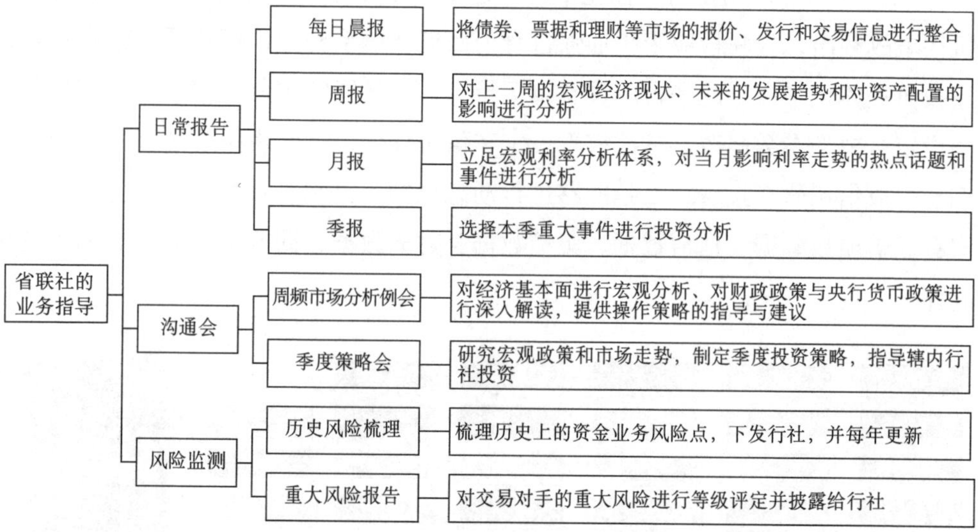

图36　省联社提供的业务指导

资料来源：《农村中小银行资金业务管理模式与风险防控机制研究》课题调研资料，渤源资产绘制。

优秀同业实践14：山东省联社——市场分析例会

山东省联社每周组织召开的市场分析例会，为行社提供对经济基本面的宏观分析、财政政策与央行货币政策的深入解读、操作策略的指导与建议。

优秀同业实践15：浙江省联社——资金业务服务平台

浙江省联社牵头打造的省级资金服务平台已具备债券承销、信息交流、投研策略、代理投资、业务培训等多样化服务功能，并牵头推动了浙、苏、闽三省农信系统的同业业务信息共享，在支持行社拓展交易对手、盘活闲散资金和实现规模效益最大化等方面发挥了有益作用。同时，省级资金服务平台以业务合作为纽带，协助行社引入合作机构先进的投研资源、风控体系和管理制度，不断提升业务发展质量。

优秀同业实践16：广西壮族自治区联社——全面的市场分析服务机制

广西壮族自治区联社建立市场分析机制，提升资金营运质效。一是建立相对完整的市场分析框架，定期发布日间债市观察、周报、月报和季报，供县级农信机构参考。二是每日对市场进行复盘，发布投资交易日报、回顾市场动态和操作动态。三是就重大政策、行业重要信息进行专题研究分析、解读。四是为县级农信机构提供债券投资交易资讯服务，就所投资债券品种、期限、收益率提出客观中性的看法。

7. 协同化推进：加强资源协同的“共赢性”

（1）联社条线管理与行社内部管理协同。统一系统与自建系统协同。省（自治区）联社应在建立全省统一的资金业务管理系统和风险模型的基础上，共享相关数据给行社自建个性化内部跨部门管理系统，实现省（自治区）联社条线的协同，系统与行社自建的跨部门管理系统和决策机制协同，实现内部跨部门信息共享。

总控与分控协同。应建立省（自治区）联社总控风控指标和行社分控风控指标，满足各行社不同的风险偏好，降低统一风控标准的集中度风险，有效分散风险。

（2）建立跨省战略共享联盟。一是加强业务交流合作。在流动性支持、二级资本债发行、联合投资等方面，互帮互助，加强合作，投资标的所在地的省级联社可配合开展尽职调查、风险管理，为意向投资机构提供投资和防控措施建议。二是加强人才培养共建。运用好中农金研修院培训基地，加强线上和实地培训，或建立到大型农商行短期跟班学习机制，为资金业务基础薄弱的农村中小银行培养人才。三是加强权益维护保障。在风险处置上，变单打独斗为抱团取暖，增强农村中小银行影响力和威慑力，建立农村中小银行风险处置专业委员会，在农村中小银行维护自身合法权益方面给予指导和帮助，形成维权整体合力。四是加强科技系统共建或输出。解决单一省（自治区）联社投入大和人员不专业的问题，减少弯路，降低成本。五是加强信息共享平台搭建。建立省级联社信息发布共享平台，各省（自治区）联社选派人员加入，对各自收集到的市场重大负面信息及时披露提示风险，对最新监管政策及时交流沟通探讨。六是加强数据共享和经验交流，例如共享农村中小银行资金业务优秀同业经验、省（自治区）联社对农商银行的考核方法等，目前江苏、浙江、福建三省已建立同业交易对手联盟。

（3）实现人才培养协同。农村中小银行的资金业务人才培养应采用集约化模式，由省（自治区）联社统一打造以下完备的培训体系，为辖内行社提供人才培养服务。

一是打造资金业务研修班。针对行社中的优秀员工，组织其前往国内知名高校、领先农商行、城商行或非银机构交流学习，开阔员工视野，提高员工综合素质。针对行社中的新进员工，组建基础班和进阶班，以帮带结对的形式开展为期三年的全方位培训，从而完善各年龄段的人才梯队。针对行社中的投委会成员，应组织其参加精英班，帮助其了解资金业务的战略发展、风险管理、基础知识等，提高决策专业度。

二是打造资金业务大讲堂。通过每月定期邀请国内各领域的高级专家学者到省内开展讲座，让行社中的员工能零距离聆听各领域最前沿的知识和观点，无障碍地与专家进行交流互动，更好地更新自身知识储备。

三是打造资金业务大学堂。主要是开展专业性培训和政策制度讲解，确保最新监管政策和专业知识能宣传到位和有效落实，为部门高质量发展提供内生动力。

四是打造“资金业务”云课堂。受到新冠肺炎疫情影响，现场会议和集中培训多数被叫停，员工培训和交流受到很大限制，未来线上学习将会成为主流。应合理采购成熟的线上课程，利用好云课堂无时间地域限制的优点，帮助行社员工更有效地吸收知识。

五是打造“资金业务”线上考试平台。没有成果检验的培训往往流于形式，应采用“输出”倒逼“输入”的模式，让员工参加对应课程的考试，撰写相关主题的文章，打造一支“能听、能读、能算、能写”的资金业务团队。

优秀同业实践17：线上微课闯关

近年因新冠病毒影响，线下培训遇到困难，为此，部分省联社在线上培训方面做了很大创新。此类培训借鉴互联网网课的培训思路，以微信平台为载体，充分利用学员碎片时间，将每门长达2—3小时的课程划分为12—15门“微课”学习，要求学员每日至少学习2门微课，每完成一门微课在微信群中晒出此门微课的思维导图。此举同时辅助以个人和团队积分制，要求团队每日内部讨论并分享讨论心得，最终团队和个人得分最高者将获得部门奖励。经学员反馈，此类新式课程不限场所、不限时间，闯关积分模式也提高了学员的积极性，经过一轮学习，学员能力得到极大提升。

（二）"六点"关键抓牢行社资金业务管理模式和风控机制建设

1. 把握根本点：明确定位找差距

（1）明确战略定位。回顾过去，农村中小银行发展资金业务有其客观的历史需求；展望未来，农村中小银行发展资金业务的战略意义愈发重大。农村中小银行要确定传统业务与资金业务共同发展的战略。传统业务是农村中小银行立足的根基，是发展资金业务的前提，资金业务是全行资产配置的重要方向，是应对利率市场化时代的重要业务单元，是实现收入多元化的重要途径，两者不可偏废，应明确主次、协同发展。

（2）明确目标定位。

①资金业务整体目标。农村中小银行基于"支农支小""回归本源"的政策定位，首先应从以往的盈利导向转为回归流动性管理导向，在中间发展阶段，应优先开展"流动性管理"业务，其次要做好风险管理，最后才是发展"盈利性"业务（见图 37）。

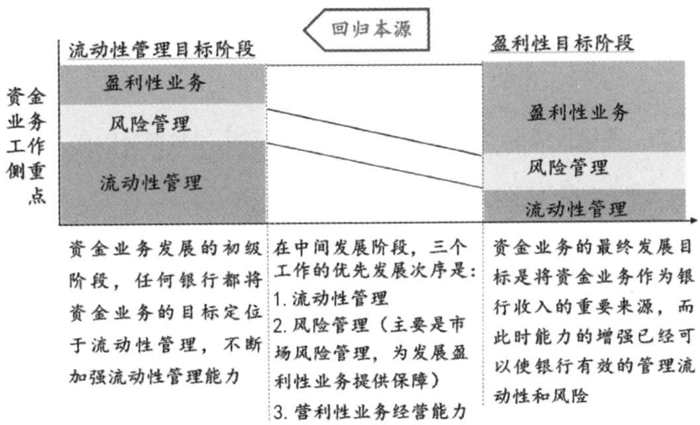

图 37　商业银行的资金业务目标定位演进模式

资料来源：渤源资产绘制。

②风险控制目标。风险偏好体系应当包含一、二级风险偏好指标。

一级风险偏好指标：可以进一步分为风险回报核心指标与其他风险管理指标。风险核心指标包括稳健的盈利、可控的风险成本及充足的资本，用于实现对风险回报目标的控制。其他风险指标则包括市场风险指标、操作风险指标、流动性风险指标等。

二级风险偏好指标：为了实现风险偏好的向下分解需要添加的支撑指标，主要通过即风险调整资本收益（RAROC，Risk Adjusted Return on Capital）/经济利润、风险加权资产RWA、预期损失和限额四大核心指标向下分级为各业务条线/经营机构层级的指标。

国内银行普遍已形成较为完善的一级风险偏好指标体系，但是二级指标体系普遍尚未形成，导致指标难以向下传导，削弱了对一线机构和人员的指导意义。

农村中小银行也应细化风控目标（见图38）

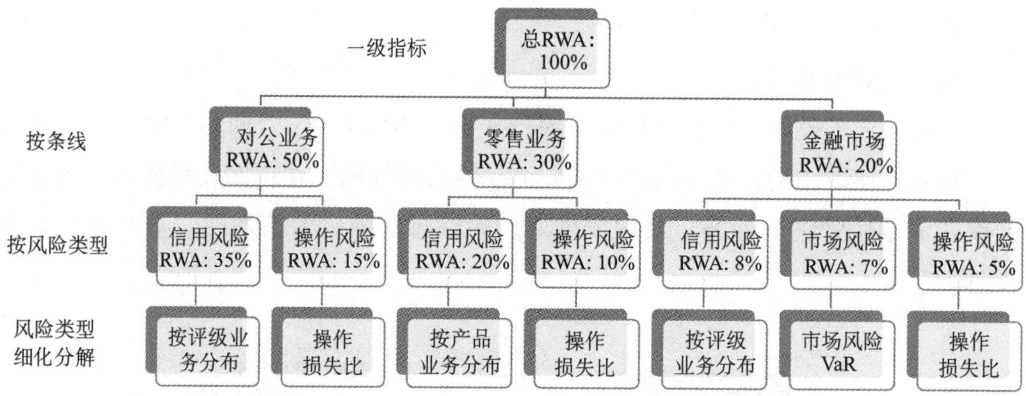

图38　某银行通过细化分解RWA指标，实现风险偏好的向下传导

资料来源：麦肯锡《中国银行业CEO季刊—如何让风险管理成为银行的竞争力》，渤源资产绘制。

（3）定期诊断找差距。农村中小银行资金业务的发展阶段、管理模式、问题与困难差异较大，需要“金融市场业务稳健发展评价与指引体系”从资金业务部门治理与内控、资产管理、风险管理和交易与运营保障等维度来为其诊疗开方，了解自身的市场定位、长处与短板，并获得明确的优化指引。

优秀同业实践18：浙江省联社——资产负债诊断

资产负债诊断是浙江省联社依托外部专家力量，利用“金融市场业务稳健发展评价与指引体系”，从战略管理与优化、团队分析与提升、业务（静态与动态）诊断与优化、风控梳理与完善、制度建设与完善、财税分析与规划等六大板块，为辖内行社提供的资产负债诊断和建议。

此诊断分为静态和动态诊断两个分析维度。静态资产负债诊断包含资产负债配置结构分析、资产收益与负债成本分析、资产与负债期限结构与流动性分析、信用风险排查、风险压力测试与敏感性分析、行业资产负债配置对照、资本市场研究、监管合规与风险偏好研究等。动态资产负债诊断包括合规与风险指标、合规与风险监控、净值化管理、业绩分析、业绩归因、持仓分析、交易分析、配置调整建议等内容。同业交易对手诊断则包括管理人研究、资本市场研究、行社监管与风险偏好、同业投资组合分析与构建、配置调整建议、动态组合监控管理等。

资产负债诊断能够有效降低市场、信用、流动性、合规运营等方面的风险，降低负债成本，提高资产配置效率，从实际效果来看，接受服务的行社在金融业务的全面风险管理、运营能力、投资效率和资产配置能力各方面都有了较大的提升。

2. 把握制高点：决策机制科学化

“正确决策是各项工作成功的重要前提。”不论对决策重要性的主观认识如何，客观上讲，决策都是每个管理者的重要职责和投放精力最多的管理环节。为实现管理的目标，任何一位管理者都应高度重视和努力追求决策的科学化。它是在科学决策思想的指导下，按照科学决策规律，遵循科学决策程序，运用科学决策方法进行正确决策的过程。

（1）建立专家咨询制度提高决策制度科学性。资金业务投资决策的复杂性对决策者的知识和能力提出了极高的要求。面对复杂的决策环境和内容，要实现科学决策，决策者必须具有广博的知识、丰富的经验和很强的分析判断与决策能力。但是，任何一个人甚至一个团体的知识、能力和精力都是有限的，不可能仅靠自身力量应对决策所面对的各种问题。从现实情况看，由于观念和制度的局限，个人决策、少数人决策和体系内出现的封闭式决策直接影响着决策的质量和效果。组织专家参与决策或为决策提供建议，可以为决策者提供必需但自身又不掌握或不精通的决策信息。同时，专家作为外部的参与者，具有相对独立性，可以更客观公正地提出意见。

（2）建立方案可选择性提高决策过程科学性。决策方案的选择性程序要求提高决策方案必须是可供选择的。“管理就是决策、决策就是选择”是管理学的名言，也是对管理科学规律的准确把握。选择的基本含义是多种方案，离开了多方案和对多方案的选择性，决策就失去了最基本的要件，更谈不上科学决策。从根本上讲，决策的选择性来源于决策环境、决策内容的多样性和人的认识的有限性。正是由于客观事物有不同的质和主观认识存在着差异，才会有对同样问题存在不同的判断和对策的可能，才会有不同的方案。这些方案有的是完全对立、格格不入的，也有的是互为补充的。决策需要在多种方案中进行选择，或者集合多个方案的长处拟定新的方案并作出决定。在决策方案选择的问题上，存在两种倾向：一是单方案决策，即只向决策者提供一个方案，使其无法选择；二是单方意见方案决策，即提出的方案只是片面地反映一方面的情况和意见，使决策不能"兼听"选择。

资金业务的决策方案建议由资金业务部门提出，由风险管理部对方案提出合理分析，由计财部结合"新会计准则"影响与管理会计角度反映不同意见、由授信部门提出独立的授信准入标准，也可由外部专业机构提供独立第三方研究分析报告，内外结合的基础上，为投资决策提供多样化的决策依据。另外，还需要有意识地组织不同人员进行反向研究，开展必要的不可行性分析，特别是注意尽量全面准确反映不同意见。实践证明，唯一决策方案是误导决策者和造成决策失误的重要原因。因此，对于多方案、多选择明确的程序性规定是非常必要的。

（3）建立内部评价标准提高决策评估科学性。农村中小银行经过多年的积累，单体机构对于每笔信贷业务都有评价标准，但对于资金业务由于内部评价标准的缺失，严重依靠外部评价结果或采用风险规避的方式，不投信用债券或凭感觉购买利率债，会导致决策依据、决策过程和决策效果等不科学。

3. 把握关键点：团队建设靠实力

党和国家领导人曾强调"要走好人才自主培养之路"。资金业务的关键点是打造专业化资金队伍，为资金业务的转型发展提供智力支撑。未来应从如下方面搭建内部团队：

（1）建育选用评价标准。优秀员工是创造企业价值的源泉，资金业务优秀员工的选、育、用、留是银行人本管理的核心。针对不同岗位，要解决好"选什么人""如何用人"和"储备人才"建设的问题，建立一套适合资金业务人员评价的标准。

（2）设立投资研究专岗。国外银行系资产管理机构收入成本比占到70%，而目前国内农村中小银行的收入成本比不到2%，因此，要进行专业化转型，首当其冲的是适当增加金融市场业务和风险管理人员数量，特别是投资研究和风险管理人员专岗专职，实现合适的资金规模与人员配备比例。

（3）优化岗位轮动机制。在轮岗制方面可做优化：一是可以在系统内以地市为单位，不同行社间资金业务相关岗位轮岗；二是本行内可在金融市场部、资产管理部、风险管理部、计划财务部、稽核审计部、零售部等相关部门轮岗，如金融市场部到风险管理部。

（4）形成专业人才梯队。内部团队的培养可以遵循“三步走”的节奏：一是建立储备人才库。二是进行系统培训。通过定期学习外部机构研报、定期开展内训外训，让储备人才对金融市场业务逐步建立认知。三是以老带新。采用老员工带新员工的模式，形成研究小组，帮助储备人才少走弯路，在实践中不断增强自身的投研能力。鼓励和支持员工参加专业技术资格认证考试，对获取注册会计师、特许金融分析师、金融理财师、律师从业资格等资格证书的，给予一定的物质奖励，鼓励员工向专业化方向发展。

（5）储备核心岗位人才。农村中小银行应将有限的资源投入核心岗位的重点培养。核心岗位包括投委会成员、宏观研究员、政策研究员、信用研究员、投资交易岗和风险控制岗。

从已有投资决策委员会制度来看，各委员均为机构各部门的管理层，要实现投资决策的专业性则需要着重对这些管理人员进行专业化培训。对决策层的培训应以战略发展、风险案例的了解为主，并辅助资金业务的基础知识、基本框架和实际岗位体验来加深印象。

宏观研究、政策研究、信用研究、投资交易和风险控制等，应由专人跟踪管理，除投资交易岗位农村中小银行一般都已经具备之外，其他的岗位，如宏观研究、信用研究、风险管理，通常是比较欠缺的。

（6）采用学用结合模式。大规模的培训缺乏互动交流、缺少因人施教，很难达到预想效果。因此，要采取“学用结合”方式促使员工对所学内容消化吸收：一是晨会研讨制。金融信息时效性较强，每日的晨会研讨可以让员工分享复盘观点，互相研讨，进行思维碰撞，既锻炼员工的表达能力，又在观点和信息上互通有无。二是以会代训制。在每次会议上设置典型发言和后进表态的环节，让业务精英分享他们的成功经验，也让后进员工讲述他的做法和困难，用正反两面去辩证思考问题，提升决策的准确性。三是集体模拟实战制。通过区域所属银行联合，对金融市场业务人才，从有经验团队、初入职团队，到后备人才团队，形成人才梯队的筛选模式，并组织为期2年的体系化、专业化、针对性的中长期培训，结合模拟实战，进行每日模拟复盘、每周总结实盘、每月线上分享交流、每季线下集中培训的多维度实务培训。

优秀同业实践19：浙江诸暨农商行——每日晨会制度

诸暨农商行建立每日晨会制度，分析预判市场、交流信息，切实做好头寸管理和投融资业务预案。

优秀同业实践20：浙江农信衢州办事处——金融市场骨干人才体系化培训

浙江农信衢州办事处，组织辖区内的江山、龙游、衢江、柯城、常山、开化6家农村商业银行进行统一的后备人才筛选和金融市场骨干人才培训。整个培训体系为期2年，每门课程都针对衢州地区金融市场现有团队、后备团队的实际业务需求和实际知识水平进行设计安排。每家银行的每位参训人员都单独开通了模拟实盘账号，每个学员每日都要写市场复盘，学员们进行小组讨论，对当日与次日市场进行复盘讨论与预测，由专业资深老师陪伴分析、点评，每周进行实盘总结。每月浙江农信衢州办事处组织6家银行分管行长与金融市场全体参培人员，一起进行线上分享交流。每季针对区域内各家银行的实际需求，聘请专业老师，集中安排2—3天的高强度、高针对性的体系化专业课程。

（7）升级绩效考核制度。资金业务绩效考核指标体系应兼顾发展、合规与风险管理。资金业务绩效考核指标体系应通过设置发展类指标（如交易量、资产收益率、内部资金转移利润等指标）、风险类指标（如流动性风险事件、违约率、资本占用区间）、合规类指标（定性的如制度完整性、流程规范性、核算准确性；定量的如杠杆率、内外部检查违规点等指标）作为资金业务考核的主要指标，兼顾发展、合规与风险管理，引领资金业务稳健发展（见表7）。

绩效管理要逐步区分管理型人才和专业技术型人才。首先需要对每个岗位评估，确定其以管理为主还是以技术为主，其次根据在岗人员的匹配度，管理型人才适用原有行政级别管理，技术型人才则适用另一套晋升途径，解决专业人才培养难、留用难的问题。

表 7　　资金业务绩效考核规划与设计

<table>
<tr><th colspan="2">项目</th><th>描述</th></tr>
<tr><td rowspan="2">资金业务绩效考核规划与设计</td><td rowspan="2">指标设计举例</td><td>“收益率”指标：收益率指标按照行社的可投资产结构，对不同资产类别进行分类收益测算。对不同资产类别按月、季、年进行业绩归因分析，基于不同资产类别的整体市场收益、区域同类行收益等设定基准市场收益，基准市场收益以外的超额收益，进行利润目标达成度、超额收益率等考量指标</td></tr>
<tr><td>“风险控制”指标：对同等收益率下，进行“风险控制”指标的权衡。风险控制指标涉及流动性风险管理效用、信用风险管理效用、市场风险管理效用、操作风险管理效用、集中度风险管理效用等维度</td></tr>
</table>

资料来源：渤源资产绘制。

4. 把握支撑点：合规风控判趋势

（1）加强合规管理。

①加强日常合规管理工作。一是加强新法规学习的时效性和普及性。对于新出台的法律、规定和准则，要及时组织学习。可以采取有奖知识竞赛等方式，促使合规风险管理人员能够第一时间了解并主动掌握法律、规定和准则的最新发展，进而使其逐步达到能够学以致用地解决实际工作中遇到的合规问题，能够及时给高级管理层提供合规建议的水平。二是加强合规风险人员对资金业务的熟悉度。加强对资金业务的学习和了解，加强其与各业务条线的沟通和互动，使合规风险管理部门的审核意见和建议能够做到有的放矢，容易被业务部门采纳。三是充分运用农村中小银行内部正反两方面的鲜活例子（可以编成案例集），并积极借鉴其他金融机构合规风险管理的经验教训。四是加强与监管机构的有效沟通。坚决避免与监管机构“玩猫鼠游戏”或者“搞蛇鼠一窝”，既要敢于向监管机构合理合法地表达自身的诉求，又要按监管机构的要求及时报送合规风险管理计划和合规风险评估报告，更要不折不扣地坚决采取有力措施执行和落实好监管机构提出的监管要求及整改意见。

②依靠外力做好合规管理。风险合规管理的资源耗用性极强，需要专人跟踪政策动态、专人对政策进行解读，还要掌控农信系统屡挫屡犯的风险点，单单依靠农村中小银行风险管理部或者是合规部门 1—2 个人的人力很难完成，因此需要借助外力做好合规管理。

优秀同业实践21：浙江农信金华办事处——狠抓合规、守正的金融市场专业队伍

面对金融市场日益复杂的市场变化、产品创新和监管部门不断加速出台与修订规章制度，浙江农信金华办事处要求金华区域内的农商银行，要把金融市场业务的合规、风控、增效提到新的高度。要自我加压、实现赶超、培养干部，要求各家银行对金融市场业务的制度进行全面梳理完善，对现有资金业务进行全面合规、风控排查，加强日常合规管理工作，积极优化资本管理，以匹配业务快速发展的需要。夯实人才队伍建设基础，实现人才队伍的可持续发展。要求每家银行把资金业务的合规、稳健、增收方案作为重点工作，融进每家银行的年度发展规划、细化落实到日常的管理工作中。

选择合规管理外力，应着重关注如下方面。一是关注是否建立政策的每日跟踪机制（见图39）。金融市场瞬息万变，新政策层出不穷，如该机构没有建立当日跟踪、次日解读、定期回顾的机制，根本无法为农村中小银行提供准确及时的合规咨询。二是关注是否有独到的政策研究体系。合格的风控和合规人员不仅需要要求其他机构从业人员遵守已有的政策法规，更重要的工作是防范于未然，吃透监管政策，通过比对前后政策的迭代原因、修改重点和背后深意，综合市场行情给出最恰当的投资决策建议，这些都需要外部机构有一套独到的政策研究体系。三是关注团队人员是否具有法律、金融的复合背景。银行的合规和风控人员往往招聘的都是具

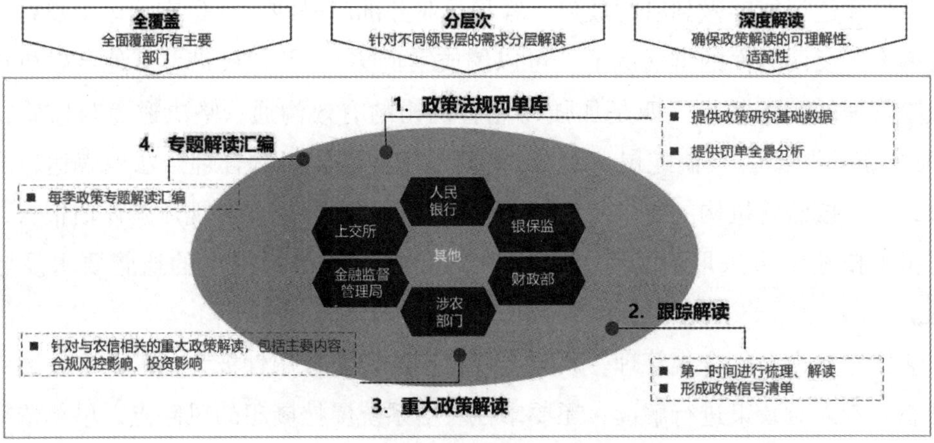

图39 完整的政策研究跟踪机制

资料来源：渤源资产绘制。

有法律和金融复合背景的员工，因此选择的外部机构团队也应该普遍具备复合背景，否则在近年资管产品遭遇“信用违约潮”时，如何既要懂得多层嵌套下各主体的职责，又要懂得资产的违约处置？四是关注是否有政策法规罚单数据库。身处大数据时代，拥有一套完整的政策法规罚单数据库对外部合规机构来说极为重要。已有传统数据库的重点往往不是在金融领域，地方监管政策没有收在此类数据库中，而银保监会、央行、证监会对金融机构开出的罚单都分散在各个监管部门官网，搜索工作烦琐复杂，因此一套完整的政策法规罚单数据库是外部合规机构的制胜法宝（见图 40）。

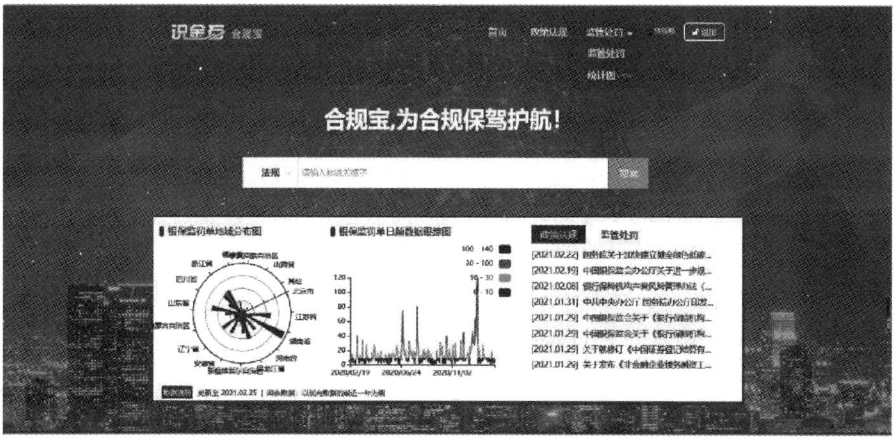

图 40　合规宝——政策法规罚单库

- 提供与金融相关的所有政策法规，目前数据量约 17 万条，日更新；
- 提供与银行相关的银保监会和人民银行颁布的自 2006 年以来的所有罚单，目前数量约 3 万条，日更新；
- 新推出的罚单分析功能，可为银行提供关于处罚类型、业务类型、机构类型等多维度的全景分析图。

资料来源：渤源资产绘制。

（2）增强风险预判。

①提高全员风控意识。一是积极开展以“学制度、重风控”为主题的各类教学活动，掀起全员学习风控制度的热潮，全面提升资金业务从业人员识别、评估、防控和处置风险的能力，持续提升制度执行力；二是建立以“重风控”为导向的绩效考核机制，切实改变资金业务运行中存在的违规乱象和风险积聚等情况，为推动全系统资金业务稳健发展保驾护航；三是建立“领导垂范、意识转变、加强督促”的风险管理环境，将风险控制转变为员工的共同认识和自觉行动。

②实时了解风险趋势。近年来，由于宏观经济背景发生变化，资金业务的风险

特征也发生了变化，主要呈现跨界性、潜在性、无常性和多样化特点。管理趋势也呈现“静态风险管理转化为动态风险管理”“注重传统风险类型转变为多维度风险管控”“单一风险管理转变为关注风险交叉与危机处理”和“单点管理转变为全过程管理”的特征（见图41）。

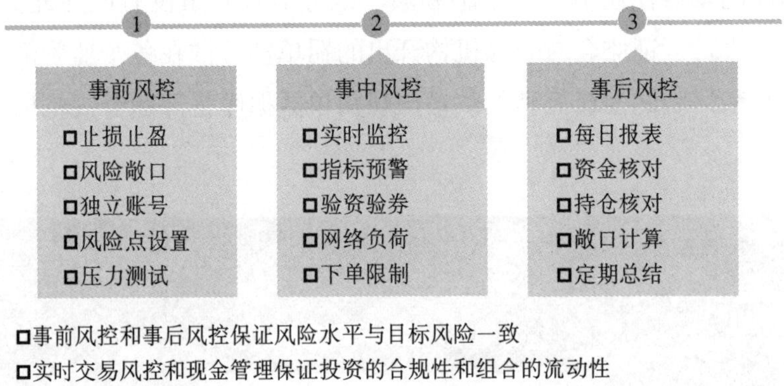

图41　资金业务风险管理新趋势：单点到全过程

资料来源：渤源资产绘制。

③加强未知风险研究。行社需要建立未知风险的研究体系。一是研究政策。新型风险多产生于新旧政策交替点，持续研究政策风险，了解政策出台的背景解读和处罚案例分析，了解政策风险趋势，可以减少合规风险。二是建立跨资产类别的大类资产研究体系，努力研究风险的跨界性。三是建立国际视野，通过国际国内政策、经济、贸易博弈框架建立研究体系。四是深挖各类风险维度监测模型、风控工具和风险流程，了解风险的发展趋势。

（3）实施精细管理。

①风险识别。从风险维度条线，加强风险识别。

引智：专家顾问定期诊断风险，借经验识别风险，以最少的代价降低试错成本。

建立全面风险识别体系：

战略风险——结合行业发展和市场化竞争环境，将资金业务全面风险管理提升战略高度。建立投资决策委员会专家顾问机制。

合规风险——由专人进行政策跟踪研究，借外部政策法规库和罚单分析，提前建立合规意识，预防合规风险。

信用风险——建立内部信用评价体系，不能单纯依靠外部，而自身能力无法提高。

市场风险、流动性风险、集中度风险——建立风险监测预警系统，完善风险监测指标体系。

操作风险——建立操作风险负面清单管理。

“新会计准则”执行风险——建立金融市场部、风险管理部、审计部、计财部等相关部门跨部门联席会议机制，会议时间和决议机制与市场规律匹配，提高决策效率和执行力。

做好防范突发风险，行社要针对不同风险种类提前制订出应急预案，明确应急触发条件，稳妥处置突发风险事件。例如，江西省内农商银行严格管理流动性、备足应急资金，在此基础上，由江西省联社牵头制定了《全省农商行流动性风险救助应急管理办法》，用于辖内农商银行突发流动性风险的应急处置。

②精准组织。国内资管行业投资风控人员的工作职能除去本应与风险管理紧密相关的投资风险管理风险监测、业绩归因与业绩分析、投资支持外，还往往与其他团队工作职能交叉，也承担包括本应由合规团队完成的合规指标监测和与监管对接、本应由人力资源团队负责的业绩考核、本应由运营团队负责的销售支持等，而发达国家资管行业的投资风控人员仅需要关注与风控职能紧密相关的职能，相较于国内风控多出的一个职能是投资流程管理。这体现出美国资管行业投资风控人员的工作职能设置较为专注，要求风控人员密切关注与投资风险相关的内容（见图42）。

在资金业务方面，农村中小银行组织架构的设计可以参考欧美发达经济体资管行业投资风控人员的工作职能设置，更多地考虑风险管理岗位的独立性和客观性。有条件的农村中小银行风险管理部应单独设立资金业务全面风险管理中心或岗位；不具备条件的行社可设置风险派驻岗，优选风险管理部中熟知行内资金业务有关制度规章、熟悉行内资金业务风险管理流程及一般方法、具备风险研判能力的员工派驻金融市场部开展资金业务风控工作，此岗位应隶属于风险管理部，保证风险管理的独立性和客观性。

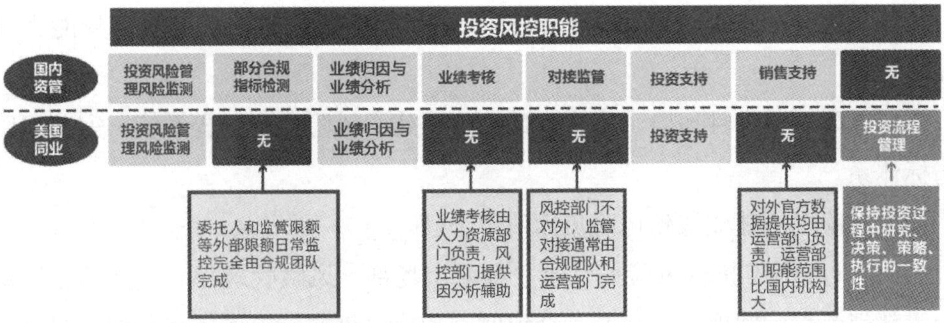

图42　国内资管与美国资管投资风控职能对比

资料来源：中信保诚人寿，渤源资产绘制。

另外，目前多数农信机构均采用分级审批机制，一般是由交易员提出建议、讨论小组研究，风险管理专员提出风险建议后，再按照分级审批权限的划分提交投资风险管理委员会和行社领导审批。

虽然内部都已经建立投资委员会，但是很多业务决策及其重要风险还是由业务部门负责，投委会未起到实质作用，投研能力不足的行社应与外部专家机构建立合作，一起组建投资委员会，应由外部专家团队为投资决策提供数据量化支持，真正发挥风控三道防线作用。

较为健全的风险管理组织架构有以下三种模式（见图43、图44和图45）。

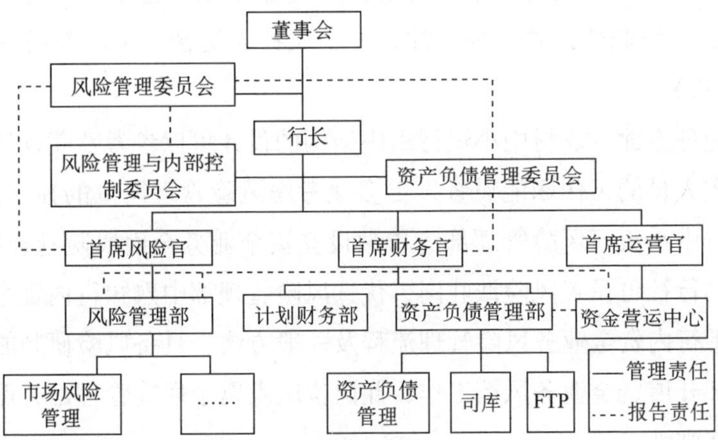

图43　组织架构——模式一

资料来源：《农村中小银行资金业务管理模式与风险防控机制研究》课题调研资料，渤源资产绘制。

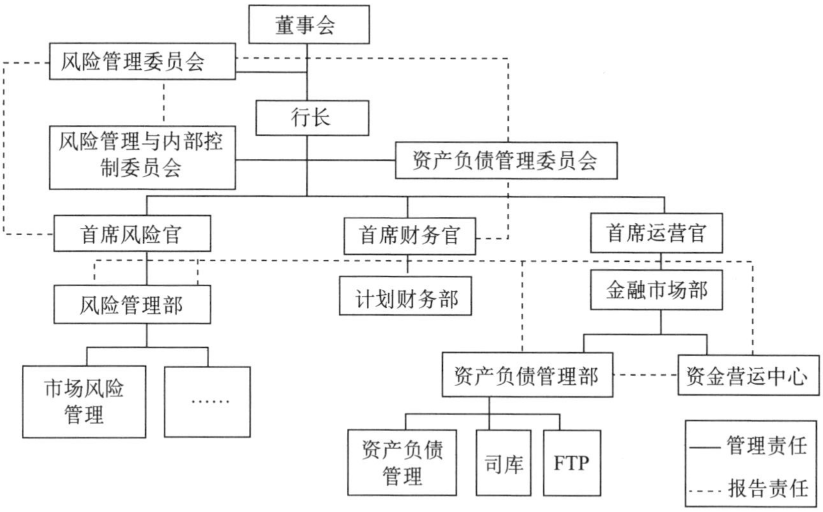

图 44　组织架构——模式二

资料来源：《农村中小银行资金业务管理模式与风险防控机制研究》课题调研资料，渤源资产绘制。

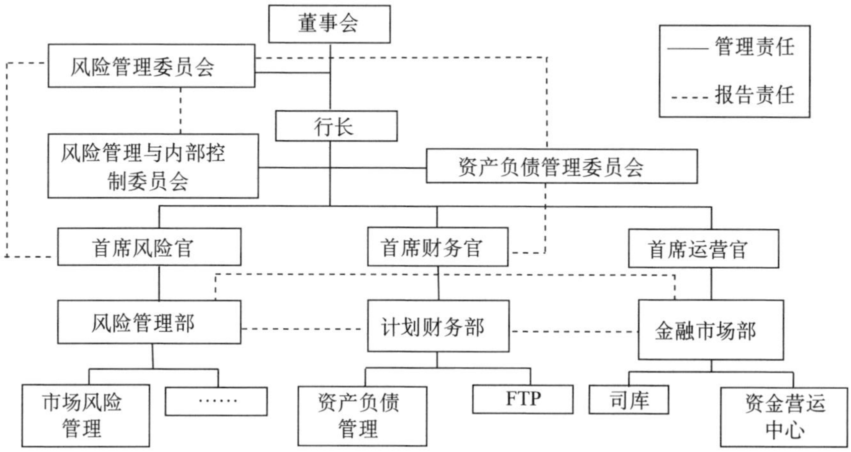

图 45　组织架构——模式三

资料来源：《农村中小银行资金业务管理模式与风险防控机制研究》课题调研资料，渤源资产绘制。

为构建一个服务于精细化管理的组织，农村中小银行决策层还应重新考虑部门的内部组织架构，顺应经营管理目标来设置金融市场业务部门岗位及对应的职责，提高员工工作效率，每个岗位设置 AB 岗人员，以降低业务风险，且应严格执行 AB 岗工作职责划分，不应使 AB 岗流于形式。包含同业业务、理财业务和票据业务的金融市场业务部完整的岗位设置可参考图 46。

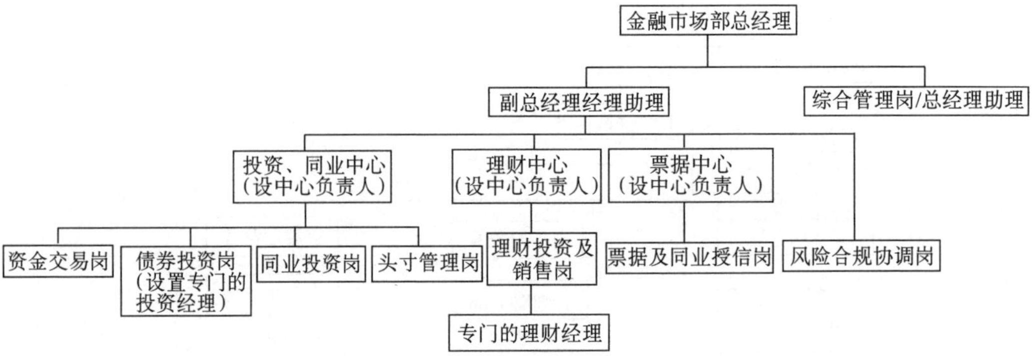

图 46　金融市场业务部门岗位设置

资料来源：渤源资产绘制。

③升级管理。资金业务首先应选取集中管理模式，加强风险管理三道防线的职能，风险管理部切实承担资金业务全面风险管理的职责，将风险管理的决策、执行、监督和评价等职能分别赋予不同部门，从而保证风险管理的完整性和有效性。风险管理部门根据董事会制定的风险管理战略，负责制定、审查和监督适用于全行资金业务风险管理政策、程序和具体操作规程，指导和协调全行范围内的风险管理；合规部门职责在于加强资金业务投前与投中的过程控制，建立规范统一的合规性检查工作规则，提高和增强各类检查效率与效果。风险的集中管理可以产生规模性效益，主要表现在提高风险管理人员的专业技术水平和管理技能、使管理趋于专业化和标准化、进一步提高风险管理的能力和控制效率，特别是市场风险管理一旦集中，由总行统一与系统外进行资金运作，这样不仅可以提高银行整体的竞价能力，进而降低融资成本，而且可以对交易对手的信用额度进行统一的有效控制，避免银行过分依赖某一资金来源。

其次应建立跨部门联合管理模式，发挥不同部门的联动作用。计划财务部应该广泛运用管理会计方法，为战略决策提供有效的财务支持；风险管理部应强化中台管理，注重宏观和量化的风险控制方法，提高风险管理能力，提供全方位、专业化、独立的风控支持；资产负债部应统一进行资产负债管理支持。

最后应做到敏捷管理，合理改善管理半径，加强条线跨部门管理，提高业务处理速度，提高可控能力。通过投前建立跨部门准入标准共建机制，通过建立内部债券、同业准入标准，内部信用评价体系，可投池和禁投池管理等提升投前决策效力；通过投后加强跟踪管理、信息共享机制和危机传导机制建设，更快速有效地应对投后风险的变化。

优秀同业实践 22：浙江萧山农商行——跨部门联合管理

萧山农商行的合规风险部门参与各类资金业务的全过程，不断完善风险监测指标体系，加强辨别风险，守牢底线，对高风险业务享有“一票否决权”。运营管理部门负责资金业务清算，对账务处理提出合理意见。财务部门负责指导资金业务流动性风险管控，保证支付安全。

④管好过程。流程管理在整个风险管理过程中有重要的地位，取得长期成功的关键是方法论和流程机制。行社应建立业务流程条线和风险维度条线交叉复核的风险过程管理。一是从业务流程条线，着重投前、投中、投后流程管理；二是从风险维度条线，着重各类风险源的研究；三是交叉复核，防控过程风险。

第一，严格风控措施，狠抓过程管控。事前管控要从严，在业务的全过程中抓关键点，从业务管理、风控措施、业务流程三个方面抓落实。

业务管理要全面抓。业务管理要针对不同的业务品种落实不同的管理要求，控制好风险源头。一是针对同业融资业务，存放同业期限不能超过一年，同业拆借按照不同的交易对手设置不同的期限上限；首次开立同业账户时，须双人进行面签；存放同业定期存款须取得开户证书或同等效力的凭证并妥善保管。二是针对同业投资业务，要求按照“穿透性”原则和“实质重于形式”原则，将资金投向“穿透”至最终债务人或标准化金融产品；根据农村中小银行的监管评级设定不同的同业投资范围，并要求底层资产也须符合监管规定的投资范围；根据不同的同业投资品种设定相应的投资规模比例限制。三是针对债券类业务，严格执行“215 号文件”关于法人机构投资范围的规定；要按照流动性管理要求和资金来源情况控制债券投资期限，防范期限错配风险；明确规定回购业务的质押券或标的券的评级、资质、折扣等要求；明确规定债券类业务的交易价格不能超过一定的偏离度。针对非标债权业务，明确开展此类业务的最低监管评级要求，严格审查交易合同，严格限制非标债权业务规模。

风控措施要严格抓。首先，要实施交易对手“统一名单制”管理，建立统一的交易对手准入标准，按业务类别甄选交易对手，按准入标准和业务需要动态调整准入名单。其次，要建立起统一的同业业务和债券业务授信管理制度，所有业务都要遵循“统一授信、授信在前、用信在后、合规用信”的原则，对交易对手实施授信总额和单项业务授信分配额度限制。再次，要实施集中度管理，遵守各项监管规定中的投资比例要求，遵守对同业单一客户或集团客户的风险暴露管理要求，明确对单一债券发行人和单只债券的投资比例限制，明确交易性业务的规模占比限制和止损要求。最后，要严格控制投资杠杆比例，按资金营运杠杆倍数、债券投资杠杆率、回购余额占净资产比例等指标严格控制总的杠杆比例。流动性风险管控方面，遵守各项流动性监管指标，加强市场流动性研判和自身头寸需求的监测预判，广开流动性补充渠道，备足优质流动性资产，定期开展流动性压力测试，保障流动性安全稳定。

业务流程要“环环抓”。业务流程主要分为业务审批流程和业务开展流程，坚持“先审批、后开展”的原则，建立分级授权审批制度，根据业务品种、交易金额、债券评级等要素设定各个级别的审批权限，在业务开展中按规定逐级审批，逐级签署审查审批意见，将风险管控落实到人。业务开展流程按前台业务经办、中台风控审核、后台账务核算相互隔离、相互制衡的原则进行：前台按照审批表中规定的交易要素开展业务，把好风险管控的第一道关；中台根据各项监管规定和风控要求审核业务，筑牢业务风险的“防火墙”；后台根据财务规定和交割数据核算业务，担当资金业务的“好管家”。

优秀同业实践23：河北沧州农商行——动态名单制管理

沧州农商行对各类业务建立准入标准，包括评级级别、资产规模、偿债能力、流动性、盈利能力等指标进行定量定性分析，通过同业客户评级结果，对应准入标准来筛选满足的客户，进入白名单库，并定期对名单库进行动态管理，加强准入机制。

优秀同业实践24：湖南星沙农商行——严格风控流程，狠抓过程管控

星沙农商行加强资金业务流程梳理，完善制度建设，明确岗位职责，加强流程管理，建立分级授权审批制度，建立专家定期风险排查机制，狠抓过程管控。

第二，持续风险监测，细抓过程管理。存续期管理能力是银行资金业务风险控制的软实力。做好存续期风险管理，一是贵在持续，二是贵在精细。农村中小银行要配备专业人才，建立专业队伍，熟练掌握业务，持续跟踪业务，广泛收集信息，精细风险监测，深入了解市场，提升管理水平。

持续做好风险监测。一是要持续监测交易对手或最终实际债务人的经营管理情况、信用履约情况、负面信息或舆情事件等情况，持续评估债务人的偿债能力和信用状况，动态调整交易对手准入名单和授信额度，及时调整业务结构和资产配置。二是要持续监测市场风险状况，研判风险变化趋势和风险繁衍方向，适时调整投资策略；持续监测市场资金面动态，把握好市场流动性的松紧变化，提前筹划流动性管理方案；持续监测债券市场利率走势，做好债券买卖的投资布局，防范利率风险；持续监测政策变化及市场新闻事件，把握政策导向和市场环境变化趋势，防止盲目开展业务。三是要坚持落实每日盯市制度，安排专业人员每日紧盯持仓风险变化和持仓浮动盈亏变化，发现风险及时预警、及时处置。

优秀同业实践 25：海南三亚农商行——舆情预警

三亚农商行指定专人对存量信用债券进行跟踪监测，通过多渠道、全方位持续监测和预警，查询相关负面舆情、近期新闻、重大公告等，按月形成投后跟踪报告，做好信用债的监测预警。

优秀同业实践 26：重庆农商行——大数据风险舆情监测工具

重庆农商行引入大数据风险舆情监测工具，系统判断与人工判断相结合，每日对持仓资产涉及的风险事项进行扫描，对于与持仓资产风险密切相关的负面信息，及时组织相关部门核查并采取相应管控措施。

精细做好存续期管理。一是要做好持仓管理，实时掌握各类持仓资产的评级结构、期限结构、品种结构、收益水平、信用状况等情况，根据研究判断和业务需要不断优化持仓资产结构，合理评估自身风险承受能力，科学控制持仓资产总体风险。二是要做好档案管理，分类保管各类业务合同、交易凭证、审批表、成交单等档案材料，做到业务开展、业务管理规范有序。三是要做好对账管理，后台部门与前台部门、农商银行与交易对手都要定期进行对账，核实业务金额、业务凭证及其他重要的业务资料，特别要注意防范操作风险。对于非标债权业务，要对项目资金投放到本息收回的全过程进行监督管理，持续监督资金的使用情况、还款资金的到位情况，做好后续检查和还款监督工作。

优秀同业实践27：江苏江南农商行——市场风险管理经验

市场风险管理主要涉及两大方面：一是期限不匹配引起的资产负债表或银行账簿的风险。二是期限不匹配或金融工具市场价格波动引起的对自营交易或交易账户的风险。

对于市场风险的管理，一方面，需要针对交易账簿和银行账簿分别建立管理机制，精准度量市场风险。可以主要通过缺口分析、久期分析、敏感性分析、压力测试等方式定期对市场风险进行量化评估。另一方面，需要建立完善、有效、定期调整更新的限额管理体系，通过限额指标的约束，良好地规范日常投资交易行为。此外，需要建立健全风险反馈机制，提前进行市场风险演练、制定重大风险应急预案，起到及时化解风险、管理风险的作用。

5. 把握突破点：科技转型重基础

（1）结合省联社下发数据重数据治理。鉴于银行系统复杂、数据海量，统计口径及统计维度众多，数据量极其庞大，采用数据仓库技术实现决策分析是最佳的选择。目前，大多数农村中小银行都没有自己的数据仓库或类数据仓库，可以在省（自治区）联社资金业务系统下发数据基础上，结合行内授信审批、制度管理、投后管理等要求，加强本行数据治理，建立数据仓库。

（2）搭建内管系统提高决策执行有效性。行社应建立内部资金业务管理系统。此系统应能满足银行投资决策系统、金融市场部、资产管理部、合规部、风险管理部、内审部等相关部门管理需要，使内部人员在日常工作中可以完成跨部门风险管理，流程管理、对手方管理等，并能一键自动生成台账与业务分析报表，维护并查看日常交易信息、客户信息、财务信息，进行风险预警、投后风险管理与信用研究分析。此类系统一方面可以提高内部资金业务信息跨部门的透明度，满足各部门分析决策的基本信息，另一方面可以提高投资决策和风控决策的时效性，还能提高决策执行的预见性，加强内部投后管理，提高研判的预见性。

6. 把握结合点：协同推进降风险

（1）借投顾团队提升投资能力。调研显示，41.49%的行社与证券公司、基金公司、信托公司、期货公司等外部投资顾问团队（以下简称“投顾”）进行合作。

投顾的筛选要把握好风险与收益的平衡。具体实施时，考察的因素至少要有：短中长期的历史业绩、风险收益比/夏普比例等经过风险调整后的收益率、风险偏离度、最大回撤、回撤率等涵盖风险与收益评价的指标；过去业绩的归因分析，确定投资团队擅长的投资策略与风格；投资团队的稳定性，既是为了保证投顾服务的连贯与稳定性，也是为了使投资机构更具责任感，保护银行的利益，防止出现投资团队轻率决策，出现问题后能随意离职、无需负责的现象。若投资团队此前主要管理公募产品，则可参考机构公开披露的数据，但如果主要管理私募产品，则需要非银机构提供尽调所需的数据。

建议投顾机构深度了解银行内部的流程与风控体系，让投顾机构的投资能力与风控体系与银行的合规风控体系互补共生，从而实现限制条件下的最优效果。

（2）借投顾监理提升管控能力。从市场上选择和管理投顾是非常专业的事情，农村中小银行在筛选投顾和与其合作过程中常常会碰到“筛选标准单一、选择难”和“专业水平不足、管理难”的问题。

基于此情况，一种新兴机构得以出现——投顾监理机构。在传统模式下，委托者依靠自身判断来筛选投顾、决定投资比例、进行投后跟踪管理；在第三方投顾监理模式下，则由专业的机构根据委托者的需求来完成投顾甄选和配比，并对其进行投后管理（见图47）。

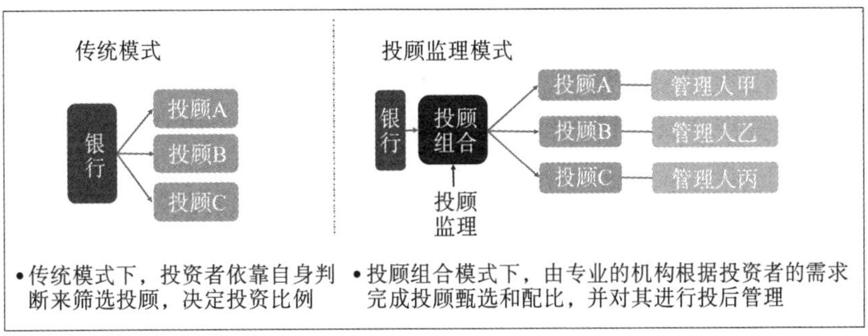

图47　传统模式与投顾监理模式

资料来源：渤源资产绘制。

此类机构通过专业管理人筛选体系，为委托人在投前建立起管理人筛选体系、标准、方法与流程，在全市场中筛选出优质、合适的管理人机构与投资经理；在投中针对为委托人初步筛选的投资管理人，就风控机制、投资策略、服务流程、业绩基准、业绩费用、合作协议等进行谈判支持；在投后对投资管理人（投顾）建立业绩回溯模型，对投资管理人（投顾）的投资组合进行动态跟踪与管理（见表8）。

表8　第三方投顾监理过程管理

项目		描述
投资管理人（投顾）投前筛选与投后监控	投资管理人（投顾）投前筛选	建立管理人筛选的体系、模型，以及筛选标准、方法论和筛选流程，按委托人的投资要求，全市场筛选优质、合适的管理人机构与投资经理
	投资管理人（投顾）投中支持	对为委托人初步筛选的投资管理人，就风控机制、投资策略、服务流程、业绩基准、业绩费用、合作协议等进行谈判支持
	投资管理人（投顾）投后监控	对投资管理人（投顾）建立业绩回溯模型，对投资管理人（投顾）的投资组合进行动态跟踪与管理

资料来源：渤源资产绘制。

优秀同业实践28：河北沧州审计中心——加强外部投顾投后风险管控

受地域和专业人员投研能力不足影响，个别农信机构与外部投顾机构建立合作，旨在增强自身团队投研能力和资金业务收益率，但是对于投顾本身，行社很难从投前、投中、投后角度进行甄别，因此沧州审计中心邀请专业管理人评价机构建立了一套关于管理人评价的体系标准，针对合作过的投顾机构进行定期风险排查，以保证业务稳健进行。

（3）借风险监理搭建五道防线。风控三道防线是金融行业主流的风险管理术语。第三方金融监理加上外部审计是三道防线中的两条（见图48），从独立第三方的角度，在风险管理、投研体系、配置思路、投资策略、战略规划、科技系统、数

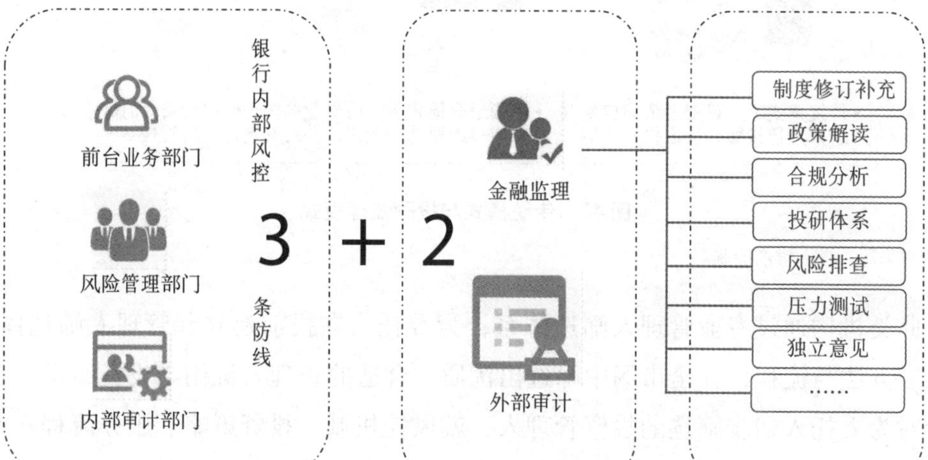

图48　金融监理与"3+2"的风险管理

资料来源：渤源资产绘制。

据仓库、生态环境、人才培养、组织结构、制度建设等方面，建立与内部风险管理平行独立的监督管理，帮助商业银行以最低的成本动态管理风险的同时，快速提高金融市场业务综合水平。其提供的服务包括但不限于制度修订补充、政策解读、合规分析、投研体系、风险排查、压力测试、独立意见等。

第三方金融监理模式可以帮助农村中小银行快速提升风控团队能力，是走上金融市场业务专业合规健康发展的正确选择。其作用主要体现在协同效应、减少投入、加快进度、少走弯路、减少试错成本（见图 49）。

图 49　第三方金融监理实现协同效应，加快进度、减少投入、少走弯路、减少试错成本

资料来源：渤源资产绘制。

优秀同业实践 29：湖南衡阳市办——引入专业风险监理机构

衡阳市办选择引入专业风险咨询机构进行合作，充分发挥专业公司的风控模型和信息优势，进行风险的识别判断，最大限度降低新增风险。各家农商银行从 2020 年 10 月尝试与相关资产公司开展合作，每个季度至少召开一次资金联席会议，联席会议上组织学习最新监管、行管文件精神，邀请专家进行宏观分析和投资策略分享，提高了资金业务从业人员的综合素质。

（4）借外部评级实现信评升级。外评发行人付费模式具有成熟度高、数据全面的优势（数据的客观性有待研究），但独立性较弱；投资者付费下的第三方评级模式则相反，由于是投资者购买，评级机构给出的评级结果自然不受发行人影响，将更加公正客观，但相反的一面就是此类评级机构无法获得足够的数据，只能依据公开数据进行分析和判断，且由于目前处于起步阶段，评级模型的成熟度还是不如发行人付费评级模式。

内评与外评的作用不同，其主要工作是利用外力做研究，将信用主体与所在机构的各项要求做匹配，根据所在机构的负债特点、投资属性、投资偏好及利润预期等来制定相应的信用策略，判断单只债券的期限、收益率、风险情况是否与所在机构的投资组合的特性相匹配。

在当前债券违约常态化、债券投资抛弃各种信仰回归基本面、信用评级改革的态势下，农村中小银行应逐步构建“内评+外评+第三方评级”相结合的模式。

优秀同业实践30：湖南宁乡农商行——借外评建立内部信用评价体系

湖南宁乡农商行重视内部评价体系的建设，依托省联社建立的信评体系与外部专业信评团队信用评价体系的多方优势，寻找和搭建适合本行风险偏好的内部信用评价体系，并定期进行风险排查。

六、优秀实践案例剖析

（一）浙江省联社：稳健发展的典范

2017年以来，在浙江省联社指导下，浙江省农信系统坚守“支农支小”的业务定位，持续推动资金业务回归流动性管理本源，切实防范化解资金业务存在的风险问题。近年来，浙江省农信系统资金业务平稳有序发展。2021年1—9月，全系统共实现资金业务收入305.62亿元，创收占比47.24%。2021年9月末，全系统资金业务总资产11 325.72亿元，资金业务总负债2 038.70亿元，资金业务杠杆率、同业负债依存度、非信贷资产不良率等各项关键指标保持稳定，均处于监管部门认可的合理区间。

1. 资金业务风险防控的实践

2018年以来，浙江省联社广泛接触了资金业务投研信评领域的专业机构，浙江省农信联社在不同细分领域已分别与渤源资产、中债资信等建立合作关系，形成了浙江农信投研信评工作的“朋友圈”。借助合作伙伴的力量，浙江省联社坚持一手抓投研队伍建设，一手抓服务输出，成功引导行社规避了包商银行、安信信托等高风险金融机构，提前清零了对于恒大集团的信用风险敞口。

建章立制，扎紧制度藩篱。一是完善制度体系的顶层设计。二是加强同业业务的准入管理。定期更新下发金融同业审慎交易对手清单，引导系统内农商行逐渐形成对高风险同业机构的体系化识别方法，提前压降信托投资规模，有效规避了安信信托等具有明显风险特征的同业交易对手。

全面监测，强化风险预警。一是引导系统内农商行坚守业务定位。2018 年以来，浙江省联社在对外跟踪金融市场主要指标、对内监测全省农信系统资金业务各类指标数据的基础上，定期编发固定收益日报、周报、月报和《浙江农信金融市场业务研究报告集》，引导系统内农商行做好预期管理，预判潜在的风险问题。二是重点选取不同评级行社进行资金业务资产负债诊断，从战略定位、制度建设、风险管理、岗位职能、团队建设、风控机制、资产风险排查、未知风险源等多维度全体系诊断和针对开方，帮助行社了解问题，预防风险，健全基础。三是协助系统内农商行规避高风险业务。浙江省联社基于资金业务条线的风险监测情况，2018 年以来累计发布“风险提示函”近 30 次，内容涉及地方政府债务隐含风险、民营集团系金融机构风险、底层资产信用风险等，对于房地产企业债券违约风险、信托行业兑付问题等趋势性风险问题进行了有效预判，对于紫光集团、海航系关联企业的风险提示早于其初始违约时点 6—8 个月，有效引导系统内农商行规避和压降了相关风险资产。

深入排查，强化风险排查。浙江省联社每年定期组织资金、理财、票据业务风险（案件）检查，按照“农商行自查—办事处交叉复查—省联社重点抽查”的推进形式，层层压实检查责任，全面摸清了系统内农商行资金业务治理机制、制度体系、风险防控等方面存在的风险问题。此外，浙江省联社不定期地摸排特定风险问题。如 2018 年 3 月、7 月，浙江省联社分两次就系统内农商行与明天系等 33 个民营集团系控股或参股金融机构的合作情况进行摸排，提前要求系统内农商行压降与包商银行的存续业务。据统计，在 2019 年 5 月包商银行被接管时，浙江省农信系统仅 4 家农商行与包商银行有存续的资金业务往来，1 家农商行与包商银行有外币信用拆借、票据业务等业务往来。由于涉及金额较小，根据包商银行接管组确定的债务偿还政策，相关农商行存续业务的本金、利息均得到妥善保障和顺利兑付。

建设帮扶机制，引导行社提升发展质量。浙江省联社从资金业务运营能力、资金业务风险管理、资金业务投资范围三个维度出发，为行社资金业务提供精准的分类帮扶政策：一方面，通过召开金融市场联席会议、资金业务收益提升专项会议等方式，帮助相关行社树立科学的资金业务发展理念；另一方面，通过成立“资金业务提升小组”，确立地区专员的方式，帮助行社“开好药方”，制定切实可落地的提升方案。

分层分类，强化理念灌输。一是抓好对系统内农商行高管、中层干部、业务骨干等关键少数的理念培训。二是抓好一线岗位职工的职业培训。

搭建服务平台，支持行社拓展业务范围。浙江省联社牵头打造的省级资金服务平台已具备债券承销、信息交流、投研策略、代理投资、业务培训等多样化服务功能，并牵头推动了浙、苏、闽三省农信系统的同业业务信息共享，在支持行社拓展交易对手、盘活闲散资金，实现规模效益最大化等方面发挥了有益作用。同时，省级资金服务平台以业务合作为纽带，协助行社引入合作机构先进的投研资源、风控体系和管理制度，不断提升业务发展质量。

2. 清算资金管理模式的实践

浙江农信采取省县两级清算机制，省级联社人民币清算资金主要来自辖内成员机构上存，并分别用于人行支付系统、农信银系统、人民币跨境支付系统（CIPS）系统等跨系统业务及跨机构业务的资金清算备付。省、市、县三级清算中心分别负责本级清算账户的头寸监控，采取预警管理、下限管理、大额授权、动态管理、实时监控等各种措施，以保证各清算账户头寸充足。

建立多级备付防线，有效防控流动性风险。省级层面，浙江省清算中心积极做好存放人行和农信银等外部清算账户头寸的准确匡算、实时监测、适时预警、及时调整，确保全系统支付清算“零风险”。成员机构层面，建立“下限管理、动态监控、预测报备”的管理机制，通过从严设定日间、日终预警指标，加强考核引导等手段，提升行社对清算备付金管理工作的重视。

强化中心管服能力，全方位开展差错处置。浙江省清算中心不断丰富差错管理内涵，积极延伸清算服务触角，推动中心职能从差错业务操作向管理服务转变。一是全面剖析成因，牢牢管住源头。二是借助清算工具，实现全面监控。三是下发差错案例，规范处置流程。

（二）河南辉县农商行：涅槃重生的五级行

辉县农村商业银行于2010年11月由农村信用社改制为农村商业银行，是新乡市第一家改制行。由于改制之前不良资产集聚过多，该行监管评级只是五级，近年来资金业务规模在60亿元左右。

辉县农商银行金融市场部成立于2016年4月，团队建立之初，依据“金融市场业务稳健发展评价与指引体系”打分仅为67.88分，处于行业和区域的下游。金融市场业务部在内部控制方面缺乏健全的内控制度、内外审缺位；在资产管理能力方面，专业化人才缺位、盈利能力不足，缺乏有效的绩效管理制度；在风险控制能力方面，整套风控体系缺位；在交易与运营保障方面，缺乏投资研究基础数据，也没有高效的投资管理和风控系统支持。因此，团队开展业务不足半年时间，便经历了牛市的疯狂和熊市的恐慌，持仓被套牢大半，经营压力凸显。

2016年的辉县农商行金融市场业务部的情况是目前农村中小银行资金业务管理和风控情况的缩影，其后续5年的发展历程具有极大的参考价值。

1. 战略定位：双轮驱动

自2017年以来，面对金融去杠杆和最严厉监管，辉县农商行一把手高度重视亲自抓，审时度势及时调整发展战略，因行施策、因地制宜，全面实施“信贷业务+金融市场业务”双轮驱动，坚持“两条腿走路”，取得了长足发展。特别是金融市场业务立足本行实际，既量力而行，又积极创新，闯出了一条稳健发展的路子。面对近五年来频发的风险事件，尤其是经历包商、海航、永煤、恒大等几次重大风险事件环境，辉县农商行未发生一笔风险事件，并且收益率水平一直保持在当地金融机构前列。2017年，辉县农商行编制的金融市场业务发展战略规划见图50。

2. 团队建设：以我为主

辉县农商行选拔培养金融市场业务人才的侧重点主要放在两个方面：一是通过内部选拔建立团队，合理定岗定责；二是通过内部自学和外出培训，学习基础知识和投研体系。

辉县农商行自2016年组建金融市场部以来，主要进行了两次人才选拔培养。第一次是在经历了2016年“债灾”之后意识到完全依赖投顾是行不通的，必须培养自己的团队，所以辉县农商行在全辖范围内对考过证券从业、期货从业、经济师

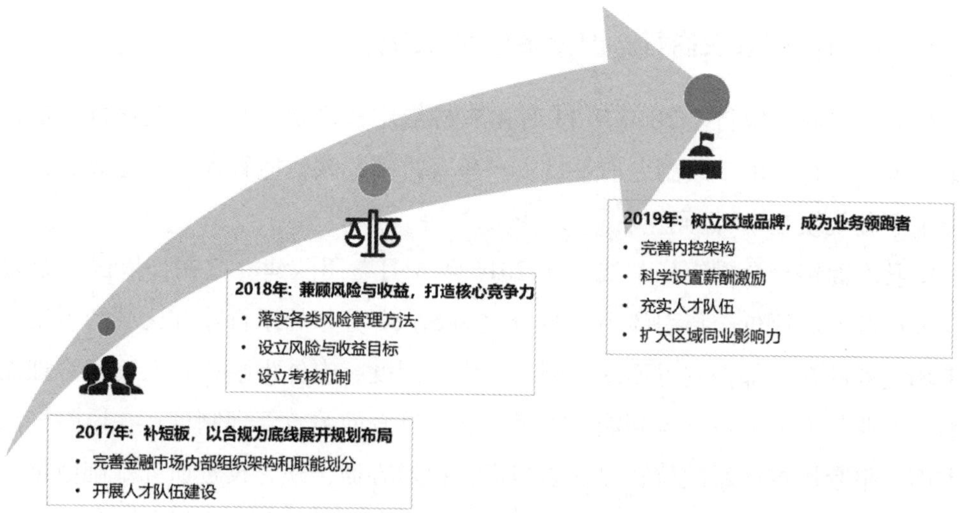

图50　辉县农商行的三年金融市场业务发展规划

资料来源：《农村中小银行资金业务管理模式与风险防控机制研究》课题调研资料，渤源资产绘制。

等资格证书的系统内员工进行选拔，最终确定4名员工进入金融市场部工作，加上原先的5个人，共9名员工。9名员工再形成二次竞争机制，通过实际工作中的表现逐步淘汰或根据特点重新安排岗位，最终剩下5名员工和1个部门经理。第二次选拔是在2018年底，部门人员经过自学和与外部机构合作，能力有所提升，思路更加清晰，但该行同时也意识到业务的可持续发展必须有可持续的人才作保证，现有人员仅能满足现有业务的运行，面对人员轮岗、晋升，业务的拓展和风控人员的补充等问题依然存在，所以又进行了第二次内部金融市场人才选拔，建立金融市场业务储备人才库，作为人才补充的梯队，最终确定12名金融市场业务储备人才。

辉县农商行专门制定了储备人才培养的两年规划，分为兴趣培养、系统学习培训和分析研究三个阶段（见图51）。

3. 风险管理：动态管理

银行是经营风险的机构，风险管理能力直接决定了其经营管理能力。

5年以来，辉县农商行依靠外部金融监理搭建了涵盖投前、投中和投后的动态风险跟踪体系，在外部信用市场环境较为动荡、信用风险事件频发的背景下，截至2021年11月30日，持仓债券无一例违约。

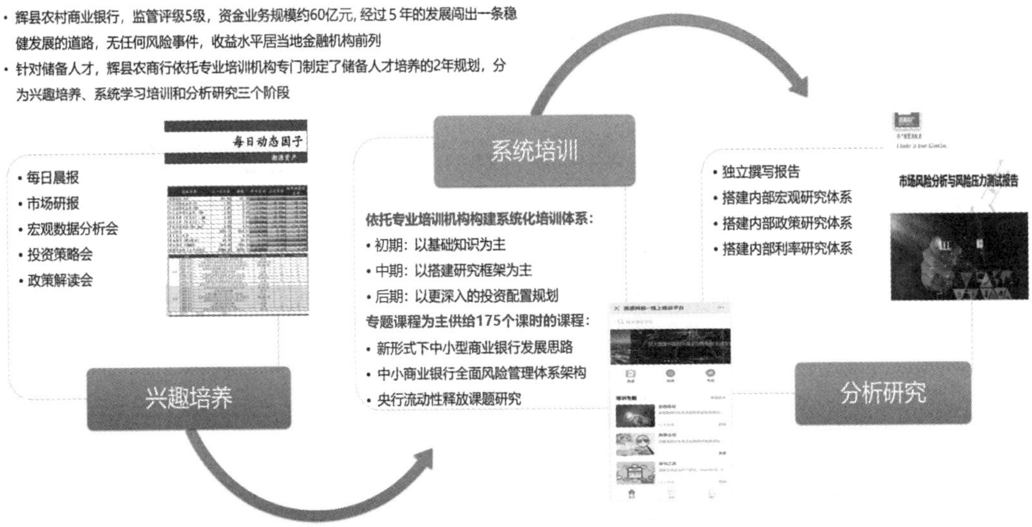

图 51　辉县农商行的两年人才培养规划

资料来源：《农村中小银行资金业务管理模式与风险防控机制研究》课题调研资料，渤源资产绘制。

在投前，该行与外部金融监理合作搭建了内部信用评价体系，建立了债券黑白名单，并按周更新此名单；尤其是借由外部监理机构提供的《包商银行被接管，信仰投资的路还有多远？延迟披露年报》等系列文章，利用其同业资产行业可比系数和对同业交易对手的筛选维度，搭建了适合自身的同业交易对手信用评价框架，提高了投前识别风险的能力。在包商银行严重信用风险案件发生之前，辉县农商行发现二级市场上其价格的异常变化，并通过分析舆情，决定暂停对其授信，成功规避了风险；海航、永煤、恒大则均未通过辉县农商行的内部评级授信模型的评价，也未给予授信；2020 年债市收益率大幅下行，辉县农商行通过积极研判，及时止盈锁定收益。

在投后，辉县农商行将极耗人力的持仓债券舆情监控工作委托外部机构，通过如图 52 所示频率的舆情监控和排查实时跟踪信用风险，同时在 2018 年就开始运用投后与风险管理系统，对资产进行每日估值，动态预警，加强净值化管理，对投后资产的市场风险、信用风险、交易风险等进行过程动态跟踪管理，降低投后资产发生风险概率。

4. 扎实基础：外部采购

辉县农商行在扎实数据与系统基础方面，自 2020 年开始使用“信用与同业交易对手投研一体化平台”，利用此平台进行自有信用模型设定和调整模型参数，再

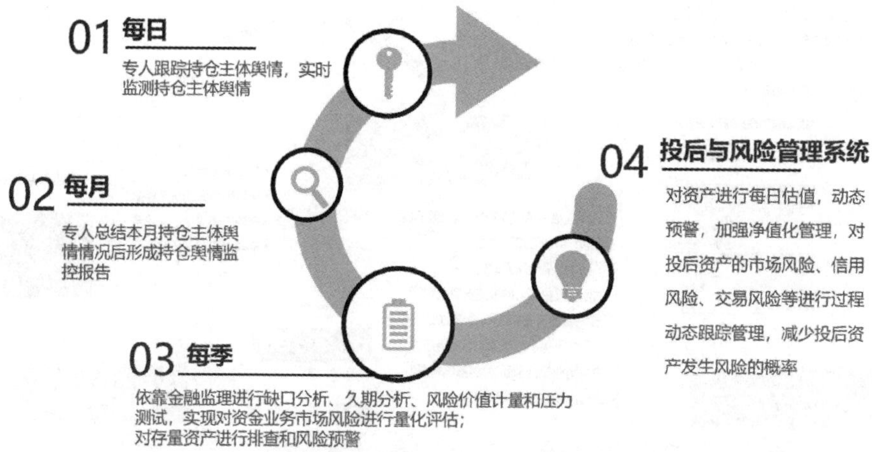

图 52　辉县农商行借助外力进行持仓债券舆情监控

资料来源：《农村中小银行资金业务管理模式与风险防控机制研究》课题调研资料，渤源资产绘制。

借助其覆盖 6 000 余个非同业信用债主体和 6 000 余个同业交易对手，涵盖了城投数据、估值数据、舆情数据、财务数据、同业交易对手数据等数据集市，实现行内内部评级的模型搭建、信用池构建和动态调整与维护；自 2021 年开始使用“合规宝”政策法规库，利用其实时更新的政策数据，实现对金融市场相关重大政策的有效跟踪，把住资金业务政策风险关口，又利用其独立开发的银行业罚单全景透视图实现对同业交易对手合规风险的把控。

七、促进农村中小银行资金业务发展的政策建议

农村中小银行是面对市场化竞争、承担政策性金融责任的地方性重要银行，在发展中面临以下状况：

市场化竞争压力大：全国银行业正面临“资产荒”“利差收窄”和“风险暴露”的三重挑战。同时，监管趋严和数字化转型也给全国银行业带来持续性挑战。农村中小银行与其他商业银行在同样经济与竞争环境下，由于受到资本金小、科技

投入和人才不足、产品不丰富、牌照不全、投资范围受限等因素影响，面临的市场化竞争压力非常大。

社会化责任贡献大：肩负社会化责任与使命，担负支持实体经济和支农支小的政策性责任。截至 2021 年 6 月底，普惠型小微企业贷款占总资产的比重为 13.04%，远超银行业金融机构该指标的平均值 6.24%。总资产税收贡献率（所得税/总资产）0.44%，仅次于大型商业银行的 0.47%，高于股份制商业银行 0.42% 和城商行 0.36%（见图 53 和图 54）。

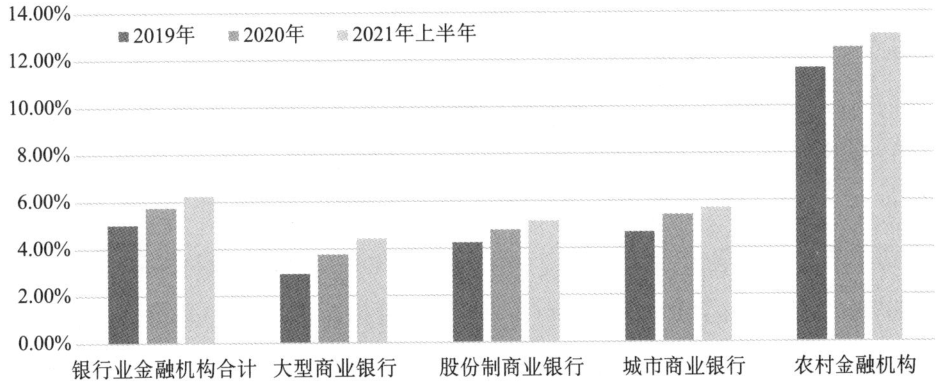

图 53　普惠型小微企业贷款占总资产比重

资料来源：渤源资产绘制。

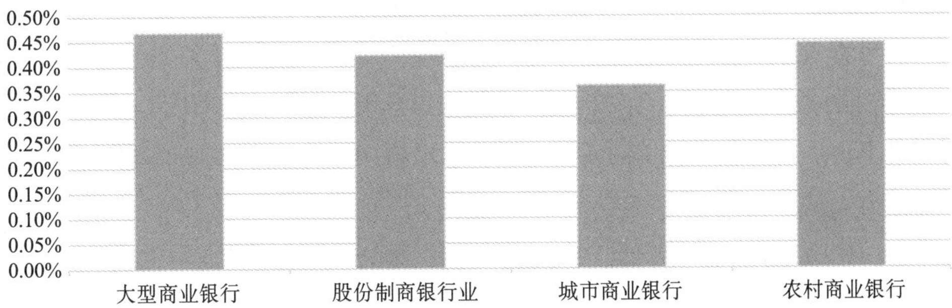

图 54　总资产税收贡献率

资料来源：渤源资产绘制。

稳健发展困难大：市场化竞争环境下，农村中小银行面临资本金补充难、产品线单一、专业人才不足、风险管理难等问题，市场变化快使稳健发展面临很大挑战。

农村中小银行资金业务想要行稳致远，还需如下政策支持。

（一）调低存放省（自治区）联社资金风险权重

按照“小法人、大平台”的思路，省（自治区）联社作为行业管理机构，为辖内农村中小银行资金清算和资金营运提供平台，资金实质上在系统内运行。

依据《商业银行资本管理办法（试行）》（中国银行业监督管理委员会令2012年第1号）（以下简称《资本管理办法》），辖内行社存放于省（自治区）联社的资金（约期存款、清算资金和流动性互助资金）风险权重比照非银机构计量为100%。

辖内行社存放于省（自治区）联社的资金（约期存款、清算资金和流动性互助资金）风险权重比照非银机构计量为100%的政策严重影响了农村中小银行的资本充足水平，甚至导致个别机构个别季度的资本充足率达不到10.5%的要求；同时，每到季末、年末等时点，农村中小银行为避免存放在省（自治区）联社的资金按照100%风险权重计算加权风险资产对本行监管指标的影响，又将存放资金调回，存入当地人民银行。省（自治区）联社为完成资金返还，大量进行卖出回购交易，较易造成系统性流动性风险。

调研显示，各省辖内行社通过约期存款、清算资金、流动性互助资金等形式上存省（自治区）联社资金规模平均150亿—300亿元，如果按照25%的风险权重计量，平均每省可以增加112.5亿—225亿元风险加权资产，20个省就可以增加2 250亿—4 500亿元风险加权资产，可增加信贷规模3 300亿元左右用于支持实体经济，可节约资本占用180亿—360亿元①，以缓解农村中小金融机构资本补充难和资本充足率压力大的困难。

因此，建议监管机构调整监管报表归类，对市（县）农商行向省（自治区）联社存放的资金归类为存放一般商业银行的债权进行风险权重计量，即以《资本管理办法》第二十一条计量为25%，其中原始期限三个月以内（含）债权的风险权重为20%。

---

① 风险权重从100%下降到25%的话，可以增加112.5亿—225亿元风险加权资产（150×0.75=112.5，300×0.75=225），如果是20个省，就可以增加风险加权资产2 250亿—4 500亿元（112.5×20=2 250，225×20=4 500），这样可以增加信贷规模平均3 375亿元左右用于支持实体经济（2 250+4 500）/2=3 375，约3 000亿元可增加信贷规模），可节约资本占用180亿—360亿元（2 250×0.08=180，2 250×0.08=360）。

（二）适当放宽投资限制

包商银行发行二级资本债被减记后，市场机构普遍回避农信机构发行的二级资本债，农村中小银行体系内互持又囿于“215 号文”要求仅监管评级二级以上才能投资二级资本债，可行性较低（监管评级在二级的行社占比仅为 16.83%，见图 55），建议降低农村中小银行投资二级资本债的门槛至“监管评级达到三级（含）以上的银行可以购买 AA 级以上的二级资本债”，如此可覆盖 57.94% 的行社（监管评级在三级（含）以上的占比为 57.94%）。

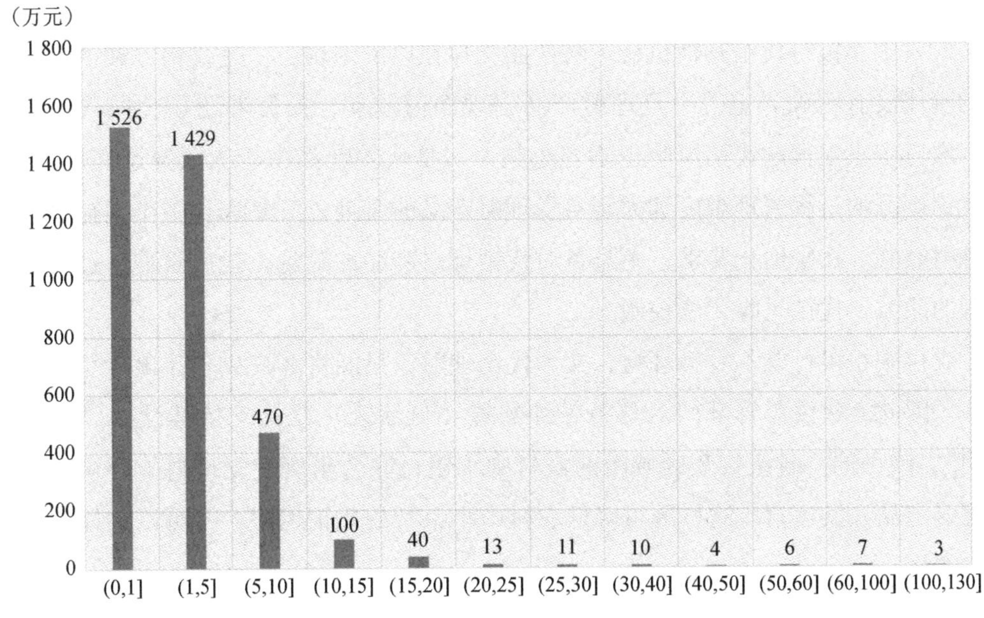

图 55　农村中小银行注册资本金分布

（三）支持行社联合设立理财子公司

面对城乡居民和小微企业多元化金融服务需求，农村中小银行发展理财业务是大势所趋。但是，现在的监管导向是鼓励设立理财子公司来独立运营理财业务，农村中小银行成立理财子公司却存在较大难度。一方面，《商业银行理财子公司管理办法》要求设立理财子公司需要一次性实缴 10 亿元货币资本，且必须是自有资金，这对于资本净额不大、资本充足率不高的农村中小银行来说是难以跨越的门槛，3 619家农村中小银行中，注册资本超过 100 亿元的仅有 4 家（见图 55），超过 10

亿元的也才194家，81.65%的农村中小银行注册资本在5亿元及以下[①]；另一方面，理财子公司的盈亏平衡点大致是理财产品管理规模600亿元左右，而截至2021年底，发行理财产品的农村中小金融机构仅有150家，存续产品规模约为1.12万亿元[②]，平均每家农村中小金融机构发行的理财产品规模仅仅约为74.67亿元，远低于600亿元的盈亏平衡点。

由此，农村中小金融机构的理财产品存续规模由“资管新规”实施前的1.57万亿元[③]下降至2021年上半年的1.05万亿元[④]，下降百分比高达33.12%。某东部省份发行理财产品的农商行仅剩7家，较“资管新规”实施前减少了84家；某西部省份没有一家行社发行理财产品。

农村中小银行代销其他机构理财产品又存在以下困难：一是代销方和产品发行方的责任没有明确界定，一旦理财产品出现净值波动，投资者还是会向代销方追责，农村中小银行的代销风险也不容小觑；二是代销产品由于无法穿透底层资产，对代销产品的过程管理难度远大于自发理财产品的管理；三是农村中小银行没有自发理财经验，在净值化要求下不具备对代销理财产品的筛选、投后管理、过程风险管理的能力，代销风险无法控制。

农村中小银行既不发行理财，又不代销理财，只能将客户拱手让出，经营压力加大。因此，建议监管部门对具备条件的省（自治区）联社支持其设立“理财子公司”，或由同一省级行政区域内的农村中小银行联合出资设立理财子公司专门从事理财产品开发运营，这样既可降低农村中小银行的代销风险，又可以更好地服务农村客户。

（四）打造统一的资金业务管理平台

各家农村中小银行资金业务规模大小不一，市场经验、管理能力、风控能力、投资专业水平等参差不齐，资金业务在以农村中小银行各自独立开展为主的情况下，更需要搭建统一的资金业务管理平台和风险控制平台来强化农村中小银行的内控管理、风险防控和流动性管理。

---

① 资料来源：渤源资产“同业数据库”，包括684家农商行、73家农信社、33家村镇银行和4家农合行。

② 资料来源：银行业理财登记托管中心《中国银行业理财市场年度报告（2021年）》。

③ 资料来源：银行业理财登记托管中心《中国银行业理财市场报告（2017年）》。

④ 资料来源：银行业理财登记托管中心《中国银行业理财市场半年报告（2021年上）》。

建议监管部门从政策上支持省（自治区）联社或辖内头部机构打造全省统一的资金业务管理和风控平台，促使各农村中小银行遵循风险控制与业务发展相适应的原则，稳妥审慎地开展资金业务。

（五）开户层面支持省（自治区）联社代理业务

当前各省资金业务以成员行自营独立开展为主、省（自治区）联社代理开展为辅，但成员行各自独立开展资金业务常常会存在业务成本高、资金业务集中优势无法发挥的问题，弱资质行社自行开展资金业务难度大风险大的问题，银保监会允许省（自治区）联社开展代理业务，但省（自治区）联社在银行间市场开户只能比照非银机构开立自营资金和代理资金无法分离的乙类账户，无法开立甲类账户，因此自营资金和代理资金的管理无法做到风险隔离。

综上所述，建议央行调整归类，将省（自治区）联社归类至商业银行开立甲类账户，或通过加快省（自治区）联社改制进程来解决此问题。

附录　优秀实践

湖南省联社

湖南农信系统现有法人机构103家。到2021年末，资金业务资产余额5 046. 83亿元。近年来，湖南省联社坚持问题导向，创新管理理念，积极探索“严管理”“强服务”的资金运营模式，即将“寓管理于服务”的理念贯穿“推动资金业务高质量发展”的始终，把“控规模、降风险”放在首位，业务全面拓展、规模有效控制、风险明显压降、质效稳步提升，总体资金业务取得了较好的成效（见附图1）。

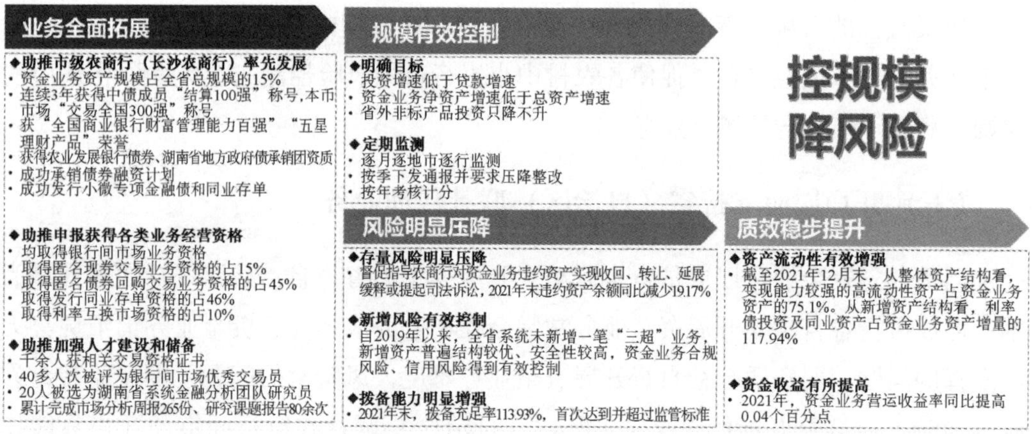

附图 1　湖南省联社实践经验

取得上述成效，主要得益于新理念带来的新变化，具体就是“四靠四强化”（见附图 2）：

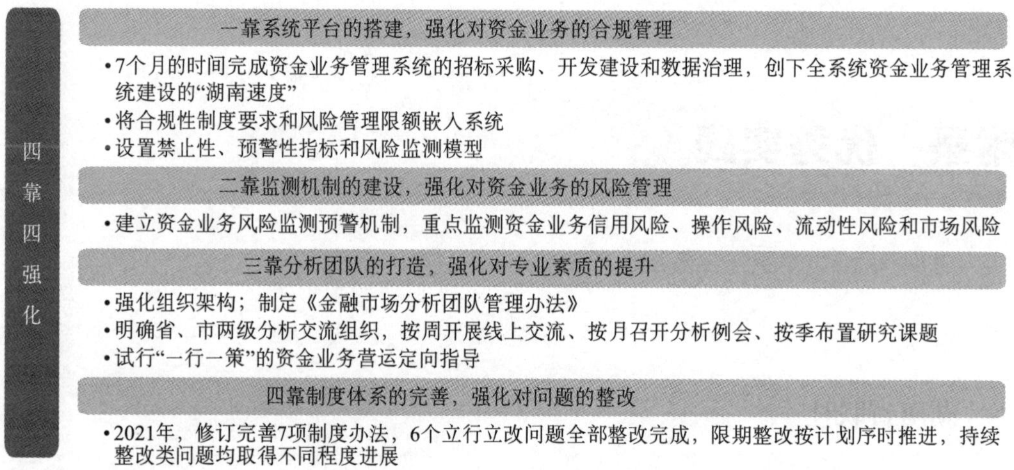

附图 2　湖南省联社“四靠四强化”经验

山东省联社

山东农信系统共有法人机构（含潍坊市联社）111 家，均具备银行间市场成员资格，全部开展业务，截至 2021 年 12 月末，全省农信机构自营业务规模 10 545 亿元。

2018 年初以来，山东省联社新一届党委提出了“123456”总体工作思路，对资金业务规范转型发展工作提出了具体要求，主要工作措施如附图 3 所示。

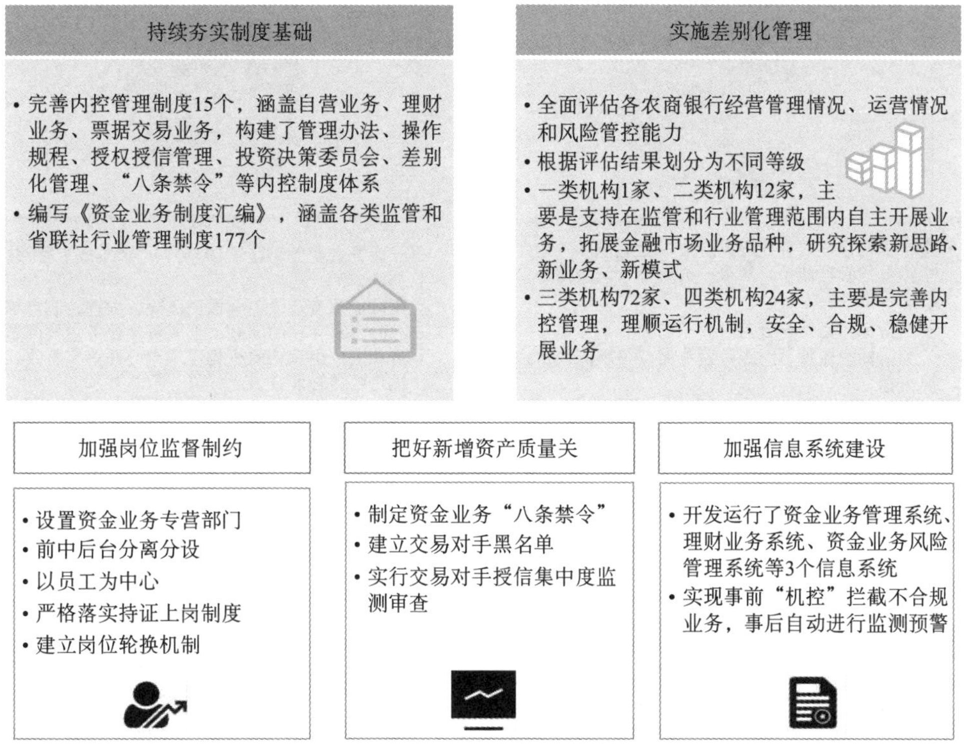

附图3　山东省联社主要工作措施

广东省联社

截至2021年6月末，广东辖内71家农商银行均有开展金融市场业务，金融市场业务总资产为10 179.67亿元，较年初增加448.55亿元，增幅4.61%，占各项总资产比例为42%。

辖内各农商银行能根据自身发展情况，制定资金业务发展战略，平衡各项业务发展，按照监管部门政策导向稳健开展资金业务。广东省联社资金业务的服务思路如附图4所示。

江西省联社

江西省联社辖内机构资金业务经过长期发展，形成了符合自身业务实际的资金业务管理模式和风险防控机制。资金业务现已转变为成员行自营独立开展为主，江西省联社代理开展为辅。随着经营模式的转变，省联社的资金业务职能由经营管理为主转变为管理服务为主，重点负责做好全省资金业务的规制流程建设、清算头寸

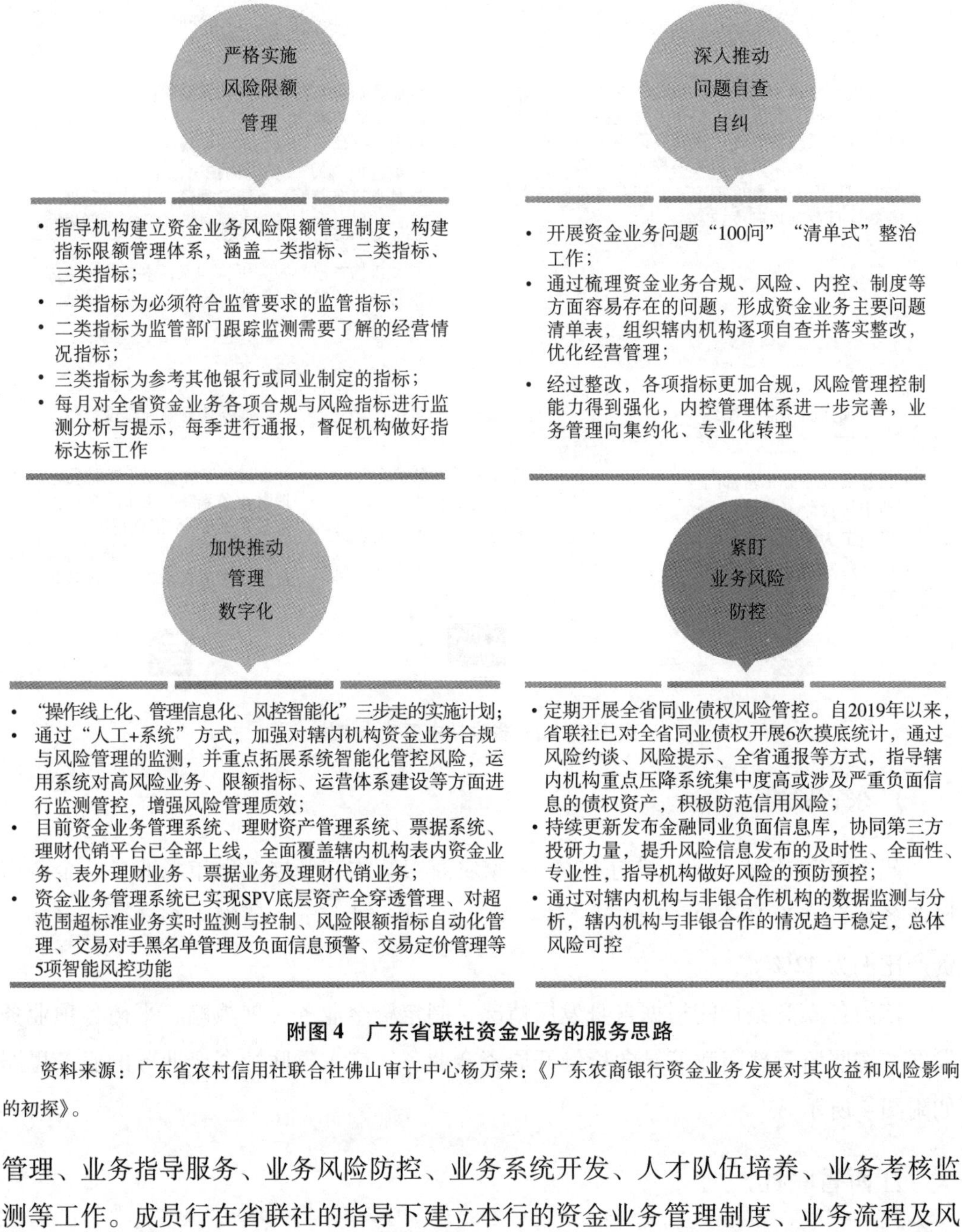

附图 4　广东省联社资金业务的服务思路

资料来源：广东省农村信用社联合社佛山审计中心杨万荣：《广东农商银行资金业务发展对其收益和风险影响的初探》。

管理、业务指导服务、业务风险防控、业务系统开发、人才队伍培养、业务考核监测等工作。成员行在省联社的指导下建立本行的资金业务管理制度、业务流程及风控体系等，积极独立开展各项资金业务，成员行资金业务的自主开展程度不断提升。辖内机构根据省联社、成员行二级法人的现状和资金业务管理模式的变化，逐步建立了“省联社牵头指导、成员行各负其责”的业务风险防控机制。具体尝试如附图 5 所示。

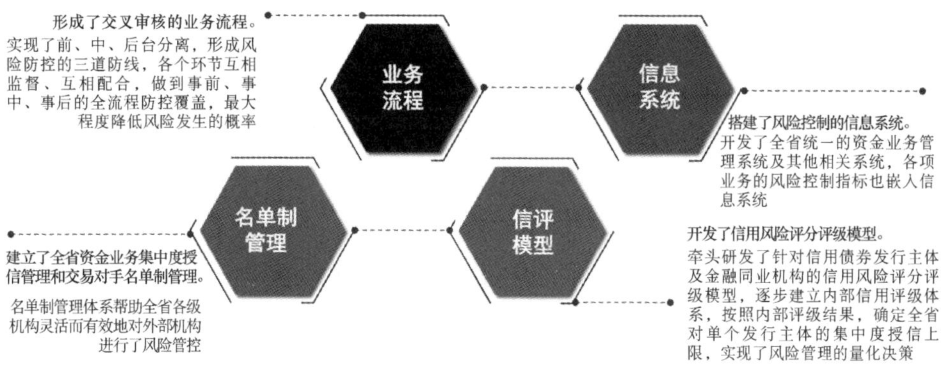

附图5　江西省联社业务风险防控尝试

江西省联社风控机制的亮点为“一个总控、两级授信、三维防护”（见同业优秀实践05）和“资金头寸管理系统”。其开发的资金头寸管理系统运行以来，在全省存款近几年一直保持近10%增速的情况下，全省农商银行清算账户资金头寸日均额由最高时的110亿元降低至本报告完成时的75亿元，且全省资金头寸一直处在安全状态，未出现过流动性风险（见附图6）。

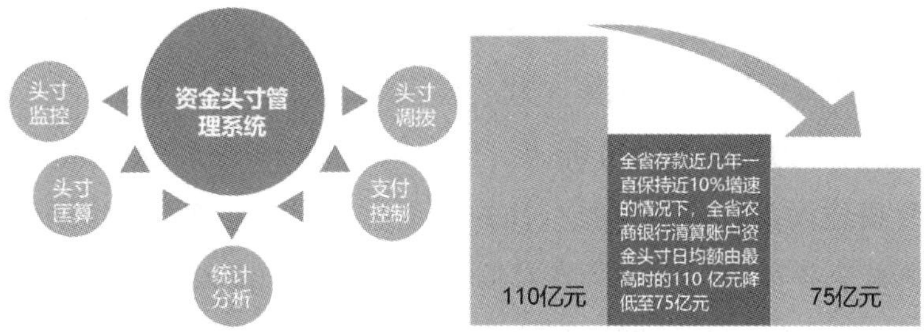

附图6　江西省联社资金头寸管理系统

四川省联社

至2021年10月末，四川农信资金业务余额（含票据）8 449.95亿元，资金业务资产余额占总资产余额达48.15%。四川省联社认真执行各项监管制度，加强制度建设和机制建设，建立了完整的授权体系、制度体系和内控体系，形成了前台（融资清算中心）业务运营，中台（信贷管理部）业务管控、后台（审计中心）业务监督的标准运营架构。

融资清算中心在风险控制方面的经验实践为：流动性风险管理方面，通过单设机构号对清算业务、资金业务进行分户管理，清算资金仅用于全省清算业务，按日监测资金业务资产负债结构，有效计量控制流动性风险，债券持仓中政策性金融债占比长期保持40%以上，压力情景下均能有效满足中心负债端流动性支付要求。操作风险管理方面，一是中心配备专门交易室，所有前台和后台的业务操作均纳入视频监控范围；二是建立了涵盖集体决策、内部管理、业务操作的基础制度框架体系；各项业务作业严格按照制度实行“前、中、后台岗位分离”“印、押、证分管”和“授权审批”制约机制，控制操作风险。信用风险管理方面，严格执行投前名单制准入、评级授信及信用评价，投后持续监测信用风险在地区、行业、客户、交易方式等维度的集中情况，及时采取措施，按规定流程有序出清。市场风险管理方面，加强对宏观经济、利率走势、市场风险的研判，按月审议及评估投资策略和债券持仓结构，对可供出售类资产定期估值，按季度监测和报告市场风险。

四川省联社未来对法人机构资金业务管理模式的探索，以及服务法人机构的发展方向为：

（1）建立覆盖省、市、县三级的资金业务管理架构。按照“一级管一级、一级对一级负责”的系统管理要求和“前、中、后台分离制衡”的内控管理要求，建立覆盖省市县三级“四横三纵”的系统性管理架构，突出横向层级管理的体系性和纵向条线管理的专业性。“四横”为：省联社、办事处和市级行社、城区行社、县域行社。“三纵”为：前台业务部门、中台风控部门、后台监督部门。

（2）统筹搭建涵盖省市县三级行社的资金业务布局。统筹搭建涵盖省、市、县三级行社的资金业务布局，形成全省农信资金业务“一盘棋、统筹协同发展”的基本格局。省联社、市级行社和城区行社和县域行社在省市县三级行社的资金业务布局下各司其职（见附图7）。

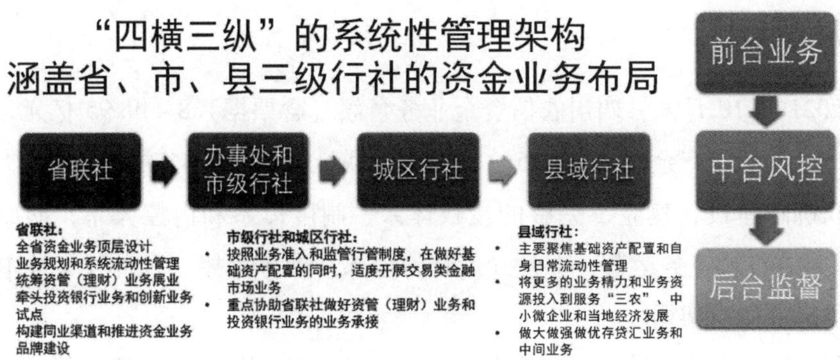

附图7　四川省联社资金业务布局

（3）按照管理架构和业务布局设计，重点提升省联社在全省农信资金业务中的引领作用、发挥市级农商行和城区行社的支撑作用、巩固县域行社的基石作用，形成统筹发展、优势互补、各司其职的资金业务运营体系。

四川农信（乐山）办事处

四川乐山市辖内有 11 个县（市、区），8 家农信机构。截至 2021 年 10 月末，乐山各行社资金业务资产（含票据）余额为 478 亿元，按照省联社最新的资金业务收益率考核标准，乐山市含节税的净资产收益率为 3.97%，比全省高 25 个 BP。

按照省联社对资金业务管理工作的总体要求，四川农信（乐山）办事处实行由分管班子成员牵头、办事处业务科负责日常管理工作的模式，同时，为切实加强资金业务指导工作，在 2014 年由办事处牵头、各行社参加，在四川省率先成立了乐山市资金业务咨询中心，将全市行社的资金业务交易人员集中在同一地点办公，具体开展全市资金业务的指导工作。办事处业务科和资金业务咨询中心在督促辖内行社执行银保监会和人民银行的规章制度以及省联社的资金业务操作规程方面起到较好作用。

资金中心共有交易员 19 名，由 1 名县级联社副主任兼任管理人员。资金咨询中心采取的学习和风控措施主要如附图 8 所示。

通过交易小组监督业务

- 19名交易员集中同一办公室办公，分为两个交易小组，每个小组5个行社
- 单个行社的资金业务在发起时向组内组长和成员进行业务咨询，相互验证交易对手和交易利率的准确性和合理性，杜绝非合格交易对手和非正常利率交易，有效防范操作风险和道德风险
- 每月张贴公布小组和各行社资金业务收益率，形成“你追我赶”的良性竞争环境

执行每日专人信息收集制度

- 6名年轻的交易员为每日信息收集人员，两人为一组，从周一到周五
- 每组信息员负责归纳整理各类市场信息，包括国家公布的经济信息，投顾机构的研究报告，各个平台的即时新闻信息等
- 将有关信息分享到交易员业务微信群和各行社资金条线人员QQ群，方便资金平台交易员和各行社资金条线人员快速获取信息，体现资金业务时效性强的业务特点

形成资金业务投资管理决策机制

- 通过投票选出了9名交易员组成投资管理小组，负责对资金中心的重要投资和管理事项进行集中讨论分析
- 单个行社的债券投资业务从发起之时，需要在资金中心微信群内发布，再将《资金业务咨询单》交由其他行社交易员签字，组长签字，5 000万元以上或10年以上的投资需投决小组组长或副组长签字，信用债投资需投决小组共同讨论，签字后的咨询意见书发回各自行社作为决策参考
- 每周一上午在资金中心大办公室召开全体人员现场开会讨论会，投决小组成员和各行社讨论资金业务市场走势，报告各行社下一步操作策略，形成了共同分析、共同学习、共同进步的业务操作氛围

附图 8　四川农信（乐山）办事处资金中心学习和风控主要措施

河北沧州审计中心

如附图9所示，河北沧州审计中心在以下方面做了有效尝试：

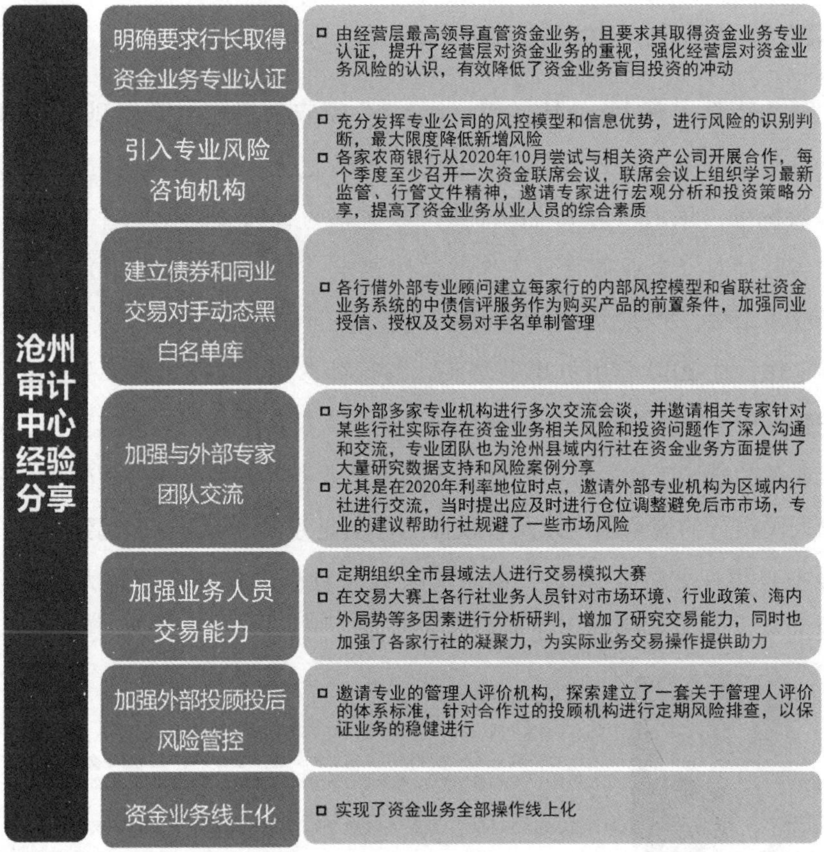

附图9　河北沧州审计中心有益经验

四川攀枝花农商行

截至2021年10月31日，攀枝花农商行金融市场部总资产132.28亿元，占全行的45.62%。2015年，攀枝花农商行提出“一体两翼”战略规划：以农村、零售业务为主体业务，以公司业务及资金业务为辅助业务的协同发展模式。对资金业务的定位为辅助性业务，在保证行内流动性、各项监管指标达标的情况下积极开展资金业务，提高资金利用率与收益率。

近年，攀枝花农商行获得了远高于市场平均收益的成绩：2013—2018年的业务快速发展期，累计获取净收入超 20 亿元，年均收益率超过 5%；2019 年以来的业务转型期，累计获取净收入逾 10 亿元，年均收益超 4%，且自部门成立以来保持了“零”信用风险记录、流动性情况始终保持在监管标准以上，近两年来也未发生操作风险。目前，针对资金业务的风险管理措施如附图 10 所示。

附图 10　四川攀枝花农商行资金业务风险管理措施

河北沧州农商行

2008 年沧州农信托改制为农商行，成为河北省第一家改制成功的农商银行、全省 100 多家农信机构的排头兵。改制后，沧州农商行积极转变经营思路，拓宽经营渠道，树立了“向资金要效益”的经营理念。沧州农商行 2010 年加入银行间市场开展金融市场业务，经过多年发展，金融市场业务多点开花，齐头并进，业务拓展平台越来越宽，资金效益不断增长，同时严格按监管要求，在监管范围内合规开展业务，经历了诸多市场波动、强监管政策落地、“资管新规”实施，多年来在金融市场波涛汹涌中逐渐成长。10余年来，管理资产规模已达100亿元，金融市场业务全部按期兑付，没有一笔“踩雷”，从未发生一笔风险事件，能在纷繁复杂的市场情况下脱颖而出，主要有以下几方面优势（见附图11）。

附图11　河北沧州农商行业务发展经验

如附图12所示，在资金业务风控方面，沧州农商行有如下经验：

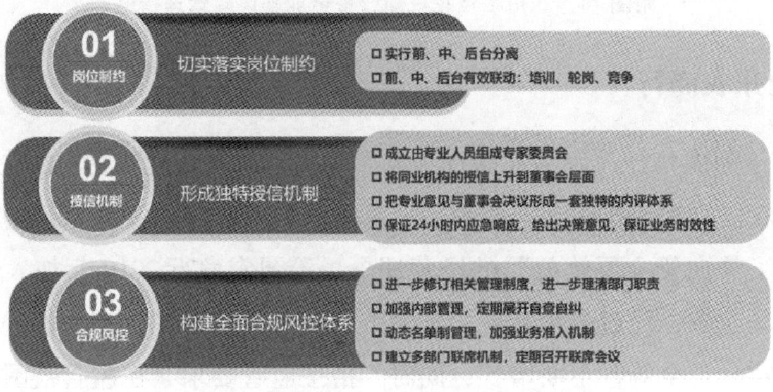

附图12　河北沧州农商行资金风控经验

浙江禾城农商行

自2020年4月以来，禾城农商行积极搭建理财资管团队自主发行理财产品，大力推动财富业务发展，以“数字化”为引领，深挖价值客户潜力，服务全行“大零售”业务转型，努力提升综合业务能力，为嘉兴市民提供更优质的金融服务。截至2021年10月末，禾城农商行理财资管规模60.11亿元，皆为净值型理财产品，1—10月，理财业务为客户实现收益总额近2 500万元，为禾城农商行实现中间业务收入约1 500万元，后期随着规模的不断上升，以及理财产品陆续稳定的兑付，理财资金所创造的投资收益还将有质的飞跃（见附图13）。

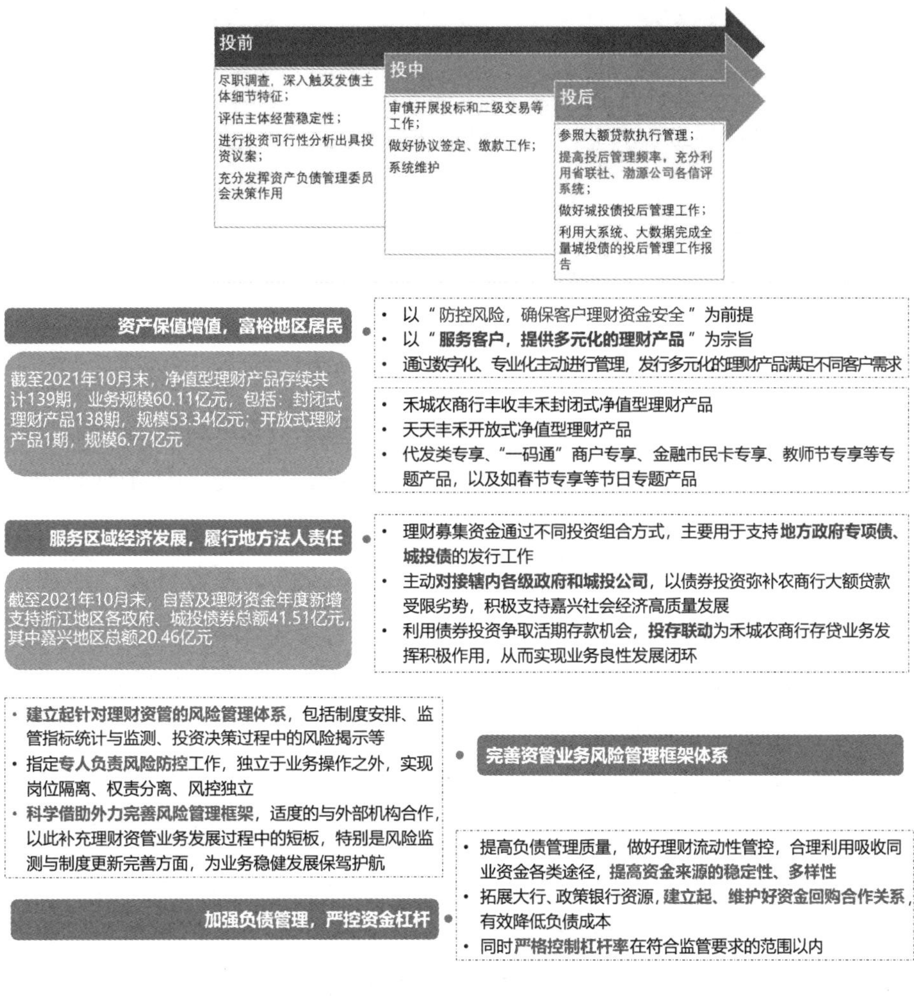

附图13　浙江禾城农商行财富业务发展经验

湖南衡东农商行

2016年衡东农商行改制成立以来，全行坚持“立足县域、服务三农、服务实体”的经营宗旨，随着整体大环境的变化，衡东农商行积极应对大环境变化，因行施策，金融市场业务除了肩负流动性的重要使命以外，对于全行利润补充也彰显着重要的作用，在资金业务上有如下经验（见附图14）：

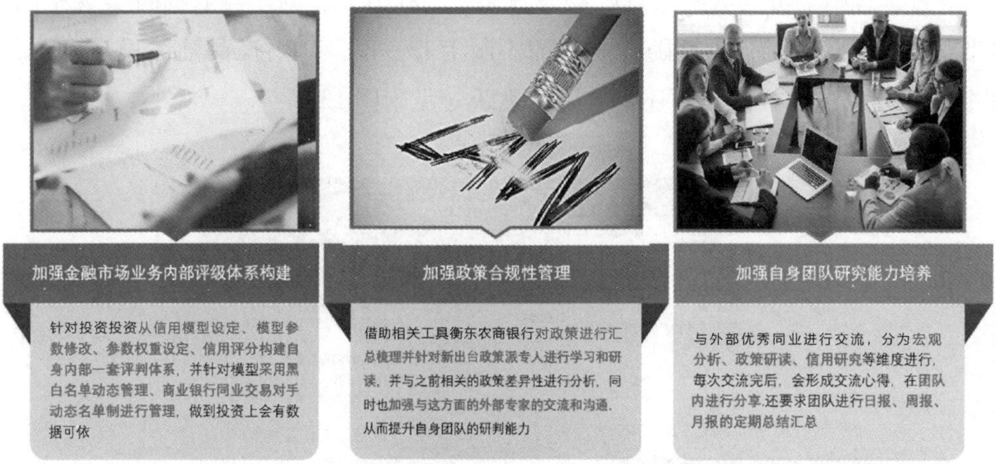

附图14　湖南衡东农商行资金业务经验

1. 加强金融市场业务内部评级体系构建

目前金融市场业务每年有接近千亿元的违约债券，投资绝不能拍脑袋凭感觉而为之，市场上虽然也有很多评级机构，但是银行一定要结合自身情况建立自己的内评机制，目前衡东农商行针对投资从信用模型设定、模型参数修改、参数权重设定、信用评分构建自身内部一套评判体系，并针对模型采用黑白名单动态管理、商业银行同业交易对手动态名单制进行管理，做到投资上会有数据可依。

2. 加强政策合规性管理

政策对于金融市场业务方向指导具有重要作用，尤其是近几年资管新规实行、新会计准则落地等重大政策的变化对金融市场业务都具有直接影响，加强政策学习也是衡东农商行金融市场业务重要的一部分，借助相关工具对政策进行汇总梳理并针对新出台政策安排专人学习和研读，分析相关政策差异，同时也加强与这方面的外部专家的交流和沟通，从而提升自身团队的研判能力。

3. 加强自身团队研究能力培养

提升人员能力绝不是一蹴而就的事情，尤其是金融市场业务人员，除了自身理论知识体系的培养，还需要自身实际市场的经验积累，二者缺一不可，而仅靠自身进行人员能力的提升是不现实的，所以衡东农商行采用了内外相结合的人员培养机制。

衡东农商行非常重视与外部同业和金融机构的交流，同时也明确自身交流所要达到的目的，交流通过宏观分析、政策研读、信用研究等维度进行，每次交流完后形成交流心得，在团队内进行分享，使得团队在每次交流后都获益颇丰。

衡东农商行内部会要求团队进行日报、周报、月报的定期总结汇总，理论知识与实际业务相结合，在业务中不断提升自身投资能力。

参考文献

[1] 易纲行长在2021金融街论坛全球系统重要性金融机构会议上的视频发言，2021年10月20日.

[2]《中国银行业理财市场半年报告（2021年上)》，银行业理财登记托管中心编辑.

[3]《地方银行设立理财子公司的策略选择》，卢孔标，《银行家》2019（06）.

[4]《银行理财子公司发展调查》，中国人民银行兰州中心支行 张弘，《青海金融》2021，(07）.

[5] 浙江、山东、广东、江西、湖南、广西、海南、内蒙古、四川、青海、山西、河南、福建、陕西、湖北、河北、安徽、北京、上海、重庆等地相关机构资料.

参考文献

报告三

农村中小银行
绩效考核管理模式研究

课题牵头单位

广州天维信息技术股份有限公司

主要观点

1. 绩效考核的实施既是有效传导监管考核导向要求的必备手段，也是促进农村中小银行精细化管理持续推进高质量发展的“总抓手”。

2. 两级法人管理模式下，农村中小银行可构建四类考核主体为主导、一个平台为支撑的绩效管理体系。省联社对省联社机关部门的考核、对法人行社的考核、对法人行社高管的考核，法人行社内部考核；省联社建立绩效管理软件平台。

3. 农村中小银行发展的差异性，决定了绩效考核管理实施必须体现差异化。这种差异体现在三个方面，一是考核对象、考核内容、考核方法、考核工具、结果应用、系统建设、考核所处阶段的差异化；二是不同省联社对法人行社分层分类标准制定及考核指导、管理、服务、协调模式及内容的差异化；三是不同法人行社结合自身情况对省联社考核办法承接方式的差异化。

4. 对标商业银行绩效管理成功经验，农村中小银行绩效管理水平尚需优化和提高。目前大部分农村中小银行绩效管理仍处于初级阶段，62%的省联社机关部室考核处于粗放考核阶段，41.94%的法人行社处于经验化管理阶段。专业能力、专业人才、系统建设支撑、绩效管理理念、体系性规划等五个方面的“短板”，制约着农村中小银行考核方案科学性、精准落地、有效运营、效果取得等四个方面的问题。

5. 农村中小银行绩效管理要因地制宜，适合就好。农村中小银行绩效管理体系建设，既不盲目追求先进性，也不搞“拿来主义”“教条主义”。在借鉴行业成功实践经验进行考核方案设计的基础上，按照“三分打造、七分运营”的理念，从“管理、制度、文化、软件”四个体系建设方面支撑落地运营，结合人力资源管理、组织内部精细化管理的要求，不断对绩效管理体系进行优化，提升与内部经营管理的协同性，才能持续发挥绩效管理“总抓手”的作用。

6. 农村中小银行要持续优化当前考核体系，重视系统化布局，将绩效管理从“系统工具”提升为“评价工具”“战略管理工具”，持续发挥绩效管理的支撑、导向作用，将绩效管理真正打造为“战略指挥棒”。

7. 绩效管理是个持续优化的过程，省联社机关部室考核构建多阶段动态平衡的考核体系，激励员工高效履职；对于法人机构的考核，体现战略同时引导整体提升，引导法人行社高质量发展；对于法人行社高管考核，通过激励形式多样化优化法人行社高管考核激励体系，借助科学测评工具建立人才测评体系，强化干部队伍建设；对法人行社内部考核，加强考核与战略及年度计划的对接，考核体系进行持续改进，以支撑可持续发展；省联社软件平台建设则要易用高效，有效助力绩效管理落地运营。

8. 绩效管理是一项系统性工程，农村中小银行整体绩效管理效率的提升需要系统化布局。统一基本思想原则，建设实施中可坚持目标和问题导向相结合、严格落实监管考核要求、分类差异化考核、价值创造、适宜均衡、绩效管理的持续优化等原则，以指导建设适合的绩效管理体系；抓重点，以点带面建设实施。抓个人考核重效果，抓系统工具重落地，抓配套机制重辅导；选择系统化策略进行实施。

9. 农村中小银行绩效管理整体效率提升要按照系统化策略实施，通过搭平台、建机制、借外脑等形式提升专业能力；对绩效系统从移动化到数字化、平台化持续升级，强化落地支撑能力；把握好制度、管理、文化、软件四个体系建设的关键举措，持续保障有效运营；定期开展效果评估，促进绩效管理及其协同体系持续改善。

10. 农村中小银行绩效管理持续优化，常优常新。加强省联社之间沟通交流机制平台的建设及运营。“中国农金 30 人论坛”通过组织实施专题研讨、课题研究、经验交流等，可以有效助力农村中小银行绩效管理水平的持续提升。

一、引言

金融是国家核心竞争力的重要体现，农村中小银行是我国金融业的重要组成部分。绩效考核的实施既是有效传导监管考核导向要求的必备手段，也是促进农村中小银行精细化管理持续推进高质量发展的“总抓手”。大行普惠下沉、邮政“三农”战略聚焦等加剧行业竞争，人口流动、人口结构老龄化特征，农村新型产业的发展，国家乡村振兴战略、金融科技发展战略的持续推进，息差水平的持续收窄，管理及运营成本的不断上升，不确定性因素的增加等内外多重因素叠加，对农村中小银行的盈利水平、风险水平、管理水平提出更高要求，农村中小银行加快实施高质量发展、精细化管理迫在眉睫。绩效管理作为精细化管理的“总抓手”，不仅是战略落地的“指挥棒”，更是提升员工积极性、激发组织活力的“发动机”，也是推进人才队伍管理机制建设、人才发展的重要手段。在监管考评新导向要求，省联社体制改革稳步推进、法人机构高质量发展的背景下，绩效管理如何更好地发挥传导和支撑作用，加强对高管、各岗位员工实施有效激励，助力转型创新、机制改革、干部队伍建设等实现高质量发展，是目前农村中小银行绩效管理面临的重大课题。

本课题研究发现，目前我国农村中小银行在两级法人管理模式下的绩效主要由五类主体构成。各类主体实施积累了较多成功经验，但在考核设置的科学性、落地性、运营性及效果取得方面还有很大的提升空间。结合商业银行绩效管理成功实践经验，解决之道关键在于一方面要持续强化五类主体考核优化；另一方面要在专业能力、落地支撑能力、运营保障能力、协同体系建设能力方面进行系统化布局和重点推进。

本课题由《中国农村金融》杂志社发起，按照“中国农金 30 人论坛”的课题部署，以问题导向和目标导向相结合的原则，在广州天维信息技术股份有限公司（以下简称天维信息）多年深耕绩效管理领域的基础上，通过文献研究、访谈调研、问卷调查、案例研究、行业对标，运用定量与定性相结合的方法，深入探讨农村中小银行当前考评政策，绩效管理实施状况与问题及原因，借鉴行业绩效管理先进实践经验，提出提升农村中小银行绩效管理效果的对策与相关建议。

为圆满完成此次研究任务，天维信息组建了一支跨部门研究团队，选拔资深研究员与高级咨询师参与调研。研究专家主要负责对商业银行监管考评政策、行业绩效管理发展动态、调研信息等进行分析；咨询业务专家结合行业绩效管理实践，总结农村中小银行绩效管理取得的成效及面临的困难挑战，综合进行原因分析，提出策略建议，以保障课题研究过程、结论的可靠性、全面性、专业性及可行性。同时，课题研究得到《中国农村金融》杂志社和“中国农金30人论坛”的精心组织和调研支持，甘肃、陕西、湖北、贵州、广西、黑龙江、内蒙古、青海、福建、江苏、广东、海南、河北、云南、山东15家省（区）联社及其所辖部分法人行、社（共420家）以不同形式参与课题调研，累计访谈118人次，收集第一手材料150多份，有效问卷44 269份。

希望本课题的调研及问题诊断、优秀实践案例的总结分享、针对性策略建议的提出，能为农村中小银行绩效管理的体系建设、机制配套、实施运营、持续改进及整体效率提升提供有价值的参考和借鉴，助力农村中小银行高质量发展。

二、农村中小银行绩效管理实施现状及成绩

在农村中小银行两级法人管理模式下，本部分基于调研访谈及问卷调查结果，对省联社内部机关部门、法人行社、法人行社高管考核及省联社信息化系统平台建设，法人行社内部考核五个部分现状特点及运营成效进行分析，并结合实践案例对内容进行丰富和充实。

研究发现参与调研的420家法人行社绩效管理成熟度水平大多处于经验化管理阶段（占比41.94%）。参与访谈调研或提供原始材料的22家法人行社，54.5%处于全面绩效管理阶段，41%处于精细化管理阶段，4.5%处于战略绩效管理阶段。差异化是省联社及法人行社考核现状的突出特点，经过多年绩效管理实践探索，省联社、法人行社在绩效管理实践方面探索并积累了丰富的实践经验，同时在薪酬管理、人才队伍建设等方面也发挥了积极的推动作用。

（一）省联社机关部室考核行政化特点显著

省联社履行管理、指导、服务、协调职责，其机关工作内容来源于年度重点工作、日常工作、临时交办督办。整体而言，事务性工作较多，工作周期不稳定，成效不显著，难取数、难评价、难衡量、差距难拉开等行政化工作特点显著。省联社机关部室在考核指标设置、评价方法选择、结果应用等方面也都体现了行政化特点。不同省联社绩效管理精细化程度、支撑体系建设也存在差异。

1. 调研省联社机关部门考核大部分处于粗放式考核阶段

将考核实施的时间周期、精细化程度及考核方法、工具的运用程度等综合对比，对于参与调研的省联社机关部门当前绩效管理可以划分粗放式考核、精细化考核、全面绩效管理三个阶段（见表1）。三个阶段在考核程度、绩效文化、结果应用等方面依次递进。

表1　省联社机关部门考核阶段

比较	粗放式考核	精细化考核	全面绩效管理
考核对象	较为粗放，部门与部门之间、员工与员工之间差异性不大	对部门进行分类，不同类型考核内容及权重有差异；员工根据实际情况设置	对部门进行分类，对员工进行分类
考核方法	360度评价、民主评议、目标导向考核	关键业绩指标考核、平衡计分卡考核、重点工作考核、关键行为考核等	关键业绩指标考核、平衡计分卡考核、重点工作考核、关键行为考核、关键成果考核等，强制分布、末位淘汰等
考核理念	一般，大部分员工不能接受薪酬差距的拉开	员工能够接受一定的薪酬差距	员工能够接受薪酬差距
结果运用	年度评优、绩效工资兑现等	年度评优、绩效工资兑现、职级晋升等	年度评优、绩效工资兑现、职级晋升退出、末位淘汰等
考核数据	大部分手工	部分手工、部分系统	部分手工、部分系统
考核运营	制定考核方案，并按期实施	依据部门职责及省联社重点工作等制定考核方案，定期实施，考核结果运用	依据部门职责及省联社重点工作、发展规划等制定考核方案，实施过程管理及考核结果运用
代表	海南省联社	湖北省联社、青海省联社	广东省联社

资料来源：天维信息。

参与访谈调研的13家省联社，根据访谈反馈信息及提供原始材料分析，省联社机关部门考核阶段分布如图1所示。目前大部分省联社机关部门考核尚处于较为初级的粗放式考核阶段。

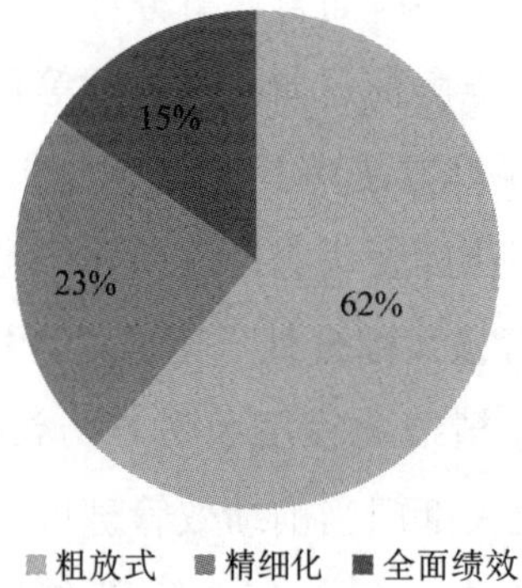

图1 调研省联社机关部门考核阶段分布

资料来源：天维信息。

2. 考核体系凸显行政化特点

一是考核内容导向以有效履职为目标。省联社对机关部门的考核较为关注重点工作、工作协同等，体现了机关部门多重角色的特点及对执行力的要求。部分省联社考核指标内容及其导向分析如表2所示。

表2 省联社机关部门考核内容示例

考核导向	考核内容设置	省联社
突出重点工作	重点工作	青海省联社、贵州省联社
突出工作协同	协调配合	江苏省联社
	工作满意度	贵州省联社
	条线指标挂钩、挂钩联社	海南省联社、贵州省联社
有效履职	基础工作	青海省联社
	工作质效	江苏省联社
	关键绩效指标	贵州省联社
创新及成长	工作创新评价	贵州省联社
	学习成长、金融创新	江苏省联社

资料来源：天维信息。

二是考核实施周期长，结果应用于薪酬兑现。省联社机关部室一般按季度或按年实施考核，基于考核内容难量化的特点，考核方法一般会采用平衡计分卡或关键业绩指标法确定考核指标，对关键工作、重点工作完成进度实施评价，对服务、协同性工作实施满意度进行评价，采用综合评价考核打分的方式，汇总计算最后考核结果，考核结果一定比例与薪酬挂钩，或排名比较。末位淘汰在省联社机关部室考核中较少运用。

3. IT 管理价值得到重视，探索 IT 绩效考核

在数字化转型浪潮、金融科技大发展的大背景下，部分省联社，如广东省联社、海南省联社、陕西省联社，积极探索对于省联社科技部门及其人员的考核，激发科技人员的工作积极性，助力数字化转型发展。目标导向、项目制、目标及关键成果等方法均体现了对科技人员在考核内容、考核方法、结果应用等方面，价值难衡量、指标难量化、员工知识能力要求高、突出过程考核等特点（见表3）。

表3　　省联社科技人员考核方法及内容

省联社	考核方法	考核内容及具体实施
广东省联社	关键业绩指标、百分制	强化目标任务+关键业绩指标+价值观+其他项组成；过程和结果相结合
海南省联社	百分制	日常性工作（40%）、项目挂钩（60%），按参与的项目量、难度系数等进行综合考评
陕西省联社	行为+重点任务+结果+目标及关键任务	对项目或条线进行考核管理，但尚未与考核强联系。重点条线进行目标及关键成果管理，反馈效果较好，未来还将持续优化，进一步推进与绩效挂钩

资料来源：天维信息。

（二）省联社对法人行社考核分层分类呈现差异化

1. 普遍采用分类差异化考核模式

针对法人行社的差异性，借鉴先进省联社实践经验，各地结合本省联社的实际情况，从法人行社数量、体量、业务规模、风险水平、发展阶段等维度综合评价，对各法人行社进行分类，按照“分类考核、分类管理、分类指导、动态调整”的原则实施考核。在考核内容上包括综合目标责任制考核、专项方案考核或等级行考核，呈现以分层分类优先、专项考核配套的法人行社考核模式（见表4）。

表4　部分省联社分类情况

省联社	法人行社数	分类情况	分类依据
福建省联社	67家	6大类	考虑城区和县域、山区和沿海的差异，各市（县）经济发展水平，常住人口数量、金融竞争环境、行社管理复杂程度、风险状况等因素
广西壮族自治区联社	91家	5类	按业务指标、监管指标和监管评级类别对机构进行分类
贵州省联社	83家	5类	近3年业务规模、盈利能力、资产质量
甘肃省联社	83家	3大类，每一大类中3小类	体量、风险、地域（客户金融需求）、经营管理水平
江苏省联社	60家	4类	业务规模、资产质量和盈利效能；拓展类、提升类、进取类和成长类

资料来源：天维信息。

2. 对法人行社内部考核提供制度、工具

根据本次调研情况，总结分析省联社对法人行社内部考核主要在制度、工具方面给予服务、指导，不同的省联社在制度精细化程度、工具开发及利用程度方面有差异（见表5）。

表5　省联社对法人行社考核、服务、指导三种情形

	情形一：控总额	情形二：框架指导	类型三：精细化指导
制度指导	省联社控制法人行社员工工资总额，员工工资总额与法人行社综合经营考评结果挂钩，控制总额、控制增幅、控制员工与高管薪酬差距等	制定绩效管理实施指导意见、考核相关模板或区分类型人员工资管理办法或考核指导意见	对某一岗位类型人员出具具体考核指导意见，或针对某一专项考核出台具体办法
工具服务	省联社为法人行社考核提供数据源	建设系统工具平台对法人行社考核进行支撑	建设相应的系统工具或平台支撑法人行社考核管理的落地实施
省联社指导程度	一般	相对精细	精细
代表	大部分省联社都有总额控制	如湖北省联社、福建省联社	如陕西省联社客户经理考核、青海省联社职能部室考核

资料来源：天维信息。

制度指导方面，薪酬制度内容指导是重点。工资总额控制是省联社实施向下考核的有力抓手。除了控总额以外，省联社还对员工薪酬结构、薪酬比例、薪酬增幅、上限等进行明确。如陕西省联社员工工资包括基本工资、岗位工资和绩效工

资，基本工资和岗位工资构成工资基数，与上年全省工资水平相关，绩效工资考核利润浮动变化。为了确保各行社的稳定，设置了增减幅上下线，上浮最多不超过120%，下降不低于80%。

省联社下不同法人行社的管理水平和绩效管理基础不同，省联社需要实施差异化的指导服务管理策略。法人行社的绩效管理差异性越大，省联社对各法人行社的绩效管控弹性空间就越大。如江苏省联社对各法人行社内部绩效管理，就并未出台较为全面和明细的指导意见，也并未统一建设系统。湖北省联社、河北省联社制定的办法则较为详细和全面，对法人行社的考核办法进行全面的指导。

【案例一】湖北省联社对全省农商银行考核管理办法及制度①

湖北省联社对全省农村商业银行（以下简称农商银行）绩效的考核管理按“3+1”模式，即《市县农商银行薪酬总额管理办法》《市县农商银行领导班子成员薪酬管理办法》《市县农商银行员工绩效考核指导意见》加上《市州农商银行综合考评办法》，重新制订了薪酬管理制度，做到明确考核原则、明确薪酬结构、明确考评体系、明确考核方式、明确市县行班子成员考核“五个明确”。共制定市县农商银行工资总额、领导班子工资合规性审核、机关中层管理人员、支行负责人、机关员工、支行员工工资管理指导意见共10份制度。

【案例二】陕西省联社客户经理考核②

面对下辖法人行社客户经理考核管理的差异化，省联社为更好地发挥自身管理服务职能，建设一个面向全员、业绩导向与全面风险管理和监管要求相匹配的全省统一绩效考核管理体系，有效引导法人行社聚焦主责主业、做实“三农”及中小微金融服务，调动客户经理业务营销积极性，实现全省农合机构业务转型及可持续发展，省联社组织推动了全省客户经理考核体系的建设。

省联社具体通过四个方面的内容建设“省联社主导，法人行社定制”的全省一体化客户经理绩效管理模式。

首先，建设全省统一的客户经理基础绩效指标体系。在调研和全面征求法人行

① 资料来源：湖北省联社《关于全省农商行绩效考核管理实施情况的报告》，2021年7月。

② 吴刚．省联社模式下统一客户经理绩效管理的探索．［J］．知行．2020.12（14）．

社意见的基础上建立考核指标库，规范考核指标定义和业务数据对应关系，明确主要考核指标在法人行社考核方案中的权重区间。在满足全省农合机构发展战略的前提下，根据法人行社的管理水平和外部评级结果，逐步加大差异化考核指标权重，满足不同发展阶段法人行社的业务需求。

其次，法人行社自主决策实施客户经理的定制方案。充分考虑县域经济发展特点和人文文化差异，结合法人行社不同发展阶段的业务发展侧重点，在满足省联社对主要考核指标权重要求的前提下，提供个性化的模块选取、调用及自定义功能，由法人行社自主决策使用，引导法人行社合理运用指标权重及个性化指标定制，弥补业务经营短板，满足区域特色化经营发展需要。

再次，全面优化客户经理绩效管理的业绩数据管理。指导法人行社全面实施存量业绩清分，规范新增业务业绩归属，建立标准化底层业务数据，强化各类省级业务系统中标准数据的交叉使用。充分利用业绩平台中个人业绩数据，打通信贷系统、核心系统、绩效系统、客户关系管理系统数据链，将历史业绩数据运用至客户经理等级分类管理中，对客户经理工作能力及贡献度进行准确计量和全面评价。

最后，提升省联社服务能力以系统化保障模式推广。省联社指导和引导法人行社将人力资源及绩效资源向一线倾斜、向业务营销倾斜，建立“能进能出”的客户经理退出机制、“能上能下”的干部聘任机制、“多劳多得”的收入分配机制，有效提升优秀客户经理的业绩认同感。通过绩效考核云平台实时监控法人行社的绩效系统运用情况，打通财务管理系统、绩效管理系统及员工管理系统，统一由绩效系统实现客户经理绩效发放。常态化组织全省统一的培训及交流，有效提升法人行社绩效管理改革效率。

“省联社主导，法人行社定制”的全省一体化客户经理绩效管理模式实施后，依托省联社搭建全省绩效管理云平台，通过“省联社云平台＋县级法人行社租户平台”的管理模式，能够实现省联社统一考核和法人行社个性化需求的统一，确保省联社经营战略有效贯彻落实，实现客户经理绩效管理系统化和长期化，快速缩小法人行社间管理水平差距，在发挥省级科技平台效率和技术优势等方面取得了较好的效果。

（三）省联社对法人行社高管考核导向清晰

1. 考核导向清晰，明晰工作重点

省联社对法人行社高管考核现状中，88.91%的高管认为当前考核指标清晰，明晰了工作重点和方向。具体体现在考核内容、考核结果应用等方面（见图2）。

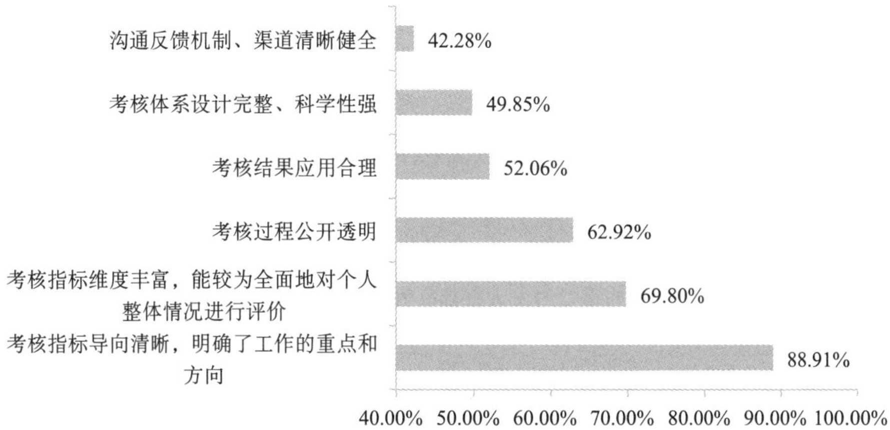

图2　省联社对法人行社高管考核实施现状

资料来源：天维信息。

对法人行社高管考核内容较为全面。考核日常履职、业绩、党建、政治素质、合规等内容，业绩考核挂钩所在行社综合目标考核情况或分管业务考核情况，结合所在行社的分类情况进行差异化考核设置。各省联社发展规划、考核基础不同，高管考核内容有差异，如湖北省联社考核岗位履职及经营质效，贵州省联社形成“1+1+3”的年度综合考核体系，考核内容包括政治素质、高质量发展和党建工作，同时配合满意度评价。

高管考核结果应用于高管薪酬。法人行社高管一般采用年薪制，省联社也结合监管薪酬索回制度要求，对领导班子绩效工资实行延期支付。也有一些省联社的考核还会与高管的晋升、评优等挂钩。除此之外，还会在结果应用时，通过分类对比或排名，加大奖惩力度。负向激励方面，部分省联社是通过问责管理予以实施。

2. 选拔任用机制健全

选拔任用是省联社对法人行社高管管理的重要手段。从调研情况来看，目前法人行社高管的选拔任用以综合考评结果为依据之一，各省联社选拔任用程序、机制

都相对健全，且公开透明，对法人行社高管起到一定的激励作用。但面临市场化程度的进一步加深，法人行社高质量发展的人才素质需求、高管自身的需求多方面因素叠加，省联社对高管的选拔任用也面临诸多挑战。

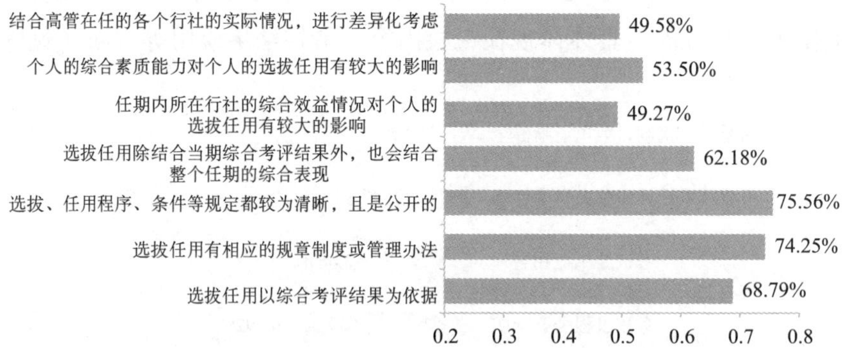

图3　省联社对法人行社高管选拔任用实施现状

资料来源：天维信息。

【案例三】江苏省联社强化高管考核[①]

考核重实效。省联社在加强农商银行领导班子建设方面，关键一条就是将日常履职考核结果作为平时考察识别干部的重要参考；提出“考真、考准、考实”的更严更实要求，更加看重经营发展的质效、党建工作的质量和服务经济社会的贡献。

正向激励与负向惩戒相结合。突出正向激励：当前国内外复杂多变的经济金融形势给农村金融工作带来了前所未有的压力和挑战，省联社鼓励身处改革发展一线的领导人员主动作为、敢闯敢试，引导他们争当改革的促进派、发展的实干家。同时结合负面惩戒措施：工作实绩不突出，分管工作列全省排名后1/3的农商银行领导人员年度考核不得评定为优秀等次；经营目标考核中，所在农商银行业绩排名列所在同一类别行后1/3的董事长和行长年度考核也不得评定为优秀等次。省联社党委考核干部将政治标准摆在首位的同时，更从经历阅历、能力潜力、业绩贡献、岗位匹配等方面多维比选，真正把懂经营、会管理、善于推动改革发展的干部放到领导岗位上，最大限度发挥干部的专业特长，使班子的专业素养整体适应农商银行高质量发展需要。

考核拉开了收入差距，推动了行业薪酬体系优化完善。全省农商银行系统薪酬

① 资料来源：省联社提供原始材料。

总额与绩效考核办法相衔接，其中，农商银行领导班子薪酬根据所在农商银行人均薪酬水平和全省农商银行年度考核分类和考核排名挂钩，同时结合各农商银行资产规模作一定调节。考核分类体现业务规模、资产质量和盈利效能不同的农商银行领导班子薪酬差异化；考核排名体现农商银行围绕全省经营管理考核办法开展业务经营的实际业绩；各农商银行在领导班子薪酬总额范围内自主确定分配系数，细化考核方案、合理拉开分配差距。

（四）省联社软件平台建设模式多样化

绩效管理系统实现绩效管理线上化、工具化，支撑绩效管理落地的同时，提高运营效率。在此次访谈调研的 13 家省联社中，有 7 家省联社没有建设相应的绩效管理系统，6 家省联社建设了相应的绩效管理系统，但建设方式不同。总结来看，目前省联社、法人行社软件平台建设有如表 6 所示的三种模式。

表 6　省联社系统建设模式

	集中式的单体应用模式	分散式的单体应用模式	混合式的多租户应用模式
建设模式	省联社集中式建立统一的覆盖全省的绩效考核系统	由各级法人机构因地制宜构建满足自己需求的考核系统；省联社提供数据支持	省联社集中式建立分布架构的绩效考核系统（云平台多租户 + 法人行社数据服务）
系统部署	集中部署在省联社	分散部署在各个法人行社	集中部署在省联社，按法人租户开放和管理
优点	1. 传统的集中式统一管理； 2. 直接与省联社各系统数据对接，充分发挥省联社集中数据管理优势； 3. 应用模块众多，满足各个层面考核系统； 4. 各法人行社无须自建系统； 5. 充分发挥省联社技术优势	1. 分散式管理，复杂度低； 2. 各法人行社自己负责维护，维护运营简单； 3. 能够充分和及时满足各法人行社自身的考核需求； 4. 迭代更新效率高	1. 将集中式和分布式进行有机结合； 2. 依托云计算技术，采用组件化和服务化的微服务架构，扩展能力强； 3. 充分满足法人行社自治考核和差异管理的要求； 4. 快速开出新租户应用，专注业务功能实现； 5. 复用绩效系统的管理工具，如关键业绩指标设置，方案设置；功能共享，可推广给其他法人使用； 6. 集中考核指标数据及管理工具管理，积累、沉淀全省考核经验、知识，有利于交流学习，法人行社考核学习效率的提升

续表

	集中式的单体应用模式	分散式的单体应用模式	混合式的多租户应用模式
不足	1. 架构复杂，系统庞大，开发难度大； 2. 耦合度高，关联依赖复杂，扩展能力受限； 3. 变更时，开发及运维困难大和风险高； 4. 对各法人行社的需求响应效率低	1. 需各行社自身维护更新，对于专业人员技术要求高； 2. 考核量化程度、及时性、全面性等依赖于省联社的数据源； 3. 从省联社的角度，各个系统各自为政，没有形成一个整体，考核指标、方案等难以共享； 4. 无法复用绩效系统的管理工具，类似功能需要重新开发	平台架构复杂，开发难度大
代表省联社	河北省联社、湖北省联社、辽宁省联社	江苏省联社、湖南省联社、内蒙古自治区联社	广东省联社、陕西省联社、青海省联社

资料来源：天维信息。

（五）法人行社内部考核“量体裁衣”

法人行社结合自身实际情况“量体裁衣”进行考核体系设计并运营实施，打造与自身发展战略、发展阶段、绩效管理基础相匹配的绩效管理体系。不同的法人行社绩效管理成熟度水平、所处发展阶段也不同。

1. 大部分处于经验管理阶段

绩效管理成熟度等级测评样本银行中，可重复级别即经验化管理阶段的法人行社占比41.94%。实施制度化绩效管理的后三类合计占比37.97%（见图4）。

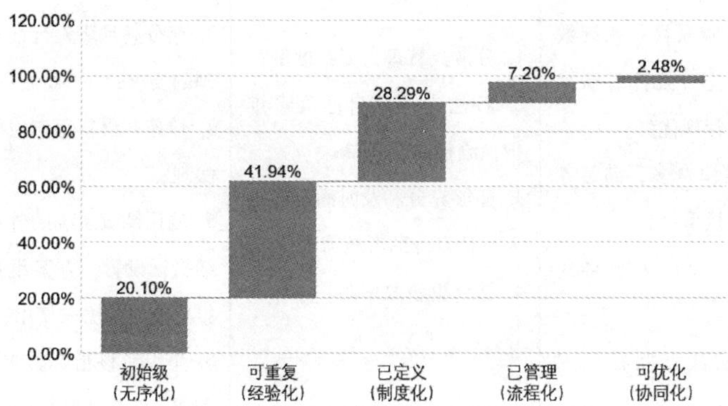

图4 调研行社绩效管理成熟度级别分布情况

资料来源：天维信息。

绩效管理成熟度各阶段特征及各省联社参与调研法人行社绩效管理所处阶段分布情况如图 5 和图 6 所示。

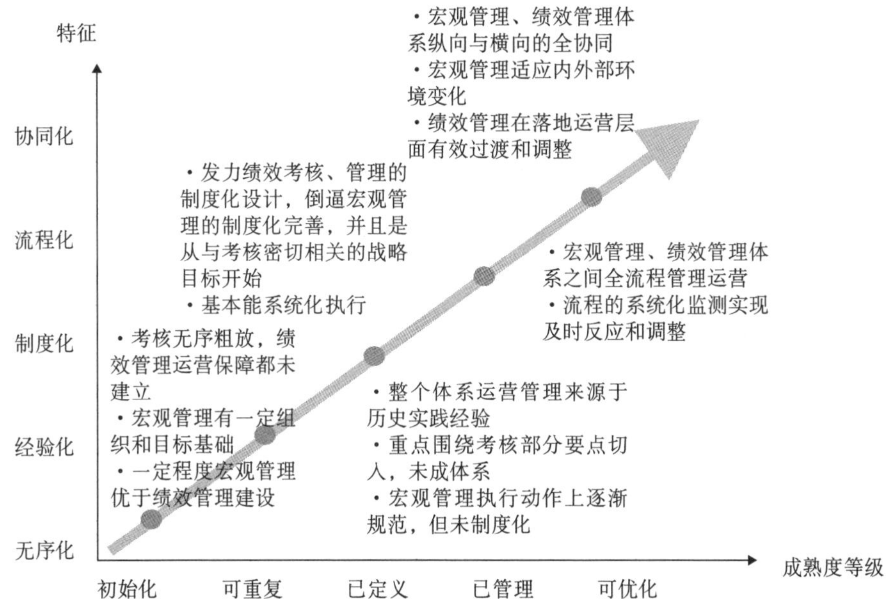

图 5　绩效管理成熟度各阶段特征

资料来源：天维信息。

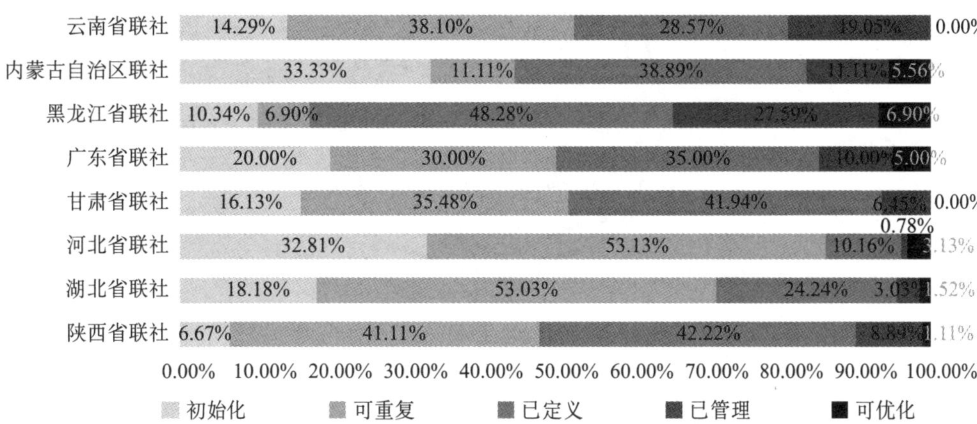

图 6　各省联社参与调研法人行社绩效管理所处阶段分布

资料来源：天维信息。

同一省联社下的不同法人行社，绩效管理成熟度水平不同。以陕西省为例，此次参与测评的 90 家法人行社绩效管理成熟度等级情况如图 7 所示。

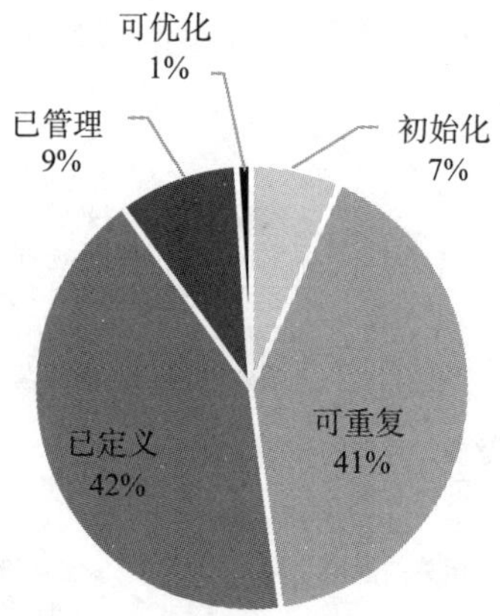

图7　陕西省联社绩效管理成熟度各层级法人行社占比

资料来源：天维信息。

如图8所示，8家法人行社所处绩效管理成熟度阶段相同，但各个维度得分不同，间接地体现了同一省联社下各法人行社差异性特点。这种差异性表现在组织管理、战略管理、人力资源管理、绩效管理等各个方面。

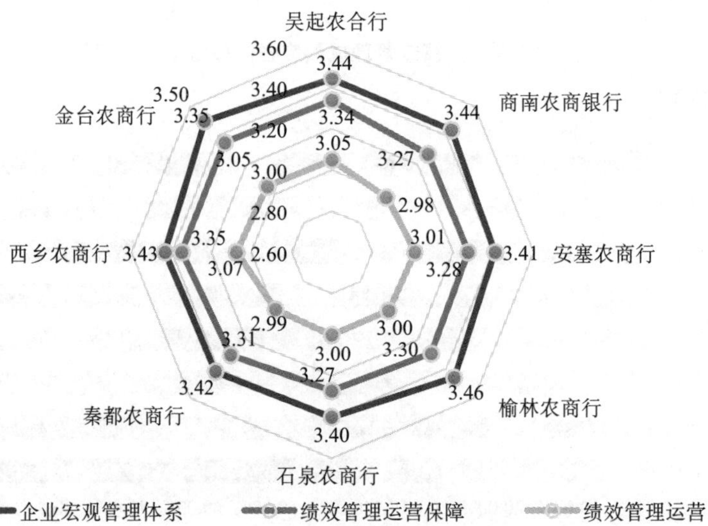

图8　可管理8家法人行社绩效管理成熟度各维度得分

资料来源：天维信息。

2. 精细化考核向全面绩效管理转型

天维信息将商业银行绩效管理发展总结为五个阶段，如表7所示，在不同的阶段，考核精细化程度、覆盖面、能力要求不同。

表7　商业银行绩效考核的五个阶段

	粗放式绩效考核阶段	精细化绩效考核阶段	全面绩效管理阶段	战略绩效管理阶段	高绩效工作平台
考核模式	大一统的考核模式	以岗位为核心的考核模式	以员工素质为核心的考核模式	支持战略落地的绩效管理体系	以绩效考核为总抓手的精细化管理体系
考核工具	关键业绩指标	关键业绩指标/关键行为指标	关键业绩指标/关键行为指标/关键任务指标/关键成功因素/目标管理	战略地图，平衡计分卡	绩效管理＋战略、人事、财务、流程、客户管理
考核程度	考核到机构	考核到人	全员考核	战略单元，全员考核	个人—机构—团队—客户—产品—条线
考核指标	以财务指标为主	财务指标和非财务指标相结合	财务指标和非财务指标相结合	财务、客户、流程、学习与成长四个维度的指标，经济增加值	基于战略分解产生指标
考核导向	结果导向	结果导向	过程导向和结果导向	战略目标导向	战略目标导向
结果运用	机构内平均主义	多劳多得、按绩取酬	全面薪酬管理和激励机制	从报酬导向到发展导向	薪酬、用人制度、资源分配、流程优化、客户管理
牵头部门	计财部	人力资源部	考核办	考核办	董办

资料来源：天维信息。

访谈调研的22家典型法人行社大部分处于精细化绩效考核向全面绩效管理提升的阶段。4.55%的法人行社已进入战略性绩效管理阶段，极少数则开始在战略绩效管理向高绩效工作平台阶段进行探索（见图9）。22家法人行社在各省联社都具有一定的代表性，结合绩效管理成熟度测评情况来看，大部分农村中小银行的绩效管理发展阶段仍处在较为初级的阶段，可提升空间还很大。

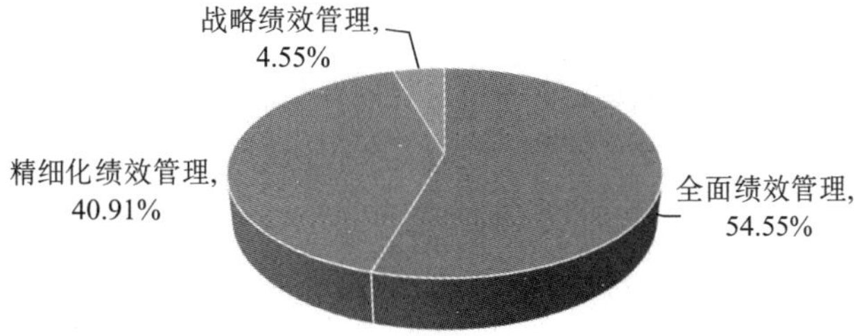

图9　访谈银行所处绩效管理阶段占比

资料来源：天维信息。

3. 结合自身情况承接省联社考核

在省联社的统一领导下，省联社考核办法要求是法人行社自身考核办法制定的重要参考依据。结合法人行社自身的发展情况及省联社的管控力度，法人行社考核承接省联社考核会有照搬执行、框架执行、全面内化执行三种形式，如表8所示。每一种形式都充分结合了省联社的要求和自身的实际情况，不同形式下，法人行社的实施策略、配套支撑建设不同。

表8　　法人行社对省联社考核办法内化的形式

形式	具体表现	示例
照搬执行	几乎完全参照省联社考核办法、工作分配办法等进行制定	如鄂州农商银行、赵县联社
框架执行	在省联社框架内，结合自身实际需求，进行细化	如黄石农商银行，具体将绩效考核工资、条线考核工资
内化执行	按照省联社的要求，结合自身实际需求，将省联社的考核指标、任务目标、基本要求等融入到本行考核相关制度中，制定符合自身情况、本行风格特色的考核办法、薪酬管理办法等	如常熟农商银行

资料来源：天维信息。

（六）实现“五促进”效果

1. 促进经营理念方向传导

一是省联社通过对法人行社、法人行社高管考核，将监管考核理念、薪酬分配导向及要求、省联社发展导向等向下传导；二是法人行社通过内部考核在法人行社内部进行传导；三是具体传导形式载体丰富，包括考核原则、考核指标设计、评价规则、结果应用等。

【案例四】海安农商银行考核强化合规、风险理念[①]

一是增加违规成本。在设计考核办法时，注重向员工传导违规成本增加，合规创造价值的理念。提升审计工作在绩效评价中的重要性，内部审计过程中发现问题实行违规积分制度，并将违规积分纳入管理人员和员工考核，强化对管理人员和员工的管理及正确引导。

① 资料来源：银行提供原始材料。

二是注重风险防控。逐步推行经济资本管理模式，强化不良清收等指标引导支行在大力拓展业务的同时防范风险资产的生成，确保资产质量，保证支行健康可持续发展。通过对网点实施经济增加值的考核，避免网点盲目追求达成业绩指标而降低资产质量的风险；从百分考核和现金奖励两个方面，加大逾欠等不良资产的处置考核；创新提出全员参与不良处置的理念，及时向全行员工发布参与拍卖或一时难以处置的不良资产，鼓励全员参与不良资产处置，并按照“谁处置谁收益、谁参与有奖”的原则发放相关奖励。

2. 促进薪酬分配机制优化

绩效考核的实施促进了省联社、农村中小银行薪酬结构体系的优化，对于提升薪酬管理精细化水平、优化资源配置、提升人力资源管理综合水平起到了积极的推动作用。

通过访谈调研及结合农村中小银行绩效管理实践，梳理当前农村中小银行员工薪酬结构如图 10 所示。不同薪酬模块对应不同的内容，按照不同的规则兑现。

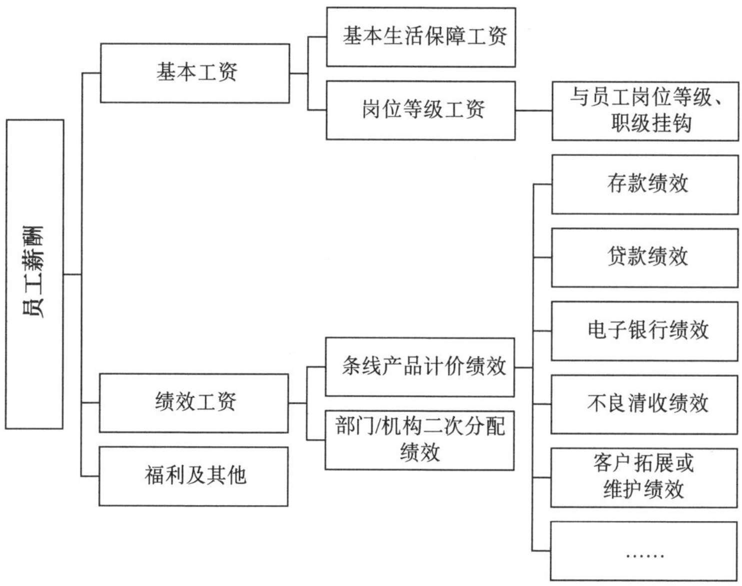

图 10　农村中小银行一般员工薪酬结构

资料来源：天维信息。

绩效工资细分为各类产品营销计价工资、与团队绩效挂钩工资、履职考核绩效、二次分配绩效等。绩效工资结构越细分，导向越清晰，工资结构越透明，“挣工资”“抢蛋糕”的目标和方向越明确（见表 9）。

表9　　某农商银行各岗位员工工资结构

岗位	各岗位绩效工资结构												
	团队绩效工资		个人绩效工资										二次分配
	机构经营目标绩效	机构业绩绩效	贷款绩效					全员营销绩效			履职绩效	业务量绩效	
			贷款新增投放绩效	贷款管户绩效	利息收回率扣罚	逾期60天扣罚	新增不良贷款扣罚	存款绩效	电子中间业务绩效	贷款营销奖励			
支行行长/分理处负责人	√	√						√	√	√			
	70%	30%											
有贷支行副行长/行长助理	√	√	√	√	√	√	√	√	√	√			√
	30%	20%	50%										
无贷支行副行长/行长助理	√							√	√	√			√
	30%							70%					
客户经理（综合业务岗）	√		√	√	√	√	√	√	√	√			√
	30%		50%					20%					
客户经理（综合管理岗）	√		平均绩效×调节系数					√	√	√			√
	30%		50%					20%					
业务中心主任（审查、审批）	√		√					√	√	√			
	30%		40%					30%					
运营主管	√							√	√	√	√	√	√
	20%							20%			30%	30%	
营销经理	√							√	√	√			√
	20%							80%					
综合柜员	√							√	√	√		√	√
	20%							30%				50%	
授权人员	√							√	√	√		√	√
	20%							30%				50%	
大堂经理	√							√	√	√			√
	20%							80%					

资料来源：天维信息。

【案例五】民乐农商银行多劳多得的考核理念[①]

民乐农商银行提出了“基本工资保吃饭，岗位工资论才干，绩效工资靠业绩”的思路，采取了“交叉推进”策略，充分发挥出绩效工资的杠杆作用，真正做到干与不干不一样、干多干少不一样、干好干坏不一样，激励干部员工爱岗敬业，开拓进取，争先创优，积极主动，优质高效完成单位各项工作任务。该行通过对绩效考核制度进行完善，普通员工绩效工资最高的已经超过一些中层管理人员，是普通员工绩效的2倍，通过理念的不断转变，所有员工互相铆着劲地追赶和超越。

支付“近、中、远”“短、中、长”期考核相结合。在绩效考核前期，该行实行“月度计发、季度汇总，年度决算”的以整个年度为时段的支付方式，用有限的绩效资金指引全年业务的稳健发展。一方面，按月考核计发，每季度汇总公布，召开业务分析和考核研讨会，最大限度地调动员工工作的积极性。另一方面，该行能够准确把握绩效资金的使用节奏，为下一季度制定活动考核方案和绩效资金的预算提供帮助。年底根据四个季度汇总情况，将剩余绩效资金按目标责任书考核情况进行兑现。由此，全面打造了“近、中、远”期融合的薪酬支付体系，既增强了员工的营销力，提高了风险管控的自觉性，又发现了优秀员工，使该行绩效管理更加科学、合理。

民乐农商银行的考核支付及运营模式也是一种强化考核过程管理，考核体系性的做法，通过月、季、年不同周期的实施、研讨及分析，也增强了过程把控能力和持续优化能力。

3. 促进精细化管理提升

促进精细化管理提升表现在：一是管理机制化、制度化、规范化水平提升；二是经营管理精细化水平提升；三是PDCA循环管理机制逐步形成；四是促进机构、网点、部门管理精细化。绩效管理作为内部经营管理的“总抓手”，这只“手”被运用在各个层级的管理当中。

4. 促进员工积极性及人才发展

一是强化积极性。员工薪酬获得从“发工资”转变为“挣工资”，提升员工工作主动性和积极性。全员营销模式下，考核计价到个人，激励到个人，提升了全员

① 资料来源：银行提供原始材料。

营销积极性。

二是强化岗位履职能力。不同岗位职责、性质不同，实施不同的考核内容，采取不同的考核方法，强化岗位履职，对应绩效工资结构不同，充分体现岗位价值，提升执行力。

三是强化员工队伍结构优化。首先，促进员工转型。通过全员营销、以客户为中心经营理念的引导，促进更多员工向“服务型、营销型”转型。匹配人力资源职级管理、员工晋升通道的完善，为员工转型发展完善机制保障。其次，促进干部队伍建设。在考核中，结合业绩、综合素质能力、政审、党风廉政建设等全方位对高管进行考核，考核结果与高管薪酬、职务升迁等挂钩，推动法人行社班子队伍建设。法人行社内部，依据考核结果参考建设“人才库”，对行内干部队伍建设也起到了积极的推动作用。再次，促进用人机制优化。结合考核的实施，部分法人行社在内部实行“员工双选双聘，中层竞聘”的用人机制，实现了“干部能上能下，员工能进能出”，激发员工动力和组织活力。

【案例六】江苏省联社法人行社多样化考核促进对标找差[①]

江苏省联社坚持达标式与赛马式相统筹、竞争比较法与目标完成法相结合。对于监管要求已达标、考核压力相对较小的指标，采用目标完成法更利于促进指标平稳持续向好；对于因所处地域区域不同、历史发展水平而导致差异的指标，采用目标完成法与竞争比较法相结合的考核方法更利于兼顾机构间的不平衡性；而对于考核办法中的其他指标，如日均存贷款增长指标，不再设定具体的考核目标，采用同层级水平比较得分和系统内水平比较得分的方法，更利于营造对标先进、比学赶超的氛围。整体实行按季滚动考核，引导各农商银行序时抓好相关的经营工作，否则即使到年末指标完成得再好，也会因为季度不达标而影响最终得分。

5. 促进战略目标落地

绩效管理与战略管理，法人行社内部经营管理之间是相辅相成的，互相促进、互相影响、互相作用。绩效管理通过考核指标、评价规则等的设置传导经营理念，促成员工个人目标达成及积极性的提升。通过实施考核促进内部管理精细化的提升，以及促进协同能力、组织活力的提升，促成团队、组织目标的达成并形成合

---

① 资料来源：江苏省联社“农村中小银行绩效考核管理模式研究”课题研讨会交流材料，2021年8月。

力，从而促进实现战略目标的落地。如高质量发展目标、人才结构优化目标、零售转型目标、数字化转型目标等。

【案例七】泰州农商银行厅堂营销及以客户为中心实施①

泰州农商银行细分公司客户经理、零售客户经理。泰州农商银行根据省联社网点转型工作部署，为充分调动厅堂人员工作营销积极性和主动性，发挥厅堂服务和营销效能，提升厅堂电子设备业务量计价薪酬，引导柜面资源向厅堂转移，释放更多的人力资源到营销岗位。2021 年以来，柜面人员压缩 58 人，占柜面人员的 31%。

紧紧围绕服务客户为中心。中后台人员通过“凤凰云店”“智慧营销平台”向客户和专营业务部门推介产品，实行绩效比例分成；区域总部与支行网点间公私联动的考核导向，既丰富了绩效考核方式，也为市场营销拓宽了思路。截至 2021 年 7 月末，该行“凤凰云店”线上营销平台共访问 38 万余次，受理医保电子凭证申请 46 588 笔、手机银行申请 2 549 笔、贷记卡申请 596 笔、ETC 产品申请 912 笔、收银宝申请 1 572 笔、凤凰快贷产品申请 1 839 笔。

三、农村中小银行绩效管理面临困境及原因分析

对照历年来监管对金融机构发展考核导向、薪酬等要求和典型商业银行绩效管理实施经验，以及农村中小银行自身高质量发展、精细化管理要求，当前农村中小银行绩效管理在考核设置的科学性、落地性、运营性及效果方面还存在一些不足。本部分深入分析这些不足及其产生的原因。

① 资料来源：泰州农村商业银行《关于省联社组织开展绩效管理调研的汇报提纲》，2021 年 8 月。

（一）专业能力及人才不足，导致考核科学性欠缺

1. 考核科学性欠缺

从调研反馈信息来看，省联社在对法人行社的考核优化建议中（见图11），对法人行社的考核方案缺乏科学性，特别是在指标的选择、评价标准的制定中，考核方案结合外部环境及各法人机构实际情况的灵活调整、每一年考核方案的连续性方面还有待进一步提升。

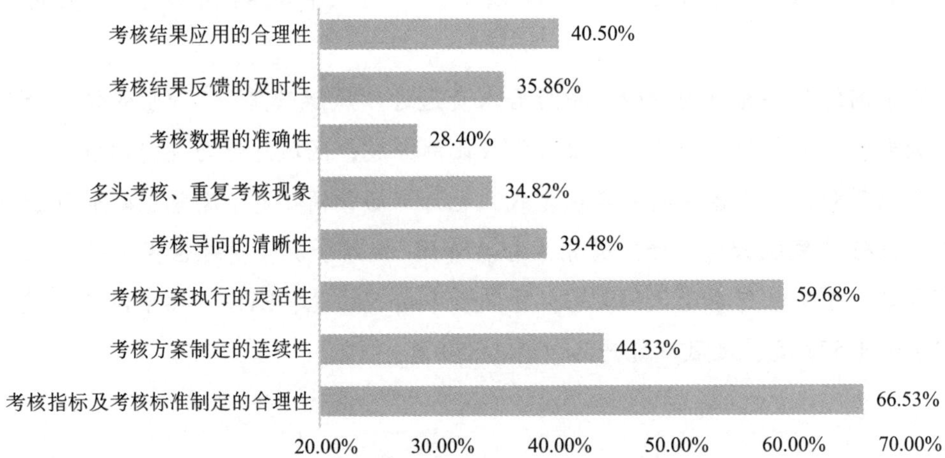

图11 省联社对法人行社考核优化建议

资料来源：天维信息。

考核方案的科学欠缺，会带来“个人目标完成，但组织目标未完成；整体绩效投入与业绩回报不成正比；激励与约束失衡；规模增长，但风险增加，而效益、利润未增加，导致考核指挥棒‘失灵’”的结果。

考核方案科学性提升主要取决于省联社、法人行社绩效管理专业能力的提升及专业人才队伍的建设。从调研情况来看，被调研单位的绩效管理能力及专业人才队伍都存在不足。

2. 绩效管理能力不足

根据调查结果，绩效管理能力的三个维度得分均低于2分（见图12），绩效管理能力较弱。调研访谈及收集的原始考核办法材料分析显示，在考核工具和方法层面主要应用的是目标管理法、关键业绩指标法、360度评价打分法，平衡计分卡目标制定及分解工具、目标管理工具、绩效系统工具等应用不多。

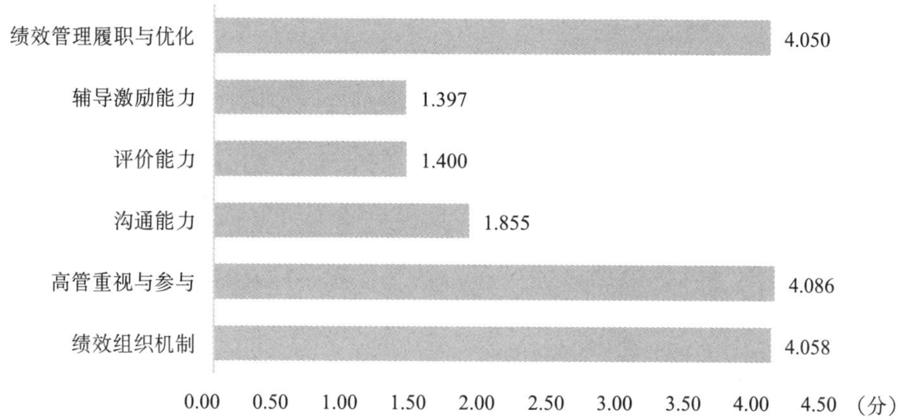

图 12　各法人行社绩效运营保障—管理体系评价得分

资料来源：天维信息。

3. 专业人才缺乏

大部分省联社及法人行社缺乏专业人才，尤其是技术类专业人才，也缺乏对各级管理者的绩效管理能力的相关培训和提升。绩效管理信息化、数字化需要专业技术人才，技术人才的稀缺度比业务人才更高（见图 13）。

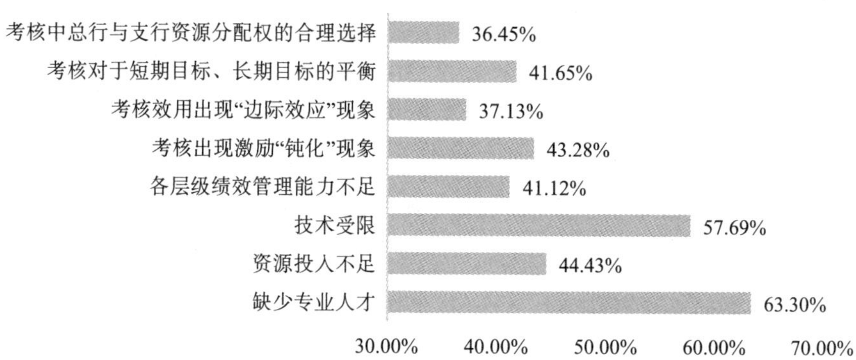

图 13　法人行社内部绩效考核面临的挑战

资料来源：天维信息。

（二）系统建设支撑不足，导致绩效管理难以精准落地

1. 考核精准落地不足

一是省联社向下考核支撑不足。由于无系统支撑，省联社机关部门考核普遍存在数据难获取、难量化，考核难评价的问题；对法人行社高管考核不能全面、及时

地进行有效评价和激励；对法人行社的考核过程管控缺乏工具支撑，精细化考核难落地。二是省联社对法人行社内部考核数据支持不足。法人行社调研反馈显示，当前省联社考核数据的支持在全面性和及时性方面还有很多不足，直接影响了法人行社考核的量化度、精细化、覆盖面、全面性、及时性，部分法人行社自建绩效系统，但需要依赖省联社下发数据，只能实现滞后2天（T+2）甚至于15天（T+15）的考核。三是考核难落地、难监控。没有系统支撑，考核运营效率不高，精细化程度不高，数据不全面、不及时、不准确、不精细，导致考核传导及激励的及时性、有效性打折，也难实现相应的过程监控和及时管理，不利于考核准确全面的评价及考核政策的及时调整。四是考核未能对内部经营管理起到很好的支撑作用。通过手工实施考核很难支撑内部管理的精细化、业务经营的多元化和复杂化。

【案例八】各法人行社对省联社系统支持需求①

加大绩效考核的科技支撑。目前系统没有与业务系统对接，所有操作需要员工手动输入。业务系统与考核系统未对接，没办法及时体现员工和分支行的效益，以支持在计价方面更加精准，在考核方面综合评价的系统化实现。

发放工资时，能够快捷统计分析，需要系统支持。员工不知道工资发放明细，不知道自己的工资详细清单。通过绩效考核系统，领导也希望看到员工的工资和绩效发放明细。

数据下发的及时性问题。受省联社数据下发的影响，考核数据只能实现T+2（滞后2天）展示。

考核数据下发的全面性问题。考核数据下发不全面，没有下发的数据只能通过手工补录，及时性、可靠性、可信度降低。

考核数据标准的统一性问题。有些省联社下发数据统计口径与本行内部统计口径不一致，需要重新计算，省联社的数据无法直接使用。

2. 各层级系统建设不足

数据支撑不足、考核落地不足的关键在于各层级系统建设不足。

一是省联社系统建设规划性不足。首先，在建设内容上，覆盖面不够。几乎所

---

① 资料来源：根据访谈内容整理。

有省联社对高管考核、法人机构考核都未建立相应的系统，机关部门考核除少数有系统支持外，其他没有。其次，未建设系统的省联社对法人行社的数据、技术支撑和指导性不足。调研中对于省联社下发数据支持反馈存在不及时、不全面、标准不统一等问题。再次，建设系统的省联社重系统建设轻落地推广。将重心放到系统建设上面，系统落地运营推广不足，或对法人机构的个性化需求相应不足，导致系统使用率不高。最后，建设云平台采取混合模式的省联社需要健全运营保障机制。绩效管理是一个持续优化的过程，且法人机构差异性较大，如以上省联社案例分析，需要充分结合各法人机构的实际情况，系统性布局并建立完善推广策略、运营机制、沟通反馈机制等，既要推动现有系统的有效运行，又要监管系统持续优化及完善。

二是法人行社内部考核信息化建设支撑不足。法人机构内部绩效管理存在问题调研中，59.31%的人认为考核落地缺少工具支持，包括考核系统、评价方法/工具等，访谈调研收集的信息结论基本一致。法人机构通过自建、与第三方公司合作、完全由第三方公司建设三种方式实施绩效管理系统的建设工作，但各家银行考核需“量体裁衣”，绩效管理系统也需要“量体裁衣”个性化定制。

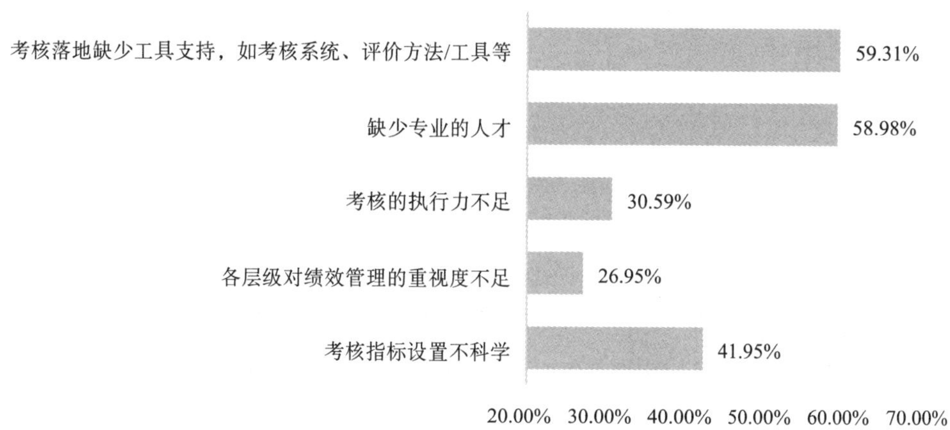

图14 法人机构内部绩效管理存在问题

资料来源：天维信息。

（三）各级人员绩效管理理念偏差，导致绩效管理运营不到位

1. 绩效管理意识偏差，导致重绩效评价、轻绩效管理

根据调研中各行社对绩效管理各阶段运行状况的得分评价来看，沟通辅导贯穿

绩效管理全过程，得分最高，其次是考核评价，绩效计划得分最低，重考核轻绩效管理现象较为突出（见图15）。

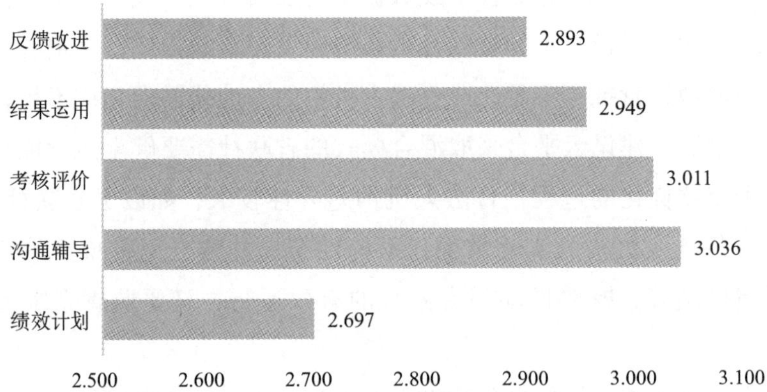

图15　绩效管理各阶段评价得分

资料来源：天维信息。

2. 运营意识偏差，导致重建设轻运营

一是重制度建设、轻落地运营。根据调查结果，各法人行社绩效管理保障体系得分制度机制最高。支撑考核制度落地的管理、理念文化、系统工具等方面建设都存在不足（见图16）。

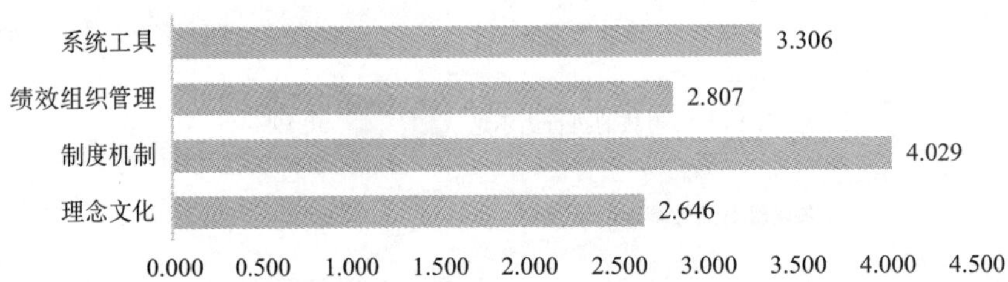

图16　绩效管理运营保障体系得分

资料来源：天维信息。

二是重信息化系统建设、轻系统落地推广。部分省联社、法人行社建设绩效管理系统，但系统利用率并不高，关键就在于系统运用推广运营不足。在对信息化系统建设及应用情况的评价调查中，系统运用得分最低（见图17）。

三是运营整体保障规划不足。运营需要有组织、流程、机制等予以保障，认知不到位、缺乏相关经验导致运营保障规划不足。

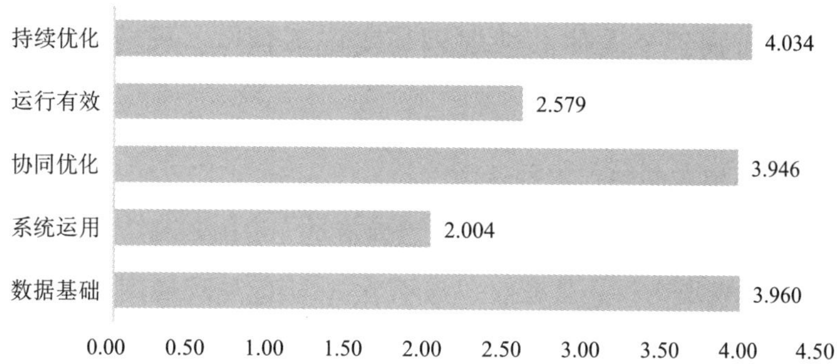

图 17　信息化系统建设及应用情况

资料来源：天维信息。

3. 各级人员绩效管理理念偏差

一是高层管理者对绩效管理协同作用发挥认知不足。绩效管理是人力资源管理的重要组成部分，一方面，绩效管理是一个持续循环改进的闭环管理过程；另一方面，高绩效的获得是“动力、能力、合力”系统性实施的结果，绩效管理需与银行内部经营管理高效协同。绩效考核解决的是“动力”问题，而“能力”“合力”就需要与组织管理、人才培养、战略管理等相结合，这些工作的推动就需要高管发起、牵头才能得以落实。绩效管理是典型“一把手”工程，高层管理者支持并参与绩效管理相关工作是绩效管理得以落地的有力保障。

二是中层管理者的理念宣贯及能力培养被忽视。一方面，各级管理者作为员工直属领导，需参与绩效全过程管理。另一方面，中层管理者绩效能力提升在实践中被忽视。实际绩效管理实施中，较为重视对被考核者考核方案、理念的培训宣贯和意见的收集，但对中层绩效管理的理念意识培养、能力培训往往被忽视。

三是一般员工理念文化仍需进一步加强。首先，调查结果显示目前绩效接受度不高。此次问卷调查中，对于法人行社目前考核实施现状，“员工接受度高”只有 32. 32% 的受访人员认同，在法人行社内部绩效管理待改进建议中，有 57. 57% 的人员认为应该提升员工的绩效文化和理念认知，是对比七项待改进建议中占比高的。其次，一般员工作为被考核者，需进行持续的考核理念宣贯。一方面，考核方案会随着内外部环境的变化而变化。另一方面，内部员工具有一定的流动性，不同的岗位考核方案不同。绩效理念文化需要长期、常态化地进行宣贯，才能充分、全面地培养员工的绩效管理意识，夯实绩效管理文化。

（四）考核激励到个人体系性规划与实施不到位，导致绩效管理效果不明显

1. 绩效管理效果不明显、不可持续

由于围绕实现个人考核激励的体系性规划不足、实施不到位，绩效管理效果不明显、不可持续，表现在：一是绩效“够不着”。绩效兑现规则明确的情况下，绩效发不出去，不是不想做，而是做不到，除了考核方案目标门槛太高的原因外，能力不足、支撑条件不足也是重要的原因。二是激励出现“钝化”，激励效果边际递减。员工对绩效差距越来越不敏感，在薪酬总包封顶的情况下，经济激励作为主要手段，作用发挥越来越弱。三是未能形成组织能力，效果不持续。绩效管理及其协同体系未能形成机制，规范化、常态化运营转化为稳定的组织能力不足，发挥合力不够，导致绩效管理能力、基因不可继承，效果不可持续。

2. 考核激励到个人需进行体系性规划

员工高绩效的获得即价值创造需要对“动力、能力、合力”三力进行系统性设计，如图18所示，即在以下三个方面进行协同性规划。首先，业绩核算、考核评价、分配激励到个人，激发员工动力。绩效管理实践中通过清晰业绩分配规则、考核评价到个人、绩效分配激励到个人，实现对员工的动力激发，解决意愿问题。其次，持续沟通辅导，配合人力资源员工培养计划，提升员工绩效创造能力。绩效分析、沟通辅导帮助员工定目标、找差距，同时结合人力资源培训计划、个人职业生

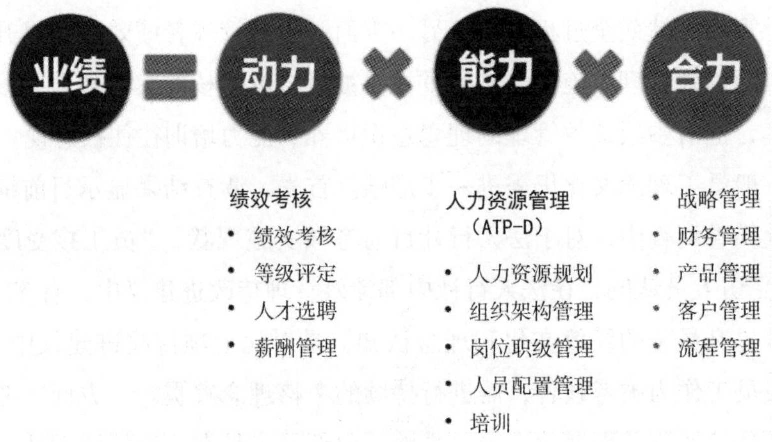

图18 银行业绩提升“三力”模型

资料来源：天维信息。

涯发展计划等，多渠道帮助员工提升能力。再次，机制建设完善，为员工价值创造提供平台和机会。有意愿、有能力，还要有机会、有机制、有平台去做。如银行全员营销的实施，需有较为丰富的产品、渠道、流程、风险管控技术等作为配套和支撑，才能保障有效推行，机制建设主要涉及银行的战略管理、财务管理、产品管理、客户管理等方面。

3. 考核到个人体系性规划及实施不到位

一是激励方式以薪酬激励为主，持续激励性不强。激励包括经济激励、非经济性激励，短期激励、中长期激励，过程激励、结果激励等。目前在省联社内部考核、对法人行社高管考核、法人行社内部考核都以经济性薪酬激励为主，其他激励方式应用不多，且由于信息化系统建设支撑不足，更全面的激励实施也受阻。除此之外，还存在一定的责权利不能有效匹配的情况，也削弱了激励性。省联社对法人行社高管考核优化建议中，有 74.22% 的高管建议优化考核激励的充足和全面性（见图 19）。

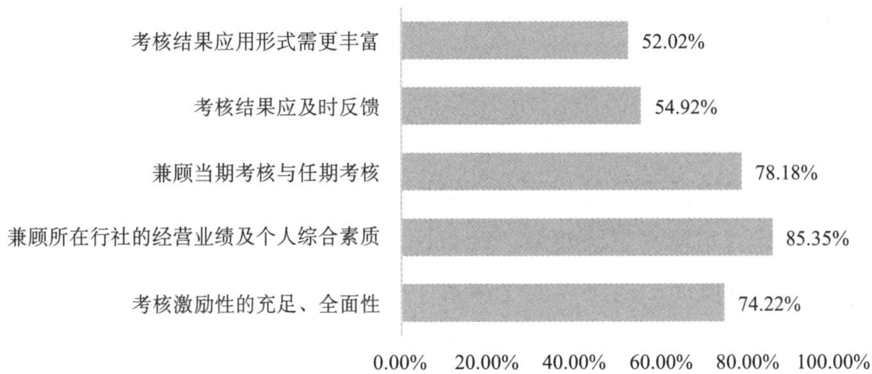

图 19　法人行社高管考核优化建议

资料来源：天维信息。

二是绩效管理与内部经营管理体系性规划不足。绩效管理与营销管理、人力资源管理、财务管理、信息化管理、风险管理等没有进行系统性综合考虑规划（见图 20）。

三是绩效管理持续优化规划不足。绩效持续改进没有相关机制予以保障和引导实施。考核缺乏连续性是目前省联社对法人行社考核中存在的一个问题，从侧面也反映了绩效管理规划不足的问题。

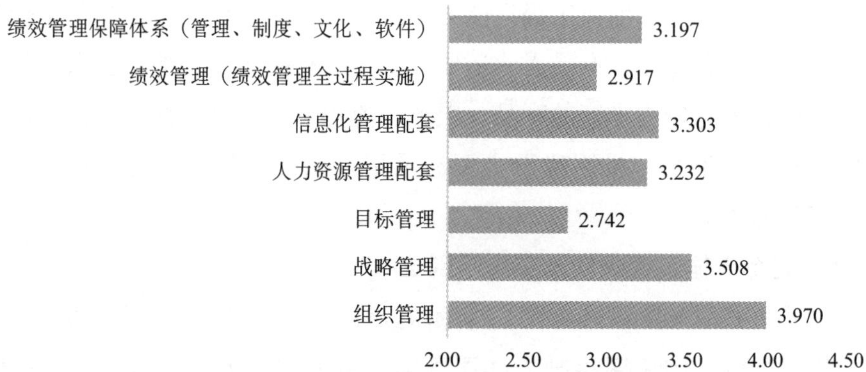

图20　绩效管理协同体系各维度得分（N＝410）

资料来源：天维信息。

四、商业银行绩效管理实践成功经验

天维信息通过分析总结近500家商业银行绩效管理实践，得出以下成功经验：首先，商业银行绩效管理实践，“合适的就是好的”是个基础共识；其次，绩效管理的建设实施是以实现“三层效果”为目标，实践中通过“三原则”及“五结合”思想进行考核方案设计，构建“四个体系”支撑落地运营，五个阶段建设推进绩效管理持续改进，以实现目标效果的可持续达成。

（一）基础共识，合适的就是好的

绩效管理没有最好，只有最合适。取得较好成效的农村中小银行绩效管理，都是与银行管理基础、发展阶段、绩效管理基础等情况相匹配的。绩效管理以所在省联社、法人行社当前管理为基础，考核对象以人力资源组织及岗位设计为依据，考核指标体现的是当期的发展目标和导向，考核结果运用与薪酬管理协同。各省联社、法人行社的差异化客观存在，考核差异化实施，较能体现考核的客观性、公平性和合理性。

【案例九】黄石农商银行绩效管理持续优化[①]

黄石农商银行绩效考核不断完善的历程：百分考核→产品计价→FTP→百分考核与产品计价相结合。

调整理由：根据业务发展来进行调整。百分考核，容易导致吃大锅饭；产品计价导致不管成本，导致无序竞争；FTP 考核，对于提高规模感到乏力，过于强调效益；支行进行“百分考核 + 产品计价”，对员工实行产品计价。

显著变化：①促进了业务发展；②提升了本行在全省甚至全国农信机构的排名，微贷 2020—2022 年，净增排名全省第二，余额占比全省第三；③社会地位显著提高。

（二）建设目标，实现“三层效果”

天维信息根据多年绩效管理项目实践，提出绩效管理目标的“三层效果”理论，如图 21 所示。三层效果：第一层是绩效管理自动化。本层效果实现了绩效管理的全流程管理及自动化，提高了绩效管理的运营效率，保障绩效管理精准落地的同时，为提升员工积极性奠定数据、技术基础。第二层是提高员工积极性。员工是商业银行最重要的资源，也是开展一切活动的行为载体，是绩效管理的核心对象，通过绩效管理实施激发员工活力，提升组织人力资本的价值，促进员工业绩提升，绩效改善。各层级人员的积极性提升，岗位履职能力强化，为组织活力的整体激发创造条件。第三层是促进业务发展。员工积极性的提升及组织活力的激发，促进员工个人及整体组织业绩的发展。

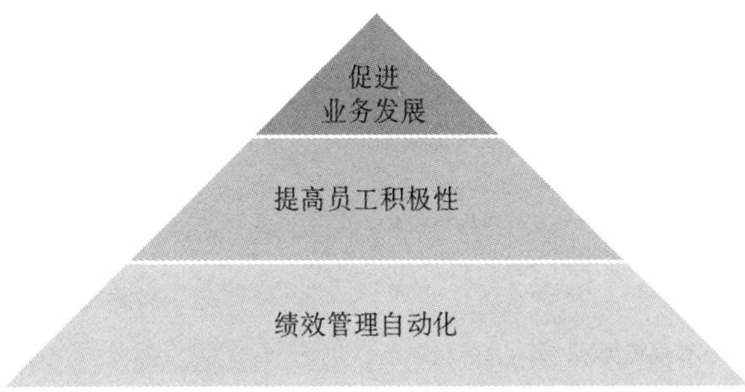

图 21　商业银行绩效管理三层效果

资料来源：天维信息。

---

① 资料来源：根据银行提供原始材料。

（三）设计方案，“三原则”及“五结合”

各家商业银行的绩效管理要“量体裁衣”，要与本行的发展战略保持目标方向一致，也要符合绩效管理的客观发展规律，同时结合优秀银行的实践经验，少走弯路，提升管理效率。结合实践，天维信息提出绩效管理方案设计的“三原则”，即要符合商业银行的实际情况、借鉴同业实践案例、遵循绩效管理发展的客观规律，具体方法上实行“五结合”，以打造“高端大气，更接地气”能落地的“指挥棒”和“发动机”（见图22）。

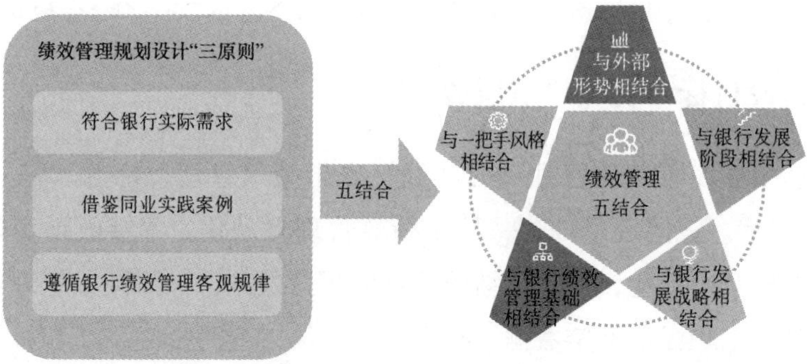

图22　商业银行绩效管理规划输入的“三原则”与“五结合”

资料来源：天维信息。

从法人行社考核实施现状调查结果也可以看到，考核承接省联社考核办法、承接本行发展战略及年度计划是大部分法人机构普遍的做法（见图23）。

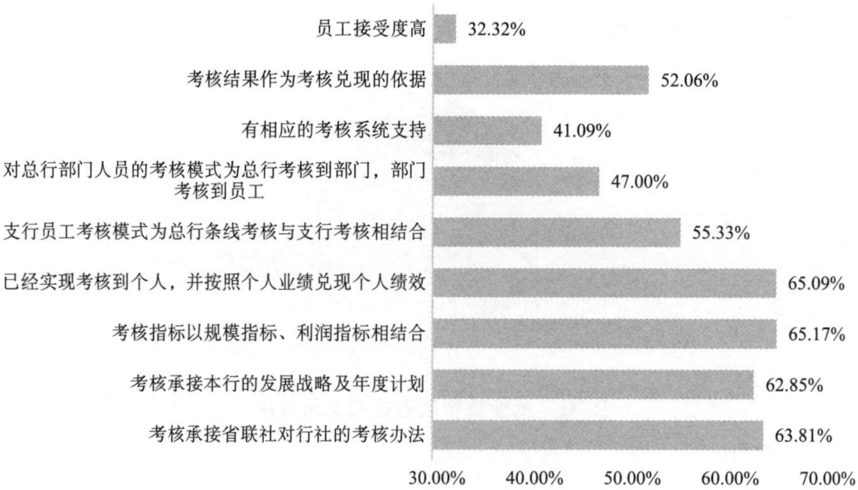

图23　法人行社考核实施现状

资料来源：天维信息。

当前农村中小银行两级法人管理体系下的考核对象分类如表 10 所示，充分结合了当前农村中小银行的组织架构及部门、岗位设置特点。

表 10　两层法人治理体系下的分层分类考核体系

考核实施主体	考核体系	考核对象	考核对象细分示例
省联社向下考核	省联社机关部门考核	机关部门	前、中、后台部门或指标类、管理类、经营类
		部门负责人（中层管理）	依据部门分类或按职级分类
		员工	按岗位或职级
	法人行社考核	法人行社分类考核	一类、二类、三类；拓展类、提升类等
	法人行社高管考核	法人行社高管	按分管职责或职级
法人行社内部考核	部门考核	部门考核	前、中、后台部门或指标类、管理类、经营类；或根据实际情况部分部门独立考核设置，如金融市场部、不良清收部门等；事业部制部门实施事业部制考核模式
		部门负责人考核（中层管理）	依据部门分类或按职级分类
		部门员工考核	按岗位或职级
	机构、网点考核	机构、网点分类	一类、二类、三类；综合支行、专营支行、零售支行、社区行等；有贷行、无贷行
		机构、网点负责人	依据机构分类结合分管职能
	机构网点员工考核	客户经理、柜员、主办会计、大堂经理等	客户经理等级、柜员星级等

资料来源：天维信息。

【案例十】海安农商银行结合实际情况的考核方案设置[①]

针对不同条线、不同岗位制定不同考核办法和不同的考核重点，重点突出效益领先、规模优先和结构优化，并兼顾年度绩效考核方案与专项考核计划的有机结合。为应对不断变化的金融环境，每年在年度绩效考核方案的框架下，结合当地市场情况和省联社阶段性考核目标，制定阶段性专项考核计划，如“开门红”等作为全年考核的有益补充。

与绩效管理现状及规划相结合。绩效管理需要在解决当前存在问题，同时结合

① 资料来源：银行提供原始材料。

绩效管理发展规划的过程中不断优化。省联社、各农村中小银行结合自身绩效管理状况，在考核理念逐步深入后，逐步加大定量化考核指标占比权重，与薪酬挂钩比例逐步加大，逐步拉开收入差距。在借助信息化系统工具的支持下，缩短考核周期，及时反馈考核结果等。绩效管理服务支撑战略目标实现，紧随每一年发展目标、策略的规划，绩效管理也要同步规划。冀州农商银行、金谷农商银行等对自身的绩效管理都有相应的规划。

（四）落地运营，建设四个体系

考核有没有效，要执行才知道。绩效管理不只是考核评价及结果应用，还是全流程闭环管理体系。商业银行绩效管理实施“三分打造，七分运营”，通过管理、制度、文化、软件四个体系建设，系统打造运营保障体系（见表11）。

表11　　绩效管理四个体系内容

	管理体系	文化体系	制度体系	软件体系
功能	组织保障	理念基础	执行的规范、标准	绩效管理信息化工具
涉及内容	绩效考核管理组织、流程的设置，以及支撑各层级、各组织绩效管理运行的绩效管理能力	绩效理念的打造、培养及宣贯	业绩分配制度、考核方案制度、绩效管理制度、协同薪酬管理制度	对接银行业务系统、管理系统获取员工行为、过程、结果数据，功能包括业绩管理、指标管理、考核方案管理、绩效工资管理等
实施示例	总—支—网点—员工架构设置“一纵一横”管理体系	员工座谈会、标杆分享、绩效分析会等、宣传手册等	制定业绩分配办法、××考核办法、绩效管理运营流程规范等	绩效系统、移动端绩效APP等

资料来源：天维信息。

【案例十一】青海省联社职能部门3T考核[①]

进一步提升中后台员工的工作积极性，青海省联社根据中后台部门业务与管理

① 资料来源：青海省联社在“中国农金30人论坛”农村中小银行绩效考核管理模式研究课题研讨会上的发言材料，2021年7月。

王兴源．银行中后台绩效管理“陷阱”突围战．［J］．中国农村金融．2020（1）．

特点，以效能管控为主要管理目标，以“OKR 工作法 + 工作清单制 + 710 + GTD”为考核导向，探索创新符合青海农信实际的“3T”绩效考核管理模式，有效解决了中后台绩效考核难以量化的难题。

具体通过组织重塑建立“一纵一横”的运营管理体系，制度优化、文化深耕、科技协同，以系统性、体系化的视角有效解决中后台绩效管理中的问题，为省联社改革转型发展打下坚实基础。

1. 人力资源优化定基础

青海省联社在组织保障的基础上积极开展各部门“三定”（定岗、定编、定责）工作，依据青海省联社发展战略和发展现状，对各部门岗位、编制、职责重新进行科学梳理与设定，进一步理顺各部门职责关系，解决履职过程中存在的越位、缺位、错位问题。

为履职行为指标化夯实基础。考虑到中后台的服务与支持属性，对中后台部门实施“以发展战略为导向、以前台部门需求为中心、以风险管理为基础”的流程化改造。通过流程化改造强化各部门对省联社战略的承接能力、风险管控能力和服务支撑能力，实现了省联社绩效管理从结果导向向过程导向的转变。

2. 结合实际工作情况设置考核指标，建立“3T”考核体系

在中后台部门考核制度设计过程中，深入贯彻“没有最好的制度、只有最合适的制度”理念，在进行“三研”（对省联社战略进行科学研究分解、对现状进行详细调研、对大量案例进行汇总研究）的基础上，确立以 OKR 工作法和工作清单制为考核导向，以三类工作（基础类工作、重点类工作、临时类工作）为绩效考核对象，以对三类工作分解定量、定性结果为考核指标的绩效考核管理办法（即“3T”考核模式）。同时，为强化中后台部门的服务联动和市场应变能力，青海省联社在绩效考核管理办法中设置三类工作指标互调联动机制，从而实现了制度的“上承导向和下应市场”。

3. 大力深耕文化建设

一是大力推行理念培训和价值宣贯。一方面，通过培训、座谈、在线学习平台等多种途径，将绩效考核管理价值理念进行大力宣贯，使绩效考核管理价值理念潜移默化、入脑入心，实现价值认同感。另一方面，按月或按季召开分析会，对绩效考核结果进行分析，剖析存在的问题和难点，找准症结，对症下药，同时通过长效引导沟通和分析，最终实现员工价值和企业价值一致的目标。二是着重强化绩效过程管理。采用PDCA模式对绩效考核过程进行流程再造，并在PDCA循环管理中严格执行员工座谈会制度和绩效分析会制度。通过整个过程管理中的长效引导沟通以及关键节点的反馈解释，最终实现员工价值和企业价值一致的目标。

4. 充分运用信息科技协同

青海省联社在绩效管理中高度重视信息系统的配套建设，根据自身绩效管理需求和特点，依托现有系统数据资源，极大提高了绩效管理中的信息化使用率和自动化程度，有效降低了考核成本，推进绩效管理体系高效运行。

一是建设绩效管理云平台系统。以青海省联社业务核心系统为支撑，围绕“打造绩效考核管理平台、软件与管理分开、平台与应用分开、分级定方案、围绕效果来”的总体思路，通过文件传输平台与数据仓库等其他数据源系统，对接获取绩效考核平台所需的业务数据，构建全省绩效管理云平台系统。该系统涵盖数据层、公共业务层、管理平台层、功能模块层、绩效应用层，既是业绩统计的数据平台，又是绩效考核的管理中枢，更是经营管理的分析工具。通过建设全省统一规范的绩效管理平台，各行社的建设周期缩短，实现了全省范围内的成果共享，全面提升了全省绩效管理水平。

二是建设流程管理系统。根据青海省联社中后台部门业务与管理活动特点，以效能管控为主要管理目标，从全流程角度进行端对端的设计，围绕信息流的设计、输入、输出、应用进行功能设置，实现对中后台部门流程化改造的强有力支撑，对中后台部门业务及管理进行全流程的过程管理，并根据各流程节点的关键数据获取完成定性指标的量化转变，从而保障绩效考核的公平性与科学性。

青海省联社中后台部门的“3T”考核实践，有以下经验总结：①以人力资源管理“三定”为基础，明确部门、岗位职责，作为考核依据。②考核体系设置结合中后台部门工作特点，基础类工作关注履职，重点工作关注年度重点任务的执行落实，临时类工作关注交办督办。简化考核内容。③通过信息化系统建设，实现取数线上化，解决考核难量化、难取数的问题。④考核运营中重视文化的宣导及过程管理，推进落地及持续改进。

（五）保障效果，持续推进五个阶段

1. 阶段越高，体系性要求就越高

商业银行绩效管理会经历五个阶段，从绩效考核到绩效管理，再到全面绩效管理、战略绩效管理、高绩效工作平台，详情参见表12。五个阶段绩效管理的精细化程度、协同程度不同，整体而言，绩效管理所处阶段越高，绩效管理的管理价值定位就越高，价值创造的各项要素关注就越全面，价值导向体现就越充分，绩效管理与内部经营管理的协同度、融合度就越高。

绩效管理五个阶段是循序渐进的，前一个阶段是后一个阶段的基础和保障，与之对应的绩效管理成熟度各个等级也是循序渐进实现。银行内部有机构、部门、岗位、条线、产品等多类考核对象，不同对象的考核体系有可能处于不同阶段。

2. 实施中重点关注协同性体系建设

从表12和图24中可以看到，在不同的考核阶段，考核导向及精细化依赖于人力资源管理基础及理念，考核的实施及运营需要在绩效管理组织、文化、流程、工具等方面配套建设，同时战略管理、财务管理、内控管理等需要达到相应的水平，绩效管理与内部经营管理之间互相影响、互相依赖、互相作用。

表12　　农商银行绩效考核持续优化历程

	搭体系、建框架（精细化绩效考核阶段，2012—2015年）	强执行、体效率（全面绩效管理阶段，2015—2017年）	重协同、体战略（战略绩效管理阶段，2017年以来）
总行职能部门	• 总行考核部门，部门考核员工	• 中后台部门及员工纳入关键行为考核 • 中后台部门事业考核（如：信贷管理部） • 运营管理部事业部考核	• 条线绩效费用资金池统筹 • 自上而下考核目标分解及绩效管理
支行	• 经营目标综合百分制考核 • 考核结果与支行行长年薪挂钩	• 电子银行考核业务质量	• 支行承包制（事业部制）考核
员工	• 产品营销计价垂直考核 • 支行二次分配	• 电子银行考核业务质量	• 互联网金融业务以规模考核为主 • 总行产品计价考核（纳入支行薪酬总包）、支行产品计价考核、支行二次分配

续表

	搭体系、建框架（精细化绩效考核阶段，2012—2015年）	强执行、体效率（全面绩效管理阶段，2015—2017年）	重协同、体战略（战略绩效管理阶段，2017年以来）
配套	• 绩效管理系统	• 移动绩效系统、线上办公	• 移动绩效系统、线上办公、大数据
	• 全行统一薪酬结构，明晰各岗位薪酬构成 • 定岗、定员、定编 • 业务单位负责人实行竞聘制，基层员工双向选择	• 薪酬：中长期激励 • 事业部制部门择岗竞聘	• 经营管理机制流程：年初经营目标分解、各季度经营及绩效管理分析评估及改进

资料来源：天维信息。

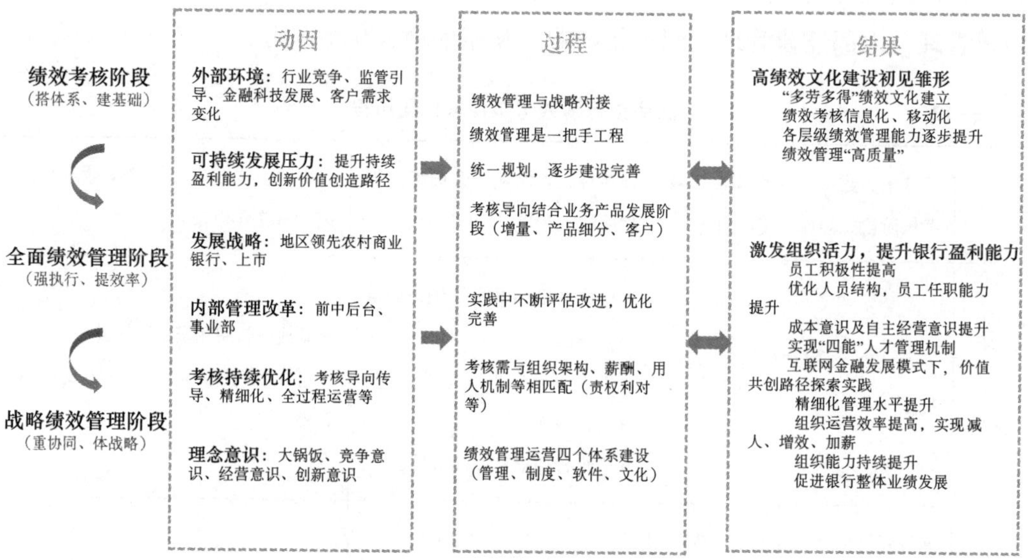

图24　农商银行绩效考核持续优化历程

资料来源：天维信息。

（六）典型实践：A农商银行绩效管理实施

A农商银行结合自身所处内外部环境、组织架构、发展战略目标等，持续地对绩效管理体系建设进行优化。

1. 实施历程

A农商银行绩效管理信息化建设始于2012年3月，第一期系统建设内容于

2012 年 8 月上线，截至本报告完成，系统共有八期建设。该农商银行自信息化系统建设开始，以绩效管理覆盖面及绩效管理建设水平进行划分，可以分为三个阶段：绩效考核阶段（2012—2015 年）、全面绩效管理阶段（2015—2017 年）、战略绩效管理阶段（2017 年以来）。在具体建设实施中，配合人力资源组织改革、岗位管理、薪酬管理、用人机制等，同时借助信息化系统、考核组织设立等，持续地保障考核运营落地和效果发挥。

2. 取得成效

自 2012 年以来，A 农商银行业绩一直保持稳健增长，绩效管理文化及能力水平不断提升，组织活力被不断激发，整体盈利能力不断提升。2012 年至 2019 年 6 月，存款业绩一直保持增长趋势，存款规模增长近 230%，贷款规模增长近 200%，内部风险管控能力不断提升，效果明显，不良率持续降低 3 个多百分点。

在绩效管理层面，一是员工多劳多得绩效文化被普遍接受。2018 年绩效管理效果评估中，针对绩效管理围绕员工认知度、员工认可度、员工满意度、员工行为导向、领导重视程度、制度及运营六个维度对员工进行问卷调查。结果显示，六个维度平均分 3.7 分（满分 5 分），其中领导重视程度维度得分最高，为 3.99 分。二是优化人员结构，员工任职能力提升。2015—2019 年，人员增幅 9.7%，在人员未有大幅增长的情况下，业绩增长幅度较大。有效引导柜面人员转型，2019 年离柜率已达到 90%。通过绩效管理、薪酬管理、“赛马”机制的用人管理，形成了“机构能分能合、干部能上能下、员工能进能出、工资能高能低”的人才管理机制。三是下沉绩效管理能力。由各条线定期组织对条线绩效管理实施情况进行效果评估分析，并提出改进计划，改进计划纳入职能部门考核内容，进行监督跟踪和考核评价，倒逼员工能力提升的同时，持续推进内部精细化管理机制的有效运行。

五、农村中小银行绩效考核新需求

本部分分别从农村中小银行考评、薪酬等相关监管政策，以及其所处内外部环境的变化，高质量、差异化、精细化、数字化发展背景下的绩效管理“新需求”进行分析，全面了解当前农村中小银行绩效考核的新要求和新重点、新趋势，为农村中小银行绩效管理的发展规划指明方向。

（一）考核评价监管“新导向”

1. 目标导向高质量发展

金融业是国民经济的命脉之一，商业银行绩效考评及薪酬一直是监管的重点。2010年中国银监会印发《商业银行稳健薪酬监管指引》（银监发〔2010〕14号），2021年中国银保监会办公厅印发《关于建立完善银行保险机构绩效薪酬追索扣回机制指导意见》（银保监办发〔2021〕17号），财政部在2020年发布了《商业银行绩效评价办法》（财金〔2020〕124号）。

财金〔2020〕124号文件修订旨在深入贯彻落实党中央、国务院决策部署，进一步发挥市场机制的决定性作用，激励商业银行更加有效响应国家宏观政策，增强商业银行服务实体经济、服务微观经济的能力，引导和促进商业银行高质量发展。财金〔2020〕124号文件突出了对银行高质量发展、价值银行的发展导向要求。关注银行的盈利性、安全性、流动性，对银行服务实体、服务小微有了持续性要求；新增发展质量评价指标，首次从“人均”角度评价效能；要求银行加强市值管理，提升股东回报率（见表13）。

表13　2020年新版商业银行考核评价办法和2016年版①对比

新办法				原办法			
一级指标	权重	二级指标	权重	一级指标	权重	二级指标	权重
服务国家发展目标和实体经济	25%	服务生态文明战略情况	6%	偿付能力	30%	资本充足率	10%
		服务战略性新兴产业情况	6%			一级资本充足率	10%
		普惠型小微企业贷款“两增”完成情况	7%			核心一级资本充足率	10%
		普惠型小微企业贷款“两控”完成情况	6%			—	—

① 2016年版商业银行考核评价办法是指《关于印发〈金融企业绩效评价办法〉的通知》（财金〔2016〕35号）。

续表

新办法				原办法			
一级指标	权重	二级指标	权重	一级指标	权重	二级指标	权重
发展质量	25%	经济增加值	7%	盈利能力	25%	资本利润率	10%
		人工成本利润率	6%			资产利润率	5%
		人均净利润	6%			成本收入比	10%
		人均上缴利税	6%			—	—
风险防控	25%	不良贷款率	5%	资产质量	25%	不良贷款率	10%
		不良贷款增速	5%			杠杆率	5%
		拨备覆盖率水平	5%			拨备覆盖率	5%
		流动性比例	5%			流动性比例	5%
		资本充足率	5%			—	—
经营效益	25%	（国有）资本保值增值率	10%	经营增长	20%	（国有）资本保值增值率	10%
		净资产收益率	8%			利润增长率	5%
		分红上缴比例	7%			经济利润率	5%

资料来源：天维信息。

2. 业务聚焦“支农支小”

业务导向聚焦“支农支小”。基于对2017—2021年度上半年银保监会、人民银行及银行业协会等机构发布的78份政策文件（见附件），对发展转型类、经营效益类、合规经营类、风险管理类和社会责任类五大类指标出现频次进行占比分析（如图25和表14所示），发展转型类出现频次最多，发展转型业务聚焦“支农支小”。一是“三农”贷款考核被作为监管考核的重点指标；二是“小微”贷款业务被作

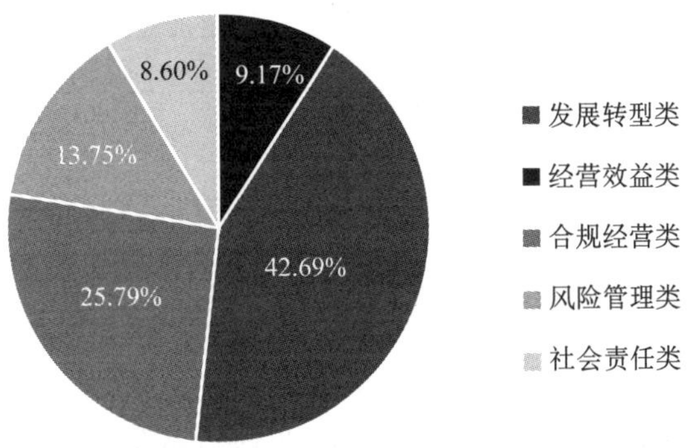

图25　五大类指标在近5年相关政策中的出现频次占比分析

资料来源：天维信息。

为银行高质量发展的重心之一；三是“房地产”贷款占比受到监管控制，重点发展其他薄弱环节，促进均衡发展；四是“存款”明确取消时点考核和关注偏离度；五是“建档评级”为长期考核指标；六是“供应链金融业务”促进“小微”贷款发展。

表14　银行监管政策指标细化分析

<table>
<tr><th>序号</th><th>一级指标</th><th>二级指标</th><th>三级指标</th><th>频次</th></tr>
<tr><td>1</td><td rowspan="3">经营效益类</td><td rowspan="2">FTP利润</td><td>存款</td><td>2</td></tr>
<tr><td>2</td><td>贷款</td><td>25</td></tr>
<tr><td>3</td><td colspan="2">综合收益类</td><td>4</td></tr>
<tr><td>4</td><td rowspan="11">发展转型类</td><td>存款</td><td>存款偏离度</td><td>2</td></tr>
<tr><td>5</td><td rowspan="3">“三农”贷款</td><td>贷款余额</td><td>20</td></tr>
<tr><td>6</td><td>贷款占比</td><td>16</td></tr>
<tr><td>7</td><td>贷款增速</td><td>9</td></tr>
<tr><td>8</td><td rowspan="4">“小微”贷款</td><td>贷款余额</td><td>18</td></tr>
<tr><td>9</td><td>贷款占比</td><td>16</td></tr>
<tr><td>10</td><td>贷款增速</td><td>13</td></tr>
<tr><td>11</td><td>贷款户数</td><td>12</td></tr>
<tr><td>12</td><td>房地产贷款</td><td>贷款占比</td><td>3</td></tr>
<tr><td>13</td><td colspan="2">建档评级</td><td>6</td></tr>
<tr><td>14</td><td colspan="2">供应链金融业务</td><td>7</td></tr>
<tr><td>15</td><td rowspan="4">合规经营类</td><td colspan="2">风险防控</td><td>31</td></tr>
<tr><td>16</td><td colspan="2">内控合规</td><td>35</td></tr>
<tr><td>17</td><td colspan="2">公司治理</td><td>20</td></tr>
<tr><td>18</td><td colspan="2">党建</td><td>4</td></tr>
<tr><td>19</td><td rowspan="2">风险管理类</td><td colspan="2">不良贷款率</td><td>37</td></tr>
<tr><td>20</td><td colspan="2">风险成本控制</td><td>6</td></tr>
<tr><td>21</td><td rowspan="3">社会责任类</td><td colspan="2">绿色金融</td><td>14</td></tr>
<tr><td>22</td><td colspan="2">消费者权益保护</td><td>12</td></tr>
<tr><td>23</td><td colspan="2">客户满意度</td><td>2</td></tr>
</table>

资料来源：天维信息。

各年考评政策及相关制度都持续关注商业银行的风险管控。表15所示频次分析中，单项指标和内控合规频次最高。银保监办发〔2021〕17号文件要求，银行保险机构要加强对薪酬制度激励效果的评估。对于因存在明显过失或未尽到审慎管理义务，导致职责范围内风险超常暴露的高级管理人员和关键岗位人员，银行保险机构可以追索扣回其相应期限内的绩效薪酬。通过加强对高管的绩效薪酬约束管理风险，中国银保监会2021年9月22日发布的《商业银行监管评级办法》中，与风险管理相关指标权重占比65%，可见对风险管理的重视程度（见表15）。

表15　《商业银行监管评级办法》与“骆驼评级”办法比较

传统“骆驼评级”办法体系	权重	《商业银行监管评级办法》规定的评级要素	权重
资本充足（C）	15%	资本充足（C）	15%
资产质量（A）	15%	资产质量（A）	15%
管理质量（M）	20%	公司治理与管理质量（M）	20%
盈利状况（E）	10%	盈利状况（E）	5%
流动性风险（L）	20%	流动性风险（L）	15%
市场风险（S）	10%	市场风险（S）	10%
信息科技风险（I）	10%	信息科技风险（I）	10%
—		数据治理	5%
		机构差异化因素	5%

资料来源：天维信息。

（二）适应内外部环境变化的“新模式”

1. 实施敏捷绩效管理

组织敏捷有利于商业银行快速应对内外部环境的变化，提升环境适应力，抓住发展机遇。组织敏捷运营模式下实施敏捷绩效管理，充分发挥绩效管理“指挥棒”的作用，紧密对接业务，与业务融合，快速重构内部组织关系、整合资源和能力，“快准狠”发挥引导作用，对组织有效应对内外变化提供有效支持，支撑组织战略目标的实现。

2. 实施战略绩效管理

敏捷绩效管理本质就是要实施战略绩效管理。绩效计划与发展战略、年度计划、经营预算、业务经营紧密对接，绩效管理成为战略实施控制的核心组成部分，绩效管理对业务经营、内部管理的过程、结果等进行考核引导、评价及反馈激励，并对标战略、年度绩效、绩效计划定期及时地总结分析改进，促进绩效管理的持续优化以及战略管理的过程有效推进和导向传导。

（三）高质量发展下的“新重点”

在高质量发展背景下，绩效管理具有以下新重点。

1. 考核对象关注研发类人员考核、客户考核

关注科技类、产品研发类、数据类、风控类等专业人才的考核，选择匹配的考核方法、工具和绩效分配模式。数字化转型及高质量发展需要农村中小银行引进和培育以上各类专业人才，此类人员业绩具有过程难跟踪、价值难衡量、价值实现周期长等特点，需要匹配新的考核方法和绩效分配模式，才能起到有效的激励作用。

2. 考核内容结果、过程、行为相结合

匹配中长期考核目标导向，考核内容关注过程和行为。对过程及时评价，能助力及时纠偏，及时调整策略计划，实现过程可控，目标可预期、可管理。以贷款考核为例，不仅考核贷款利息收入收益指标，还要同时考核其质量（如五级分类占比情况）、过程指标（如信贷投放规模、贷款利率、授信客户数、授信客户转化率等指标）、行为指标（如客户建档完整率、审批周转率等），只有关注过程和行为考核，才能做到规模、质量、效益均衡发展。

3. 考核导向由规模向利润、价值转变

价值是商业银行各项行为最终追求的目标。各个经营单位，分支机构、网点，客户经理、参与全员营销的各岗位人员，考核导向要从规模考核转向利润、价值考核。机构考核不能只关注规模，忽视其结构、成本、风险、效益，要引入利润考核、价值考核，以传导效益、成本、风险理念。各类岗位人员的考核亦是如此。

（四）差异化发展下的“新体系”

“以客户为中心”经营理念的落地，需匹配建立“以客户为中心”的考核体系。建立“以客户为中心”的考核体系，围绕客户价值的获得进行考核方案设计，实现“以客户为中心”的价值共创。只有客户价值提升，客户才会对银行有更多的价值贡献，银行利润才会提升，员工薪酬蛋糕才会做大，员工获得的绩效回报才会提高。收入越高，员工的工作满意度越高，工作投入就会加大，对客户的服务质量相应提高，从而形成良性循环。

（五）精细化管理下的“新应用”

基于绩效考核多维度数据分析的多场景应用可分为四个方面（见表16）。一是绩效管理系统数据维度丰富，自带“数据集市”“数据仓库”属性。精细化管理下实现机构、岗位分层分类考核，考核维度涉及产品、渠道、客户、员工、条线、部门，规模、质量、成本、效益、效率，行为、过程、结果等，数据维度全面、丰富。二是基于现有数据的综合分析应用。基于绩效多维度数据，实现各维度运营效能分析、资源配置效率分析等，将绩效管理数据资产化，实现数据决策和管理的“新应用”，为管理赋新能、辟新径。三是开发数据模型，管理数据资产。以绩效系统数据为基础，研发客户管理、精准营销、风险管理、人才画像等数据模型，进行数据挖掘、应用及场景开发。四是作为数字化转型的突破口。充分发挥绩效系统的集中数据优势，通过绩效管理数字化，推动全行数据治理、数字化技术的提升，使其成为数字化转型的突破口。

表 16　　绩效数据应用场景

绩效数据	应用领域	描述
行员、机构业绩及绩效数据	人力资源	员工画像、岗位胜任力模型制定；员工选、聘、育、留参照；员工效能分析；人才测评等
		机构运营效能分析、机构“四定”、机构任务目标制定等
		排名、对比、趋势分析，数据可视化，比学赶超，强化激励
行员、机构、账户、客户资产质量指标	风险管理	风险预警；风险奖惩；风险模型制定
产品、客户、渠道、员工、机构、条线业绩数据	营销管理	产品、渠道、条线等分析；客户画像；员工客户关系管理，精准营销等
账户、产品、员工、机构规模成本、利润数据	财务管理	成本分析、盈利分析、资产负债结构分析等

资料来源：天维信息。

（六）数字化发展下的“新工具”

1. 数字化绩效管理建设育新机

数字化转型与数字化绩效管理建设互相作用。一方面，数字化转型及金融科技发展，绩效管理自身优化等内外因素助力数字化绩效管理平台建设。另一方面，数字化绩效管理建设顶层设计统一规划，助力数字化转型。在统一数字化规划目标下，强化数字化管理意识，强调数据共享、数据价值、数据协同等。统一数据标准、格式、规范、数据要求、数据环境，实施数据清洗、数据挖掘、数据分析、数据应用等，将绩效考核数据转化为数据资产。

2. 省联社数字化平台建设，凸显数据共享优势

大部分省联社集中数据平台建设，充分发挥省联社科技优势、数据优势、平台优势，推进数字化绩效管理平台建设，在省联社平台中实现与各业务系统、管理系统、运营系统等数据对接、数据共享，更能发挥数字化绩效管理的平台优势和数据价值。从调研情况来看（见图 26），68. 88% 的受访者认为实现绩效管理的“数智化”是未来绩效管理的发展趋势。

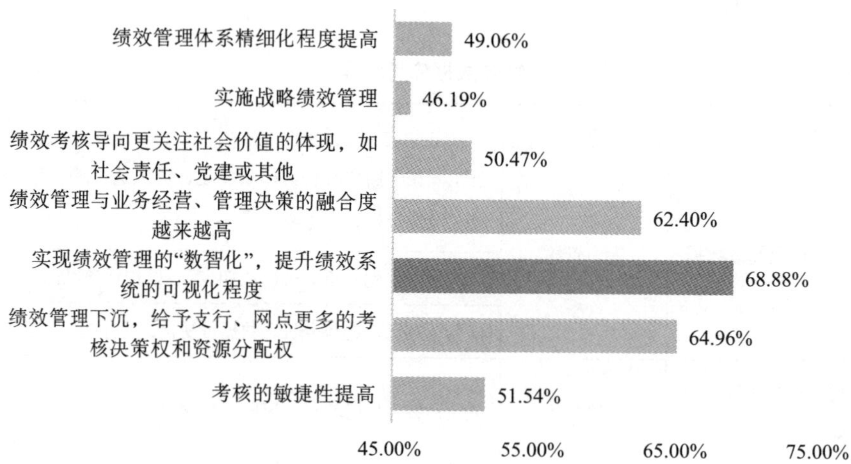

图 26　商业银行绩效管理发展趋势

资料来源：天维信息。

（七）有效提升效果的“新协同”

1. 与业务深度融合

“以客户为中心”的经营理念，差异化竞争的实施，农村中小银行持续的价值创造，银行的一切内部经营管理活动要以业务为中心。如图 26 所示，在对未来绩效管理趋势的调查中，有 62. 40% 的人认为未来绩效管理与业务经营、管理决策的融合度会越来越高。实践中很多银行业务条线也有专门的考核负责人，其负责在人力资源制定的统一框架下，结合本条线业务特点、人员特点制定符合本条线要求的考核办法，并组织、监督日常运营实施，这些就是考核与业务融合的具体表现。但是这种融合的层级随着战略管理的统一实施要上升至更高的层级，通过战略规划、计划预算等具体经营管理活动来执行，才是考核与业务融合的新形态。

2. 以绩效管理为核心的内部“新生态”

绩效管理的水平越高，绩效管理与内部经营管理的协同性就越强，相互关系就越紧密。在数字化绩效管理、战略绩效管理背景下，绩效管理与内部经营管理的协同将形成以绩效管理为核心的内部“新生态”，绩效管理系统平台化，在数据上，通过绩效管理链接、整合业务、管理数据，并进行深度的分析、挖掘及运用；在运营上，以绩效管理持续改进为抓手，推进整个组织管理的持续优化。

六、农村中小银行五类考核主体持续优化建议

结合商业银行绩效管理实践成功经验，在农村中小银行绩效管理现状的基础上，以农村中小银行五类考核主体的功能职责定位为依据、绩效考核新需求为指引，农村中小银行绩效管理体系的持续优化核心在于需持续强化对五类考核主体的优化。

（一）构建多阶段动态平衡的机关部室考核体系，激励员工高效履职

1. 有效分解短中长期目标

省联社机关部门行政事务为主，考核的目的在于激励员工的高效履职。将战略及年度计划依据各部门职责细分为各部门短中长期目标，对应为考核短中长期目标，并保持短中长期目标相平衡。构建多阶段动态平衡的考核模式，短期工作及时评价，中长期工作阶段性评价及阶段性过程管理，长期性工作，既有阶段性评价，又有年度周期性评价，以实现有效过程管理，及时有效监督，及时调整。图 27 所示的省联社人力资源管理多阶段动态平衡考核体系构建，依据发展规划，匹配不同工作目标的时间周期实施不同频率的过程性考核。

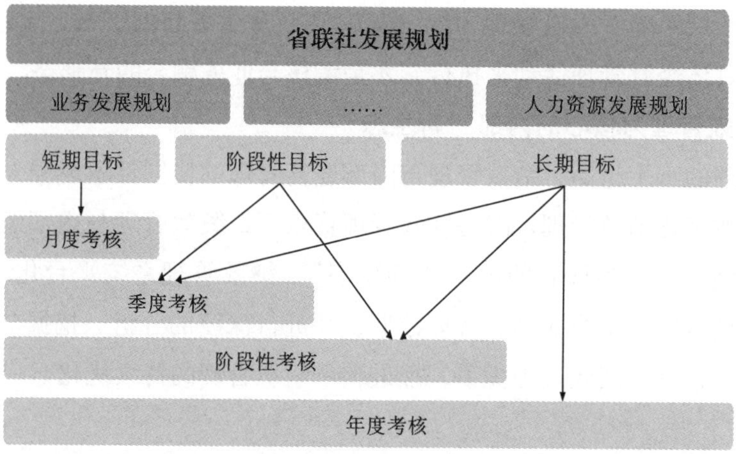

图27　省联社机关部门过程性考核示例

资料来源：天维信息。

2. 考核内容重实效

考核内容上基于省联社“管理、服务、指导、协调”的定位，有对法人行社服务、指导的满意度评价考核，也有管理、指导的工作成效考核，注重履职的同时也重实效。各个部门之间有效协同，考核要体现协同工作执行及质效。

3. 重视IT价值管理，持续探索IT考核

金融科技引领、助推业务发展和内部管理提升，农村中小银行要重视IT价值管理，重视科技部门考核，结合科技工作性质及员工特点，创新考核方法，对科技工作、成果进行有效评价，人员实施有效激励，持续探索创新，积累实践经验，实现科技赋能，助力数字化、智慧化银行建设。

（二）构建体现战略同时引导整体提升的法人机构考核体系，引导高质量发展

省联社对各法人行社的考核，强化省联社发展战略导向的同时，也要关注法人行社自身综合经营管理水平的提升，从而引导农村中小银行高质量发展。具体实施时：首先，对省联社战略进行有效分解，在对法人行社考核中予以体现。法人行社考核指标体现省联社发展导向，并根据发展重点设置权重。其次，法人机构考核指标既突出重点，又兼顾全面提升。除业务发展、党建、合规等指标外，重视资产质量、风险管理、合规管理、财务管理、人力资源管理等内控管理的实施情况，具体

考核内部流程机制的建设、团队建设、人才队伍培养等指标。再次，结合各法人机构的实际情况，差异化考核实施和激励。符合法人机构实际情况的考核方案设置，保障考核激励的公平性、有效性。

（三）构建发现人才有效激励的法人行社高管考核体系，强化干部队伍建设

1. 丰富高管激励体系

在金融企业高管限薪及部分法人行社高管由上级机构任命的背景下，法人行社高管的有效激励带来了多重挑战。高管激励体系可分为物质激励、精神激励两部分。物质激励包括薪酬激励、股权激励、职务激励、福利等，精神激励包括事业激励、目标激励、荣誉激励、培训激励等。高管激励可以尝试：一是设计更具有公平性、合理性的考核方案。在考核内容方面能结合所在行社的经营业绩及个人综合素质，兼顾当期考核与任期考核，考核结果能及时反馈，应用形式能够更丰富。在法人行社高管对省联社目前考核优化建议中，85.35%的高管建议考核内容要兼顾所在行社业绩及个人综合素质。二是多样化考核激励。激励形式多样化，包括物质激励、精神激励等。三是设计以内部公平性为主，外部公平性为辅的薪酬体系。如江苏省联社农商银行领导班子薪酬，与所在农商银行人均薪酬水平和全省农商银行年度考核分类和考核排名挂钩，同时结合各农商银行资产规模作一定调节，既拉开薪酬收入差距，又保障了一定的内部公平性。四是推行高管考核到个人。目前大部分省联社都是以领导班子为整体进行考核，核算薪酬包，到了法人行社内部，差距就不是很大，可以适当采用一定比例的薪酬与其个人综合评价挂钩，在内部拉开一定的差距，避免“搭便车”，甚至是“劣币驱逐良币”。五是部分绩效管理经验相对成熟的法人行社，可以尝试推行内部高管考核到个人，一定比例与薪酬挂钩，考核方案报省联社备案，省联社同时完善监督机制。各位高管作为各分管业务及职能的第一负责人，对其考核有助于压力的自上向下传导；同时，对高管的考核也能带来一定的激励约束作用。

2. 建立科学的人才测评体系，为高管选拔任用提供有效的标准和工具

一是法人行社高质量发展需匹配高质量高管团队。农村中小银行高质量发展、数字化转型等需要高管团队具备更全面、专业、综合的素质能力。创新评价手段，科学制定评价内容、方法及体系，合理选聘，有利于持续强化干部队伍建设。不同

法人行社实际情况不同，对高管团队的专业能力需求也存在差异，按需匹配精准、差异化的高管团队是法人行社实现高质量发展的重要选择。二是建立科学的人才测评体系支撑高管选拔任用。各省联社下辖法人行社高管团队都具备一定规模，管理中可借助科学的人才测评方法及评价体系，有效地评价高管履职能力。对高管进行画像，挖掘和构建“高绩效高管”的测评指标体系，全面、准确、客观地测评高管人员综合素质和能力，提高评测效率及结果的科学性，实现“知人善任”，并作为高管选、留、育、用的依据（见图28）。

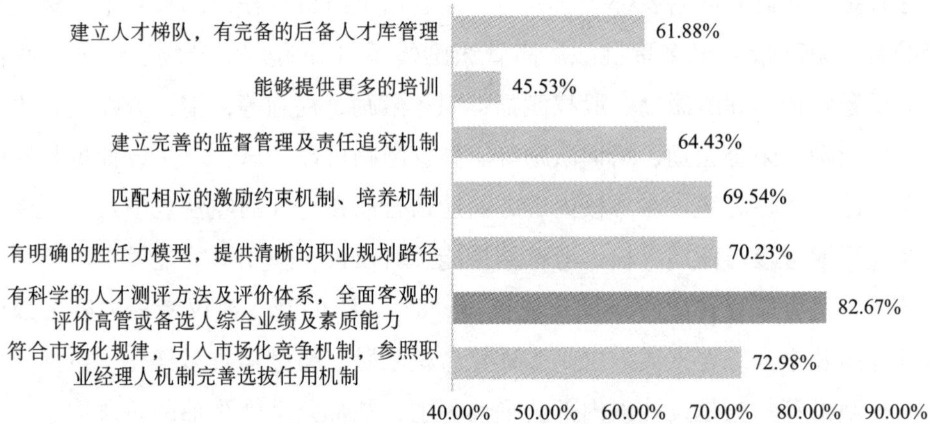

图28　法人行社高管选拔任用实施建议

资料来源：天维信息。

（四）建设支持差异易用高效的省联社软件平台，助力绩效管理落地运营

省联社软件平台的建设，要支持差异化，结合省联社当前信息化建设情况、数据、技术基础，法人行社考核需求，绩效管理流程化管理的特点，进行体系性设计规划、建设、开发、应用推广、运营维护。同时平台需要简单、易用，能够支持考核落地、及时考评、及时兑现、及时激励。

【案例十二】广东省联社“云平台SAAS多租户+法人行社数据服务”建设[①]

1. 建设背景

由于不同法人行社的管理水平和绩效管理机制、流程、文化等存在差异，传统

① 资料来源：《中国农村金融》及公开资料整理。

单体架构模式建设的绩效系统往往面临推广难的问题。如果彻底放开管控，各行社按照自身诉求进行管理和操作，会导致系统数据零散、杂乱，无法达到统一管理、统一规范的目的。如果完全统一，实现广东省联社“强管控”，绩效系统对流程、要素进行过多约束，又会导致僵化、固化，不能有效满足行社的管理需求。

2. 建设模式

为改变“一放就乱，一统就死”的困境，广东农信充分利用云平台和大数据平台，按照科学的绩效管理理论进行业务流程设计，依托云租户及微服务技术支撑打造高度自治的绩效管理云平台，满足不同发展阶段的法人行社对绩效考核的差异化诉求。

在技术实现上，绩效云平台基于广东农信专有云底座，融合“金融云”和“行业云”各自的轻量级容器技术和大数据能力优势，全面采用国产数据库等国产化技术、融合云租户模式，构建了基于大数据技术的省级绩效管理混合计算引擎，实现集中巨量数据加工和独立个性计算处理双保障，平衡共性与差异，为行社的高效经营、考核、决策奠定基础。

3. 运营机制

在运营机制上，采用“云平台＋实施准入”模式，通过合格实施商入围，支持多家实施商基于云平台为各法人行社提供各项绩效考核服务，实现各行社基于广东省联社统一的平台、数据及开发要求自主定制服务功能及全省先进经验的沉淀共享，兼顾“放”与“统”，切实提升绩效考核效果。

各法人机构选择绩效管理系统时有两种选择：一种是各法人机构自行完成制度建设和运营管理建设，根据项目实际需求提交需求单进行开发，不需要单独进行合作付费；另一种是各法人机构在省联社提供的三家准入机构中（投标入围）自愿签署咨询服务协议，开展绩效管理业务合作。

4. 当前成效

2020 年云平台正式上线，截止到 2021 年 9 月，基于云平台模式的行社数量为 17 个，已有多家农商银行在云平台模式上实现兑现工资，其绩效考核效果良好。

广东省联社绩效管理云平台建设的经验总结：①充分利用省联社技术、资源、数据优势，在金融科技发展背景下，充分发挥“大平台＋小法人”优势，以云平台建设为重要抓手，进行绩效云平台建设，实现技术先进性与业务管理适应性相统一；②推广运用模式上，给予各家法人行社更多的自主权，灵活性更强，对于资金、技术条件一般的法人行社，可以统一提交需求到省联社，由省联社统一规划实现；有实力的可以在此基础上自行投入研发；③未来省联社在需求管理及响应的及时性及平台持续更新上会面临挑战。

（五）构建结合实际持续改进的法人行社内部考核体系，支持可持续发展

法人机构内部考核要结合自身实际情况，持续进行改进。首先，法人行社各年度发展目标、内外部经营环境的变化要求绩效管理要持续进行改进。具体实施时，绩效计划要对接年度计划，分解相应的考核指标，并协同营销管理、人力资源管理等对考核方案制度进行调整、优化，利用系统工具进行新增需求开发或对原有功能进行调整，落地运用时，组织培训推广。其次，绩效管理作为推动内部精细化管理的“总抓手”，通过绩效管理的持续改进，推动组织内部管理的不断改进。

七、农村中小银行绩效管理效率整体提升的策略选择

结合商业银行绩效管理实践成功经验及绩效管理的新需求，在四类考核主体、一个平台持续优化的基础上，农村中小银行绩效管理围绕坚持六个原则、突出三个抓手，通过提升专业能力、落地能力，持续保障落地运营及绩效管理优化四个方面具体推进，实现管理效率的整体提升。

（一）坚持六个原则

1. 坚持问题和目标导向相结合原则

考核设计及实施不盲目追求先进性、精细化，也不“教条主义”，而是结合自身实际情况，以问题为推动力、目标为牵引力，持续优化，改进完善。

【案例十三】某农商银行以问题驱动的职能部门考核持续优化[①]

表 17　　某农商银行职能部门考核优化历程

考核时间	考核整体情况	存在问题
2013 年考核（层级式考核）	• 总行考核到部门，部门到员工，部门考核员工并二次分配； • 部门考核民主测评、月度工作计划完成及履职	• 部门无差异、员工无差异 • 考核以定性评价为主 • 工作互相推诿 • 无数据来源
2015 年考核（差异化、定性定量化考核）	• 考核三大类指标，关键业绩指标、重点工作和关键行为，不同部门各类指标占比权重不同； • 纳入工作量考核，流程银行系统取数，评价工作量、完成时效等； • 评价服务测评、履职等	• 工作量数据取数的完整性； • 定性评价受主观因素影响
2017 年考核（自动化考核，无干扰）	• 执行管理部监督任务完成情况对部门打分 • 部门负责人对员工打分	• 部门负责人积极性的调动 • 员工任职能力，人员结构优化 • 人均效能
2018 年考核（事业部制考核）	• 中后台部门总经理负责制 • 员工双选双聘	• 岗位的差异性，岗位价值体现
2019 年考核（岗位价值）	• 员工等级评定 • 流程银行系统关键行为考核优化（考虑忍容度）	

资料来源：天维信息。

2. 坚持绩效管理的持续优化原则

绩效管理具有发展性、动态性特点。绩效管理体系建立以后，要随着商业银行自身的发展及时调整和优化，才能持续发挥支撑导向作用。农村中小银行绩效管理持续优化，首先需要建立持续优化的管理机制，将定期绩效分析、效果评估的开展常态化、机制化，通过绩效分析、效果评估促进绩效管理优化。其次，具体优化实施时，结合“三原则”和“五结合”理念，根据自身所处外部环境、内部经营管理的变化及当前绩效管理存在问题，综合分析后进行优化。

3. 坚持严格落实监管考核要求原则

在严监管常态化，金融服务实体经济的定位下，考核设计要严格落实监管考核

① 资料来源：天维信息。

导向要求，譬如当前考核内容要体现对于非按揭贷款、“两增两控”、党建等考核要求。省联社要对下辖法人行社发挥好管理、指导作用，对法人行社的考核方案设计中，更要强化监管考核导向要求，强化监管意志，引导法人行社经营管理符合监管要求。

4. 坚持分类差异化考核原则

法人行社的差异化是客观存在的。省联社要坚持对法人行社的分类差异化考核，设置分类标准，进行分类考核、指导和服务；同时，推进对法人行社高管和对机关部室、员工的分类差异化考核及管理。

各法人行社要结合自身实际情况，承接省联社考核办法，选择是完全照搬套用执行，还是内部转化增加本行社需求考核。同时，在内部也要持续推进对各分支机构、网点的分类差异化考核及管理，可以按机构、网点类型进行区分，或者设置等级评价标准，不同等级匹配不同目标任务、等级系数等，或结合地区差异等因素，设置调节系数。持续强化对部门、中层管理者、员工的分层分类和差异化考评。

【案例十四】农村中小银行内部机构差异化考核及管理案例①

1. 金谷农商银行等级考核

金谷农商银行分支机构等级评定在考核经营效益、发展潜力、风险管控和盈利能力的基础上进行综合评价，划分为一至五级机构五个等级，分支机构等级结果作为财务费用管理授权、成本费用分配和考核评价、利率定价管理授权、各分支机构岗位绩效核定、年度评先评优和履职评价的参考依据。

2. 常熟农商银行设置调节系数

在分支机构考核层面，设置多维度的调整系数，激励分支机构比学赶超，多耕耘多收获。一方面，设置规模和利润调整系数，鼓励分支机构负责人做大规模、做大利润，以获得更多的收入，类似超利分成制度。同样，引入经济增加值（EVA）进行调整，培养分支机构的资本占用和资本利得的意识，在追求发展的同时更注重质量。另一方面，设置地区、开业年限调整系数，解决一部分机构受客观环境限制的问题，充分调动各类机构经营业务的积极性。

3. 秦州农合行差异化管理

秦州农合行绩效考核整体设计对于网点的分类管理思路是：好的网点之间比更

① 资料来源：银行提供原始材料。

高质量发展，做大做强做优；中游网点之间比提质增效，实现固本强基；风险网点之间比尽早化险脱困，实现稳健经营。

4. 坚持价值创造原则

价值创造是农村中小银行可持续发展的必然要求。考核要体现价值创造原则，促进有效资源配置和经营及运营效率、效益提升。考核指标内容关键成功因素或价值创造关键因素保持一致，将考核导向、管理控制、资源配置都运用到真正的价值创造活动中，通过绩效管理的实施实现全面的价值管理。考核中要坚持以价值创造为导向，以风险评价后的业绩评价体系指标作为考核导向，驱动对价值创造关键要素的识别和分解；价值评价作为基础制定考核指标，价值分配与价值评价、价值创造相统一，有效避免短期行为。

5. 坚持均衡适宜原则

农村中小银行绩效管理实践中，对绩效管理进行持续优化。首先，要把握好适宜原则，即按照“三原则”“五结合”，建设符合自身实际现状及需求的绩效管理制度体系、文化体系、软件体系等。其次，要抓好相关平衡工作。如省联社的服务指导力度与法人行社的管理水平适宜，法人行社管理水平越高，省联社的管控力度相对可以越小。相关平衡工作还包括各级考核主体短中长期目标的平衡，个人、团队、组织目标的平衡，条线与经营机构条块间权责的平衡，风险与效益的平衡，规模与效益的平衡，激励与约束的平衡，经济性与效益性的平衡等。

（二）突出三个抓手

1. 抓个人考核重效果

考核激励到个人是绩效考核有效激励效果取得的重要抓手，在实践中具体有两种情况。一是实行负责人“第一责任人制”。负责人考核挂钩整个部门、机构、团队的业绩。二是按岗位实施对员工个人的考核。对员工依据其所在岗位职责，制定考核指标内容，按考核方案进行评价，并予以绩效兑现。

具体实施中抓住两个方面的关键。首先，清晰业绩分成规则是考核到人的基础。以上两种模式下，制度层面除了考核方案制度，最核心的还要有业绩贡献分成制度、绩效分配规则制度。清晰的业绩分配规则是考核到个人的基础，也是价值贡献核算准确的基础，充分体现“谁营销，谁受益”。其次，按照考核激励到个人“动力、能力、合力”的体系性设计实施，实现价值贡献衡量到个人、过程管理到个人、考核到个人、评价到个人、激励到个人、赋能到个人，以绩效管理为中心，构建与人力资源管理、薪酬管理、战略管理、营销管理等的高效协同体系。

【案例十五】农商银行业绩分成案例汇集①

民乐农商银行实现“客户经理制”及“客户认领制”，实施“分田到户”，按照“网点负责人负责大额存款客户、客户经理负责信贷存款客户、柜员负责其他存款客户”的思路，将全辖客户全部认领到人，将对客户的管理职责和存款、贷款、电子银行营销任务全部分解到人、责任到人、考核到人、绩效到人，依照从大到小的顺序拟订客户发展和维护计划，要求每个员工扎扎实实地种好“责任田”，守好“自留地”。

冀州农商银行在省联社推广绩效系统使用背景下，2019年按照审计中心统一部署，强化应用绩效管理系统，重新分配了存量存贷款账户，反复修订考核办法，至2019年9月底实现了绩效系统考核到人。

常熟农商银行以利润为中心考核机制的建立，也是建立利润分成机制，打破“大锅饭”“普涨”“做多做少都一样”的弊端，直接将员工薪酬总包和利润中心的营收和经济增加值（EVA）挂钩，激发员工的创新能力和创利动力。

连江农商银行的实践经验就在于要有一套业绩到人的业绩关系管理，这是考核到人的基础。

2. 抓系统工具重落地

绩效系统的建设，支持考核、绩效管理运营落地，能够提高绩效管理的运营效率，节省成本，减少手工工作量；实现对绩效管理的过程管理，增强结果的干预性和可预见性；保障数据的准确、及时、可靠，促进激励效果的提升；支撑信息透明化和信息流动效率提升；支持实现数据决策；为更多的应用提供数据支撑，譬如人才盘点、岗位价值评估、资源的优化配置等，助力数字化管理。在具体实施时需要关注不同角色人员，对应绩效考核系统需求也不同。法人行社、省联社的建设目标不同，其内容和形式也不同。

3. 抓配套机制重辅导

“四体系”的运营保障为绩效管理落地及优化提供强有力的辅导。管理体系建

---

① 资料来源：银行提供原始材料。

设，绩效管理组织、流程和设置专岗及分工为绩效辅导提供组织保障，各级组织、机构绩效管理运营倒逼各层级管理者绩效管理能力的提升，为绩效辅导实施提供能力保障。绩效管理运营制度应明确绩效辅导方法、原则、工具、内容等，为绩效辅导实施提供机制保障和方法、工具支撑。绩效理念文化的持续宣贯，包括考核理念、考核规则、结果应用等，帮助被考核者更好地了解、理解、接受和运用规则。绩效管理系统让员工及时了解自身业绩及绩效情况，管理者及时了解团队业绩及绩效情况，及时进行自我管理、过程干预，以完成目标，获得更高绩效。

（三）搭平台、建机制、借外脑提升专业能力

省联社及各法人行社绩效管理专业能力的提升可以通过以下三种方式来实现。

一是省联社建立交流、学习平台。搭建省内交流、学习平台，供省内各法人行社进行绩效管理经验交流，也可以组织省内人员到其他省联社进行交流、学习、调研等，通过互相交流、学习的方式，助力省联社、法人行社绩效管理专业能力的提升。省联社对法人行社考核支持建议中，反馈最多的建议就是希望省联社能够组织一些交流学习，学习先进行社的做法（见图 29）。

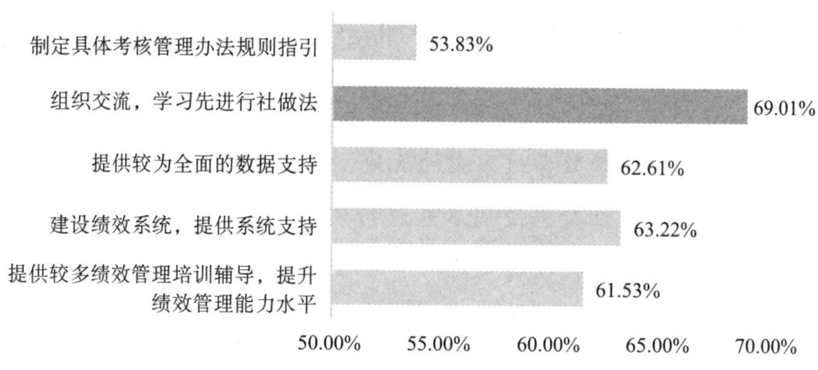

图 29　省联社对法人行社考核支持建议

资料来源：天维信息。

二是建立沟通、交流机制。建立沟通、交流机制以实现绩效管理工作常态化。无论是省联社还是法人行社，都可以建立相应的沟通、交流机制，将这种学习活动常态化、机制化。法人行社内部机构与机构、岗位与岗位之间互相交流学习，既能提升能力，又能强化绩效管理理念及文化。

三是借助外脑。专家具有专业的知识、丰富的案例经验，能运用专业的方法和

工具，对问题的诊断提出更客观、更有针对性和体系性的策略建议。引入外部专家或第三方公司，通过与外部专家合作实现知识、技术、能力的转移和内化，提高转化学习效率，提升绩效管理优化效率。

（四）升级绩效系统移动化到数字化、平台化，持续强化落地支撑能力

在移动化、数字化、平台化等快速发展背景下，省联社及各法人行社绩效管理建设移动化到数字化、平台化的持续升级，有利于强化绩效考核系统的落地支撑能力。

1. 移动化到数字化

员工通过移动端绩效工具的应用，能够随时随地查看个人业绩指标情况、业绩获得情况、排名情况，管理者可以查看团队目标完成情况、排名情况、员工业绩情况等，不仅满足移动办公的需求，也实现了考核的及时反馈。结合数字化技术应用，实现数据的可视化，提高数据的价值，为沟通辅导、过程管理提供更有效的支持，强化考核理念渗透，提高绩效管理效率。随着绩效系统数据的不断积累，数据价值会持续加大，应用场景也越来越丰富。

【案例十六】常熟农商银行绩效管理系统发展数字建设，以数观质提升服务[①]

常熟农商银行为配合绩效考核方案的落地，强化对绩效管理系统进行优化，以数字化建设的不断深入，让数据使用者能进行实时的数据查看、清晰的数据展示、深度的数据分析，从而提升科学决策能力和管理精细化水平。

一是以数字化展示，提供科学决策依据。打造支行业绩可视化BI展示，实现支行长查看：机构业绩KPI、机构贡献度、机构业绩指标等情况，监测机构每月业绩指标完成率趋势，多维展示机构FTP利差、存贷款、对公、零售等业绩指标，并能有效跟踪员工业绩排名情况，利用大数据助力机构决策，打通业绩闭环。

二是以数字化考核，提升精细化管理。将网点员工个人业绩表单与网点经营目标考核得分挂钩，按网点资产规模、网点数量分层分类，员工业绩支持科目结构、产品分类、业绩分成等数据展示，最终实现个人模拟利润兑现。开发考核计价引

① 资料来源：银行提供原始材料。

擎，实现零售客户经理、柜员、小微客户经理、公司客户经理产品计价打通，为奖金池奖金发放提供依据，逐步形成条块业绩奖金闭环，助力条线融合。

三是以移动化平台，实现数据随身查。在手机端集成“业绩排行榜、绩效合约考核得分、绩效奖金查询、FTP 效益查询测算、客户异动及到期提示等功能”，业务人员可及时通过手机端查看业绩进度、客户情况和考核结果，助力员工业务开展。

2. 高绩效工作平台打造

绩效管理生态层面，以高绩效工作平台为目标进行打造。如图 30 所示，最终实现绩效管理与内外部环境要素的充分融合，绩效管理与战略管理、财务管理、营销管理、人力资源管理、风险管理等在机制、流程、数据、应用等方面流通共享，按照战略目标要求，流动驱动进行组织优化，考核引导各部门、职能有效协同。系统层面，建设数据集中平台，打通系统之间的数据连接，整合数据应用，充分挖掘数据价值。运营层面，以战略为导向，农村中小银行的数据平台建设都以高绩效工作平台为目标，建设以绩效管理为核心的内部协同“新生态”，是数字化发展的必然，也是可持续发展的必然。

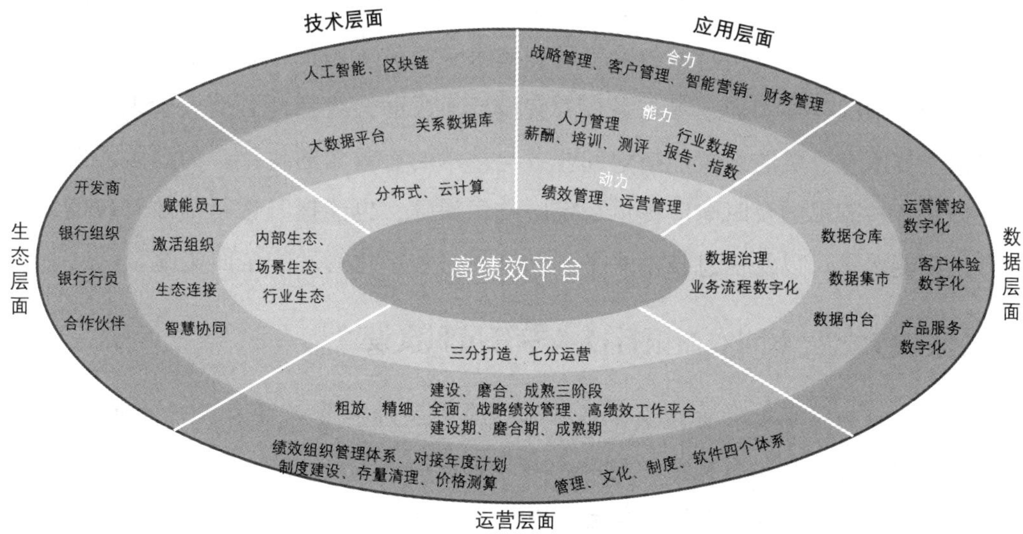

图 30　高效工作平台

资料来源：天维信息。

（五）把握制度、管理、文化、软件四项关键举措，持续保障落地运营

1. 制度层面：逐步引入市场化分配机制强化激励作用

首先，商业银行高质量发展，价值创造要素多元化，要健全生产要素由市场评价贡献、按贡献决定报酬的机制。《中共中央 国务院关于构建更加完善的要素市场化配置体制机制的意见》指出，要全面贯彻落实以增加知识价值为导向的收入分配政策，充分尊重科研、技术、管理人才，充分体现技术、知识、管理、数据等要素的价值。随着农村中小银行数字化转型、高质量发展持续推进，技术、知识、管理、数据等要素在价值创造中所占的比重将越来越高。其次，有效的激励需要市场化机制，充分体现“多贡献多收益”的分配原则。产品营销计价的有效性就在于其能根据实际业绩，及时计算绩效收益。内部交易公平环境的打造需要内部市场机制作为保障。

2. 管理层面：绩效管理能力下沉，“两专建设”强化组织保障

一是绩效管理能力下沉，应重视各层级管理者管理能力提升。要有计划、有目标地对各级尤其是中层管理人员开展相关培训或组织学习交流，促进各层级管理人员管理能力提升，实现精准考核、辅导、管理、赋能到每一个员工。

二是“两专”专业人才打造。在绩效管理专业人才建设方面，可以设置绩效专管员，绩效管理专管员包括业务专管员和技术专管员。如黄石农商银行绩效管理专管员负责日常的考核沟通，参与考核方案设计，协助各级管理者绩效管理工作的具体实施。技术专管员的设置能搭建起业务与技术的有效沟通桥梁，为绩效系统的稳定运行、考核需求的及时响应提供稳定的技术保障，也能提升银行绩效管理的综合能力、赋能水平，以及信息技术水平，助推银行数字化管理的全面实施。

【案例十七】不同农商银行技术专管员职责设置①

不同银行的技术专管员建设会根据银行自身实际和管理要求进行差异化培养，使技术专管员更契合银行需要的同时也实现自身的成长。

L农商银行的技术专管员初期主要进行业绩分配、机构行员信息维护、工资兑现工作，通过实践培养，目前主要履职于系统简单开发、系统数据提取、需求分析等工作，进一步提升了该行绩效系统的开发效率和需求响应速度。

---

① 资料来源：《银行绩效考核专刊》。

W 农商银行的技术专管员现在对考核管理工作得心应手，不仅承担基础信息维护、业绩调整审批、系统运行异常处理、工资兑现、解答行员提出的考核问题及系统操作问题等工作，还能独立进行系统培训、制度宣讲，并能给总行的绩效考核方向提出参考建议，深度参与制度建设工作。不仅实现了考核系统的有效开发及维护，还推进了考核、业务、技术的深度融合，完善了绩效管理体系，使绩效考核系统更贴近实际需求。

Z 农商银行的技术专管员相较于 W 农商银行的技术专管员，还能进行 MPAS 移动端管理，也促进了个人技术能力的提升，以及 Z 银行移动开发技术的探索，提升银行的金融科技水平。

3. 文化层面：敏捷文化及绩效文化持续打造夯实理念基础

"敏捷文化"打造要让员工接受"变"是常态，为商业银行内部管理的持续改革优化、持续创新和绩效管理持续改进优化奠定理念基础。绩效文化持续打造，以适应绩效管理的持续优化以及员工自身认知的不断变化。

4. 系统层面：落实过程管理实现可管控

结合各类考核对象的考核实施周期，定期、周期性地进行过程监督管理。信息化系统记录员工行为、工作过程、结果等，将这些信息结构化、数据化、定量化，从而能够分析、挖掘，将信息、数据等转化为知识、决策，借助系统实现全面的过程管理，实现全过程行为、结果的可管控、可预期、可干预，强化运营管控能力及优化调整能力。省联社对法人行社、法人行社高管考核，对高管的选拔任用、跟踪管理等，都需强化监督与过程管理。省联社对法人行社考核可以通过信息化系统支撑，实现"定量业绩月排名、月通报，阶段性工作季总结，全部工作年度综合评价"等多阶段、多频率过程管控。对法人行社的高管考核也是如此，通过过程管控跟踪高管的动态变化，及时进行管理、调整及评价、激励，也实现对法人行社的及时有效管理。法人行社内部也要强化监督与过程管理，持续推进精细化管理，及时发现问题，及时纠偏。

【案例十八】常熟农商银行强化四阶段过程管理[①]

常熟农商银行为进一步加强绩效考核的过程管理，营造争先创优、不进则退的

---

① 资料来源：银行提供原始材料。

工作紧迫感，创新绩效管理手段，建立并强化“每日实时战报、月度业绩榜单、季度比学赶超、年度述职评议”四阶段管理做法。各个利润中心每日在蓝信端发布实时“战报”，多点开花，捷报频传；人力资源部每月公布分支机构业绩排行榜，树立榜样、你追我赶；每季度进行比学赶超评比，评先评优，及时激励；年末组织全行机构和部门负责人述职评议，展示成绩，交流经验。

（六）定期开展效果评估，促进绩效管理效果持续发挥

1. 效果评估实施促进对标找差，持续改进

效果评估是过程管理阶段性总结评价的有效方式，是绩效管理持续优化的必要环节。保障每个环节正常、准确地开展，就必须以实现预期效果为目标，强化过程管理，定期开展效果评估，严格把控实施效果。通过不断地磨合、优化和完善绩效管理体系，促进绩效管理效果持续发挥。

效果评估以绩效管理效果为目标，具体内容包括战略目标实现情况、业绩及管理目标实现情况、资源投入产出（员工薪酬与实现业绩）、绩效管理四体系建设及运营情况、绩效管理成熟度评估等。通过访谈调研、问卷调查、数据分析、行业对标等多种方法综合调研，通过效果评估能够肯定成效、建立信心，寻找差距、正视不足，指导实践、改进提升。

2. 战略及目标有效分解定标准

效果评估的实施，要以战略为目标。具体实施过程：一是借助平衡计分卡等工具对战略目标在总行—部门—机构—岗位逐层进行有效分解。可以将各项战略目标在总行层面分解到财务、客户、内部流程、学习与成长各个维度，对照每个部门的职责，分解到条线、部门，再由条线、部门分解到部门内部各个岗位，各个机构逐层向下分解，成为各个考核主体的目标。二是对分解的各项任务目标明确责任主体，完成评价标准。每一项任务都要有责任主体、具体可评价的指标、评价标准等，并作为绩效计划及效果评估执行的对标标准。

3. 人力资源管理为依据定边界

考核对象、考核内容、结果应用、培训赋能等，对应人力资源的组织、岗位管理，薪酬管理，培训管理，员工关系管理，员工发展等。人力资源管理是效果评估对象、内容、改进计划等范围确定的依据。

4. 营销管理为核心确定组织主体

绩效管理的体系性规划，对战略的支撑要以营销管理即业务经营为引领。营销管理包括产品研发、产品定价、渠道、营销活动开展、队伍建设等。如开展大零售业务经营策略，相应的考核建设要与大零售经营策略相匹配。

中后台部门的工作都要以支持前台工作为目的，效果评估时：一是以业绩指标即第三层效果实现为核心进行分析，开展对结果、营销活动、内部管理支撑工作、资源投入等的全面分析；二是以营销管理组织为主体发起效果评估工作，具体实施中可由公司部、零售部、电子银行部等前台业务部门组织条线业务分析会，或者是作为总行组织发起全行经营分析会的重要组成部分等形式进行实施。业务经营有其专业性，从业务经营的角度能够全面分析产品、渠道、定价、人员投入、风险管控等各个方面，绩效考核专业部门代替不了业务部门的分析。

5. 目标导向确定合适的方式

效果评估具体实施时，根据实际情况选择合适的方式、内容及周期。一般情况下建议一年做四次效果评估（见表18），定期开展效果评估并形成一种常态管理机制。绩效考核建设初期，频率可以更高，以便及时发现不足，及时改正，缩短建设周期。稳定运行期，则可以按照稳定的频率实施，对标效果目标与战略评估相结合，更为全面、系统地进行检查，评估绩效管理在支撑战略管理实现中发挥的作用、取得的成效、存在的不足，通过深入分析，明确待改进的计划。

表18　　全年四次效果评估

效果评估	时间	目的	形式	内容
第一次	1—2月	对上年全年的绩效工资进行分析，作为9月、10月效果评估的补充	工资分析	绩效工资分析
第二次	4—5月	对接年度计划，检查制度是否需要重大调整	工资分析+对接年度计划	绩效工资分析+制度调整（可选）
第三次	7—8月	制度调整	全面绩效分析会+制度调整	员工座谈会/支行调研、绩效工资分析+制度/单价调整
第四次	10—11月	效果评估+下一年制度确定	全面效果评估+次年制度制定	支行调研、问卷调查、考核制度问题诊断、绩效工资分析、对接年度计划

资料来源：天维信息。

【案例十九】某农商银行六次效果评估示例[①]

A农商银行2017年6月上线绩效考核系统，实现绩效工资系统兑现，在此后到2019年8月，共实施了6次效果评估（见表19）。

表19　　六次效果评估内容

频次	时间	评估重点	评估方式	发现问题
第一次	2017年12月	管理体系 文化体系	访谈基层员工	缺乏“一纵一横”组织 绩效反馈缺乏渠道和机制 员工不理解考核制度
第二次	2018年6月	制度体系 软件体系	访谈基层员工 工资分析	员工反馈制度未能完全体现岗位工作 系统缺乏明细的业绩数据功能
第三次	2018年11月	全面绩效管理体系	调研基层网点 业绩与工资分析	城区与偏远乡镇收入差距过大
第四次	2019年2月	上一年的工资和当年经营目标分析	工资分析 分析年度目标	当前制度与年度目标有部分偏离
第五次	2019年5月	一季度业绩与工资分析	业绩与工资分析	存款考核制度和单价存在调整空间
第六次	2019年8月	上半年业绩与工资分析	访谈基层员工 业绩与工资分析	结合下半年的经营方向调整贷款考核制度

资料来源：天维信息。

A银行效果评估主要分为前、中、后三个阶段。前期，员工对绩效考核的态度及接受程度是绩效考核项目开展与推进的关键点，因此评估方式以网点调研、开展员工座谈会及绩效分析会为主；中期，绩效管理的四个体系建设是员工动力的来源，故而效果评估重点转向员工反馈及“四个体系”的建设现状；后期，长期绩效考核文化的形成是项目稳定、持续优化与运行的保障，因此对基层员工基于绩效文化的业绩行为及对分配的认可接受度是重要的评估内容。

从案例中也可以看到，效果评估是一项长期性工作，在不同的时期、不同的考核阶段，主要解决的问题、实现的目标不同，评估的内容、对象、形式也会不同。

6. 下一步实施计划为最终成果

实施效果评估的最终目的是促进个人、组织绩效的持续改进，即在实施效果评

① 资料来源：《银行绩效管理实践案例》。

估中实现后续管理中的“强优势，补短板”。后续计划可能涉及各个方面，不仅是考核，可能还有经营策略、管理流程、薪酬激励等，需要明确牵头实施负责部门。无论是成功经验还是不足的改进，计划都要有明确的责任主体、时限、完成标准等，以作为后续过程跟踪、评估的依据，效果评估既是终点，亦是起点。

八、展望

（一）省联社指导作用进一步发挥

省联社继续强化对农村中小银行绩效管理在业务、技术、数据、工具、方法、模式、路径等方面予以指导。通过软件平台建设、交流机制打造、管理办法指导意见制定、培训、专项研讨等形式，对农村中小银行绩效管理的持续改进、精细化管理、高质量发展提供持续支持。

（二）“中国农金 30 人论坛”持续发挥平台效应和桥梁作用

本次农村中小银行绩效考核管理模式的全面深入研究，得益于“中国农金 30 人论坛”良好平台作用的发挥。此次课题调研，搭建了各省联社学习、交流平台，为深入分析了解农村中小银行的绩效管理实践提供了机会，为各省联社、农村中小银行绩效管理先进经验积累、传播和绩效管理能力水平持续提升提供了丰富的实践机会。

多家省联社在调研中都表达和反馈了借助“中国农金 30 人论坛”平台，持续提升绩效管理能力、加强同业先进经验交流的迫切诉求。具体建议：

一是在组织层面由“中国农金 30 人论坛”牵线搭桥成立农村中小银行绩效考核专业委员会，并建立常态化联络工作机制。推动各省级行社加快建立健全绩效考核领导组织体系，深化管理理念创新，明确相关部门职责，以“差异化”考评机制为抓手，持续推进辖区法人单位健全完善以价值创造为核心的绩效考核模式，推动全国农信机构加快实现高质量发展。

二是在内容形式上可以通过组织绩效考核相关专题研讨，采用工作经验与信息交流研讨会、专项课题研究等方式开展。搭建全国农村中小银行绩效管理工作经验与信息交流平台，发挥平台优势，协调绩效管理优秀的商业银行，联合深入开展系列研究，组织实地考察、业务交流培训等，强化专家智库示范引领作用。

正如江苏省联社汤宇副主任所言，农村中小银行绩效考核管理的发展探索，是一项长期工程、系统工程，事关每一名干部员工的切身利益，更关系农村中小银行的长远发展。国内外不少银行在相关方面具有很多成熟的做法和先进的经验，希望《中国农村金融》杂志社能够多多组织相关专题交流研讨活动，帮助我们开阔视野、拓宽思路，推动完善绩效考核管理模式，促进农村中小银行更高质量发展。

（三）持续关注农村中小银行绩效管理课题的研究

持续关注农村中小银行绩效管理课题研究。一是绩效管理的持续改进需要不断总结先进经验并传播推广。二是绩效管理的动态性和发展性使得绩效管理相关课题的研究常说常新。从本报告分析中也可以看到，在当前及面临诸多新变化、新环境要素下，绩效管理还有很多新的挑战和话题需要探讨。譬如在市场化机制不断推进的情况下，对农村中小银行高管考核和有效激励，数字化转型背景下农村中小银行的绩效考核实施，在农村中小银行持续增量诉求及业绩发展背景下员工的持续激励，个人绩效与组织绩效的有效协同、高绩效工作平台的建设路径及方法等课题都值得持续深入研究。

附录1　绩效管理成熟度

绩效管理成熟度模型（BPM3）是天维信息银行绩效考核最佳实践研究所《商业银行绩效管理成熟度研究——基于卓越绩效模式》课题最新研究成果，通过量表对商业银行绩效管理成熟度水平进行量化评定，并为商业银行绩效管理的持续优化提供清晰的晋级路径。该模型包括三个维度的内容，分别是商业银行绩效的三个层次（个人绩效、团队绩效、组织绩效）、绩效管理成熟度的五个等级、绩效管理运营控制体系。整个模型的内容就是在商业银行不同绩效层次绩效管理成熟度建设过程中，对应需要明确的关键过程和结果。

商业银行绩效管理成熟度包括五个等级，分别是初始级、可重复、已定义、已管理和可优化级，具体等级对应描述及状态如附表1、附表2和附表3所示。

附表1　　绩效管理成熟度等级对应的定义描述

等级	等级描述	各体系状态
初始级 （无序、无规律）	1. 无序的运行，并没有形成机制体系，只关注到考核。 2. 具体操作是没机制依据，没有流程规范，也没有工具支持。	整体绩效体系呈粗放式； 宏观管理体系中有一定的组织和目标基础，但没有形成持续助力企业发展的力量。绩效管理运营、保障体系未建立，处于粗放的绩效考核状态
可重复 （经验为基础的复用和新对象的应用，部分形成机制、流程）	1. 能重复利用以往的考核经验，能套用一些模板，开展对一些新对象的考核，但并未形成全面的体系； 2. 各层级、各员工之间没有充分的沟通和协同； 3. 建设有系统工具可支持落地； 4. 建设制度方案和运营管理办法，并要求执行落地； 5. 以考评为主，尚未形成绩效管理体系； 6. 部分人员有绩效管理能力	整个体系根据历史经验推进运行； 宏观管理体系、绩效管理体系围绕绩效考核的部分要点进行切入，与之相应的管理动作具有一定的规范，但并没有进行明确界定和制度化
已定义 （制度完善，过程清晰，系统完整，系统体系构建）	1. 制定考核实施流程、工具、方法、模板等，且作为具体工作开展的指导规范和有力工具； 2. 制定配套的运营管理办法和管理制度； 3. 各项制度办法、过程能形成一个整体	通过绩效考核的系统化制度设计，实现整体运营与宏观管理动作的协同完善，并基本能够系统执行
已管理 （全流程管理，及时评价，及时改进）	1. 绩效管理全过程都有制定清晰的目标、方法、策略、具体实施内容等； 2. 能够对全过程或任意阶段都进行管理、测量、评价和分析； 3. 根据测量、分析结果，制定出改进计划和措施，进行优化改进	宏观管理体系、保障体系、运营体系之间的全流程管理，宏观管理体系可以有效促进高效运营，并对运营过程能够实现及时监测，对问题及时反应、及时调整解决
可优化 （一体化，能够自发改进，并能根据内外部变化持续改进）	1. 能够主动发现当前体系存在的缺陷或不足，予以完善，并制定相应的预防机制； 2. 对当前体系进行全面的诊断分析，找到可优化的点，并制定相应的优化建议； 3. 在有序运行的基础上，能够根据内外部环境的变化，对整个体系进行优化调整、甚至重构；重构后，各配套、运营制度、工具等调整，并能有效运行	宏观管理体系、绩效管理运营保障体系协同运行，宏观管理能够适应内外部环境变化，同时绩效管理体系在落地运营层面能有效应对变化并平稳过渡和调整

资料来源：天维信息。

附表2　　商业银行绩效管理成熟度评价体系

项目	维度	指标
商业银行绩效管理成熟度（BPM3）	企业宏观管理体系	组织管理
		战略管理
		目标管理
		人力资源管理配套
		信息化管理配套
	绩效管理保障体系	理念文化
		制度机制
		绩效组织管理
		绩效系统
	绩效管理运营体系	绩效计划
		沟通辅导
		考核评价
		结果运用
		反馈改进

资料来源：天维信息。

附表3　　商业银行绩效管理成熟度等级值域表

等级	成熟度等级值域	
	得分制（0—1分制）	评分制（1—5分制）
初始级	M∈［0，0.3）	M∈［0，2.5）
可重复	M∈［0.3，0.55）	M∈［2.5，3.5）
已定义	M∈［0.55，0.75）	M∈［3.5，4）
已管理	M∈［0.75，0.9）	M∈［4，4.5）
可优化	M∈［0.9，1］	M∈［4.5，5］

资料来源：天维信息。

附录2　商业银行绩效管理及薪酬相关监管政策

附表4　　银行最近5年监管政策及薪酬绩效相关政策汇总一览表

编号	政策名称	政策编号	发布机构	发布年份
1	金融机构服务乡村振兴考核评估办法	中国人民银行、中国银保监会〔2021〕第7号	中国人民银行、中国银保监会	2021

续表

编号	政策名称	政策编号	发布机构	发布年份
2	关于2021年银行业保险业高质量服务乡村振兴的通知	银保监办发〔2021〕44号	中国银保监会办公厅	2021
3	关于2021年进一步推动小微企业金融服务高质量发展的通知	银保监办发〔2021〕49号	中国银保监会办公厅	2021
4	发布《关于深入扎实做好过渡期脱贫人口小额信贷工作的通知》	银保监发〔2021〕6号	中国银保监会、财政部、中国人民银行、国家乡村振兴局	2021
5	中国银保监会关于印发银行保险机构公司治理准则的通知	银保监发〔2021〕14号	中国银保监会	2021
6	《银行保险机构董事监事履职评价办法（试行）》	银保监令2021年第5号	中国银保监会	2021
7	关于进一步规范商业银行互联网贷款业务的通知	银保监办发〔2021〕24号	中国银保监会办公厅	2021
8	关于规范商业银行通过互联网开展个人存款业务有关事项的通知	银保监办发〔2021〕9号	中国银保监会办公厅、中国人民银行办公厅	2021
9	关于规范现金管理类理财产品管理有关事项的通知	银保监发〔2021〕20号	中国银保监会、中国人民银行	2021
10	关于防止经营用途贷款违规流入房地产领域的通知	银保监办发〔2021〕39号	中国银保监会办公厅、住房和城乡建设部办公厅、中国人民银行办公厅	2021
11	关于进一步规范大学生互联网消费贷款监督管理工作的通知	银保监办发〔2021〕28号	中国银保监会办公厅、中央网信办秘书局、教育部办公厅、公安部办公厅、中国人民银行办公厅	2021
12	关于开展银行业保险业“内控合规管理建设年”活动的通知	银保监发〔2021〕17号	中国银保监会	2021
13	关于印发银行保险机构消费者权益保护监管评价办法的通知	银保监发〔2021〕24号	中国银保监会	2021
14	银保监会2021年一季度新闻发布会现场实录		中国银保监会	2021
15	中国人民银行关于深入开展中小微企业金融服务能力提升工程的通知	银发〔2021〕176号	中国人民银行	2021

续表

编号	政策名称	政策编号	发布机构	发布年份
16	关于金融支持巩固拓展脱贫攻坚成果 全面推进乡村振兴的意见	银发〔2021〕171号	中国人民银行、银保监会、证监会、财政部、农业农村部、乡村振兴局	2021
17	关于印发《银行业金融机构绿色金融评价方案》的通知	银发〔2021〕142号	中国人民银行	2021
18	中国银保监会办公厅印发关于建立完善银行保险机构绩效薪酬追索扣回机制指导意见的通知	银保监办发〔2021〕17号	中国银保监会办公厅	2021
19	关于做好2020年银行业保险业服务“三农”领域重点工作的通知	银保监办发〔2020〕31号	中国银保监会办公厅	2020
20	关于2020年推动小微企业金融服务“增量扩面、提质降本”有关工作的通知	银保监办发〔2020〕29号	中国银保监会办公厅	2020
21	关于印发商业银行小微企业金融服务监管评价办法（试行）的通知	银保监发〔2020〕29号	中国银保监会	2020
22	关于进一步完善扶贫小额信贷有关政策的通知	银保监发〔2020〕28号	中国银保监会、财政部、中国人民银行、国务院扶贫办	2020
23	商业银行互联网贷款管理暂行办法	2020年第9号	中国银保监会	2020
24	关于开展银行业保险业市场乱象整治“回头看”工作的通知	银保监发〔2020〕27号	中国银保监会	2020
25	关于印发监管数据安全管理办法（试行）的通知	银保监发〔2020〕43号	中国银保监会	2020
26	关于预防银行业保险业从业人员金融违法犯罪的指导意见	银保监办发〔2020〕18号	中国银保监会办公厅	2020
27	关于下调部分金融机构存款准备金率的通知	银发〔2020〕85号	中国人民银行	2020
28	关于实施普惠金融定向降准的通知	银发〔2020〕66号	中国人民银行	2020
29	关于进一步强化中小微企业金融服务的指导意见	银发〔2020〕120号	中国人民银行、银保监会、发展改革委、工业和信息化部、财政部、市场监管总局、证监会、外汇局	2020

续表

编号	政策名称	政策编号	发布机构	发布年份
30	关于建立银行业金融机构房地产贷款集中度管理制度的通知	银发〔2020〕322 号	中国人民银行、中国银行保险监督管理委员会	2020
31	《系统重要性银行评估办法》	银发〔2020〕289 号	中国人民银行、中国银保监会	2020
32	关于印发《银行业从业人员职业操守和行为准则》的通知	银协发〔2020〕120 号	中国银行业协会	2020
33	关于印发《商业银行绩效评价办法》的通知	财金〔2020〕124 号	中国财政部	2020
34	关于做好 2019 年银行业保险业服务乡村振兴和助力脱贫攻坚工作的通知	银保监办发〔2019〕38 号	中国银保监会办公厅	2019
35	关于推动村镇银行坚守定位 提升服务乡村振兴战略能力的通知	银保监办发〔2019〕233 号	中国银保监会办公厅	2019
36	关于 2019 年进一步提升小微企业金融服务质效的通知	银保监办发〔2019〕48 号	中国银保监会办公厅	2019
37	关于进一步规范和完善扶贫小额信贷管理的通知	银保监发〔2019〕24 号	中国银保监会、财政部、中国人民银行、国务院扶贫办	2019
38	关于进一步加强金融服务民营企业有关工作的通知	银保监发〔2019〕8 号	中国银保监会	2019
39	关于推动银行业和保险业高质量发展的指导意见	银保监发〔2019〕52 号	中国银保监会	2019
40	关于推进农村商业银行坚守定位 强化治理 提升金融服务能力的意见	银保监办发〔2019〕5 号	中国银保监会办公厅	2019
41	商业银行股权托管办法	银监会令　2019 年第 2 号	中国银保监会	2019
42	商业银行代理保险业务管理办法	银保监办发〔2019〕179 号	中国银保监会办公厅	2019
43	关于进一步规范商业银行结构性存款业务的通知	银保监办发〔2019〕204 号	中国银保监会办公厅	2019
44	关于开展“巩固治乱象成果促进合规建设”工作的通知	银保监发〔2019〕23 号	中国银保监会	2019

续表

编号	政策名称	政策编号	发布机构	发布年份
45	银行业金融机构反洗钱和反恐怖融资管理办法	银保监会令　2019年第1号	中国银保监会	2019
46	关于银行保险机构员工履职回避工作的指导意见	银保监发〔2019〕50号	中国银保监会	2019
47	关于银行保险机构加强消费者权益保护工作体制机制建设的指导意见	银保监发〔2019〕38号	中国银保监会	2019
48	关于金融服务乡村振兴的指导意见	2019年2月11日	中国人民银行、银保监会、证监会、财政部、农业农村部	2019
49	关于支持绿色金融改革创新试验区发行绿色债务融资工具的通知	银发〔2019〕116号	中国人民银行	2019
50	中国人民银行决定改革完善贷款市场报价利率（LPR）形成机制	中国人民银行公告〔2019〕第15号	中国人民银行	2019
51	中国人民银行就新发放商业性个人住房贷款利率有关事宜公告	中国人民银行公告〔2019〕第16号	中国人民银行	2019
52	中国人民银行就存量浮动利率贷款的定价基准转换为LPR有关事宜公告	中国人民银行公告〔2019〕第30号	中国人民银行	2019
53	关于做好2018年银行业三农和扶贫金融服务工作的通知	银监办发〔2018〕46号	中国银监会办公厅	2018
54	关于2018年推动银行业小微企业金融服务高质量发展的通知	银监办发〔2018〕29号	中国银保监会办公厅	2018
55	关于进一步做好信贷工作提升服务实体经济质效的通知	银保监办发〔2018〕76号	中国银保监会办公厅	2018
56	商业银行股权管理暂行办法	银监会令　2018年第1号	中国银监会	2018
57	商业银行流动性风险管理办法	银保监会令　2018年第3号	中国银保监会	2018
58	商业银行委托贷款管理办法	银监发〔2018〕2号	中国银监会	2018
59	银行业金融机构联合授信管理办法（试行）	银保监发〔2018〕24号	中国银保监会	2018

续表

编号	政策名称	政策编号	发布机构	发布年份
60	商业银行理财业务监督管理办法	银保监会令　2018 年第 6 号	中国银保监会	2018
61	关于完善商业银行存款偏离度管理有关事项的通知	银保监办发〔2018〕48 号	中国银保监会办公厅	2018
62	银行业金融机构从业人员行为管理指引	银监发〔2018〕9 号	中国银监会	2018
63	商业银行大额风险暴露管理办法	银保监会令　2018 年第 1 号	中国银保监会	2018
64	关于印发银行业金融机构数据治理指引的通知	银保监发〔2018〕22 号	中国银保监会	2018
65	关于调整普惠金融定向降准有关考核标准的通知	银发〔2018〕351 号	中国人民银行	2018
66	关于进一步深化小微企业金融服务的意见	银发〔2018〕162 号	中国人民银行、中国银保监会、中国证监会、国家发展改革委、财政部	2018
67	关于印发提高小微企业信贷服务效率 合理压缩获得信贷时间实施方案的通知	银监办发〔2017〕61 号	中国银监会办公厅	2017
68	关于促进扶贫小额信贷健康发展的通知	银监发〔2017〕42 号	中国银监会、财政部、人民银行保监会、国务院扶贫办	2017
69	关于提升银行业服务实体经济质效的指导意见	银监发〔2017〕4 号	中国银监会	2017
70	关于加强农村商业银行股东股权管理和公司治理有关事项的意见	银监办发〔2017〕99 号	中国银监会办公厅	2017
71	关于银行业风险防控工作的指导意见	银监发〔2017〕6 号	中国银监会	2017
72	关于对普惠金融实施定向降准的通知	银发〔2017〕222 号	中国人民银行	2017
73	关于金融支持深度贫困地区脱贫攻坚的意见	银发〔2017〕286 号	中国人民银行、银监会、证监会、保监会	2017
74	关于银行业进一步做好服务实体经济发展工作的指导意见	银监发〔2015〕25 号	中国银监会	2015

续表

编号	政策名称	政策编号	发布机构	发布年份
75	关于银行业金融机构进一步做好绩效考评工作的意见	银监办发〔2013〕78号	中国银监会办公厅	2013
76	关于印发银行业金融机构绩效考评监管指引的通知	银监发〔2012〕34号	中国银监会	2012
77	关于印发《商业银行稳健薪酬监管指引》的通知	银监发〔2010〕14号	中国银监会	2010
78	关于印发《商业银行风险监管核心指标（试行）》的通知		中国银监会	2005

资料来源：天维信息。

参考文献

[1] 天维银行绩效考核最佳实践研究所．银行绩效管理理论与实践［M］．中国经济出版社，2019.

[2] 丁家奎，李国英．银行绩效管理实践案例［M］．中国经济出版社．2020.

[3] 吴刚．省联社模式下统一客户经理绩效管理的探索［J］．知行．2020（14）.

[4] 王兴源．银行中后台绩效管理“陷阱”突围战［J］．中国农村金融．2020（11）.

[5] 张艳．打造云生态 构建广东农信科技服务新体系［J］．中国农村金融，2020（22）：8－10.

[6] 刘建文．推动技术专管员建设，助力银行精细化管理［J］．银行绩效考核专刊，2021（79）：9.

报告四

农村中小银行
零售业务转型课题研究

课题牵头单位
杭州雅拓信息技术有限公司

主要观点

1. 农村中小银行坚守服务县域、支农支小方向定位，是国家赋予的特殊使命，更是自身稳健可持续发展的基本法则。农村中小银行应准确把握自身在银行体系中的差异化定位，确立与所在地域经济总量、产业特点等相适应的发展方向、战略定位和经营重点。农村中小银行要充分发挥自身独特优势，把国家赋予的使命转化成发展动力，实现使命担当与自身可持续均衡发展。

2. 农村中小银行零售业务转型要坚持“以客户为中心”的战略核心不动摇。探索目标客户价值，深挖目标客户需求，建立以客户为中心的组织架构、管理机制及服务体系，将客户需求贯穿于自身发展的全过程，真正做到“因需而变、因时而动”。“增幅扩面”和“存量挖掘”是农村中小银行客户经营的重点工作，做大核心客户数是农村中小银行客户经营的重中之重。

3. 农村中小银行零售业务转型本质是管理的转型，是对传统经营模式、管理模式的变革。人力资源是企业发展的第一要素，管理机制是企业发展的核心要素，数字技术是企业发展的升级要素。经营转型是核心，管理转型则是根本保障。以此，共同构成农村中小银行可持续发展的核心竞争力。数字技术是数字化时代的一个“必备神器”，区别于过去技术的简单更迭，也需要通过变革，才能最大化效用。

4. 农村中小银行必须充分发挥“小法人、大平台”的多级法人体制优势，上下联动，将体制优势转化成发展胜势。省联社充分发挥好其服务、指导、协调和管理职能，重点通过党建引领、方向牵引、技术支撑、指导赋能等方式，助力法人机构零售业务转型。

5. 农村中小银行面对银行业同质化竞争，需要不断加强连接客户经营要素上的“产品、渠道、场景、营销”，提升综合能力。以此，寻求创新和差异化、特色化服务，加快构建自身的独特优势，在坚持和实施“人无我有”“人有我优”“人优我专”策略的前提下，农村中小银行才能赢得稳固的生存和发展空间。

6. 农村中小银行零售业务发展模式趋向“暖银行＋快银行＋智慧银行”。前台体现服务温度上的“暖”，中台体现服务速度上的“快”，后台通过“最强大脑”实现精细化精准经营。

7. 农村中小银行是天然的零售银行，在经济新环境、客户新变化、竞争新形势、监管新动向、技术新变革等新情况下迎来新挑战。农村中小银行需要结合自身多级法人管理体制实际，以“1314”战略框架为指导，以客户为中心，实现人力资源变革、管理机制变革、数字技术变革，以省联社大平台为支撑，提升产品、渠道、场景、营销“四大引擎”连接能力，赢得发展新优势。

8. 农村中小银行零售业务转型是一项系统性工程，要在统筹规划和顶层设计的基础上，边行边试、持续迭代、螺旋上升、深入推进，确保零售业务的深入转型和持续发展。在转型过程中要保持定力、久久为功，坚持一张蓝图绘到底。

9. 农村中小银行零售业务转型不能“为了转型而转型”，需要根据自身发展阶段、资源禀赋选择不同的模式：头部梯队应加强新技术的应用，注重“互联网+”战略，积极探索新零售模式变革；中部梯队应注重通过数字化手段驱动大零售业务升级转型；尾部梯队应注重从客户、业务结构调整开始，抓好“增幅扩面”“存量挖掘”，筑牢零售业务根基。

一、引言

随着国内外经济形势的日趋复杂，市场需求的迅速改变，互联网技术的蓬勃发展，国内银行业正经历着一场变革。“得零售者得天下”成为业界共识，零售金融成为行业内“兵家必争之地”。相较国内其他大中型商业银行，农村中小银行具备天然的零售银行基因和零售业务基础优势。但是，在经济新环境、客户新变化、竞争新形势、监管新动向、技术新变革下，农村中小银行的零售业务也遇到了前所未有的新课题，必须破题而立、破茧重生。

根据“中国农金 30 人论坛”的部署，坚持问题导向和目标导向相结合，农村中小银行零售业务转型课题研究报告（以下简称本报告）课题通过实地调研、案例分析、专家访谈、问卷调研等方法，重点探讨农村中小银行零售业务为什么转、如何转，以及怎么转的现实问题。

本报告的研究思路：一是从我国零售银行业务发展现状，以及宏观经济、国家、监管、行业政策导向、市场竞争与机会及农村中小银行自身发展角度，阐明农村中小银行零售业务转型的必要性和趋势性，帮助农村中小银行坚定零售业务转型的决心和信心。二是基于“中国农金 30 人论坛”组织的多场调研及线上问卷调查，总结农村中小银行零售业务发展的现状和面临的问题与挑战，结合不同机构所处发展阶段的差异，从结构调整、大零售转型，到零售业务数字化升级和新零售变革，探索农村中小银行零售业务转型发展战略，提出“一个中心、三大变革、一个支撑、四大引擎”的“1314”战略构想以及战略落地的关键路径，帮助农村中小银行厘清零售业务转型的底层逻辑。三是针对农村中小银行零售业务转型所面临的问题和挑战，结合“1314”战略构想以及农村中小银行自身的发展优势，提出具体实施方案和相关对策，并选取行业内的优秀案例，以理论和实际相结合的方式，为同业在践行零售业务转型方面提供一定的参考和依据。

根据《中国银保监会农村中小银行机构行政许可事项实施办法》（中国银行保险监督管理委员会令 2019 年第 9 号），农村中小银行机构包括：农村商业银行、农村合作银行、农村信用社、村镇银行、贷款公司、农村资金互助社以及经银保监会批准设立的其他农村中小银行机构。本课题报告的研究对象主要针对农村商业银行、农村合作银行、农村信用社及村镇银行。

二、取势：农村中小银行零售业务转型是大势所趋

商业银行经营战略转型，其实质就是商业银行依赖什么要素，借助何种手段，通过怎样的途径，来实现业务规模的扩张、盈利能力的提升和银行价值的增长，是商业银行主动求变、主动创新的过程。其核心内容就是以经营目标和发展战略调整为起点，以核心业务和一般业务的重新梳理为基础，依托组织管理架构调整和资本并购等手段，全力推动核心业务增长、经营结果转变和管理素质提升的创新过程。商业银行的经营战略转型是一个系统工程，从可持续发展的角度来看，战略转型处于先导环节，经营转型是核心，管理转型则是根本保障。

（一）我国银行业零售业务发展现状

1. 银行零售业务发展的背景形势

受全球经济增速放缓、利率市场化不断推进以及监管趋严的影响，银行对公和同业业务难以支撑商业银行持续、稳定且高速的盈利增长；而零售业务天然具有稳定性、厚利性、风险分散性、逆周期性等特征，能够为银行业提供较为稳定的盈利来源。

就我国当前经济形势而言，一方面，银行面临着多种挑战：存贷利差收窄，息差获利模式不可持续；直接融资渠道拓展和投资方式多样化，对银行存款造成一定程度分流等。另一方面，国民收入与财富增长对资产配置和金融服务的需求多元化，互联网与金融科技为推动银行业务和服务模式创新、为银行重塑零售业务带来新机遇。

以各家上市银行2021年中报为例，可以看出多数银行已将零售业务转型作为其重点推进的战略任务，零售业务开始从规模增长向高质量发展过渡。“双循环”发展的新格局、共同富裕的新命题、利率市场化的新常态、金融科技的新动能，都促使各家银行加快零售业务转型的进程。

2. 上市银行零售业务经营指标特点分析①

从中报来看，2021 年上半年，上市银行零售业务发展速度明显加快。无论是业务贡献度、利润贡献度，还是资产质量，都呈向好趋势。

一是业务贡献度持续增加。2017—2021 年，57 家 A 股和 H 股上市银行个人贷款占全部贷款的比例从 36.2% 上升到 40.3%，与公司贷款占比差距进一步缩小。个人存款占全部存款比例从 42.9% 上升到 45.3%，几乎成为半壁江山，其中六大行和农商行的个人存款占比已经超过对公存款（见图 1）。

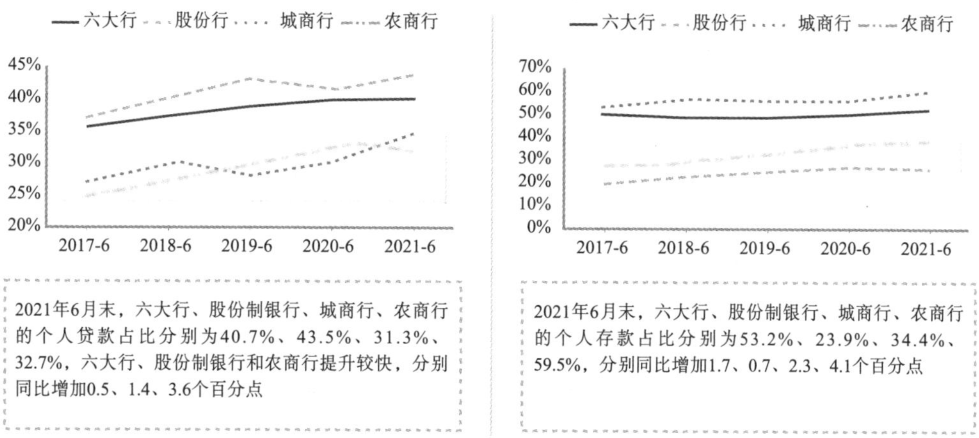

图 1　57 家上市银行个人贷款及个人存款占比变化

资料来源：WIND，银行年报，中银研究，雅拓信息。

二是盈利贡献大幅上升。从部分上市银行的数据来看，个人业务营收贡献和利润贡献度大幅上升（见图 2）。

三是资产质量稳中向好。2021 年，上市银行资产质量进入修复期，增幅收窄、降幅增加，呈现“一升一降”趋势。其中，零售不良贷款余额和不良率出现“双降”，资产质量明显改善（见图 3）。

3. 各类银行的零售业务布局模式

各家银行依据自身优势和发展重点，在零售业务发展战略的定位和实践中也表现出一定的差异性和独特性，并逐步构建自身的“护城河”。

① 参考中银研究《我国银行业零售业务发展新亮点与启示——基于上市银行 2021 年半年报分析》。

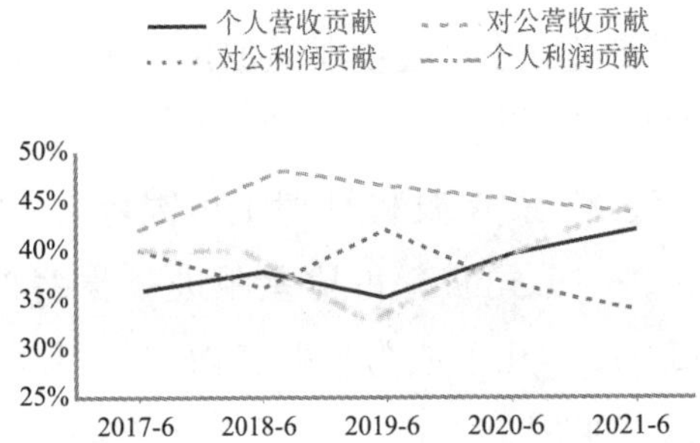

- 个人业务营收贡献率从2017年上半年的36.9%上升到2021年上半年的41.6%，2019年后上升速度明显加快
- 对公业务营收贡献率从2018年上半年的46.6%下降到2021年上半年的42.4%，领先个人业务的程度逐渐缩小，仅为0.8个百分点
- 利润贡献度：2018年上半年个人业务已经超过对公业务；2019年上半年对公业务利润贡献度再次领先；2020年、2021年上半年个人业务贡献度连续两年超过对公业务，2021年上半年领先对公业务近10个百分点，达到43.4%，创历史新高

图2　部分上市银行个人业务营收与利润贡献度

资料来源：WIND，银行年报，中银研究，雅拓信息。

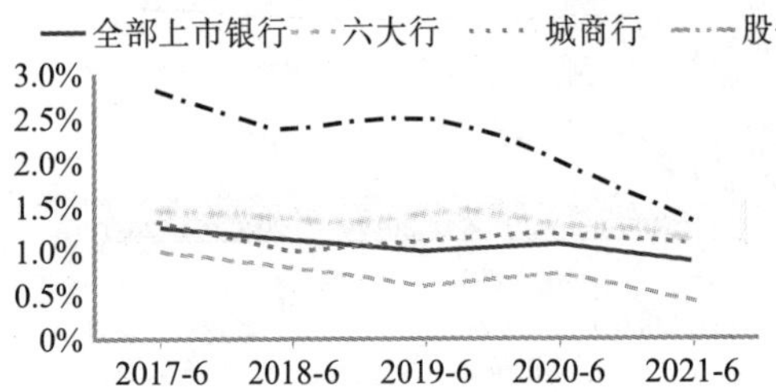

- 2021年6月末55家上市银行平均不良贷款余额同比增加7.6%，不良贷款率下降0.1个百分点；个人平均不良贷款余额同比下降4.9%，不良贷款率下降0.12个百分点
- 六大行和股份行个人贷款不良贷款率分别降低0.1、0.2个百分点；城商行和农商行个人贷款不良率同比下降0.1、0.5个百分点

图3　57家上市银行个人贷款不良率

资料来源：WIND，银行年报，中银研究，雅拓信息。

国有银行凭借雄厚的资本实力、广大的客户群体、分布广泛的分支机构、完整的产品线和多年沉淀的良好品牌及金融科技能力等众多优势，从零售银行向零售强行进军，更突出“互联网＋”战略，利用综合化和全球化优势不断夯实零售业务基础。股份制商业银行首先是客户定位更加明确，尤其是在中高端个人客户市场；其次是更加注重产品差异化创新和内部精细化管理。包括农村中小银行在内的地方性区域银行则在掌握本地信息方面更具优势，能提供更有针对性、本地化和价格低廉的金融服务。在与其他银行的业务比拼中，这类银行更偏向扬长避短、拾遗补缺，在区域市场精耕细作，灵活经营。

4. 零售业务组织架构趋向功能聚集化

近年来，各类银行对零售业务组织架构的调整普遍呈现业务条线化、功能聚集化等特征。具体而言，主要可以分为四种类型。

第一种是总部型，例如，招商银行（见图4）的零售条线组织架构就重在前、中、后台的内部职能分工协作。零售金融总部包含策略、考核等后台团队，主要负责统筹其余各部门业务、客户服务方面的合作沟通。其余各部门分别服务不同业务条线下的客户。招行银行的新零售银行架构[①]可以在分部门管理各业务条线的同时联动各业务线，实现业务背后的客户联动。

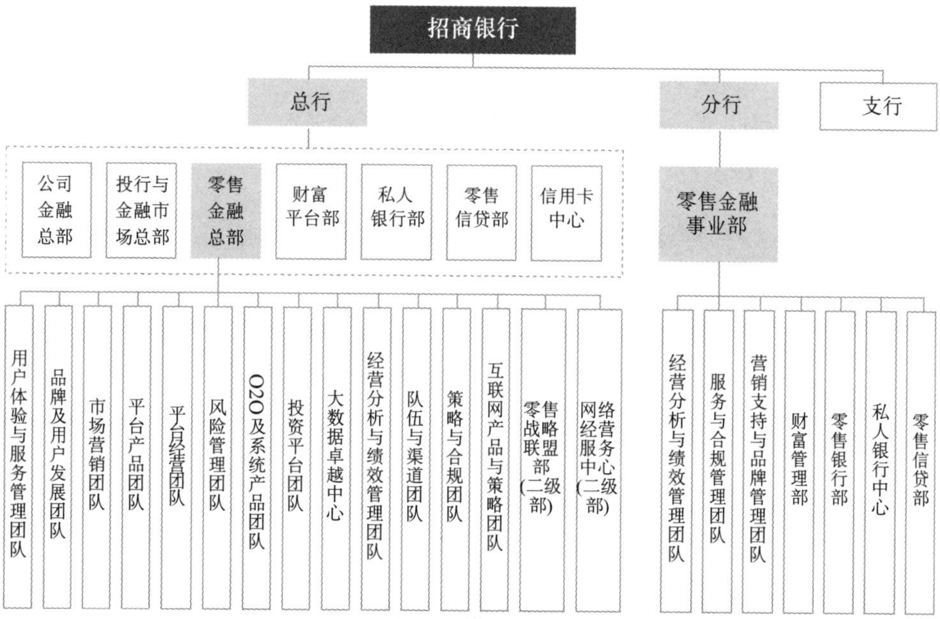

图 4 招商银行零售金融组织架构

资料来源：雅拓信息。

第二种是条线型，通常表现为银行业务部门事业部制，是国外银行条线化组织架构在国内的一种“演变”。大零售条线下不仅包括零售业务的前台部门，还包括为零售业务提供支持的中后台部门，如风险管理、品牌推广、科技、运营等。平安银行（见图 5）的大零售条线就包括零售和运营两大板块，其中零售条线包括私人银行与财富管理事业部、消费金融事业部等 8 个部门。

第三种是群组型，即银行在与零售业务相关的前、中、后台部门之上虚设一个零售金融总部，加强零售业务相关部门之间的协作性，也将银行职能属性相近或者工作职能联系紧密的部门组成群组，减少管理层级。例如，兴业银行（见图 6）零售金融总部（虚设）下设零售业务管理部、私人银行部、信用卡中心、零售资产负

---

① 2021 年初，招商银行为强化以财富业务带动零售业务发展，将总行原一级部门零售金融总部的大部分团队、原财富管理部合并组建财富平台部（一级部门）。

债部与财富管理部、零售风险管理部。

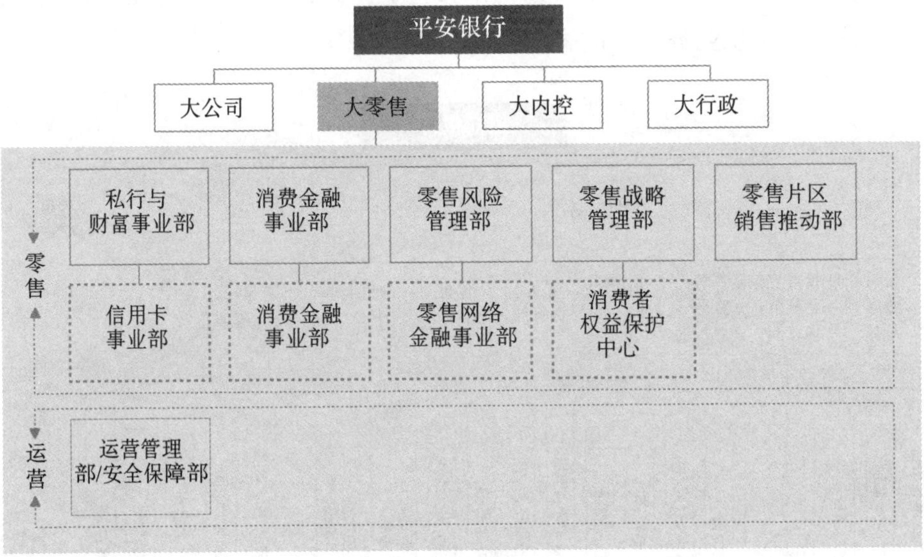

图5　平安银行零售金融组织架构

资料来源：雅拓信息。

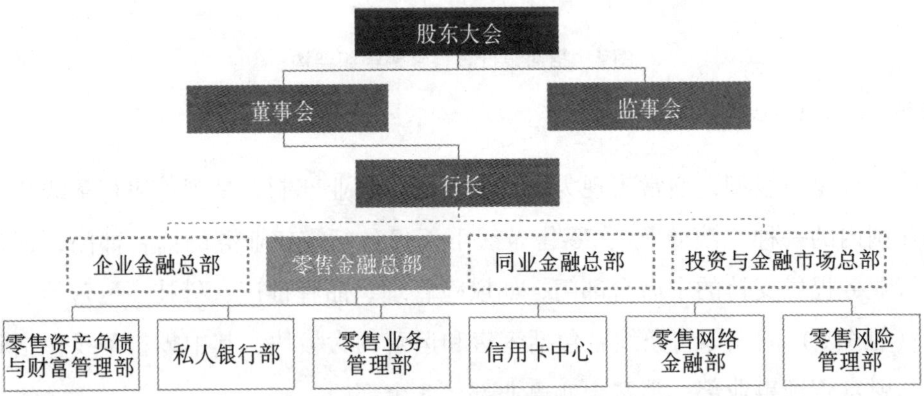

图6　兴业银行零售金融组织架构

资料来源：雅拓信息。

第四种是松散型，即零售业务部门之间完全独立，在经营管理层设立业务委员会，用以统筹相对独立的业务部门。例如，中信银行在调整组织架构的过程中，总行本身不设条线总部，业务条线由14个一级业务部门组成。因此，相对前述几家股份制银行来讲，中信银行零售业务的部门分布较为独立，主要由电子银行部、零售银行部、个人信贷部、信用卡中心四个一级部门（准一级部门）承担零售业务职能，同时在高级管理层设立零售业务委员会（见图7）。

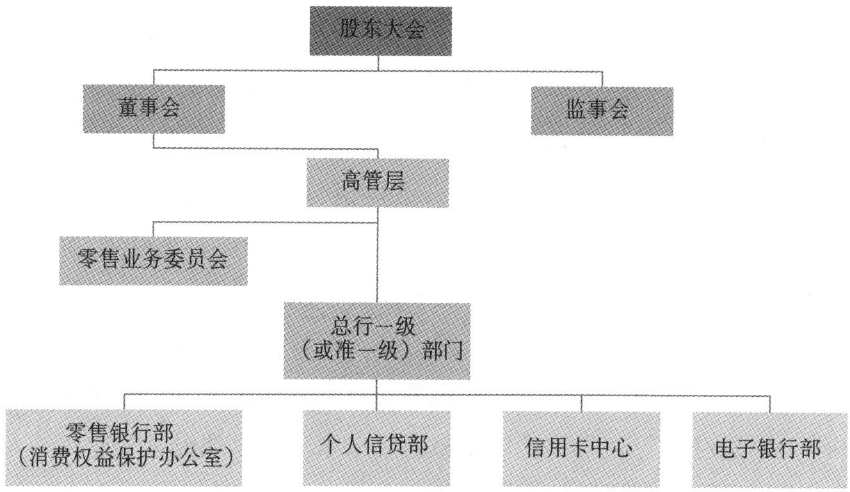

图7　中信银行零售金融组织架构

资料来源：雅拓信息。

5. 金融科技为零售业务发展提供新动能①

随着“金融科技4.0时代”的到来，“金融+科技+数据”的服务模式为零售业务注入新动能。传统零售业务更多依靠人力、网点、设备等物理投入，营销和管理成本较高，且很大程度上受到数据量大、区域隔阂等因素的制约，而大数据、云计算、人工智能等金融科技突破时间、空间限制，有效解决了这些难题。通过对客户金融行为产生的海量数据进行深度分析，形成对个人社会关系、资金流动情况以及消费习惯等方面的精准画像，预测客群未来消费倾向，零售业务可以做到有的放矢、精准营销，极大降低经营成本，提升客户体验。金融科技还可以帮助识别零售业务中的风险点，减少信息不对称问题，预判客户违约概率，前瞻性应对信用风险，以强大的模块化系统减少人工操作风险。金融科技与零售业务发展需求高度契合，有效助力零售业务高质量、可持续发展。

6. 财富管理成为银行的必争之地

治国之道，富民为始。金融兴邦，利民为要。“十四五”规划通篇贯彻以人民

① 引自中银研究《我国银行业零售业务发展新亮点与启示——基于上市银行2021年半年报分析》。

为中心的发展思想，围绕共同富裕、扩大内需、金融对外开放等内容，从扩大中等收入群体、居民财富结构调整等方面提出诸多举措，为零售业务创新转型提供了方向和指引。

在2021年多家银行业绩发布会上，“推动财富管理业务转型发展”成为关键词之一。从国有大行到股份制银行，多家银行将财富管理业务的发展和转型提到了自身发展的战略高度。招商银行将“大财富管理价值循环链”作为未来五年业务主线；中信银行提出“全财富管理”概念；兴业银行提出要成为“全市场一流的财富管理银行”；浦发银行致力于打造“财富管理首选银行”；浙江农信制定了《浙江农信财富管理业务发展三年规划（2021—2023年）》。

在相似的时间点，多家银行不约而同地在“财富管理”赛道上布局，将财富管理上升到前所未有的战略高度，背后必然有着深层次的原因。“财富管理市场将在未来10年迎来爆发期。”麦肯锡公司发布的《未来十年全球财富管理和私人银行的趋势及制胜战略——准备迎接加速变化的未来》显示，以个人金融资产计算，中国已成为全球第二大财富管理市场、第二大在岸私人银行市场。

发力财富管理业务，各家银行更多强调打造开放式的产品货架和生态，积极为满足客户配置各类资产需求，而非简单的“卖自己家的产品”，真正做到从“我有什么卖什么”向“客户需要什么我们卖什么”转变。农村中小银行服务的客群虽然与财富管理客群差异较大，但也有部分重合，且国家政策引导农村理财等财富增值服务，因此农村中小银行也需要在这方面有所预判。

（二）农村中小银行零售业务转型的内外部驱动因素

1. 宏观经济及利率市场化促使农村中小银行零售业务转型

过去中国商业银行的利润高速增长主要得益于中国经济的高速增长，然而随着中国经济增长方式的调整，以往通过规模扩张的方式越来越无法满足日益复杂的客户金融服务需求。在息差收窄、利润增长趋缓，对公业务利润压缩及不良资产高发的背景下，农村中小银行对零售业务的重视程度逐渐增加。零售业务周期性较弱且相对小额分散，集中度风险相对较低，有助于农村中小银行抵御系统性风险，是农村中小银行稳健发展的“压舱石”和“稳定器”（见图8）。

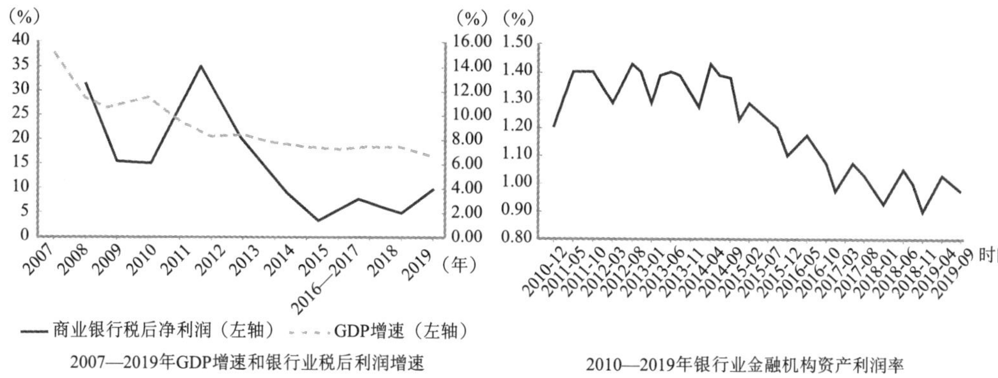

图 8　GDP 增速和银行业税后利润增速及资产利润率

资料来源：WIND。

2. 国家政策引导农村中小银行业务下沉、支持本地实体经济

党的十九大报告从战略高度首次提出乡村振兴战略，这是新时代“三农”工作的总抓手，是农村中小银行开展农村金融服务工作的根本遵循。按照产业兴旺、生态宜居、乡风文明、治理有效、生活富裕的总要求，农村中小银行作为乡村振兴的主力军，需要服务好乡村的主流市场、主流客户和主流产业，融入和促进地方经济社会发展的同时，实现自身高质量、可持续发展。同时，“十四五”规划也要求农村中小银行围绕县域经济、农村经济，深化小微企业和“三农”的信贷服务下沉。

3. 监管政策要求农村中小银行回归本源、聚焦主业、支农支小

2019 年 1 月 14 日，中国银保监会发布文件《关于推进农村商业银行坚守定位 强化治理 提升金融服务能力的意见》（银保监办发〔2019〕5 号），要求农商行作为支持和服务“三农”和小微企业的主力军，应当严格审慎开展综合化和跨区域经营，原则上机构不出县（区）、业务不跨县（区），应专注服务本地，下沉服务重心，即推动农商行、农信社业务逐步回归本源；同时，在之前“三个不低于”和“两增两控”监管指标基础上，进一步提出针对县域及城区农商行的 15 个考核指标，控大做小，支农支小导向明确（见图 9）。

4. 普惠金融与农村中小银行零售业务具有“一币两面”性

农村中小银行作为农村金融的主力军，在推动农村普惠金融体系发展，满足农业、农村、农民金融服务和信贷支持，解决“三农”问题、促进农村经济发展方面都具有重要意义。衡量金融普惠性，不仅仅看融资需求的满足程度，也要看存取

贷款占比	贷款余额占表内总资产的比例不低于50%，其中涉农及小微企业贷款余额占全部贷款余额的比例应逐年上升直至超过80%、大额贷款余额占全部贷款的比例应逐年下降直至降至30%以上
惠农倾向	授信农户户数、授信小微企业户数、农户和小微企业的用信户数、建档评级的小微户数、建档评级的农户户数等占比应逐年上升
考核倾向	电子替代率应逐年上升，支农支小在绩效考核中的权重应大于其他业务的绩效考核权重

图9 监管政策指标约束内容

资料来源：中国银保监会。

款、转账、支付等诸多基础性金融服务的可获得性。农村中小银行零售业务的实质与普惠金融具有“一币两面”性，零售业务转型是农村中小银行践行国家普惠金融政策的重要抓手。

5. 新客户行为及价值主张给农村中小银行带来新的机遇与挑战

目前我国农村中小银行的主力客户群体在50—60岁，然而伴随“千禧一代”和“互联网原住民一代”的成长，新客户群体的价值主张、消费习惯都发生着重大改变。随着城乡一体化的推进，县域客户的需求也呈现丰富和多元化趋势，理财需求、投资需求、保险需求逐步显现，与城市的金融需求差距逐步缩小。

同时，互联网渠道金融服务和金融产品迅速发展，种类越来越丰富，服务越来越便捷。国有大行和股份制商业银行也纷纷采取“线上+场景生态”的方式提供综合服务。这种变化必然驱动农村中小银行做出响应调整，积极利用数字化场景引领创新发展，推动转型发展。2020年的新冠疫情更是倒逼农村中小银行加快数字化转型步伐，提升线上服务能力。

6. 客户争夺大战全面铺开，零售业务成为市场竞争的主战场

一是国家政策导向引起的市场竞争愈发激烈。在国家乡村振兴、普惠金融的战略导向下，国有大行及股份制商业银行业务下沉，打破了农村中小银行在当地“一家独大”的局面，“掐尖”战略给农村中小银行带来巨大冲击，客户“抢挖”成为未来发展的重要问题。

二是金融零售业务竞争更加激烈。随着利率市场化的推进，各商业银行逐渐意识到零售业务的资本消耗少和利润稳定性、风险分散性等优势，多数商业银行已将零售业务列为战略发展的首要任务。零售业务成为银行同业竞争的焦点。

三是跨业竞争者加剧金融业务竞争。中国互联网金融产业在过去几年以惊人速度迅猛发展，多项市场关键指标领跑全球。各类金融科技公司在理财、贷款、支付三类主要金融功能上，对国内传统银行业，尤其是农村中小银行造成了巨大冲击。电商巨头通过用户习惯培养获取大量的农村金融入口场景，加剧了农村金融业务的竞争。

综上所述，农村中小银行零售业务转型符合国家政策导向和监管要求，是农村中小银行实现稳健可持续发展的必然选择。农村中小银行要充分发挥自身天然的零售基因和金融业务基础，完善适合小法人和支农支小定位的公司治理机制，专注服务本地、服务县域、服务社区，专注服务“三农”和小微企业，不断加大金融服务创新，巩固好支农支小主力军的优势地位，在实现稳健经营的同时，走出一条“小而美”“小而优”“小而强”的差异化、特色化竞争发展之路。

三、明道：农村中小银行零售业务转型的战略选择

（一）农村中小银行零售业务转型发展现状

1. 农村中小银行业务发展概况

根据中国银保监会发布的最新银行业金融机构法人名单，截至 2021 年 6 月 30 日，全国省级农信联社共 25 家，农村商业银行共 1 569 家，农村信用社共 584 家，农村合作银行共 26 家。其中，资产规模 200 亿元以下的机构占比 85%，200 亿元到 500 亿元之间的机构占比 10%，资产规模在 1 000 亿元以上的机构除北京、天津、上海、深圳、重庆外，主要集中在广东、浙江、江苏这些沿海经济发达省份（见图 10）。

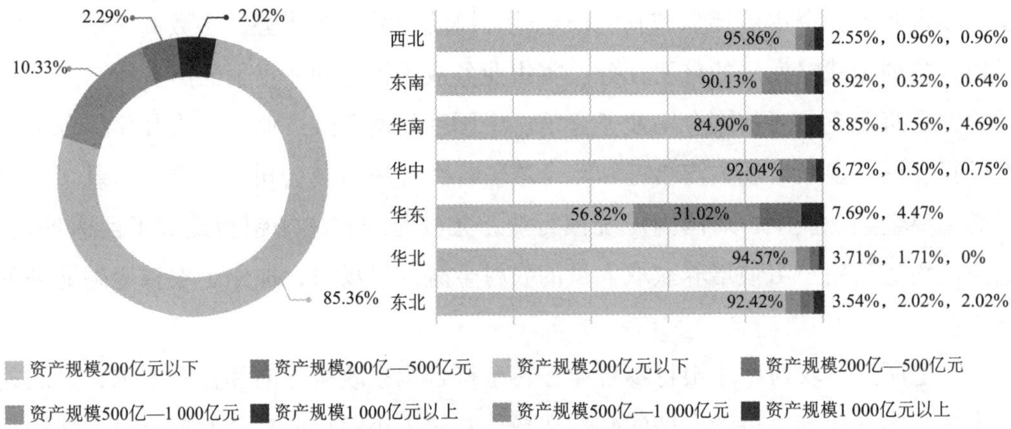

图10　全国农信机构占比（按资产规模划分）

资料来源：雅拓信息。

2. 农村中小银行零售业务转型呈不同发展阶段

零售业务是农村中小银行的优势业务，零售业务转型是一个持续深化和提升的过程。因自身发展阶段及所处环境不同，农村中小银行的零售业务转型也呈现不同的发展阶段：

客户结构调整：因地域经济环境、产业环境、历史因素等原因，部分农村中小银行对公业务占比高达80%，一旦对公客户发生风险，牵一发而动全身，会给农村中小银行带来巨大风险。零售业务周期性较弱且相对小额分散，集中度风险相对较低，有助于农村中小银行抵御系统性风险，是农村中小银行稳健发展的“压舱石”和“稳定器”。所以这一类农村中小银行急需尽快调整客户结构，以保证自身稳健可持续发展。

大零售转型：“大零售”理念下的零售业务涵盖个人存贷款、信用卡、小微金融、消费金融、财富管理、私人银行、电子银行等核心业务领域。相较传统零售业务，有了更广泛的含义。大零售的核心在于坚持以客户需求为导向，为客户提供综合金融服务。对农村中小银行来说，适合以资产业务为抓手，将小额农贷、小微信贷和消费信贷等业务作为突破口，具备条件的机构也可以开展财富管理业务，全面推进立体式一体化的客户经营。

零售业务数字化升级：随着互联网金融对传统银行业务的冲击，客户行为的转变，运营成本的激增，以及银行自身精细化管理需求不断增加，农村中小银行急需通过数字化技术来推动零售业务的升级发展。正如麦肯锡公司认为的，零售银行增长的二次曲线是以客户为中心，通过科技引力和数据驱动实现零售业务的高质量发展。目前江浙、广东沿海经济发达地区的头部农村中小银行普遍处于这一阶段。

新零售变革：新零售是指银行依托互联网，通过运用人工智能、生物识别、大数据、区块链、云计算等前沿科技，对各类金融服务业务进行升级改造，以客户体验为中心、线上线下相融合，提供与客户生活方式更紧密、更便捷、更智能、更全面的零售服务新模式。目前农村中小银行的一些智慧场景建设就是对新零售模式的探索。

零售转型发展的每个阶段，都需要在管理模式、经营模式、零售客群、零售产品、数字渠道、零售风险等各专业领域把握关键、发挥优势、重点突破、巩固提升，保障零售转型工作阶段性成效。

（二）农村中小银行零售业务转型面临的问题和挑战

1. 战略认知和共识不高

“得零售者得天下”是标杆农商行的战略共识，但在调研中，部分农商行并未有这样的认知和共识，主要表现在：

由于各地区竞争程度不同，发展情况不充分、不平衡，存在不同程度的认知偏差。同时，不同的领导者对零售业务的理解不同，在落地过程中差异比较大。

零售业务转型是一项长期的工程。面对转型期间产生的阵痛、谬误、自我怀疑以及“一把手”的人事调整等问题，保持坚定的战略定力非常重要。

跨条线的沟通协作不足。大部分农村中小银行采用职能部门制管理架构，导致零售业务转型可能变成零售条线的事情，无法得到其他部门的全面、有效协同支持，资源获取有限，甚至会增加掣肘因素。

零售转型战略上热下冷。战略沟通大多停留在管理层，无法触发一线，一线人员对战略无感知。

为了转型而转型。没有结合自身情况出发，没有目标和方向，盲目跟从，“形”转“神”不转。

针对以上问题，一些省级联社采取顶层牵引的方式，引导农村中小银行切实有效地推动零售业务转型。在被调研的机构中，88%的省联社已经将零售业务转型作为全省的战略目标（见图11）。

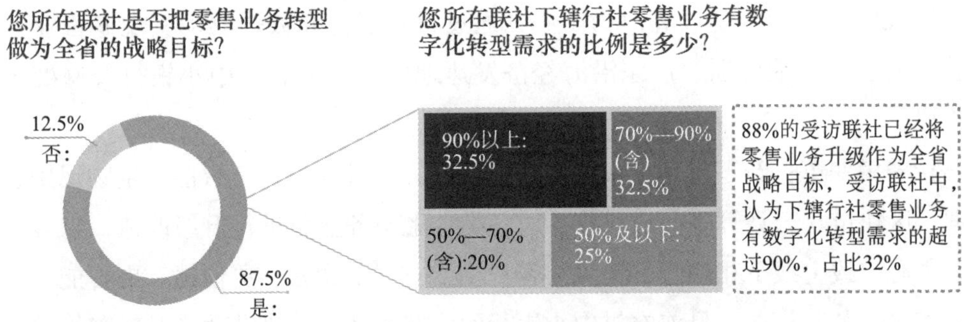

图11　农村中小银行零售转型的战略部署情况

资料来源：雅拓信息。

广东农信将“向大零售转型，打造社区银行”写入年度工作报告。新疆维吾尔自治区联社提出“打造老百姓身边的零售银行”。甘肃农信明确了“做最佳普惠金融机构、建陇原一流零售银行”发展愿景。湖南农信倡导“小额存款最稳定、小额贷款最安全、小额客户最扎实”的业务发展导向。浙江农信提出“大零售转型和数字化转型”的双发展战略，将“发展以人为核心的全方位普惠金融”作为战略目标，打造“全国一流社区银行”。此外，很多农商行也纷纷根据自己的战略目标，将大零售业务作为核心业务目标（见图12）。

重庆农商行	▶ 战略：实施“零售立行、科技兴行、人才强行”战略； ▶ 措施：将零售业务作为全行发展之基和立行之本，将金融科技作为全行创新“引擎”和发展动力,将人才作为全行核心资源和宝贵财富
上海农商行	▶ 战略：实施“坚持以客户为中心、坚守普惠金融、坚定数字化转型”的三大核心战略； ▶ 措施：“以客户为中心”作为公司最核心的经营观;以普惠金融为践行企业使命的基本路径，优先做零售型的业务;用科技引领与数字化转型思维赋能业务经营、变革管理机体
青岛农商行	▶ 战略：围绕“创新驱动、科技赋能”转型策略，确立了“一体两翼”的战略转型目标； ▶ 措施：发展大零售和公司金融、国际业务的同时，积极向“金融市场、投资理财”的“轻资本、轻资产”交易型银行转型

图12　三家农商行的零售业务战略

资料来源：银行年报，零壹智库。

2. 组织队伍建设不力

组织架构是否科学合理，关系到银行的核心竞争力与服务能力。农村中小银行需结合转型部署，以打造轻型化、敏捷化的企业组织，赋能员工，助力企业发展为目标，加强零售条线协同管理。目前，在农村中小银行零售业务组织队伍建设方面主要存在以下不足：

零售业务组织分散、跨部门联动不足。根据调查，有近 70% 的受访机构，其组织内部没有独立的零售业务管理部门，零售业务由多部门同时进行管理，由此带来的沟通协调、多头管理、部门间各自为政、跨部门联动不足的现象非常突出，并且在对外服务时，也无法对客户提供全面的、一站式的服务，无法真正实现“以客户为中心”（见图 13）。

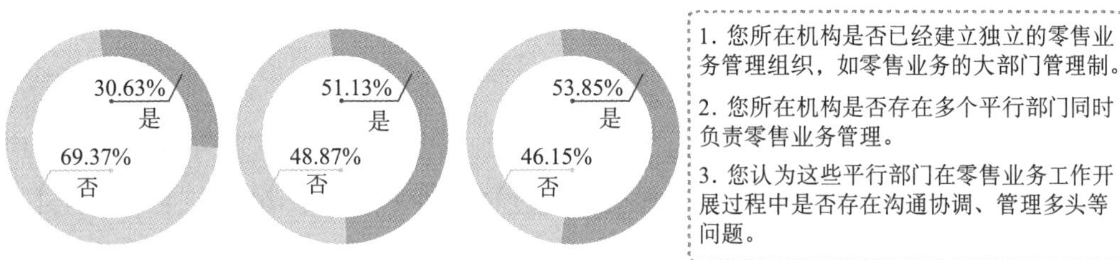

图 13　农村中小银行零售业务组织架构现状

资料来源：雅拓信息。

零售业务人才队伍素质不全面。零售业务营销战略能否有效实施与营销队伍的专业素质密切相关。近 85% 的受访机构认为，在零售业务发展过程中首要解决的问题是客户经理团队的专业性和能效性需要提升。仅有不到 40% 的受访机构设置了专业的零售客户经理团队。80% 以上的受访机构，其零售业务人员岗位主要是个人信贷客户经理和柜员，42% 的机构设置了微贷客户经理，拥有理财客户经理和贵宾客户服务经理的机构不足 25% 。这种现象导致零售业务队伍的主体基础依然是原来从事传统业务的人员，知识结构较为单一，学习能力有待加强，大多数缺乏办理资产业务、会计业务、结算业务、理财业务等综合业务操作技能，对零售业务市场营销、业务组织、综合理财、个人外汇等业务发展形成制约（见图 14）。

数字化科技人才不足。80% 的受访机构认为在零售数字化转型推进过程中，首要解决的问题是数字化专业人才队伍建设问题。首先，金融科技人才往往喜欢聚集大城市，县域农商行招聘这类人员本身可选的人才就不多；其次，很多领导往往重业务不重科技，虽然一直在讲数字化转型，却不愿意增加科技人员的编制。一家县域农商行科技人员只有 1—2 名，仅仅负责一些基础硬件、网络的运维工作，无法胜任开发及数据分析的工作。这种情况也导致县域农商行对省联社的科技依赖比较

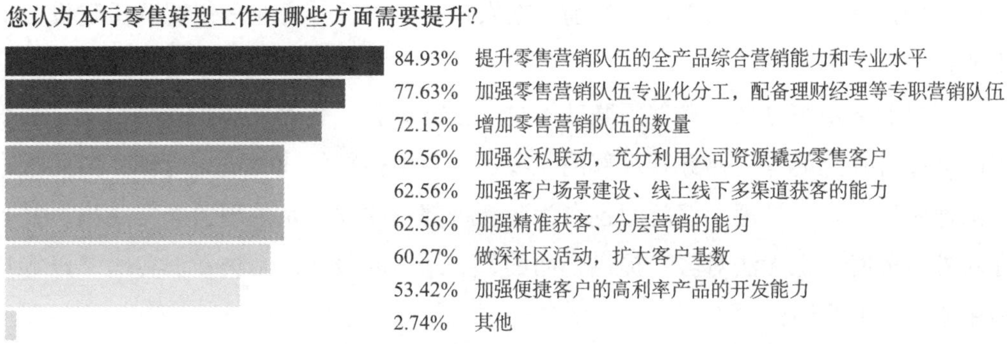

图14　农村中小银行零售业务转型需要解决的主要问题

资料来源：雅拓信息。

强。但调研发现，很多省联社自身的科技人员配比也比较少，这就导致科技远景规划到位，但实施落地比较缓慢，或者就是过度依赖外部科技公司，自主可控性不足（见图15）。

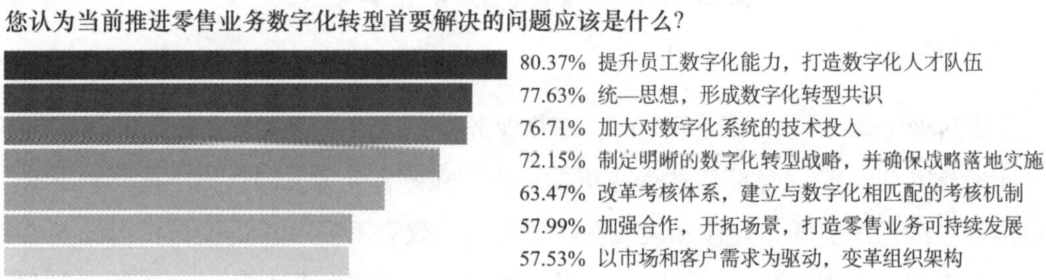

图15　农村中小银行推进零售业务数字化面临的问题

资料来源：雅拓信息。

受科技条线薪酬体制限制，金融科技人才招聘困难。数字时代，既懂技术又懂业务的复合型人才是整个市场的稀缺人才，除了各家金融机构外，互联网公司、金融科技公司、传统金融服务厂商等都在进行着“夺人大战”，而不管是农商行，还是省联社都受其体制的原因，在科技专业性人才薪酬体系设计上存在一定的制约性，这也是其招人难的原因之一。所以，科技条线薪酬改革迫在眉睫。部分省级联社探索成立科技子公司的方式，但目前还没有看到实质性的变化和成果。

3. 管理机制建设不优

随着利率市场化和国有大行的业务下沉，农村中小银行正面临越来越大的发展压力，甚至是生存压力，原本依靠规模立行的经营模式已越来越难以适应日益激烈的市场竞争。农村中小银行经营管理模式遇到新的挑战，具体表现在：

管理会计薄弱，利润算不清。大部分农村中小银行的管理会计基础薄弱，对于反映真实效益水平的ROE、ROA、EVA、FTP等还缺乏清晰统一的收益与成本核算规则。全行上下始终无法清楚地看到机构、客户经理和客户层面的收益与成本数据，不同维度下的利润账很难算得清。

考核不定，重量轻利润。大部分农村中小银行的经营目标、绩效考核仍然处在规模与利润孰轻孰重的纠结中，效益管理的基础建设和效益为导向的经营管理改革还处在萌芽之中。也有部分农村中小银行存在零售业务考核指标导向不足，没有呈现做小做散的方向引导。

风险管理体系不健全。一是农村中小银行风险管理系统构架不完善，尚未形成完善的风险管理体系，对风险的管理仍集中于传统信贷领域，还不能做到对整体经营业务的全面覆盖。二是内控机制不健全，三道防线没有有效防范。三是风险管理技术相对落后，缺少对风险进行定性和定量分析的方法和模型，信用评级尚未应用于经济资本配置、贷款定价、经营绩效考核等方面，风险管理信息系统建设比较滞后，不能实现对风险的精细化控制。四是风险管理文化未有效建立，风险管理理念不全面，仍以信用风险管理为主，对市场风险、系统风险和操作风险等重视不够。

以零售信贷风险管理为例，虽然很多农村中小银行已经初步完成决策自动化，但智能化程度有待提升。具体表现在：决策结果偏离预期，决策结果采纳信心不足；线下场景信息和人工经验在线上决策中难以被标准化采集和应用，线上决策信息不对称；数据应用上内部特征衍生不充分，尤其是人行征信应用不足；三方数据应用不当，主要体现在三方引入越多，负面拒贷越多，授信通过率越来越低；线上决策缺乏有效的大数据分析和模型手段，存在决策效果不理想等情况。

4. 科技建设赋能不强

数字化转型的核心就是应用科技赋能业务发展。调研中，有31%的受访机构表示自己的机构尚未启动数字化转型，47%的机构已经初步形成数字化规划，局部开启数字化转型，仅有0.9%的机构认为自己已经全面实现数字化，且部分数字化能力属于领先地位（见图16）。

通过数字化转型更好地服务客户、提升市场竞争力、打造新的商业模式、寻找新的利润增长点是受访机构普遍认可的零售业务数字化转型的价值。目前零售信贷和小微普惠是各家银行数字化转型的重点推进领域（见图17）。

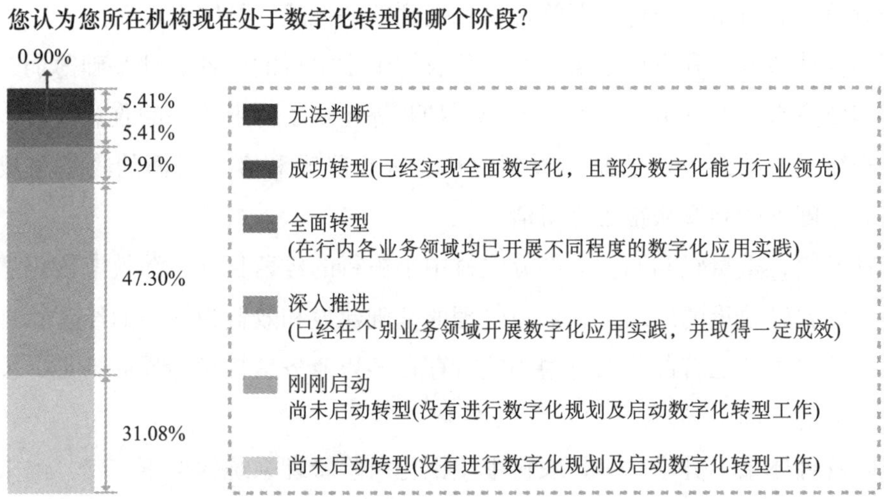

图16　受访机构数字化转型发展阶段

资料来源：雅拓信息。

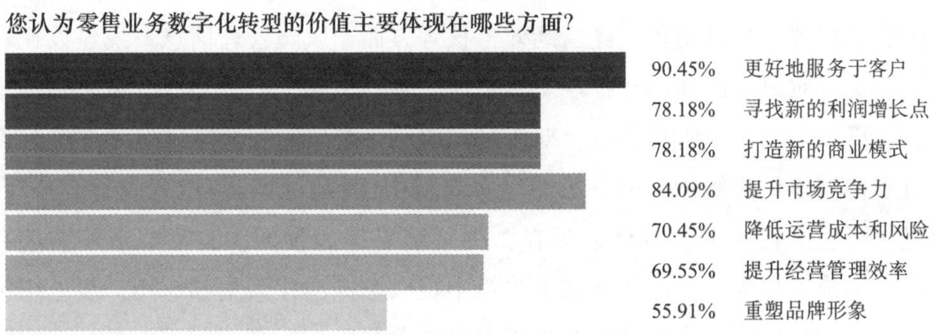

图17　零售业务数字化转型的价值体现

资料来源：雅拓信息。

在数字化建设工作方面，需要提升的重点是：加强科技投入，提高系统支撑力度；加强数字化应用建设；加强数据治理能力；加强科技和业务的融合；加快数字化人才的培养和引进（见图18）。

虽然各家机构对数字化转型赋能零售业务发展有了比较深刻的认识，但在实践中，只有17%的机构已经建设了数据共享平台，35%的机构正在建设中，50%的机构还未开始建设。有近50%的受访机构数据应用建设还比较初级，仅仅停留在数据的统计分析报表上，仅有10%的受访机构开始进行数据挖掘的探索，开展客户分层、客户流失预测等客户洞察的相关数据分析工作（见图19）。

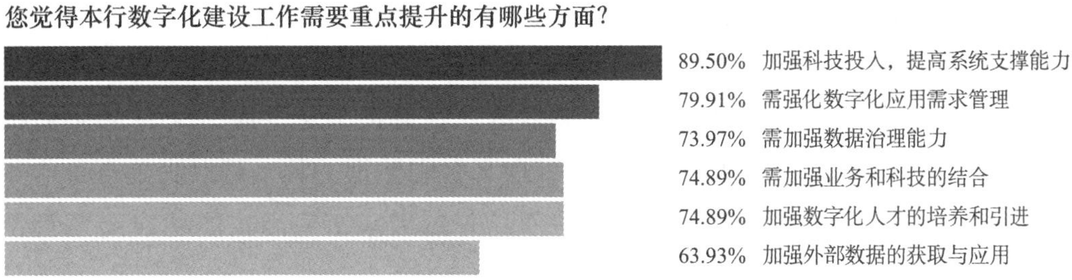

图 18　数字化建设工作方面需要提升的重点

资料来源：雅拓信息。

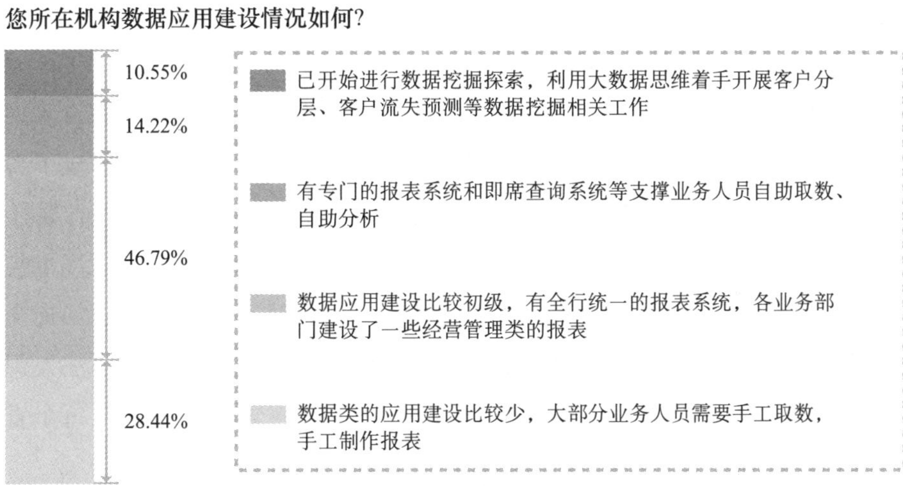

图 19　受访机构数据应用建设情况

资料来源：雅拓信息。

从本次调研的结果看，数据共享、数据质量、外部数据获取和数字化专业人才匮乏等问题是农村中小银行零售业务数字化转型面临的首要问题，急需省联社“大平台”支持赋能。

5. 客户经营能力乏力

目前农村中小银行在客户经营方面还是以传统方式为主，数字化客户经营能力有待提升。在本次调研中，86% 的机构认为产品和权益是零售业务发展中吸引客户的重要因素，服务渠道是零售业务发展的重要推手。84% 的机构认为产品种类不够丰富是现阶段制约农村中小银行零售业务发展的短板。在渠道建设方面，仅有 30% 的机构建立了全渠道一体化协同机制，能够针对不同的客户提供不同的渠道服务，并且具备良好的渠道协同功能，尤其在线上线下一体化信贷管理方面。在获客方面，80%以上的机构还是主要依靠线下营销人员主动营销获客，以及线下网点的客户自然增长。50%的机构开始尝试大数据精准营销获客和线上渠道产品获客，仅有24%的机构开始异业合作生态获客。在营销工具方面，仅有30%的机构认为自己已经拥有了成熟的营销活动管理平台和数据工具，可以满足自身业务发展所需的高效、自动化的数字化营销活动管理需求，但尚未能构成闭环营销经营。

受访机构普遍认为目前各家银行在产品设计、渠道建设、场景搭建，甚至营销活动等方面同质化现象非常严重，农村中小银行本身在产品种类和数字化技术方面就没有优势，想要标新立异非常困难。

6. 多级法人体制下的协调性不强

随着移动互联网、人工智能、大数据、云技术等新技术的迅速发展，大型国有银行、股份制银行、互联网银行均加大了科技投入，对农村中小银行形成了夹击之势，农村中小银行其自身科技实力不足，但需求极其迫切，因此，急需省联社“大平台”的技术赋能。目前各省联社虽然对零售业务转型中的科技投入高度重视，但是相较于其他商业银行的科技投入，均略显薄弱，导致法人机构的需求从提交到落地周期比较久，错失业务发展良机。如何发挥省联社大平台、解决“小法人想做做不了，做了不实惠”的问题，又能兼顾小法人的特色业务需求，是摆在每个省联社面前的一道难题。

除此之外，面对不同发展阶段的法人机构，随着省联社新一轮深化改革，将成为新的必须直面的重大命题有：省联社在管理上的“收”与“放”的矛盾；如何统筹兼顾政策性目标和商业性目标；如何平衡行政管理和县级法人治理之间的关系；如何平衡“大平台”优势与县级“小法人”市场主体地位之间的关系。

（三）农村中小银行零售业务转型的战略框架

1. 农村中小银行零售业务转型“1314”战略构想

本课题通过对农村中小银行零售业务发展的现状、问题和挑战的分析，结合国内同业零售银行的发展趋势及先进做法，提出如图20所示的农村中小银行零售业务转型的“1314”战略构想模型：“一个核心、三大变革、一个支撑、四大引擎”。

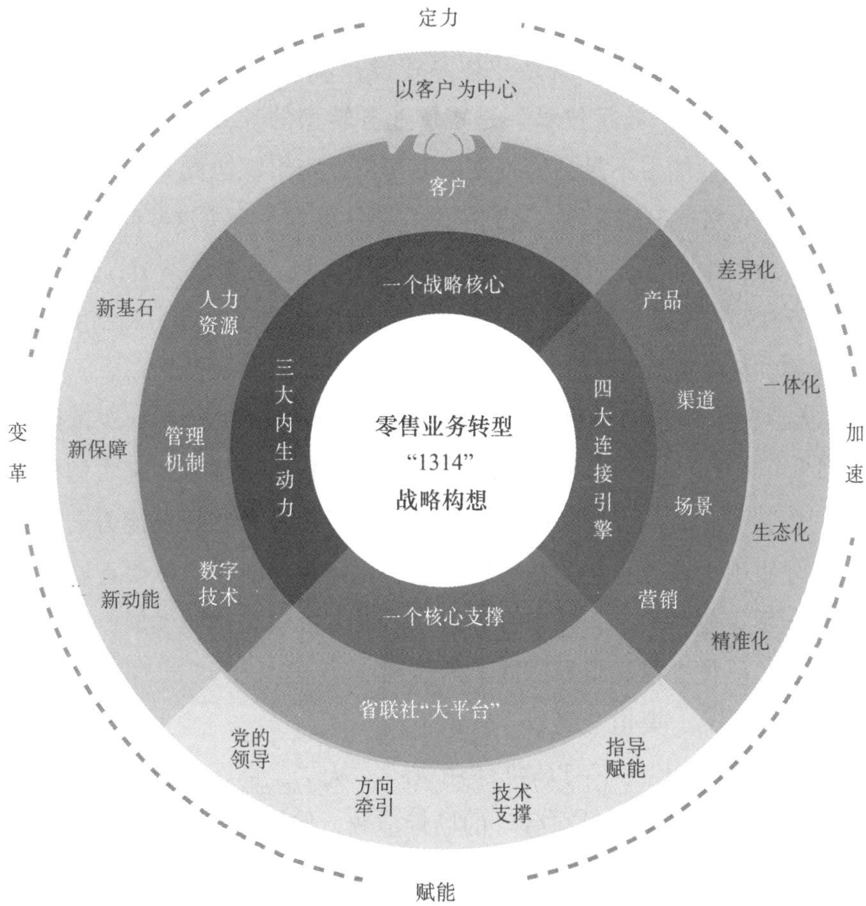

图 20　农村中小银行零售业务转型“1314”战略构想模型

资料来源：雅拓信息。

一个核心：以客户为中心

零售业务的本质就是做客户经营。“以客户为中心”的概念经常被提及，但许多银行尚未能将这一概念充分化为具体的有效行动，尤其是农村中小银行。这一点从各家银行的考核指标、组织架构和客户经营过程管理，就能明确反映出来。区别于考核的“以账户为中心”、营销的“以产品为中心”、各自为政的“以渠道为中心”，“以客户为中心”是要求农村中小银行明确以客户为中心的战略，管理上建立以客户为中心的组织架构，优化客户服务流程，将以客户为中心的服务意识融入银行的血脉，真正将客户需求贯穿于自身发展的全过程，做到“因需而变、因时而动”。

三大变革：人力资源、管理机制、数字技术

农村中小银行零售业务转型，看似是经营结构的调整，但其实质是管理的革命。根据业界领先银行的经验总结，在课题调研过程中，无论是省联社层面还是法人机构层面，都有一个共识，就是“体系建设”和“组织执行”是零售业务转型战略成功的基础保障，“数字技术”是零售业务转型的升级手段。然而，在实际工作中，存在团队专业能力不足、科技支撑不到位、跨组织协同不畅、统一目标与衡量标准缺乏、主人翁意识缺乏等一系列问题。要从根本上解决这些问题，银行就必须“练好内功”。农村中小银行的特点就是组织架构灵活、决策链条短，在转型过程中，要充分发挥管理层的变革领导力，将战略认知力转变为变革推动力和制度执行力。

一个支撑：省联社大平台

“小法人、大平台”多级法人体制是国务院《深化农村信用社改革试点方案的通知》（国发〔2003〕15号）里明确规定的农信机构管理体制，是农信机构实现可持续发展的内在要求。从发展实践看，小法人银行存在天然科技能力弱、资质获取能力弱、人才吸引力弱等劣势，在科技、数字化建设方面非常需要省联社的支撑赋能。所以，在零售业务数字化转型过程中，需要多级联动协同发展，充分发挥省联社在战略引领、科技支撑和指导赋能上的作用。

四大引擎：产品、渠道、场景、营销

从“以产品为中心”到“以客户为中心”，从“坐商”到“行商”，从单纯的金融服务到“场景在前，金融在后”的场景金融，传统银行的业务经营服务模式正在发生重大变革。面对激烈的同质化竞争，农村中小银行应围绕客户需求，加快提升产品设计、渠道建设、场景连接和营销策略上的经营能力，做到“人无我有”“人有我优”“人优我专”，掌握主动权、定价权，变优势为胜势，走出一条“小而美”“小而优”“小而强”“小而快”的差异化、特色化竞争之路。

2. 农村中小银行零售业务转型发展模式

农村中小银行始终秉承“背包精神”“家文化”，坚守做业务最实、与民企最亲、离百姓最近的市场定位。在数字化转型的推动下，结合上述零售业务转型“1314”战略构想，农村中小银行零售业务的未来发展模式趋向“暖银行＋快银行＋智慧银行”，即前台需要有客户经理为客户提供贴心、有温度、专业化的服务。后台需要有数据、科技、产品、风控、运营等专业人才构成“最强大脑”，赋能一线业务开展。前后台中间则需要利用信息化和数字化技术手段，打造敏捷中台，提质、降本、增效。在营销方式上，农村中小银行更适合“全员营销＋专业营销”（见图21）。

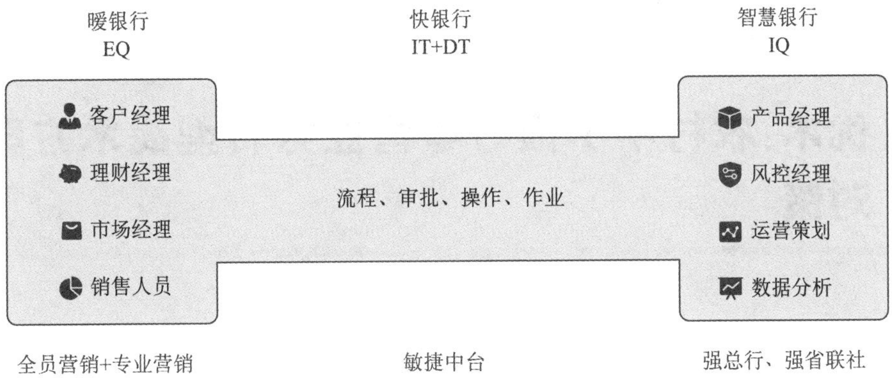

图 21　农村中小银行零售业务转型探索模式

资料来源：雅拓信息。

3. 农村中小银行零售业务转型的关键路径

（1）零售业务转型是“一把手”工程。零售业务转型和数字化转型一样，都是“一把手”工程，决策层的数字化思维和转型决心对全行员工的转型认知、转型期待、转型定力等有着至关重要的影响，进而影响转型的效果。由于转型涉及全行的各个层面，特别是与全行发展战略和重大决策紧密相连，需要决策层将“零售业务转型”的思维理念和机制体系贯彻始终，以身作则、躬身入局，带领全行坚定不移地实施零售业务转型。

（2）重点突破，精准切入。零售业务转型是系统性工程，涉及银行经营和管理的方方面面。农村中小银行要在统筹规划和顶层设计的基础上，边行边试、持续迭代、螺旋上升、深入推进，确保零售业务的深入转型和持续发展。农村中小银行在组织架构、人才储备、技术水平等相对处于劣势的情况下，应该有所侧重地进行选择性的重点突破，实现转型效果的速赢，提升转型信心，进而带动整体转型的有序推进。例如，以产品创新和综合经营驱动负债业务，以小微信贷和消费金融推动资产业务，以财富管理和私人银行提高非息收入，以金融科技助力客户服务和体验提升。

（3）试点先行，有序推进。农村中小银行在转型过程中，可通过试点先行、逐步推广的方式，探索适用于自身的零售业务转型模式，为后续的整体转型找准方向。

（4）持之以恒，久久为功。对于农村中小银行，零售业务转型是革命式变革，呈螺旋式发展轨迹。在转型推动过程中，要能保持定力、持之以恒、久久为功，逐步接受、运用并习惯转型后的商业模式、管理方式、工作流程等。明确转型策略后，农村中小银行要探索建立适合自身发展可行的转型路径。

四、优术：农村中小银行零售业务转型战术方案及对策

（一）一个核心：以客户为中心

1. 以市场为导向、明确目标客群

我国经济发展不平衡，收入差距比较大，导致不同客户有着不同的需求。如何针对不同层次的客户提供量体裁衣的贴切服务，充分挖掘客户使用银行产品和服务的最大潜力，零售业务由趋同化和大众化转向层次化、细分化、专业化，是银行零售业务在客户经营方面必须面对的挑战（见图22）。

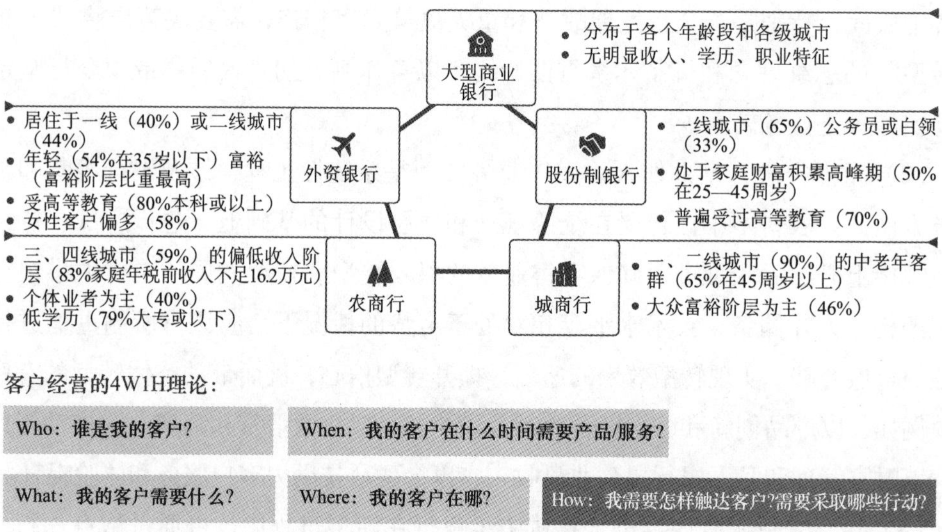

图22 各类型银行主力客群画像

资料来源：麦肯锡亚洲PFS调研（2014），小组分析，雅拓信息。

农村中小银行深耕本地，拥有深厚的客户基础及地域优势，可以充分结合属地资源优势，根据市场规模大小及丰腴程度细化目标客群营销维度，实现客户的高效准确定位，重点经营。

【案例一】

浙江乐清农商行，在客户经营方面，根据当地人创业和投资欲望强烈的特点，选择将个人消费类贷款市场作为自己的主要细分市场。江苏常熟农商行和张家港农商行则选择小微企业和个体工商户的细分市场强势切入。其中，张家港农商行以苏南区域客户对财富管理的多元化市场需求为导向，在苏南地区的客户经营管理中建立普惠小微的家庭金融管家模式；针对苏南区域外的客户在企业经营、产业链上下游消费生产的市场需求，打造以覆盖产业链优势信贷产品为手段的获客手段，实现了对不同场景不同区域的客户的准确定位和产品投放，取得了良好的成效。

2. 以KYC为核心全方位了解客户

“以客户为中心”的前提就是充分了解客户的需求，并能够基于对客户需求的深刻理解，针对不同细分市场的客户量身打造产品、渠道、服务和流程，并能够持续为客户创造价值。

KYC（Know your customer）原指商业银行在开展活动中必须坚持的一个原则，即银行要全面了解账户的实际控制人、全面了解客户信息和客户从事的行业，目前已延伸到营销领域，并作为“以客户为中心”的第一要素，即从客户全生命周期角度全方位了解客户的信息。从了解客户本身，到了解他的家庭、他的“朋友圈”、他的业务、他的产品……从而为其提供贴心的服务、适合的产品、恰当的权益，让其在便捷的渠道和场景中去得到、去感知，满足其体验感、获得感，从而让客户有价值认同感（见图23）。

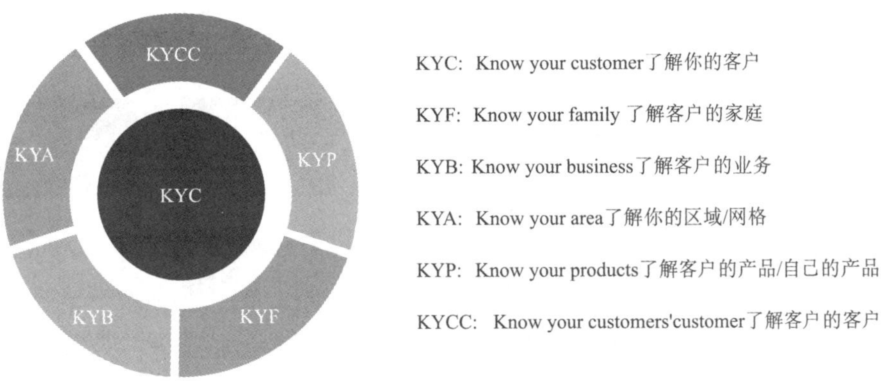

图23　以KYC为核心的客户6K要素

资料来源：雅拓信息。

农村中小银行KYC的主要模式有：传统的网格化走访模式，银政信用村共建模式，以及银政、银企、异业联盟合作及通过第三方数据获取等模式。无论采用哪种模式，都需要做好客户数据合法合规安全的采集运用。

【案例二】

湖南浏阳农商行通过政府任命“金融村干部”，深度参与村委工作，深入了解村组的居民、土地、资产等信息，并据此提出金融服务方案。

浙江桐庐农商行通过“走访数据录入+外部数据导入+核心系统数据下发”三位一体形成客户信息完整数据链，全方位展示客户属性，实现精准营销、精准服务。

安徽亳州药都农商行通过将政务数据、人行征信数据和银行自身数据的有效整合，对信贷客户信息进行多维度数据画像，实现移动信贷“快银行”。

3. 建立基于客户标签的认知模式

在明确目标客群的基础上，通过对客户的了解，进行标签化的客户定义和识别，掌握客户画像、减少认知成本是零售业务数字化转型实践中不可或缺的组成部分。

按照客户属性和业务需求，建议农村中小银行从图24所示的十大维度入手设

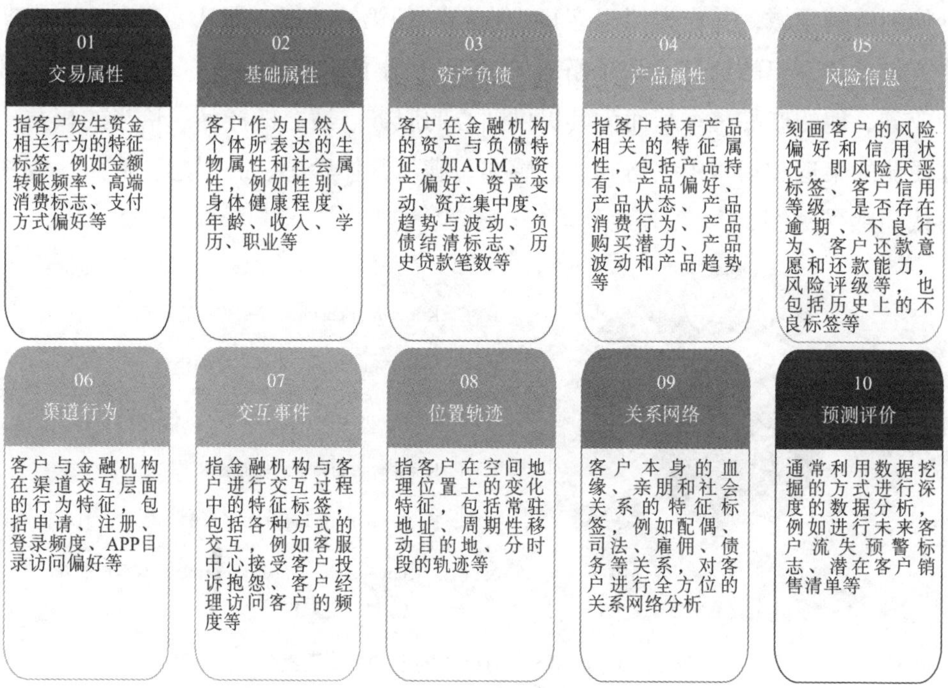

图24 个人客户标签体系十大维度

资料来源：雅拓信息。

计开发个人客户标签体系，基本思维是从引入的基本信息入手，由浅入深地逐步对客户进行全方位的评价、识别和应用。

在客户标签体系建设过程中，要遵循价值就近原则和适用性原则，避免标签设计脱离实际的业务场景，“为了标签而标签”。

对于农村中小银行个人客户的标签应用，建议可以从客户的生命周期切入，从高潜力客户、高价值客户、高频交易客户、高稳定睡眠客户和高流失可能性客户这“五高”客群入手，形成不同阶段、不同客群、不同目的的标签应用场景（见图 25）。

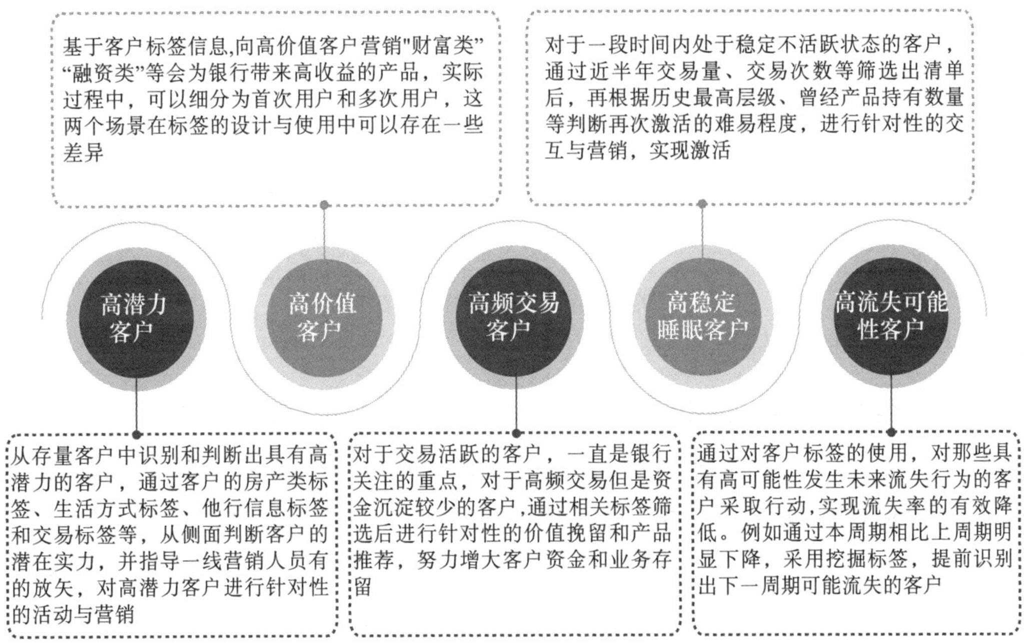

图 25　客户的生命中后期“五高”标签应用场景

资料来源：雅拓信息。

4. 构建精细化的客户分层分类

由于受限于农村中小银行资源有限性和客户需求异质性等因素，需要对客群根据不同维度进行再细分，从而为客户提供精细化、精准化的服务。客户分层是在特定业务场景下所做的用户细分，明确业务需求才能明确对应视角下的目标用户和业务目标，从而做到有的放矢。分层后，需要有后续配套的产品、服务、营销模式、机制等来跟进客户分层的结果，并对效果进行验证与纠偏。

目前农村中小银行主要有以下几类客户分层模式：

一是基于客户金融可用资产（AUM）来划分。这也是大多数银行所采取的基本分层方式。例如，招商银行以AUM为客户分层标准，对不同层级的客户提供不一样的产品、渠道、价格和服务。但是，不少农村中小银行在做客户分层时往往是只分层，没有后续的配套机制来将分层的意义做实，为了分层而分层（见图26）。

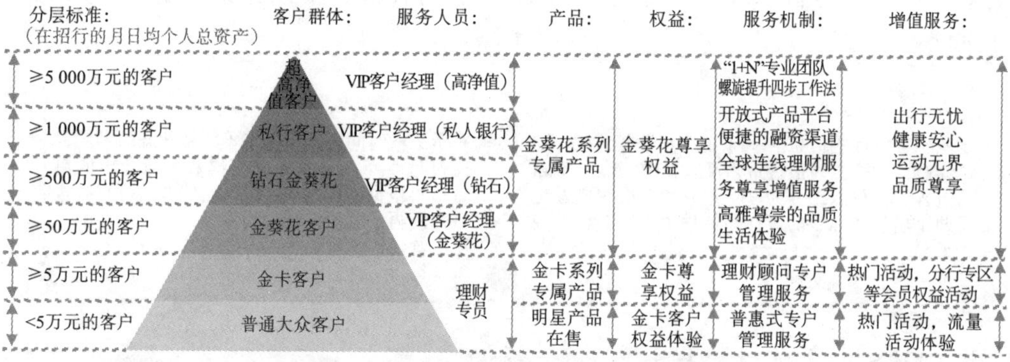

图26 招商银行客户分层标准及配套服务

资料来源：雅拓信息。

二是依据客户综合价值细分模型来划分，主要根据客户的贡献度、活跃度、忠诚度三个维度来划分。贡献度主要指客户与银行业务往来时所创造的净收益与消耗成本之间的差额，如存款贡献、贷款贡献、信用卡贡献及中间业务手续费等。客户贡献度是客户价值的一个极为重要的指标。客户活跃度指客户与银行接触的频繁程度，包括开户、交易、网点到访和电话及其他渠道的咨询等，客户与银行的接触频率越高且间隔时间越短，则代表客户活跃度越高。客户忠诚度则考虑的是客户资产的正向（贷方）波动和产品持有数量。资产正向波动可以用单位贷方笔均交易金额引起的资产日均余额变动来量化。

三是以客户人生生命周期阶段为划分依据的客户分层经营体系，即针对客户本身的生命周期分类经营，关心客户的阶段需求，发掘客户的金融需求，确定恰当的服务、产品及网点配套经营，是和客户建立更加长久、深度关系的有效途径（见图27）。比如，针对步入老年层级的客户，其需求往往与生活保障相关，农村中小银行就可为该层级的客户制定符合老年人特点的金融产品和服务，以及在网点开设老年活动区等。

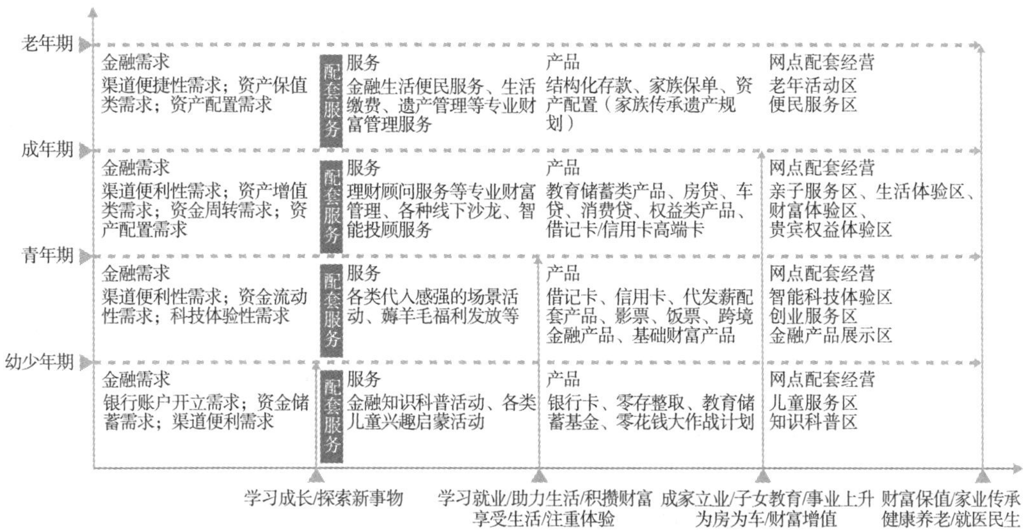

图 27　客户全生命周期金融需求及配套服务示例

资料来源：雅拓信息。

在客户分类方面，首先要明确客户分类与客户分层的区别，具体如图 28 所示。客户分类又称客户细分，是指把庞大的客户群体按照不同的维度、类型划分成一个个细分的客户群，同一细分客户群中的客户具有某些相似的特征。如农村中小银行最常见的三大客群：传统客户群、新市民客户群、域外客户群。还有诸如社区居民客群、小微企业客群、个体经营户客群、“三农”等涉农主体客群、财富客群等。在此基础上，可以再细分为商贸客群、亲子客群、银发客群、外出务工客群、乡贤客群、商会客群等。

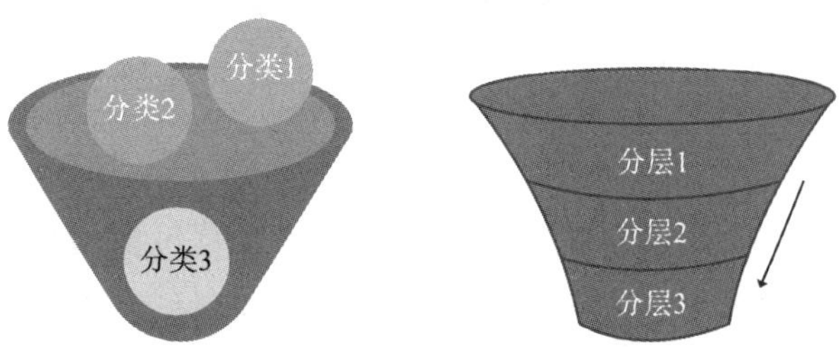

图 28　客户分类与客户分层分区别

资料来源：雅拓信息。

客户细分的根本目的就是准确把握目标客群需求，提供针对性、个性化的服务，其好处在于不仅能提升客户满意度，还能通过相似客群的批量营销降低服务成本。

例如，针对小微企业客群，该群体有生命周期短、抵御风险能力差、发展不确定性大等特征，且该群体的组织形式多为企业、合伙或个体工商户，所以企业主的人品对企业的存续发展至关重要。泰隆银行小微业务审贷的“三品三表”中的“一品”就是看“人品”。此外，该群体融资需求存在“短、小、频、急”的特点，对利率价格一般不敏感，所以解决其“融资难、融资烦”的问题先于“融资贵”。针对个体经营户客群，可以在其资金短缺时提供融资服务，以满足经营所需，资金充裕时提供现金管理服务，以满足个人资产保值增值的需要。针对涉农经营主体客群，因其金融需求具有较强的季节性特征，所以需要农村中小银行能够提供不同场景的服务，如农忙季提供资金支持或保险服务，收获季提供结算、存款及投资理财等金融服务。

5. 打造客户经营价值增长模型

如图29所示，AARRR模型是做客户经营分析的经典模型之一，它以完整的客户生命周期为线索，描述了客户使用产品或服务需经历的五个环节，最终获取商业价值。

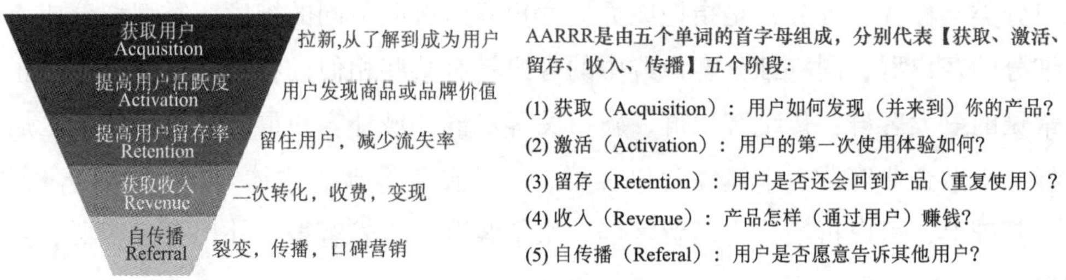

图29　AARRR漏斗模型

资料来源：网络公开资料。

金融机构AARRR模型通常被用为旅程式客户经营价值增长模型。例如，平安银行通过客户旅程式经营，以波段式客户旅程迁徙为目标，提升从流量客户到核心客户的迁徙，实现核心客群的稳步增长，并将“客户迁徙率”定为北极星指标。平安银行以数据驱动促动客户旅程迁徙，将“获客”定为长期KPI目标，将“规模提升”定为阶段性KPI目标，长期关注客户的“衰退、流失、召回”等指标，实现从“流量—新客—获客—潜客—熟客”到“核心客户”的转化，以客户在行生命周期为经营主线，实现价值提升。

农村中小银行往往在客户认知上有一种误区，即只要客户拥有一张本行的卡，就是自己的客户。中国人民银行数据显示，截至2020年末，全国银行卡在用发卡数量89.54亿张，同比增长6.36%。全国人均持有银行卡6.4张，也就意味着客户不仅在一家银行有业务。所以，农村中小银行需要厘清零售客户经营的底层逻辑，“获客”是基础，“活客”是过程，“价值提升”是客户经营的目标。“增幅扩面”和“存量挖掘”是农村中小银行客户经营的两大重点工作，做大核心客户数是农村中小银行客户经营的重中之重。

（二）三大变革：人力资源、管理机制、数字技术

1. 人力资源变革——重塑零售业务的新基石

人力资源是农村中小银行发展的第一资源。因此，在三大变革方面，首推人力资源的优化管理，因为无论是转型还是科技能力提升，都离不开人。目前，很多农村中小银行的人力资源部门还仅仅停留在员工人事管理的功能上，并没有很好地发挥人力资源管理的作用。在“人才立行”“人才强社”的战略布局下，农村中小银行应全面激发组织活力，秉承“以客户为中心，以员工为根本”的发展理念，着力打造一套独具特色的“选、用、育、留、退”的人力资源管理机制，通过构建基于能力的员工晋升通道和创新关键人才培养机制，激发员工潜力，提高员工效能和综合素质，将农村中小银行“人多面广”的优势发挥到极致。

（1）人才选用育留机制。完善的人才选用育留机制是确保农村中小银行零售转型在组织架构、员工晋升通道、薪酬、绩效等方面有效落地的重要保障，如表1所示，主要从六个方面开展：

表1　人才选用育留机制工作开展的六个方面

序号	六个方面	具体内容
1	推进能上能下，营造“能者上、庸者下”的氛围	推进能上能下是一项难度大、政策性强的工作，需要高度重视、广泛宣传，加强教育引导广大干部正确看待上与下、进与退，为推进干部能上能下营造良好氛围
2	明确选拔、淘汰的标准，做到进退标准有尺可量	盖洛普观点认为，选对人比培养人更重要。首先应明确选拔准入标准包括任职资格条件、业绩条件、道德品行等基本条件，明确岗位能力素质模型。实现人尽其才、事竟其功，达到干部员工优化配置的目的；其次通过明确淘汰退出的标准和规则，强化考核，有效推动干部、员工的能下退出淘汰标准

续表

序号	六个方面	具体内容
3	选拔多维度考量、多方式评价	建立以能力和业绩为导向、结合能力素质评价的多维度考量体系；同时加大力度探索、创新选人用人方式，积极借鉴现代人才测评技术，探索建立履历业绩评价制度等方法，选拔出真正适岗或具有发展潜力的人才。对于管理岗位，需将“德”的考核纳入干部选拔，从业绩为王到形成德才兼备、以德为先的干部用人导向
4	重视人才队伍培养发展	通过分层次开展专题专项培训；加强内部交流及辅导，加强与同业的交流学习；强化在岗及轮岗历练；实行“学时制”管理和考核等方式，不断强化员工学习的积极性和自觉性
5	完善淘汰退出机制	一是对于管理岗位，强化考核、完善综合素质与工作业绩并重的干部岗位目标责任制，具体包括与经营目标赛跑、经营业绩考核与民主测评双达标、新提任干部试用、到龄退出等多种方式； 二是对于客户经理、关键专业岗位等，可以通过任职资格明确准入条件、最低业绩标准或岗位目标责任等方式，辅以末位淘汰的机制，实施良性退出，保持关键岗位队伍的活力与战斗力
6	合理安排干部淘汰或退出后的岗位及待遇	对干部实行严格考核的同时，需合理安排其淘汰或退出后的岗位及待遇。对于淘汰、退出的中层岗位转任其他岗位的，如果在新岗位业绩有较大提丌，仍可通过竞聘二次启用

资料来源：雅拓信息。

（2）构建基于能力的员工晋升通道。零售客户群体庞大，不像对公业务属于小客群凸显能人效应，零售业务需要激发全员动力。如何激励员工不断提高自身素质，引导员工自主进行职业生涯发展规划，需要农村中小银行为员工提供多条职业发展路径，进一步拓展提升空间，如建立管理通道和序列通道，推行职务与职级双通道建设，改变传统的由基层员工到管理层的单一发展通道模式，避免“千军万马过独木桥”；同时建立完整清晰的各级人才档案库，为农村中小银行未来的发展培养和储备人才提供标准。此外，还需从制度上保障员工获得合理的薪酬待遇。

具体可以有两种模式：

一是基于通用能力的薪酬晋升通道建设。常规做法是建立员工积分体系。通过基础积分、考核积分、荣誉积分、行为积分四大维度建立员工积分体系，明确计分规则，量化指引员工行为导向。通过设计积分套档、调档规则，员工可通过积分兑换的方式进行薪酬动态调档。

二是基于专业能力的任职资格建设，即建立员工多途径的职业发展通道。如设置全行岗位序列，按管理序列、专业序列、营销序列、操作序列开拓四类职业发展通道。根据员工综合素质、专业水平、发展潜力、所在岗位特点等因素对其职业生涯做出有侧重的规划安排，引导管理能力强的员工向管理通道方向发展；鼓励专业性较强、岗位相对价值较高的员工走专业序列通道，如审贷、软件开发、产品开发、数据分析、资金交易等岗位（见表2）。

表2　　员工职业发展通道分类示例

序号	职类序列	子序列	岗位举例
1	管理序列	高层管理序列	高层管理岗位
		中层管理序列	中层管理岗位
		基层管理序列	基层管理岗位
2	营销系列	/	公司客户经理、零售客户经理、理财经理、大堂经理
3	专业序列	职能管理序列	营销管理、人力管理、财务管理、审计稽核……
		专业技术序列	授信审批、风险管理、科技信息、投资交易……
4	操作序列	柜员操作序列	综合柜员
		非柜操作序列	各类操作岗位、清算岗位……

资料来源：雅拓信息。

【案例三】

江苏张家港农商行小微队伍实施管理序列与专业序列“Y”型双通道培养，采用公开竞聘和每年全体起立竞聘的选拔聘用机制进行人才管理，在零售专业化人才队伍建设上，也形成了“零售客户经理—零售团队长—零售专职中层”的人才梯队培养模式。

（3）创新关键人才培养机制和模式。近几年来，越来越多的农村中小银行发现，零售业务转型落地的关键之一在于建立一支强有力的网点负责人队伍和零售客户经理队伍，以及培育更多的数字化复合型人才。不少农村中小银行开始尝试组织一些培训工作，然而受制于人才基础薄弱、工学矛盾、员工学习动力不强、培养方法不科学等多种因素制约，实际开展过程中，效果不尽理想。

针对上述问题，要建立人才培养机制，创新人才培养模式。一是持续优化人才结构，通过内部培养、外部引进等方式，搭建多层次、多元化的人才梯队。二是深化数字化转型意识，推广敏捷工作方式，积极构建客户至上、敢于尝试、灵活敏捷、合作开放、持续创新的文化氛围。三是提升数据应用能力，通过数据知识讲堂、数据分析大赛等方式，提高全行对数据的认识、理解和运用能力，提高基于大数据的工作质效。例如，浙江农信在全省范围内开展的以赛促学活动。通过举办零售业务数据挖掘分析大赛，提升全省干部员工零售业务数字化思维能力，形成以数据提升营销、管理和决策能力的常态化氛围，打造一批各条线领域的复合型人才。四是创新人才培养机制，丰富考核维度，建立敏捷型人才能力模型，打造了解业务、熟悉IT模式、掌握数据分析应用技术的“T型”人才团队。五是突出在实战中训练网点负责人和客户经理、科技与业务融合的复合型人才培养，将学与用连接起来，最大限度地降低工学矛盾，系统加速培养关键性人才梯队。

在人才培养的过程中，也需要充分发挥省联社的作用。因为省联社大平台拥有单家农商银行所不具备的能够更深刻精准把握培养方向，更广泛多元调集师资力量，更能促进各地交流互动的优势与资源，抓好人才培养也是省联社推进各项战略性工作的有效抓手。浙江省联社近年来高度重视浙江农信学院的建设，在其培训体系中进一步加大零售人才、数字化人才的培养，有力支撑了浙江农信零售转型大战略的落地。

2. 管理机制变革——重塑零售业务的新保障

农村中小银行零售业务转型，看似经营结构的调整，但其实质是管理的革命。如何建立精细化运营管理体系，如何实现高效的组织协同，如何在风险经营的同时实现业务高质量发展，这一切都将颠覆农村中小银行传统的经营管理手段。

（1）精细化管理，从计划预算到利润中心体系建设。农村中小银行需要通过稳步推行战略目标管理，逐步建立和完善以科学的评价体系为标准、以战略目标的制定与分解为起点、以资本配置与管理为手段、以配套的激励体制为引导的精细化运营管理体系，即战略管方向、计划预算定目标、绩效管理则评估目标执行，三者相辅相成，有机结合才能保证零售业务转型的有效落地执行。其中，计划与预算机制建设的内容主要包括战略与监管要求分析、资本规划、收益测算、成本测算、业务计划等。

农村中小银行应基于全行中长期战略目标，由董事会初步确定宏观年度规模与利润目标，经营层结合资本充足率、风险监管各项指标等监管要求，分析确定年度各项经营目标，并在资本规划、收益测算、成本测算基础上形成全行业务计划，包括资本计划、业务发展计划、风险管控计划、成本管控计划，通过多维度分解到各条线、各分支机构、各产品。经过由上至下和由下至上的多次反复沟通调整的多流程分解过程，最终达成经营目标的制定完善和科学分解。

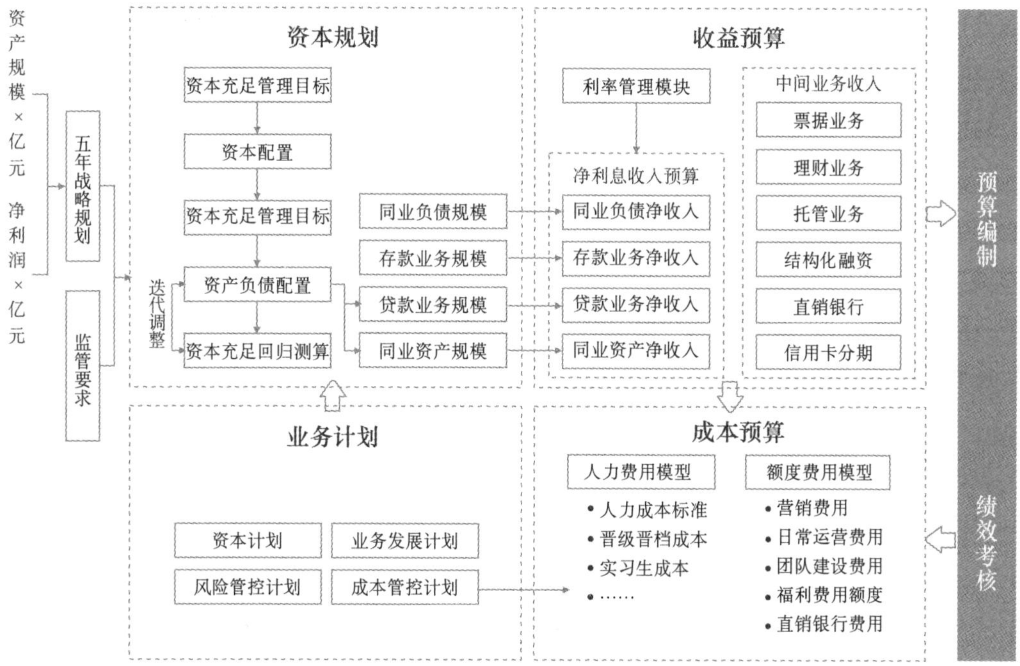

图 30　计划与预算机制体系建设框架

资料来源：雅拓信息。

农村中小银行探索利润中心机制建设，是管理倒逼和激励引导的有效手段，可以反向推动客户精细化管理、产品创新管理、总分支联动、风险机制完善、考核机制完善，推动综合金融服务落地，是农村中小银行推动和实现普惠金融商业可持续发展的必由之路。

以头部农商行的利润中心建设为例，在上述计划与预算目标确定之后，从各业务条线部门到各分支机构对利润（任务）目标进行缺口分析，并制定实现路径。总体建设框架思路如图 31 所示。

指导思想：锚定目标客群，确定重点业务与产品。

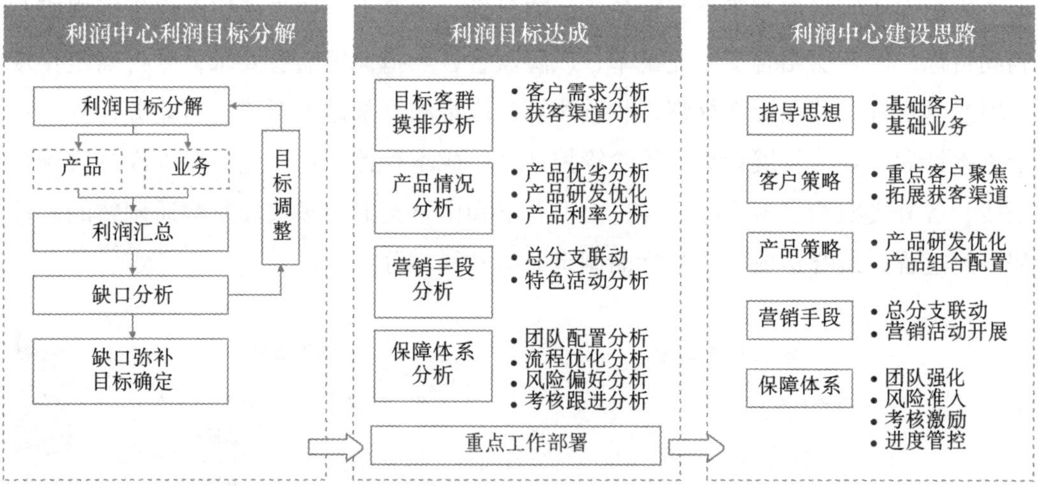

图31　利润中心机制建设的框架思路

资料来源：雅拓信息。

客户策略：确定需聚焦的重点客户，拓展多元化的获客渠道和通过客户数据分析构建高效的获客方式。

产品策略：优化产品研发的机制、流程，建立敏捷化研发机制；制定产品组合配置方案。

营销手段分析：制定总分支联动营销、各项特色营销活动规划与实施方案。

保障体系分析：制定条线团队强化方案与举措、风险准入策略与标准、考核激励优化方案和进度过程管控机制与落实方案等。

重点工作部署：基于上述分析，明确条线利润目标和业务目标达成的各项重点工作，并纳入利润中心考核。

农村中小银行通过将战略目标与年度经营计划和业务预算的联动机制，配套以资本、财务费用等资源配置机制和绩效考核体系，可以有效打通全行战略推进中的传导环节和执行环节，保证农村中小银行在既定战略规划的路径上高效、有序地向前推进。

（2）激发组织活力，绩效考核及薪酬体系建设。绩效考核作为工作的指挥棒，是经营管理的关键环节，一个科学有效的绩效考核体系建设，不仅可以帮助农村中小银行实现业务目标，而且能够成为其可持续发展的原动力。合理有效的绩效考核体系是按照战略导向、重点突出、全面科学的设置原则设置的，能够充分体现全行的战略目标，并适合各层级管理。

目前农村中小银行在绩效考核上逐渐从以规模为中心向效益和规模并重转变，并随着业务发展和管理所需逐步引入了经济增加值（EVA）和资金转移定价（FTP）在考核中的应用（见表3）。如有的银行就以FTP定价系数调节，来引导客户经理做小不做大。

表3　某农商行FTP系数调节示例

FTP调节系数（示例）		客户分类管户系数（示例）	
单户贷款日均（万元）	FTP调节系数	客户类型	分类计酬系数
5—100（含）	1.3	A类	1.5
100—300（含）	1.4	B类	1
300—500（含）	1.5	C类	0.8
500—1 000（含）	1.2	D类	0.6
1 000—2 000（含）	1	E类	0.5
2 000—3 000（含）	0.5	C、D、E类退出，每户计酬元	
3 000—5 000（含）	0.1	—	
5 000以上	0.02		

资料来源：雅拓信息。

另外，随着近年普惠贷款利率逐年降低，应对信贷利率下行的有效方法之一就是提高精细化定价能力。提升一线信贷人员的定价意识和对客定价能力和水平，绩效考核就是很好的引导工具。

【案例四】

浙江龙泉农商银行，通过完善行内绩效考核管理办法，对存、贷款FTP模拟利润定价机制进行重点优化。该行通过对“可议价”贷款产品按信用维度、履约维度、风险维度、资格维度及其他特定维度等给予不同区间利率定价议价空间，以及针对贷款类型也给予不同区间利率定价议价空间，建立超额利润分成机制，加大考核比重，突出客户经理议价超额贡献奖励。在合理把握好资产负债利率定价工作的同时，龙泉农商行通过这样的考核引导，提高了全员营销议价能力及市场竞争力，实现了零售业务利润的增长。

除了绩效考核要能激励到人，农村中小银行薪酬体系的设计也要能够体现激励到人的导向，充分激发员工激情和组织活力。目前常见的薪酬体系建设方案如下：

一是体现岗位价值差异的薪酬体系，实现高价值岗位高回报，激发员工投身高价值岗位的积极性。基于投入、过程、产出三个维度，从战略影响、收入影响、成本控制、风险责任，岗位的复杂性、创造性、专业性、工作广度、管理幅度、沟通技能、沟通频率、内外协调，以及岗位所需的任职者知识技能、工作经验及工作物理环境等多因素来对全行岗位开展价值评估。基于岗位价值差异确定差异化的职级，形成全行岗位的职级矩阵图，并设计职级目标薪酬值，实现岗位价值在薪酬上的应用。同时，通过岗位职级矩阵公示与岗位竞聘/双选的配置机制，公开透明全行岗位职级差异，给单位和员工双向选择的权利和机会，实现人岗匹配。

二是建立基于员工通用能力的积分兑换宽带薪酬体系，实现员工薪酬小步快跑，指引员工向组织倡导的方向不断自我发展，即在基于通用能力的薪酬晋升通道建设体系之上，设计多级多档的宽带薪酬体系，可以通过薪档提升薪酬，到了最高档也可以打通继续往上一级薪酬再逐档提升的机制，实现员工薪酬小步快跑。

三是基于任职资格评定的多渠道发展薪酬体系，为员工能力提升匹配薪酬晋升通道，激发员工专注在本岗位上不断提升自身业务水平的动力，即在基于专业能力的任职资格建设体系之上，根据任职资格等级匹配薪酬职级。为相同岗位不同业务能力水平的任职者配以差异化的目标薪酬，鼓励员工专注提升自身业务水平。

（3）高效运营，流程银行体系建设。保罗·阿伦在《银行再造——存活和兴旺的蓝图》一书中提出，银行的流程再造就是“商业银行为了获取在成本、质量、反应速度等绩效方面的巨大改变，以流程为核心进行的根本性的再思考和彻底的再设计”。农村中小银行施行流程管理的目的，就是通过对业务流程进行科学合理的设计与调整，在提升服务质量和客户满意度的同时，更好地经营风险，提高运营效率和效益。

流程银行的建设原则：

一是以客户为中心来设计业务流程。按照客户的需求和为客户提供方便、快捷和优质服务的思路，设计各项业务流程，建立满足客户不断变化需求的业务流程，即围绕不同目标、不同的客户，设计不同的流程。

二是以业务流程为主导来设置组织管理体系。根据业务流程的需求设置相应的职能部门或调整部门的职责，使之符合流程运行的便利、通畅的需要，实现“组织为流程而定，而非流程为组织而定”。典型的做法就是实施前、中、后台业务分离，对中、后台业务实施集中化处理。

三是以大数据和信息科技为支撑实现业务流程再造。强有力的信息科技系统是构建流程银行的重要支撑。农村中小银行高效的运营体系与流程再造过程中，应当充分发挥大数据和信息技术在信息共享、业务再造和风险控制等方面的重要作用，如积极运用大数据、人工智能、云计算、区块链等新兴技术在银行金融场景中的落地，不断提升客户洞察、风险防控、产品设计创新、信贷审批效率、精准营销等方面能力。

目前很多农村中小银行在推进流程银行建设过程中，以“急用先行、注重实效”为原则，重点将优化授信业务流程作为流程银行建设的切入点，通过流程优化，强化集中运营的服务功能，不但可以促进前台生产力解放，还可以提升客户满意度。另外，还有些银行将零售柜面业务的授权改为远程授权并由后台专职操作。据统计，一般银行每笔柜面业务花费的时间是 3 分 22 秒，其中有 1 分钟是在等待授权，如果改为远程授权，则效率可以提高 80%，节约近 50 秒的时间。仅此一项优化，就可以使每笔柜面业务的平均耗时下降 1/4，大幅改善客户体验。

（4）敏捷协同，跨部门敏捷组织体系建设。传统来看，银行内部各部门往往彼此隔离、各自为政，这就使得银行无法快速响应客户需求和市场变化。只有在组织内部实现敏捷组织转型，才能保证零售转型、数字化转型的真正落地。

农村中小银行目前在零售业务敏捷组织设计上主要有两种探索模式。

模式 1：面向外部客户的零售前台部门敏捷组织架构

农村中小银行宜在零售大业务板块下改变传统以产品划分部门的组织架构设置，代之以客户划分部门。当然，考虑到农村中小银行能够掌控全产品客户服务能力的复合型人才相对稀缺，因此可以采用“一定程度客户化部门设置 + 一定程度产品化和公共部门设置”的过渡方式或者中间形态，即农村中小银行零售金融总部内部可以设置“传统负责负债业务的零售银行部 + 面向财富高端客户需求的财富与私人银行部 + 专注消费类贷款和信用卡大额支付的消费金融部 + 零售渠道管理部 + 小微贷专营事业部”的组织架构，零售金融总部发挥零售大板块客群、产品与服务组合、营销团队整合等统筹职能，确保为零售不同分层客群提供一揽子金融服务解决方案。

【案例五】

江苏张家港农商行，其经营层下设普惠金融总部，设立总裁一名，实行大部制架构。普惠金融总部下设零售业务部、信用卡与消费金融部、小微金融事业部、渠道管理部四个一级部门，产品管理部、综合管理部两个二级部门，产品部与综管部由普惠金融总部总裁直管。该架构加强了普惠金融总部内设部门之间的协同与联动。产品管理部与综合管理部为普惠金融总部下设的四个一级业务部门在产品研发、绩效考核、调研综管等方面给予统一的支持和保障。同时，张家港农商行还设立了一级部门数字银行部和科技金融总部，并分别内设“大数据金融实验室”和“金融科技创新实验室”，负责推进全行数字化转型、加强科技对业务的赋能与服务前置。由分管零售行长协管数字银行部，同时担任大数据金融实验室主任，促进业务和科技的融合。

模式2：面向内部客户的中台部门敏捷组织架构

作为推动零售业务转型同样重要的诸如科技、数据、风控等中台部门，同样需要以内部客户为核心建立敏捷组织体系，以科技、数据部门为例，按零售条线、公司条线、金融市场条线等不同条线部门建立矩阵式开发组、数据组，是较能快速高效响应业务条线各类产品、系统、数据挖掘与分析需求的选择。

例如，面向某一产品或系统开发需求的虚拟小组，内部由需求分析人员、数据挖掘和分析人员、开发人员、测试人员、运维人员、风控合规人员组成，组团为业务条线需求服务，确保为从需求到开发、测试、风控、合规、运维的一站式解决方案提供未来产品和系统运营的保障。例如，吉林省联社就和吉林榆树农商银行成立敏捷小组，充分发挥省联社“大平台”的科技赋能作用，省联社出技术团队，榆树农商行出业务需求团队，共同完成吉林榆树农商银行“榆快金融”普惠平台的开发工作。

除了上述敏捷式的虚拟小组组织设计，科技、数据部门还需要作为科技、数据人才的孵化基地，向零售等各业务条线输出具有科技与数据背景的人才，帮助条线部门更快分析和响应产品、系统开发需求；同样，零售等业务条线的骨干也可以作为业务需求人员进入科技、数据部门相关小组，掌握科技与数据分析基础知识与基本技能。

【案例六】

浙江诸暨农商银行以业务科技融合为目标加强数字化队伍建设，配合制定了“金融+科技”综合型人才培养方案，通过管理人员交流、专业人员交流、项目共建的形式，培养既精通金融业务、又具有数字思维的“金融+科技”综合型人才，目前该行已有多名科技人员转向前台部室，科技部成为行内的复合型人才“培育基地”。此外，诸暨农商行还组建了数字化转型实验室项目，抽调部分业务部室人员、支行人员与科技人员作为项目成员，借助项目推进，加强科技与业务的融合，发挥好该部分人员的排头兵作用，目前已有智能化决策分析、商户生态圈、员工画像、网点效能、风险演绎等多个实验室项目落地应用。

（5）风险经营，零售风险管理体系建设。银行是经营风险的机构，农村中小银行在零售转型过程中必须树立全面风险管理理念，在深化银行产权制度和完善法人治理结构的基础上，运用现代信息技术加强对风险的管理，利用多种多样的方式和工具转移和分散风险，更好地服务于长远的银行业务发展（见表4）。

表4　农村中小银行主要的信贷风控模式

信贷模式	定义	优势	劣势
IPC信贷	由信贷人员全程参与贷款全流程，主要面向财务信息不全或不规范的小微企业。核心是做好三个部分：一是考察借款人偿还贷款的能力，二是衡量借款人偿还贷款的意愿，三是银行内部操作风险的控制。通过人工的方式，收集收入、资产、支出、进销等信息，对客户提供的信息进行甄别和第三方检验	①信贷人员全程参与，一定程度确保了项目的真实性。②深入结合小微企业运营的方方面面，完整和客观反映了客户还款的真实意愿和能力	①需要核实的内容太杂太多，容易漏掉。②对信贷人员要求较高。③存在一定的操作风险和道德风险。④较为依赖个人经验和知识，风险控制不能做到面面俱到
信贷工厂	面向资料数据齐全的小微企业客户，属于量化评估模式。在该模式下进行授信业务时，通过对信贷作业过程的标准化步骤分解，从前期对客户的尽职调查，到授信调查、审查、审批、贷款的发放，贷后管理以及催收、不良资产处置等环节步骤，采取工厂的“流水线”作业形式、标准化的管理，保证每个环节都专人专岗	①信贷作业流程标准化，提高了效率和客户体验。②避免单个信贷人员经验不足或过度依赖经验带来的风险。③简化工作流程，便于团队管理和复盘	①对于数据和模型均有较高的要求，有一定的门槛。②各岗位人员储备要求较高
大数据	通过对海量的、多样化的、实时的、有价值的数据进行采集、整理、分析和挖掘，并运用大数据技术设计信用评价模型算法，多维度刻画借款人的信用画像，呈现借款人的违约率和信用状况	以数据说话，避免了人为操作风险。 运用数学模型，精确量化客户违约概率	①数据的覆盖率，匹配率，饱和度，鲜活度，查得率，以及相关度，存在片面化的风险。②大数据风控只能作为辅助决策

资料来源：雅拓信息。

一是建立健全全面风险管理构架，由董（理）事会及其专门委员会、高级管理层及其专业委员会构成的决策体系，由风险管理部门和相关职能部门构成的执行体系，由监事会和内外部监管和审计部门构成的监督体系，形成集中统一管理、分级授权实施的风险管理架构；二是筑牢风险管理的三道防线，即由各业务部门组成的第一道防线、由风险管理部门组成的第二道防线及由内审稽核部门组成的第三道防线夯实内控基础；三是引进风险管理技术，完善内部评级体系，加强内部评级体系的建设，提高风险评估的准确度，扩大风险评价、分析和应用的范围，并对相关的业务流程和决策机制进行必要的改造和完善；四是零售转型过程中培育良好的风险管理文化，通过组织风险管理专业培训、召开风险管理工作专项座谈会等形式，构建全员的风险管理文化，推动管理层和全体员工风险管理理念的转变，形成先进的风险管理文化。

在互联网时代，风控不仅仅是“踩刹车”的角色，更能用于甄别优质客群主动出击、驱动业务流程改造。农村中小银行在零售业务转型过程中应当推行风险管理“不仅是保障业务之法，更是创新业务之法；不仅是防御节流之法，更是进攻开源之法”的管理理念。

在零售风险体系建设上，农村中小银行一是要建立“有所为，有所不为”的风险管理理念。二是要重视先进风控技术和工具的应用。三是要做好零售产品全生命周期和业务全流程的风险管控机制。四是随着农村信用体系建设的完善，加上农村中小银行对地域客户的熟悉了解，在风险防控上更应该注重“道德风险”的防控。五是伴随数字化线上业务的转型，客户经理绩效管理办法、线上业务和数据管理办法也要做相对应的变革。

在信贷风控模式上，农村中小银行可积极探索多种模式有机集合，或根据自身需要做进一步模式优化来开展业务。“适合自己的才是最好的”，在实践中也需要分阶段推进，先易后难，逐步升级。

【案例七】

常熟农商银行在发展过程中形成了“IPC技术+信贷工厂”的“常熟模式”，即贷前调查主要采用IPC模式，依靠庞大的信贷员团体调查贷款客户信息，并进行交叉验证，其他案头工作通过线上“信贷工厂”同步完成。又如，以台州银行和泰隆银行为代表的“IPC本土化”的“台州模式”和结合政务大数据的安徽亳州“药都模式”。“台州模式”强调本土经验：台州银行的“三看三不看”——不看报表看原始，不看抵押看技能，不看公司治理看家庭治理。泰隆银行的“三品三表”——产品、押品、人品、电表、水表、纳税申请表；“两有无”——有劳动意愿、有劳动能力，无不良嗜好。“药都模式”将政务数据、人行征信数据和银行自身数据有效整合，对信贷客户信息进行多维度数据画像，解决贷款发放管理工作量大、调查和风控难度大等问题，打造金融服务“快银行”。药都农商行也成为中国金融业整合政务大数据实现县域普惠式、智能化、移动化信贷服务的先行者。

资料来源：韩文亮主编，《中小银行普惠金融发展报告 2020》，中国金融出版社 2021 年版。

未来，农村中小银行零售风险管理体系建设应当包括但不限于以下四个方面：

“线下＋线上”融合，打造立体金融服务体系：发挥线下网点优势，结合线上流程，构建“线下推广＋线上进件”的交互模式，实现流程导向的扁平化结构管理；优化进件流程，针对目标用户重点营销，深入行业、商圈分析，挖掘客户需求，构建县域场景生态，提高业务效率。

完善信息采集，构建决策分析平台，打破“信息孤岛”壁垒：采集和挖掘客户申请与人行征信数据，引入三方数据作为补充，建立数字化决策基础。通过“以客户为中心”驱动前端信息采集标准化与层级化，实现基础信息应采尽采，扩大客户基数，前台针对客户特异性需求差异化采集内容，中后台实现数据存储标准化，提高数据资产质量，为后续决策提供坚实数据基础。

优化额度体系：实现基础授信与场景授信的融合，提升产品丰富度，提高客户黏性，通过“个人信息＋征信信息＋三方信息”等客观信息赋予基础额度，实现增户扩面的目的；同时结合经营场景、商圈，基于客户财力、职业信息和经营信息等场景信息实现场景授信，提高优质客户额度，进而提升竞争力。

搭建全流程风控迭代优化体系：提升风险管控与客户经营能力，以贷前风险管控为基础，建立精准营销体系，贷中、贷后客户分层实现精细化运营，通过模型和策略迭代优化风险，同时做好优质客户经营，加强贷中调额和交叉销售。

具体在客群准入、额度测算、利率定价、放款流程、风险预警、贷后管理、催收与不良资产处置等各环节，重点做好“五化”：

线上化——信贷流程全面线上化。

模型化——风控规则模型化、额度测算模型化、风险定价模型化、贷后管理模型化等。

自动化——部分信贷流程在风险不扩大的原则下，积极探索自动风控、自动审批、自动放款等，提升效率和客户体验。

智能化——利用大数据风控优势，搭建智能化的线上决策体系，降低信贷风险。

标准化协同差异化——标准化主要是指对产品进行统一管理，包括流程统一化、品牌统一化、体系标准化。同时也要兼顾个体差异化，即针对不同客群、不同贡献度、不同业务品牌，调用差异化的模型进行判断，搭建既能统一管理，又能满足个性化需求的信贷产品体系。

（6）凝心聚力，企业文化体系建设。文化是企业核心竞争力的中枢。企业文化建设是汇聚智慧、统一思想、凝聚人心、促进转型发展的重要抓手。正如吉林榆树农商银行董事长李国英所说，“内部管理靠文化、外部管理靠品牌”。但是，由于不同企业的经营环境和管理基础千差万别，企业文化建设的模式也是个性化、不可复制的。企业文化是使企业的经营理念内化成员工共同的价值观，然后再外化为员工自觉行为的过程。这个过程既是企业文化从理念到行动，从抽象到具体，从口头到书面，由有形约束到无形自觉的过程，也是企业文化从自发到自觉，从群众中来到群众中去，并与企业制度建设紧密结合、共同作用的过程。良好的企业文化能够增强员工的凝聚力和创造力，是企业整合各种资源、提升竞争力的重要手段。随着零售银行产品和服务的不断细化，对团队人员的专业化程度要求日益增高，建立卓越的企业文化，有利于打造一支素质精良的零售银行队伍，塑造专业的品牌形象。

3. 数字技术变革——重塑零售业务的新动能

数据是金融机构的战略资源，作为企业重要的生产要素，它正在重构企业新型的生产力和生产关系。随着数字化转型工作的推进，大数据实现了从业务的副产品到企业战略性资产的华丽转身。

（1）数据为王、治理先行。金融机构顺利完成数字化转型的关键在于其数据数字化能力的综合体现，即数据获取能力、数据积累能力、数据开发能力、数据运用能力和数据管理能力。数据治理是实现金融机构数据数字化能力的基础保障。

自2016年起，银保监会先后多次发布有关银行业数据治理的指引文件，2021年9月发布的《商业银行监管评级办法》新增“数据治理”评级要素并占到5%的权重，这表明，监管部门正不断加大数据治理监管力度，促进商业银行数据的真实性、准确性、完整性。

年份	指导文件
2006	中国人民银行推进金融标准化，每年颁布金融标准
2008	银监会《关于进一步提高数据质量做好非现场监管工作的通知》
2011	银监会《银行监管统计数据质量管理良好标准（试行）》
2014	银监会《进一步提升监管统计数据质量的通知》
2014	银监会《非现场监管报表审核工作的通知》
2014	银监会《非现场监管关键指标数据质量承诺制度》
2014	中国人民银行《银行数据标准定义规范》
2016	银监会《关于非现场监管暂行办法的通知》
2017	银监会《银行业金融机构监管数据标准化规范（2017版）》

年份	指导文件
2017	银监会《关于发布金融业标准化体系建设发展规划（2016—2020年）的通知》
2018	银保监会《银行业金融机构数据治理指引》
2018	银保监会《数据管理能力成熟度评估模型》
2018	各省地市银保监局《关于转发银行业金融机构数据治理指引的通知》
2019	中国银保监会办公厅《银行业金融机构监管数据标准化规范（2019年版）》
2020	银保监会《关于开展监管数据质量专项数据治理工作的通知》
2020	中国人民银行《金融数据安全数据安全分级指南》
2020	国际数据管理协会（DAMA）《数据管理知识体系（DMBOK）3.0》
2021	银保监会《商业银行监管评级新办法》新增公司治理和数据治理两项评级要素

图 32　数据治理相关指导文件

资料来源：雅拓信息。

根据调查，目前农村中小银行在数据管理和应用方面存在的问题如图 33 所示：

图 33　农村中小银行在数据管理和应用方面存在的主要问题

资料来源：雅拓信息。

针对广大农村中小银行数据治理现状，建议采取整体部署、分步实施、重点切入的措施。通过制度规范和系统建设，持续提升数据质量、完善数据标准、统筹数据需求、加强数据获取便捷性；构建数据思维，驱动业务发展。采集并整合内外部数据，以数据应用和分析挖掘等手段实现数据价值，利用前沿技术，构建全流程的数据治理体系，以促进全行数字化转型战略的实现（见图34）。

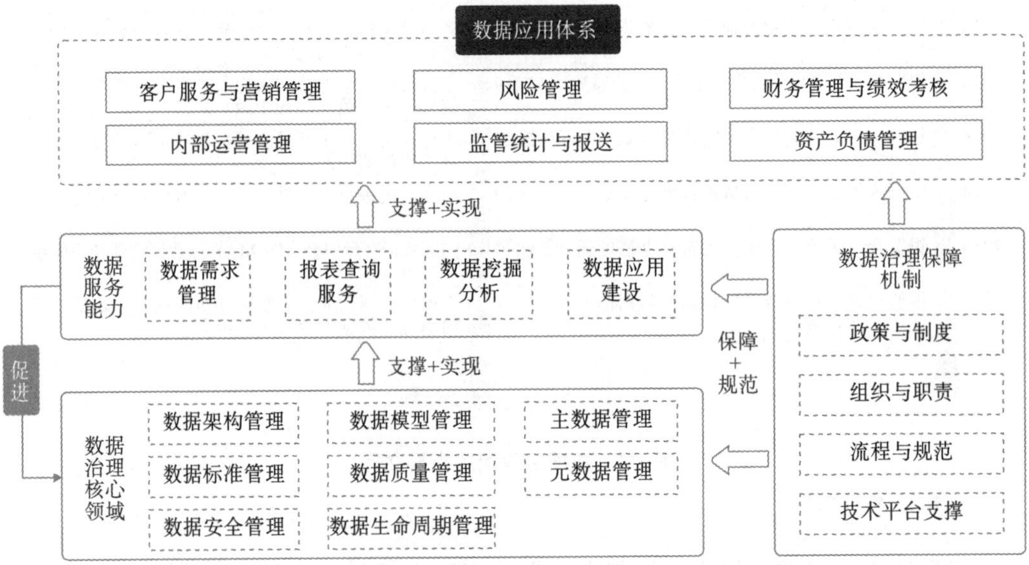

图34　数据治理体系建设框架

资料来源：雅拓信息。

数据治理是一项长期的工程，其建设思路和目标如图35所示。

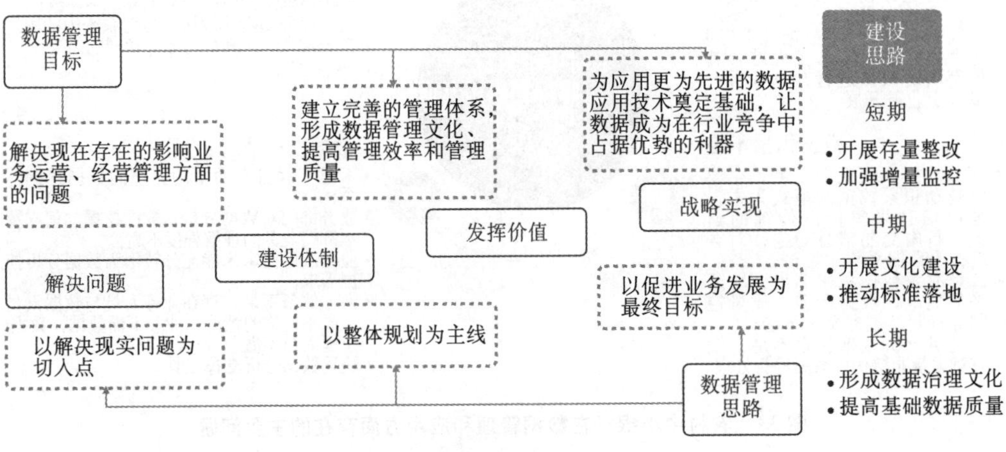

图35　数据治理建设思路和目标

资料来源：雅拓信息。

（2）内部为主、外部为辅。说到“大”数据分析，很多机构会认为自己作为一家县域金融机构，数据量太少，不足以支撑数据分析，进而转向不断引入外部数据。在外部数据使用上，很多农村中小银行容易陷入主要使用负面拒贷的误区，使得在零售业务“线上化”过程中出现第三方数据引入越多、授信通过率越低的问题，甚至激化客户经理与风险决策部门的矛盾，出现基层员工对系统决策结果的不信任等现象。“大”数据其实更强调数据质量好和数据维度多。在数据应用方面需要兼顾负面拒贷与正面增信，这样才能使风险决策更贴合实际。银行在自身的发展经营过程中积累了大量的数据，数据真实性非常高，农村中小银行多年积累下的客户信息数据也是非常有价值的，要加强数据采集规范化、标准化，这些都是农村中小银行在数据获取方面的优势。

在数据使用上，建议农村中小银行先挖掘好自身的内部数据价值和人行征信数据。例如，通过客户的历史信贷授信额度与账户状态，了解竞争对手与态势，配合不同销售手段。如针对他行即将结清贷款进行提前营销余额置换，他行授信额度高而我行评估额度偏低的客户立即下户调查，加强营销及时性，真正做到“以客户为中心”。当随着数据应用需求的增加及升级导致内部数据支撑匮乏时，有针对性地通过其他合法渠道获取数据支撑，如当地的政府部门、农业农村局、大数据管理局、持牌的征信机构及能够保证数据来源的第三方机构。

（3）盘活资产、数据变现。数据只有被运用，才能发挥价值，否则只是数据库中的一个数据项，是沉睡的数据。数字化转型的目的就是在企业发展过程中充分利用数据，由内部管理运营向外部客户服务进行延伸，拓展营销渠道，健全风控能力，提高客户体验，实现业务增长。

目前，农村中小银行数据应用主要体现在：客户洞察、精准营销、智能风控、绩效管理、智能运营、内部精细化管理等方面，旨在提质降本增效，改善客户体验。例如，根据客户借还款数据及征信信息，结合黑名单、多头及其他数据，构建动态风险评级体系，并将其应用于存量客户管理相关的风控策略及营销策略，如高风险拒贷策略、额度调整策略、利率定价调整策略、早期预警策略、流失挽回策略及产品交叉销售策略等，实现客户差异化、精细化经营管理。

（4）安全底线、合规运用。《银行业金融机构数据治理指引》对银行业金融机构强化数据安全意识、依法合规采集数据、依法保护客户隐私提出了明确要求。2021 年 11 月 1 日施行的《中华人民共和国个人信息保护法》也进一步明确个人信息处理活动中的权利义务边界，健全个人信息保护工作体制机制。

农村中小银行应在监管机构的规范和引导下，加强数据安全管理，强化数字化业务环节中的安全标准制定及规范管理，防止因数字化转型产生新的数字鸿沟和金融排斥；规范数据运用，强化数据边界，从机制上建立防火墙，加强员工安全意识和风险防范意识教育，完善信息安全管理机制。

（三）一个支撑：省联社大平台

1. 坚持党的领导，用业务定位体现政治站位

坚持党的领导是建设中国特色公司治理制度最本质的特征，也是农村金融健康发展的根本保证。农村中小银行要深刻领会习近平总书记关于坚持党中央对金融工作集中统一领导的重要讲话精神，旗帜鲜明讲政治，坚定不移把加强党的全面领导落实到一切工作中；在省联社的领导下，进一步将党的领导融入公司治理各个环节，服务好乡村振兴、普惠金融。目前，基本上全国所有省级联社已经实现了党委垂直管理，这也为省联社以党建引领各项工作提供了最大的保障。

2. 做好方向牵引，保持定力不变力度不减

一方面，零售业务是农村中小银行稳健发展的“压舱石”。如何保持战略定力、持之以恒，坚持一张蓝图绘到底？需要省联社充分发挥对农村商业银行支农支小定位的引领和支撑作用，对农村商业银行偏离定位的，应坚决纠正处理，情节特别严重的，应对相关高管人员实施问责。

另一方面，省联社在对宏观方向把握、国家政策研究等方面具有前瞻性，且其看问题的广度和深度，远比农村中小银行要深刻，所以省联社要在战略发展方向、市场发展趋势、国家政策引导等方面给农村中小银行做好方向牵引，引导农村中小银行向着做小、做散、做实、做基础、做长远的方向前进，少走弯路。

3. 加强技术支撑，提供零售转型新动能

一是省联社需要充分发挥其“大平台”的作用，打造省级金融科技的航空母舰，在云计算、物联网、区块链、5G、大数据、移动互联、人工智能等新基建方面建设统一的数字基础设施平台和各类技术中台，服务法人机构。二是要加强核心业务系统的建设，尤其是在互联网金融的竞争压力下，加强纯线上全流程信贷风控技术以及手机银行等线上系统的建设。三是省联社要能从省一级推动三资平台、政务数据、三方数据的统一接入中，助推法人机构的业务开展。四是对于自身科技能力比较强、业务发展迅速的农商行，省联社也要考虑准许其自建系统，并在安全合规的前提下，准许其与省联社系统对接，以开放融合的态度助力法人机构业务发展。

【案例八】

广东省联社打造“四横八纵”金融科技服务新体系，化解了省联社科技建设的统一性与法人行社个性化需求间的矛盾，主要表现在：在渠道层，手机银行、网银、移动营销等共性渠道由省联社统一建设，特色小程序、宣传H5等个性化展现各机构可选择自建。在产品层，广东省联社通过对传统金融产品进行解构，构造出新的产品工厂模式，可以实现产品服务的灵活配置组装，各机构既可以直接使用省联社提供的统一化产品，也可以通过产品工厂自由配置出个性化产品。在共享能力层，广东省联社通过打造业务中台和数据中台，不断沉淀可复用的企业级服务，快速响应业务需求。在技术平台层，广东省联社通过发挥大平台的人才优势、技术优势和规模优势，对IT基础设施进行统一建设，各机构可以按需申请使用，既可以减少重复投资，又可以降低建设成本。面对广东全省农信机构总体上业务发展参差不齐、科技水平整体薄弱，部分机构缺乏业务创新发展环境，创新成本大，人、财、物支撑不足等问题，广东省联社通过发挥系统大集中的优势，重点提供八种科技赋能方式，即包括金融科技规划与咨询能力、金融云平台服务能力、解决方案输出能力、数据创新应用服务能力、基础应用平台支持能力、安全体系支持能力、应用API接口服务能力、基础技术平台输出能力，全面覆盖了不同业务水平和科技现状的机构，真正意义上打通了面向全省不同机构的服务通道，不仅可以让各机构“想做就能做”，而且还能支持各机构“要做就能做好”的愿景。

资料来源：《中国农村金融》2020年7月16日公众号文章。

4. 深化指导赋能，凝聚上下合力

小法人银行是自主经营、自我约束、自我发展、自担风险的市场主体，是多级体制下零售业务转型的经营主体。从发展实践看，小法人银行存在天然科技能力弱、资质获取能力弱、人才吸引力弱等劣势，在科技、数字化建设、专业人才方面非常依赖省联社这个大平台。所以在零售业务数字化转型过程中，需要多级联动协同发展，农村中小银行要利用好省联社这个大平台，省联社也需要积极发挥其对法人机构的服务、指导、协调、管理职能。

省联社可为法人行社引入全省级外部大数据，提供省级银政、银企合作对接平台等系统内和系统外的学习交流平台，为法人行社加快零售业务转型、提升数字化转型质效、防范业务操作风险发挥强有力的引领与保障作用。

【案例九】

浙江省联社2020年与浙江省农业农村厅签订战略合作协议，推出全国首个由政府部门和银行机构合作推广的农村普惠金融产品——农户小额普惠贷款。该模式创新采用“信息采集、无感授信、有感反馈、贷前签约、按需用信”的简易流程。农户无需办理任何手续就可以无感获得授信。具体做法为：由农业农村部门组织乡镇提供农户姓名、身份证号、联系方式、户籍地址、户号等5项基本信息，浙江农信通过这些信息建立初评授信数据模型，给予每个农户一定的基础额度授信。“无感授信”完成后，相应的授信结果将通过多种渠道反馈到农户本人，随后农户即可通过“丰收互联”APP、微信小程序等线上渠道申请办理贷款。对于有更高资金需求的农户，浙江农信也给予了灵活便捷的“增信提额”机制。

（四）四大引擎：产品、渠道、场景、营销

产品、渠道、场景、营销服务是银行与客户之间构成连接关系的基本经营要素。在银行同质化竞争激烈的今天，“唯快不破”，农村中小银行要善于利用自身人熟地熟、决策链短、反应快的优势，加快在产品设计、渠道建设、场景连接和营销策略上的经营能力提升。

1. 创新产品，差异化经营

产品是连接农村中小银行与客户的纽带，通过产品销售，客户价值才能得到充分的体现，可以说，产品就是农村中小银行的生命线。

在本次调研中，有84%的机构认为产品种类不够丰富、产品缺乏竞争力是制约农村中小银行零售业务发展的主要短板之一。从实践来看，无论是负债端还是资产端的产品，农村中小银行在产品的丰富性、多样性、创新性和定价权上均无法与国有行、股份行抗衡。造成该劣势的主要原因，一是农村中小银行的定期存款占比高导致付息率高，且农村中小银行网点多、人员多，导致整体资金成本比其他商业银行更高。负债端资金成本的高企传导到资产端后，资产端的产品价格在市场上就严重缺乏竞争力。二是由于农村中小银行受制于自身规模等劣势，在理财子公司和消费金融公司的赛道上，更无法和大型的商业银行并驾齐驱，间接导致产品的匮乏和

竞争力的不足。

需求个性化、经营综合化、产品差异化、客户分散化是零售业务的四个显著特征。这“四化”决定了农村中小银行在产品设计和开发上必须具备“特色化”和“品牌化”。否则就很难吸引更多的零售客户，增幅扩面的目标也就很难达成。

（1）结合客户需求，创新产品特色。农村中小银行要实现做与民企最亲、与百姓最近“最有温度的银行”的愿景，必须深耕县域，做小做散，服务好“三农”，深入实地掌握当地客户所从事的细分行业、开展的具体业务、产生的个性化金融需求等，找准切入点，形成辐射，产生共振。在当前银行间产品同质化、产品要素雷同的情况下，有针对性地开发适合当的客户的个性化特色产品，与当地成长中的客户一起成长，客户与银行的感情才会越来越深，才能有效避免价格战。

产品创新与渠道创新、风控创新、营销和服务创新及运营和管理创新密不可分。以普惠信贷类产品为例，就可从担保方式、抵押品类型、期限、额度、用信方式和还款方式、计结息方式、定价、风控和流程、渠道和产品组合等维度着手进行创新设计，衍生新产品和新功能。

【案例十】

上海农商银行在2020年新冠肺炎疫情期间创新推出“银税快贷”“商e贷”“鑫e贷”等数字化线上产品，运用大数据分析与建模技术进行分析评价，综合考量企业生产经营情况及承贷实力，实现非接触金融服务，疫情期间累计向近6 000户小微企业及个人提供远程化、智能化的信贷产品。

还有很多银行从给客户提供便利性和良好体验的角度开发了诸如随借随还的循环产品，能省却客户反复续贷签约烦琐的“长授信短风控”的产品等。还有各种产品组合包，如围绕目标客群的经营性贷款、存款归行及扫码收单等支付结算产品和服务的组合搭配。例如，有银行推出高低利率搭配的贷款产品组合，其中高利率产品为信用贷款，低利率产品为抵押贷款，两者额度叠加满足客户资金需求。又如，浙江泰隆银行将POS机收单或者扫码收单产品与信贷产品组合，推出基于扫码收单产品“泰惠收”的经营性小额线上“享贷”产品。浙商银行的“e家银”资产池，个人客户可将持有的理财产品、大额存单等流动性较弱的金融资产，以及房屋、个人信用等非金融性资产入池生成授信额度，贷款利率可智能调节、个人积分可抵扣利息。同时，家庭成员可以组成家庭池共享贷款额度，亲朋好友可以组成亲友池，实现额度互助，打通个人、家庭、朋友圈的资产负债，搭建智能化综合金融服务平台。

资料来源：韩文亮主编：《中小银行普惠金融发展报告2020》，中国金融出版社2021年版。

当然在创新的同时，也要注意产品的负面效应及合规问题。2021年10月4日，银保监会发布通知明确，大力弘扬社会主义核心价值观，银行机构不得开发违反公序良俗、助长社会陋习和不良风气的信贷类产品，如“墓地贷”“美丽贷”“彩礼贷”等，坚决打击各种“伪创新”。

负债端的产品创新，可以从期限、额度、产品组合等多个方面寻求突破。在期限方面，针对农村中老年客群存款期限相对较长的特点，开发符合中老年客群需求的个性化存款产品等；在额度方面，可通过细化存款额度分类，进一步执行更加精细化差别化的利率标准，在细分市场的同时，相应地细化服务和营销策略；在产品组合上，随着资管新规的落地，存款竞争日趋激烈，农村中小银行亟需通过组合多种产品的方式实现更高收益率，主要是以存款产品结合衍生品或资管产品为主，并针对目标客群进行重点营销。在产品创新的同时，需要衡量并处理好负债端产品的创新与本行负债端的高成本压力的矛盾；需要重视负债短期化与资产长期化之间的矛盾，避免陷入流动性风险困境。应始终坚持合法合规、柔性管理的原则，积极创新工作制度，在负债管理、定价机制、风险防范、产品命名规则等方面进行有效创新的同时，防止负债产品混淆增加监管难度。

在财富产品的创新方面，资管新规实施以后，随着银行刚性兑付和预期收益模式的打破，农村中小银行的理财产品发行和销售方式逐渐发生转变。随着理财产品净值化的推进，农村中小银行需要有效定位不同客群的需求，通过分层销售、定制增值方案等方式打造理财新模式，打造涵盖各种风险等级的产品体系。例如，厦门农商行紧跟社区客群拆迁项目，聚焦拆迁款资产配置等客户关注的问题，为该类客群推出专属理财套餐，涵盖高灵活性的现金管理类产品、稳健型的保障类产品、兼顾收益的增值类产品。该理财套餐灵活性较好，不仅可以按照居民需求调整配置比例与产品选择，甚至还能以村、社区为单位，提供专属定制产品与服务。

（2）小额信贷产品标准化，提升效率。小额零售信贷产品具有风险分散、逆周期性等优点，可通过智能化、大数据风控等手段建立产品的标准化形态。通过线上获客、线上准入、线上授信、线上利率定价、线上签约放款的纯线上全自动智能化的产品体验吸引客户。

【案例十一】

陕西农信针对个人客户推出线上贷款产品“秦 e 贷”，客户可以通过陕西信合互联网数字银行 APP、网银、助农 E 终端，足不出户轻松办理借款申请、签约、发放。“秦 e 贷”旗下的市民易贷借助客户全方位的信用信息数据，通过使用大数据、机器学习等模型，纯线上全自动完成从客户进件到放款的信贷流程。

资料来源：陕西农信提供。

【案例十二】

江苏扬州农商银行的“一当小贷”平台通过轻量级的小程序通道实现客户审贷放款。客户通过微信小程序“一当小贷”即可申请，只需简单的拍照上传身份证、银行卡等信息，平台自动审批出额，实现客户全自助线上申贷、放款、还款。无需下载 APP，无需扬州农商行银行卡（支持线上开立二类户放款），这样的便捷使得扬州农商行授信对象的覆盖面得到极大的丰富，也大幅度提升了客户体验。目前“一当小贷”平台主要包含以下几大产品：白领通（公务员事业单位及总行审批认可的白名单客户）、指尖贷（缴存公积金的企业单位人员）、线上商户贷（扬州农商行收单商户）、市民贷（扬州农商行代发工资，按揭贷款、存款客户）、阳光 E 贷（阳光信贷客户）、共同富裕贷（扬州本地客户或者在扬州有房的外地人）。

资料来源：江苏扬州农商银行提供。

（3）大额信贷产品工厂化，扩大规模。制约小微企业融资难的核心问题是小微企业缺信息、缺信用。推动解决小微企业融资难关键的问题，就是要解决信息不对称问题。一方面，有条件的农村中小银行可通过当地政府搭建的政务数据平台获取小微企业的税务、工商、海关等数据。另一方面，在农村中小银行内部设置小微企业信贷全生命周期岗位，对实地调查、进件管理、评级、准入、授信、定价、签约、放款、贷后管理、不良资产处置等信贷流程各环节设置专人专岗，通过专业的人才队伍、流水线的操作流程，实现标准统一、体系化的小微信贷模式，同时在风控和授信环节，可加入大数据算法模型，辅助信贷人员进行风控和提额决策。

【案例十三】

2009年，江苏常熟农商行以国际“草根银行”格莱珉银行为标杆，引入德国先进的微贷调查技术（IPC），即能够评估客户偿还贷款能力，包括借款人偿还贷款的能力和意愿，以及银行内部操作风险的控制。IPC使常熟农商行进一步明确了服务小微金融发展的总体战略目标，从而成立了小微金融总部，并开始对小微信贷工厂建设进行探索。此后，根据区域特点，常熟农商行在IPC基础上进行了本地化改造，结合信贷工厂共同打造“微贷”业务模式。对客户进行逐一摸底，提供全程上门服务，同时“微贷”模式能够在扩张较快的基础上保持较好的风控水平。兼顾了效率与放贷质量的“IPC技术＋信贷工厂”模式，使常熟农商行能够实现快速复制，将其推广至异地分支机构和村镇银行，形成独具特色的微贷业务体系。

资料来源：韩文亮主编：《中小银行普惠金融发展报告2020》，中国金融出版社。

【案例十四】

山西晋城农商银行为实现信贷转型，在研究多家信贷模式后引入江苏民丰农商行“三台六岗”信贷集中化管理模式，实现了信贷业务从受理、调查到贷后催收等各环节的集中化管理。其“三台”指前、中、后三台，“六岗”是对信贷流程中关键岗位的泛指，通常是指在办贷网点设立的营销客户经理岗、签约客户经理岗；在总行或区域办贷中心设立的授信客户经理岗、审查审批岗；在总行信贷部门设立的年检客户经理岗、贷后管理岗等六岗。其中：营销客户经理岗主要负责贷款营销和客户维护；签约客户经理岗主要负责贷款签约和存量管理；授信客户经理岗主要负责新增贷款调查；审查审批岗主要负责新增小额贷款的审批；年检客户经理岗主要负责存量季检年检和存量续贷调查；贷后管理岗主要负责贷后监测和管理。“三台六岗”信贷集中化管理模式的突出优势在于：一是贷款营销与调查相分离，充分释放了客户经理的责任包袱。二是新增投放与存量管理相分离，充分释放了客户经理的时间和精力。三是信贷各环节实行专业化、集中化管理，风险防控更精准、更有效。当然，该模式需要从组织架构、岗位职责、管理制度、业务流程、绩效考核、系统建设等多方面进行机制保障。

资料来源：山西晋城农商银行提供。

（4）线上线下相结合的产品设计。对于需要线下面签的信贷产品，利用金融科技手段，解决线下资料多、来回跑网点多、信息了解不全面、审批要点不统一的“痛点”，实现“客户只跑一次”，解放客户经理烦琐的数据获取和资料整理工作，腾出精力用在更重要的风控审查和增信提额工作上来。借款人通过微信公众号或渠道营销二维码提交借款申请，银行业务中台通过内部数据、征信数据、外部大数据等建立风险模型，营销、进件、审查、审批等环节在线上完成，签约、双录等环节在线下完成。线上线下模式连着两端，一端是线上，一端是线下，任何一个方面做不到位，都不会发挥最大效用。为做好线上线下结合的产品设计，农村中小银行在线上端应建设智慧风控平台，为线上和线下结合的信贷模式提供保障和支持，智慧风控平台实现风控、准入、额度模型、利率定价、贷后管理、营销推动等事项，达到统一规划、执行标准一致。线上线下的有机结合，实现了及时决策、集中操作、优化流程、提高效率，达到为客户经理减负、保障快速响应客户等目的；在线下端，农村中小银行应发挥独立法人、自主决策的优势，建立容错机制，以客户为中心，加强部门职能整合。

【案例十五】

湖南农信推出的“党建共创 + 惠农快贷”产品，采取“线下走访 + 线上贷款”模式，在线下完成党建共创大走访和普惠金融评级授信流程，在线上依托“福祥E贷”平台，研发“普惠快贷”专属产品，实现小额客户的申请、签约、放款、还款全流程线上自助办理，全面提升普惠金融数字化服务能力，实现服务场景的线上线下融合，全面优化客户体验。

资料来源：湖南农信提供。

2. 整合渠道一体化经营

如果说产品是农村中小银行的生命线，那么渠道就是连接生命线的桥梁，没有渠道就没有交易发生的场所。渠道是农村中小银行营销的平台和途径，是品牌的载体和体现，是竞争的手段和依托，是农村中小银行经营的重要内容，通过把渠道、产品和营销相互融合，共同推进，才能获得更大的竞争力。

（1）网点转型，提升阵地营销竞争力。“呷一口咖啡，与理财经理聊聊理财产品，作些财富规划，给咖啡加点银行”，招商银行咖啡银行的推出刷新了传统银行营业网点的服务套路，给银行网点转型带来新的思路——特色经营。

农村中小银行向来以“点多面广”为优势。随着互联网金融的兴起，线上渠道的发展，传统网点的客流量也在大规模流失。农村中小银行地处县域，肩负着服务“三农”和小微企业的重要使命，但其网点经营管理粗放，人均效益低的问题非常突出。有些网点人均业务量严重不饱和，亏损现象严重，网点覆盖面广的比较优势没有从根本上发挥出来。如何推进网点优化转型，提升网点综合竞争力，是各家农村中小银行需要认真思考和解决的问题。

目前农村中小银行网点转型主要有三种模式，即智能型、营销型、生态型（见图36）。

图36　农村中小银行网点转型主要模式

资料来源：雅拓信息。

无论是哪一种模式，其根本都是希望“以点结网”，提高网点的辐射能力和服务张力。当然，为更好地促进业务发展，网点也需要有明确的业务定位。例如，浙江瑞丰银行建立分层营销体系，公司业务上收，所有网点做零售业务。江苏张家港农商行则将16家支行转型为零售支行，剥离其公司业务，将公司业务上收至区域中心支行，实施专业化管理、集中化经营，促使零售支行专营零售业务。此外，还有很多银行尝试各类特色网点建设，例如，通过书香、咖啡、茶香、科技、旅游以及儿童银行等主题特色网点建设，进一步带动特定客群经营理念的转变。

（2）整合场景，丰富活跃线上渠道。手机银行是农村中小银行布局移动端最重要的一个渠道，是为客户提供便捷化金融服务的载体，承担着移动端流量入口与增加客户黏性的职责。但是，目前相对于支付宝、微信等 APP 的使用率，手机银行的使用率普遍不高。因此，如何增加手机银行的使用率是农村中小银行线上运营的关键（见图 37）。

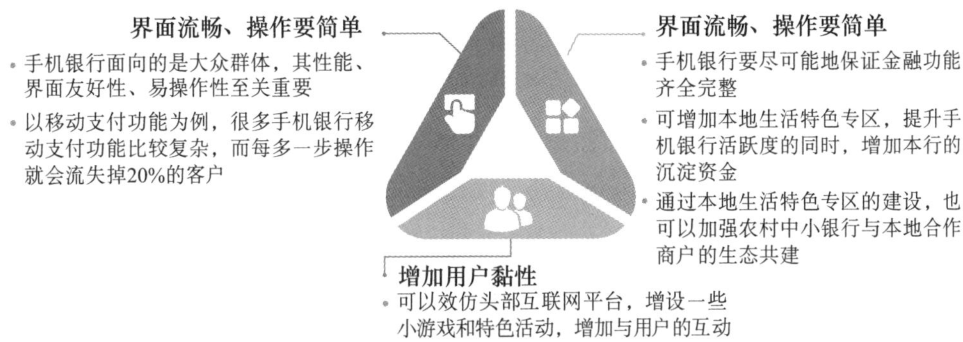

图 37　农村中小银行手机银行建设考虑的主要因素

资料来源：雅拓信息。

除手机银行外，农村中小银行还应该重视微信公众号、小程序的开发，毕竟手机银行是需要靠金融需求和运营去吸引客户的，而微信几乎是每个人每天必用的 APP，而且相对手机银行的开发投入，微信开发投入成本相对比较低，且技术实现也比较容易。

【案例十六】

招商银行凭借“招商银行”和“掌上生活”两大 APP 的生态服务平台重构了零售金融的商业模式与逻辑。

一是招商银行在非金融场景建设时将两大 APP 作为主阵地，在两票、商城、出行、车主服务等重点场景领域实现了两大 APP“双轨并行”，即用户无论使用哪个 APP，均可享受此类服务；而微信端公众号、小程序主要通过活动形式推广两大 APP 场景服务，实现多渠道引流获客。

二是招商银行 APP 设生活服务专区，围绕“便捷生活、缴费充值、美食娱乐、品质购物、车主生活”等维度提供缴费、饭票、影票、商城、打车、快递、证件照、洗车、购车等服务。掌上生活 APP 则致力打造品质生活，服务既包括手机银行 APP 提供的缴费、两票、出行等服务，又涵盖健康、教育等场景。

三是通过微信公众号强化活动运营，实现多渠道引流获客。“招商银行信用卡”公众号提供美食探店、霸王餐、9元观影等场景服务，公众号页面作为进入APP场景服务入口使用。“招商银行”公众号主要提供包括抽奖、转发有礼、推荐有礼等线上拉新活动，通过活动形式在公众号推广APP场景服务。

四是使用微信小程序围绕主体经营，作为场景服务功能入口，服务于两票服务、境外美食服务和社保等。微信小程序具有方便易用、易传播的特点，相较APP渠道更易使用、便于推广。

五是在本地化布局方面，有效利用分行资源，建立城市化特色服务专区，如针对城市便民生活与政务服务，围绕当地水利、电力、通讯、物业、供暖、学校、培训机构及其他收费企业提供线上缴费服务，同时与城市社保、税务、公积金、交通等政务部门建立开放合作关系，提供社保查询、公积金查询、缴税、交通罚没等服务。

资料来源：招商银行资料。

（3）“以人为根”的人为渠道。客户经理是了解客户、连接客户的核心桥梁，提供着银行有温度的金融服务和营销服务，是农村中小银行重要的经营要素。“以客户为中心”的前提要“以员工为根本”。无论是“背包精神”“家文化”的传承，还是“暖银行”的服务理念，都需要充分发挥员工的价值，才能让客户真正感受到便捷、有温度、“懂我”的银行服务。农村中小银行需要积极利用数字化的手段，帮助客户经理提高其客户管理、客户分析的能力，简化其烦琐的事务性工作，让其能够高效地投入“以客户为中心”的服务。

（4）全渠道一体化协同经营。渠道之间需要有机结合在一起形成合力。将每个渠道都打造成为银行营销大棋局中的一枚重要棋子，通过发挥不同渠道的优势，完成客户获取、产品销售、服务交付、关系经营等多重目标。发挥每个渠道的特有优势，需要在客户旅程全生命周期的视角下，基于细分客群的渠道偏好，明确不同渠道的差异化价值主张和发展方向。例如，发挥微信在社交生活中显著的裂变传播效果，将微信银行、小程序或微信公众号定位为获客渠道，配合相关的营销活动，逐步引导客户下载本行的手机银行完成交易，或将客户引流到线下网点，由网点的客户经理与客户面对面进行营销达成销售。

3. 连接场景生态化经营

农村中小银行深耕本地，政企资源深厚，股东多为当地政府和重要企业，所以需要发挥属地资源禀赋，围绕“G 端”“B 端”“C 端”客户，连接高频数字化场景，通过“场景 + 金融”的方式提供客户端到端的金融需求服务。通过全面的场景金融构建，由点及面，逐步打造完整的生态圈。

（1）发挥属地资源优势，加强本地场景连接。从实践来看，目前农村中小银行在“C 端”场景可发挥的空间并不大，绝大多数的市场份额已经被互联网公司抢占，要想实现弯道超车，就需要加快布局“G 端”和“B 端”的场景金融建设，尤其在国家乡村振兴的大背景下，农村中小银行更应该关注乡村场景。

“G 端”政务场景服务与金融服务在许多方面具有天然的趋同性。一是两者都是服务于社会各类经济主体，都需要建设辐射广泛的服务场景。二是两者都具有广泛认可的公信力。对于银行而言，拓展“G 端”场景不仅能够巩固银政关系，促进业务发展，还能通过有效的“G 端”经营辐射“B 端”和“C 端”，开辟一个崭新的获客平台，打造全新的金融服务生态圈，形成独特的市场竞争优势。

“B 端”场景金融服务还处于发展初期，垄断程度不高，没有面临“C 端”场景中核心高频的场景被互联网巨头掌控的困难。另外，“B 端”场景并不会像“C 端”那样通过流量迅速实现指数型增长，很难出现“赢者通吃”的局面，所以在细分领域的“B 端”场景建设上，一旦形成垄断优势，则其为银行带来的价值巨大。

基于当前场景金融市场竞争态势，尤其是在已经被互联网巨头养成行为习惯的“C 端”非金融场景上，如果农村中小银行没有特殊的优势，找不到好的细分市场，建议不要轻易投入资源，可以选择和第三方进行合作。

（2）农村中小银行布局农村场景的主要模式。农村场景主要包括农村市场主体所涉及的生产、消费、公共服务等内容。从当前场景金融实践来看，可以将农村场景归纳为农业产业链、农村生活消费、农村政务民生、农村纯金融四类场景。农村中小银行布局农村场景目前主要有四种典型模式，不同模式具有不同特点，适用性也存在差异。

线下自建模式。农村中小银行点多面广，几乎可以覆盖所有农村地区，通过对网点的改造，可以引入非金融场景服务，来吸引客户，增加流量。如开辟亲子乐园、老年活动室、社区驿站等。

线下合作模式。线下合作模式主要包括两个方面。一是由内向外的服务渠道延伸，在物理网点之外与村委会、农村商超等合作，建立各种形式的服务点，如建行的裕农通/金湘通、农行的惠农通、浙江农信的丰收驿站、贵州农信的黔农驿站、湖南农信的福祥驿站等。二是由外向内的服务内容拓展。主要表现是传统物理网点和自助机具通过对外合作增加各种非金融服务功能，从而丰富服务内容，增加客户流量。

【案例十七】

贵州农信以黔农云平台、“黔农e付”、黔农村村通等移动支付产品及服务为支撑，逐步从传统的柜面服务转向“移动支付+智慧场景”定制化服务，将金融支付服务向生活服务领域延伸，实现移动支付线上线下深度融合。黔农云平台提供线上支付服务，同时逐步搭建起“信贷+支付+支付场景”的线上生态支付服务体系，为客户提供线上存贷款、支付转账、生活缴费、社保缴纳、智慧通行、医疗服务、自助充值、商城购物等50余项便民支付服务，实现移动支付多场景应用。黔农e付提供便捷收单服务。通过在城乡消费场景中配置二维码牌、POS机具等设备，实现城乡收单业务全覆盖；通过提供收银系统、点餐系统等收单移动设备，为小微企业商户提供低成本数字化支付结算服务；通过为中小商户特别是农村商户减免收单手续费，大力扶持农村地区移动支付业务发展。黔农村村通站点成为农村支付服务的重要支撑。2020年10月，贵州农信在全省开展“黔农村村通”转型升级，以农村金融服务渠道建设为着力点，在为全省农村居民免费提供取款转账、生活缴费、政务服务等多元化服务的基础上，加大政、银、民、企多方合作，积极打造政务型、商超型、综合型、基础型普惠金融服务点，共同培育移动支付新生态，增强农村地区支付能力，有效降低农村客户出行成本，让边远地区村寨群众享受均等的现代化金融服务。如从江农商行的“医疗+金融”模式、凯里农商行的“村社宜站”模式、绥阳联社的“爱心驿站”模式等，实现黔农村村通站点建设亮点纷呈。

资料来源：贵州农信提供。

线上自建模式。线上自建模式是近年来金融机构在推进数字化转型过程中依托自身力量投入大量资源赢得线上业务突破的重大创新实践。

【案例十八】

安徽农信打造的“社区e银行”本地生活综合服务平台，将传统银行服务从线下延伸至线上，金融服务跨界至生活服务，社区居民线上下单、线下提货，能够以优惠的价格享受高品质的生活服务或商品。此外，“社区 e 银行”具有免收额外费用、资金实时到账、银行增信、综合金融服务等独特优势，为商户搭建了免费电商平台。“社区 e 银行”还将农副产品，特别是鲜活农产品的销售渠道从农村带到了城市，从线下延伸至线上，降低了销售流通成本，为农户搭建了快捷销售平台。

资料来源：安徽农信提供。

【案例十九】

浙江遂昌农商行为解决困扰茶农茶商在交易、融资、溯源等方面的困扰，依托省联社平台，打造茶产业链线上实时交易系统“智慧茶城”，通过线上“丰收互联”APP 及线下智能 POS 两个交易渠道，实现采摘、加工、批发、零售、消费各环节线上实时结算，构建茶产业数字金融服务场景。

资料来源：浙江逐昌农商行提供。

线上合作模式。一是银行与外部线上场景建设方合作，主要是指与互联网企业合作，为其提供后端的金融产品，或者提供部分资金。但这种合作普遍不具备排他性，农村中小银行在此类合作模式下往往处于被动地位，存在“卡脖子”的风险。二是与外部机构合作将线下场景线上化，目前广泛建设的智慧政务、智慧社区、智慧医疗、智慧交通、智慧学校、智慧乡村等“行业 + 金融”场景，都是此类模式的典型，也是目前农村中小银行普遍应用的合作模式。

【案例二十】

福建建阳农信社依托自身资源，组织不同行业、不同层次的商业主体构建联盟，嵌套金融产品与服务，构成全新的生态场景，通过将支付结算功能与优惠活动相绑定，引导联盟商户消费者转化为建阳农信社客户，实现零售业务批量做。目前，建阳农信社已整合闽北物流园、建发悦城商场、居然之家建材商场、仁德口腔、厚生眼科等 90 家行业资源，涵盖群众的衣、食、住、行、娱、教、医。在产业联盟合作方面，建阳农信社通过先重点发展一批当地的产供销核心企业，然后逐步延伸覆盖到其供应链上下游企业，为其提供贴合企业经营模式的供应链金融产品和统一结算服务。具体业务逻辑如图 38 所示：

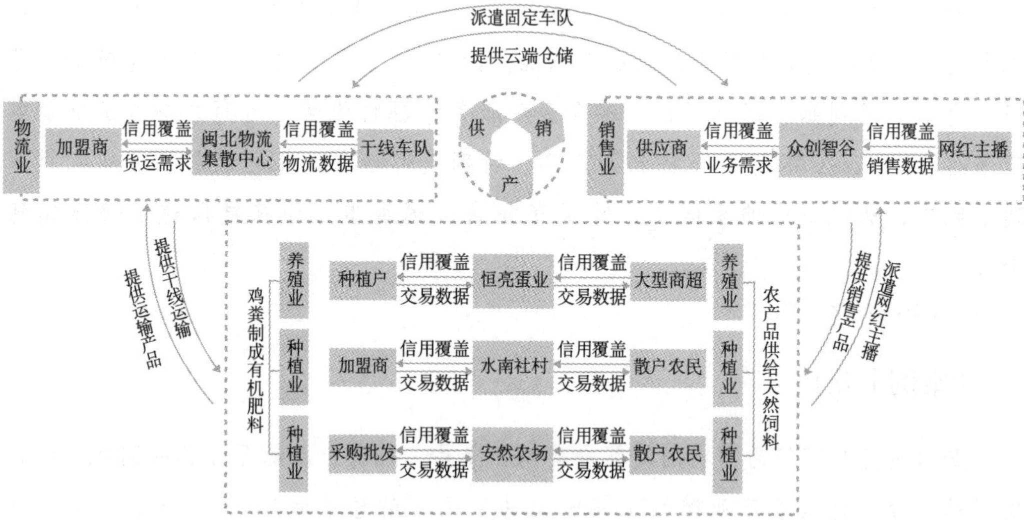

图38　建阳农信社金融生态平台供应链场景

案例来源：福建建阳农信社提供。

【案例二十一】

云南镇雄县联社通过与省联社上下合作，将市场占有率高的一些第三方支付接入农信支付渠道统一清算，提升了聚合支付渠道整合能力。同时开发聚合支付查询平台，不但提高消费者支付体验的舒适度以及商户清算对账效率，还给予云南农信特有的惠商政策，降低商户收单成本；同时通过设置消费折扣、满额立减、随机立减等优惠活动，刺激消费者在特约商户消费，有效提升消费者转化率，复购率，做大商户客群。通过上述举动，镇雄县联社获得了大量低成本存款，目前镇雄县联社存款付息率仅为1.13%。此外，通过聚合支付渠道将商户、种养殖大户、加工企业等实体经济主体汇聚起来，支持商户发展的同时，也反哺农信社各项业务稳健发展。

资料来源：《中国农村金融》2020年7月16日公众号文章。

4. 强化营销精准化经营

随着银行竞争的“白热化”，农村中小银行必须在自己优势的基础之上强化营销体系建设，其目标是效能提升，尤其是面对基数庞大的零售客户群体的经营，在明确目标客群定位的前提下，积极利用数字化手段，做好全渠道经营，为一线赋能，提质减负增效。

（1）注重品牌营销和裂变营销。品牌是银行的核心竞争力之一，是让一家银行在同业中卓尔不凡的标志。产品容易模仿，品牌却可以独树一帜。农村中小银行在明确了细分市场定位的同时要加强自身品牌建设，良好的品牌建设有利于体现农村中小银行的服务品质，助力营销，提高客户黏性和忠诚度。

首先，品牌建设能够强化农村中小银行业务调整的方向，能够体现银行产品的业务属性和功能特征，增强消费者对此类产品和服务的直观认识。其次，品牌建设还具有凝聚企业文化和提升企业形象的作用。

【案例二十二】

吉林榆树农商行带有浓郁地标文化和产业基因的“沃土粮仓、榆树农商”企业核心品牌，就做到了家喻户晓、妇孺皆知，以不同客群需求为导向，上线“榆农快贷”“榆快乡村振兴贷”“榆快园丁贷”“榆微快贷”“榆商快贷”等多款数字化全线上专属贷款产品，全力打造“榆快金融、其乐融融”服务品牌，突出体现了“服务温度上的‘暖’、服务速度上的‘快’”。

福建闽侯农信社创建了“八闽首邑·暖心银行”的党建品牌，品牌LOGO体现法人所在当地的地域特殊性以及暖心服务的主基调；同时，通过品牌具像化、视觉化的展示，让闽侯农信的产品、服务得以品牌化巩固传播。

江苏张家港农商行配合自身普惠小微家庭金融管家的战略定位，构建“大家金融”品牌，并在此品牌框架下围绕小微企业客户创立微贷子品牌“OK Life美好生活”，通过一体化零售品牌宣传，增强其零售业务的竞争力。

资料来源：吉林榆树农商行、福建闽侯农信社，江苏张家港农商行提供。

裂变营销虽然看似互联网时代的产物，但农村中小银行其实已经很早就在实践这种熟人营销方式。裂变营销常用的模式是：拼团、转发、集赞、邀请、砍价。MGM（Member Get Member），客户转介客户（以老带新），就是比较典型的邀请式裂变营销。通过建立分享机制，鼓励客户进行分享，引导自发传播，将极大提升农村中小银行的营销效果，进而提升品牌的社会影响力和市场竞争力。例如，杭州联合银行的营销合伙人就是依托行内的微信公众号，利用二维码营销工具，借鉴时下流行的社群营销，MGM转介获客，拼多多模式等具有互联网特征的营销方式，带动拳头产品的宣传、推广、营销，解决了“获客难”“获客成本高”和“获客积极性低”等三大问题。

（2）加强交叉销售和批量营销。根据麦肯锡公司的一项分析结果，零售银行收入变动主要来自既有客户的价值迁移，通过增加客户的产品持有数量，充分挖掘存量客户，银行能够大幅提升客户价值和价值增长率。根据麦肯锡的研究结果，国内银行户均产品销售数量达到 4 个，能够明显提升零售银行收入。此外，提升户均产品销售数量也能增加客户黏性。单客户产品数量少，客户和银行就没有强关系，"说走就走"；产品数量达到 4 个，尤其是强黏性产品或者每个月有频繁往来的产品多，譬如信用卡、基金定投、代发工资等，就一定会有部分资金存在这个银行。哪怕是其他银行有收益更高的产品，客户也不会把所有资金转出，将来可能还会把资金转回。总的来说，就是银行一定要做"主办行"，做客户业务往来最频繁的银行，而主办行的关键标志就是单客户持有的产品要多。

与此同时，拓展零售业务的关键在于批量获客。通过批量获客，一方面可以提升获客的效率，实现零售业务批发做；另一方面也有利于降低业务拓展成本。首先，通过公司资源撬动零售业务发展是最高效的途径，通过公私联动的形式，在企业客户营销的过程中同时关注企业员工、客户、上下游企业的金融需求，扩大包括个人客户、小微客户和私行客户等零售客户在内的客群基础。例如，针对新增公司贷款匹配工资代发；针对存量公司贷款逐个营销工资代发；针对工资代发中的优质客群，进行薪金类贷款批量授信等。因此，发展零售业务转型并不意味着公司业务不重要，不代表就要放弃或少做公司业务，而是要加强公司业务、金融市场业务和零售业务不同板块之间协同互动，共同发现业务增长点。其次，还有积极推进整村授信、双基共建以及以白名单等批量营销方式，实现批量获客。

在考核方面，需要完善相关的联动考核指标设计。例如，在关键绩效指标中加入"产品覆盖率"评价指标。在公司条线部门的考核中下达代发工资、批量实现交叉营销等零售类指标，建立企业"开户—代发"一站式营销和服务模式，而后进一步面向企业客户叠加各类零售产品与服务。通过考核指标的设计，激励不同条线间的协同作战，即"出门一把抓、回来再分家"。

（3）大数据驱动的精准营销。精准营销的本质是依靠数据分析进行营销决策，通过对客户需求的深层次挖掘，提高对营销决策的预见性和创造性，改变以往依靠专家经验或人为直觉的方式，提升营销决策的科学性和有效性。典型的做法就是借助大数据技术，通过客户标签、客户画像、客户行为、客户细分实现对客户的全面洞察，构建全面智能营销适配辅助决策系统，将客户、产品、权益、渠道、营销活动等进行全方位整合，提供个性化产品推荐和服务。相应参考模式如图 39 所示。

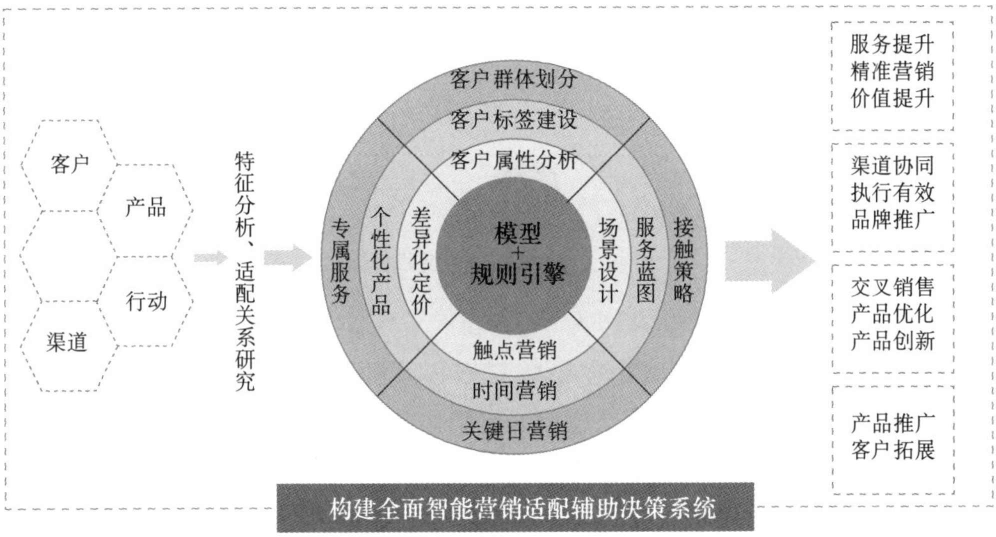

图 39　雅拓信息智能营销适配辅助决策系统

资料来源：雅拓信息。

【案例二十三】

宁波银行与雅拓信息合作搭建的客户旅程经营平台，实现了数据驱动下客户经营模式的再次升级和创新。根据客户的转化目标和客户在历史营销活动中的反应，设计客户沉浸式旅程路线，旅程过程中可以对客户进行实时的自动化监控，根据客户行为反馈自动调整策略和后续旅程路线。该客户旅程平台按照“营销 4W1H 理论”将经营活动抽象成各个营销组件，通过拖拽的方式进行组件编排完成营销场景搭建。营销管理人员通过圈定目标客群，选择合适的经营资源，设定触达时机和触达渠道，配置对应的执行规则后，由系统自动捕捉断点，通过自动化引擎实现全链路的营销闭环设计，实现客户的精准营销。以新客百日计划旅程为例，设计逻辑如图 40 所示。

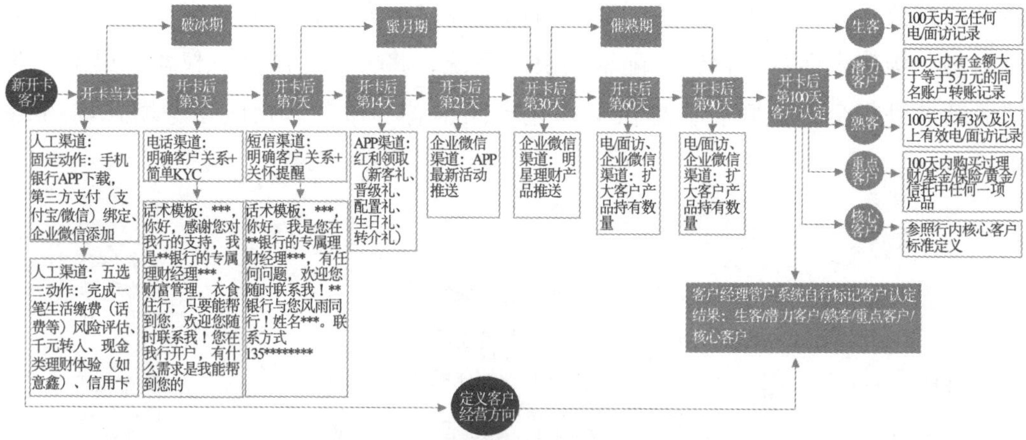

图40　新客百日经营逻辑设计

资料来源：雅拓信息。

（4）新媒体运营开启移动营销4.0。随着移动互联网逐渐成为消费者接触信息的主要渠道，新媒体的迅速发展为银行开启了移动营销的4.0时代。

从形式上，新媒体可灵活应用多种方式，使银行及其产品的展现更加清晰和具有吸引力，让用户充分掌握相关信息；从效率上，即时的信息发布避免了信息传递过程中的损耗；从成本上，新媒体是低成本的沟通用户、运营市场的最好实践方式。从2020年上半年开始，各家农商银行开始在抖音、微信等平台“大展拳脚”。“柜员小姐姐”变身“网红主播”，客户经理变身地方特色产业代言人，银行营业厅变身“大卖场”。通过营销活动与相关产品的内容嵌入，各银行的新媒体端和线下网点就形成了线上、线下的增强互补。

【案例二十四】

浙江莲都农商行为助力乡村振兴，在抖音平台上开设莲都农商银行杨坑村杨梅直播专场活动，短短1个小时就获得2万个点赞，购买人数达到150余人，销售额达到4万余元，同时采取“线上+线下”模式，农商行38个网点均提供线下提货服务方式，实现线下获客。

资料来源：浙江莲都农商行提供。

此外，新媒体渠道使得银行自身的市场拓展、获客突破了物理网点的局限，通过拥抱新流量渠道，赋能自己的业务或品牌发展。目前众多银行开始尝试通过企业微信进行客群经营，打造“个人即网点”的私域流量运营模式。以“做大基数、标签定位、常态维护、重点经营”为经营主线，以内容运营、权益推送、批量沟通、活动裂变为手段，盘活微信群，实现从获客到活客到用户的客户价值转化。

（5）数字化技术提升一线生产力。长期以来，农村中小银行主要聚焦于客户获取和规模扩张，而对客户经营、业务价值和产能提升缺乏关注。

如何从客户关系管理中提升客户活跃度、经营高价值客户、提前挽留即将流失的优质客户，是存量客户经营面临的主要问题。面对基数庞大的零售客户群体，丰富的零售产品，在业务规模化发展过程中降低成本、提质增效，需要农村中小银行积极探索利用信息化、数字化手段提升客户经营的精细化管理，提高生产力。

零售业务数字化经营管理体系以用户需求为导向规划整体业务架构（见图41）。围绕客户获取、客户洞见、营销运营、执行管控、分析反馈的数字化营销闭环，持续推进营销的运营和优化。通过全面数字化营销转型，达到提质降本增效，引领业务增长的目标，是当下银行构筑数字化经营“护城河”的工作重点，也是实现员工产能飞跃的保障体系。

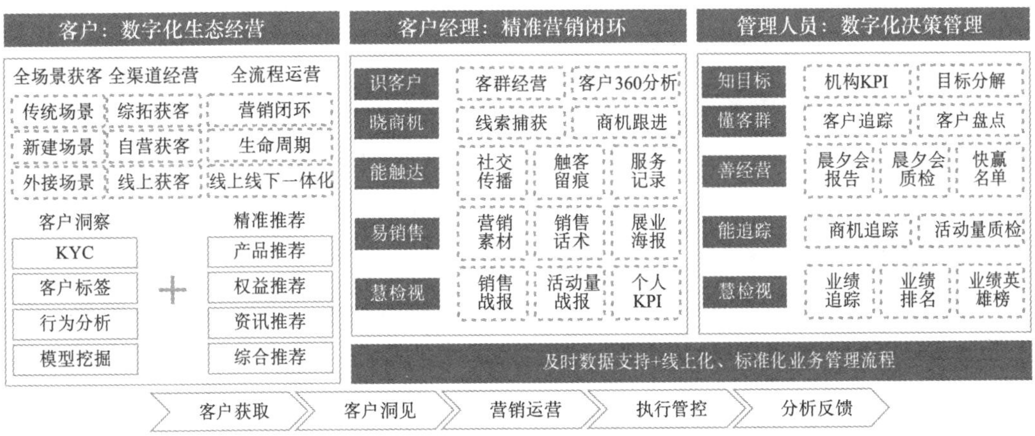

图 41　零售业务数字化经营管理体系建设框架

资料来源：雅拓信息。

数字化经营管理体系通过及时的数据支持和线上化、标准化的业务管理流程实现精准营销闭环管理和数字化决策管理：客户经营方面，通过全渠道经营有效触达客户，引导客户接受更多的产品与服务；通过全流程客户运营，深入挖掘存量客户大数据信息，应用智能营销手段激活存量客户；通过全场景获客，提升渠道新客引流效果，加强渠道与场景平台合作，积极探索获客新思路、新方法和新工具。在助力一线营销人员方面，围绕销售人员岗位类型构建能力模型，以全流程业务场景功能支持串联经营闭环，形成识客户、晓商机、能触达、易销售、慧检视五大核心能力。赋能各级管理者方面，通过构建知目标、懂客群、善经营、能追踪、慧检视五大经营管理核心支撑能力，全息式呈现各层级各机构各业务领域的经营情况，提供数字化决策依据，更好地驱动销售队伍实现产能提升。

【案例二十五】

浙江鄞州银行深化数字化改革，按照“以用户为中心”的理念，重塑业务经营管理流程，以“两平台+四中心”搭建鄞州银行数字银行管理平台。“两平台”指作业平台和大数据平台，“四中心”指客户中心、产品中心、营销中心、业绩中心。该平台摒弃以往按照业务条线、使用部门搭建系统的思路，改为从营销获客、业务经办、绩效评价的闭环建设思路，通过围绕外部用户（客户）和内部用户（客户经理/管理岗）的业务场景流程设置系统功能，将业务办理、内部管理和用户行为管理融为一体，有效跟踪分析客户经营全过程。通过数字平台提供智能化工具，赋能一线经营；通过构建总行大脑，形成总分支联动的体系化销售管理能力，带动鄞州银行全方位的数字化管理变革。

资料来源：浙江鄞州银行提供。

五、展望

零售业务转型是农村中小银行在经济新环境、客户新变化、竞争新形势、监管新动向、技术新变革下实现稳健可持续发展的必由之路。路阻且长，然行则将至。只要农村中小银行坚定信念，制定符合自身经营情况和发展特色的零售业务转型战略，分阶段、渐进式地推进转型步伐，以追求“小而美”“小而精”“小而特”“小而快”为目标，“以客户为中心”，回归业务本源，下沉服务重心，充分发挥好“小法人+大平台”的多级体制优势，一定可以走出一条兼顾普惠金融使命和自身可持续发展的阳关大道。

参考文献

［1］钟震．中小银行发展转型的理论与实践研究［M］．北京：人民出版社，2020，9.

［2］韩文亮．中小银行普惠金融创新发展报告［M］．北京：中国金融出版社，2016，6.

［3］林国丰，方溪源．中国零售银行业的创新机遇：应对新机遇，捕捉新洞见［M］．上海：上海交通大学出版社，2014，3.

［4］李奇霖，谭小芬等．中小银行危机与转型［M］．北京：中国金融出版社，2019，9.

［5］李庆萍，零售之道．打造一流零售银行［M］．北京：中信出版社，2017，6.

［6］杨哲，黄迈．场景金融，金融科技时代的银行服务变革［M］．北京：机械工业出版社，2021，9.

［7］蒋亮，张德茂，郭晓蓓．何去何从，数字化时代的商业银行转型［M］．北京：中国金融出版社，2021，1.

［8］吉祥，李直，朱忠明，许施智著．中国农商行未来发展模式与机制建设［M］．北京．中国发展出版社，2016，7.

［9］中国人民银行．中华人民共和国金融行业标准 JR/T0197－2020.

［10］马蔚华．传统银行蝶变——关于中国商业银行经营战略转型的思考［M］．北京：中国金融出版社，2012，3.

［11］招商银行案例研究组．招商银行成功之道［M］．北京：机械工业出版社，2012，12.

［12］范云峰，张长建．银行零售［M］．北京：中华工商联合出版社，2012，3.

［13］黄志凌．G 端经营需要特别思维［J］．中国金融，2021 年第 5 期．

［14］《中国银行业》杂志社．中国上市银行分析报告（2018）［M］．北京：中国金融出版社，2018，8.

